公司財務

（第二版）

主　編　蔣葵
副主編　王智群、張雲

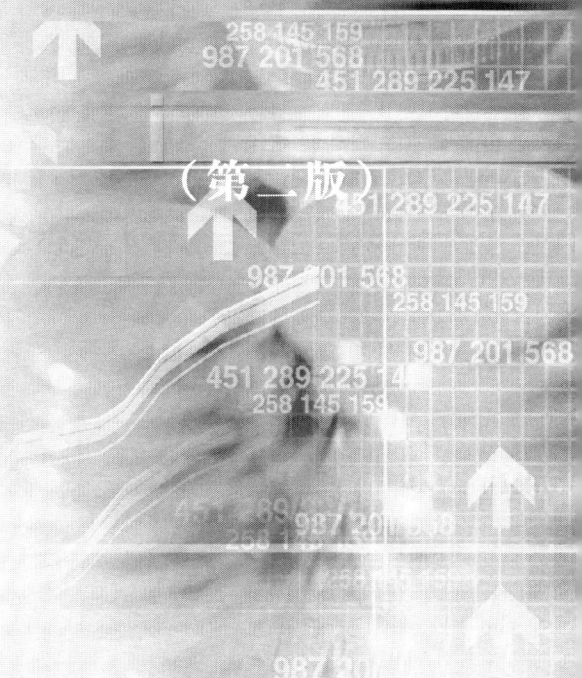

前言

　　《為了適應近年來財會專業的變化，滿足教學需求，我們集多所高校之力量，聚眾人之智慧，編寫了《公司財務》一書。本書以國際通用準則和最新頒布的法規為依據，注重理論與實踐的結合，盡可能地吸納了國內外公司財務理論與實踐發展的新內容，科學地安排了結構體系，詳細地分析了公司財務中常見的問題和技術方法，是一本全面、系統地介紹公司財務理論與實務的著作。

　　本書各章末設有本章小結、思考題和練習題等部分。學生在學習完各章內容的基礎上，可以通過「本章小結」對該章整體內容形成系統而深入的理解和掌握，可以通過「思考題」和「練習題」對所學知識做進一步的思考和運用，從而促進教學效果的提高。

　　本書在出版過程中得到了出版社的大力支持，同時借鑑了有關書刊資料中的觀點，在此一併表示衷心的感謝！

　　由於編者水準有限，書中難免有一些不足之處，懇請廣大讀者批評指正。

編者

目錄

第一章	**公司財務總論**	1
第一節	公司與公司財務	1
第二節	公司財務的對象、關係和內容	5
第三節	公司財務目標	9
第四節	公司財務原則	14
第五節	公司財務程序和方法	19
第六節	公司財務環境	20
本章小結		26
第二章	**公司財務基礎**	28
第一節	貨幣時間價值	28
第二節	風險和收益	33
本章小結		39
第三章	**籌資方式**	41
第一節	籌資概述	41
第二節	資金需求量預測	44
第三節	權益性籌資	49
第四節	債務性籌資	60

第五節	混合性籌資	72
本章小結		78

第四章　資本成本與資本結構　80

第一節	資本成本	80
第二節	槓桿效應	88
第三節	資本結構決策	92
本章小結		103

第五章　項目投資管理　105

第一節	投資概述	105
第二節	投資環境分析	107
第三節	項目投資的現金流量分析	110
第四節	項目投資決策評價指標及其應用	116
第五節	項目投資的風險處置	128
本章小結		131

第六章　證券投資管理　133

第一節	證券投資概述	133
第二節	債券投資	136
第三節	股票投資	140
第四節	基金投資	145
本章小結		150

第七章　營運資金管理　153

第一節	營運資金概述	153
第二節	現金與有價證券管理	155

第三節	應收帳款管理	163
第四節	存貨管理	171
第五節	營運資金政策	178
本章小結		182

第八章　收益分配管理　184

第一節	收益分配概述	184
第二節	股利理論和股利政策	188
第三節	股利分配程序與方案	194
第四節	股票股利與股票分割	198
第五節	現金股利與股票回購	201
本章小結		204

第九章　財務分析　207

第一節	財務分析概述	207
第二節	財務分析方法	215
第三節	財務能力分析	219
第四節	財務綜合分析	233
本章小結		236

第十章　財務預算　239

第一節	財務預算概述	239
第二節	財務預算的編製方法	246
第三節	財務預算的編製	254
本章小結		260

第十一章　財務控制　263

第一節　財務控制概述　263
第二節　成本控制　269
第三節　責任中心業績控制　275
第四節　內部轉移價格和責任結算　283
本章小結　286

第十二章　公司併購財務　288

第一節　公司併購概述　288
第二節　目標公司價值評估　296
第三節　公司併購的財務規劃　301
第四節　反併購　306
本章小結　312

附表　313

第一章
公司財務總論

第一節　公司與公司財務

公司是企業的一種類型，在討論公司的相關問題之前，有必要對企業進行一個簡單的瞭解。

一、企業的相關概念

（一）企業的含義和特徵

簡單地說，企業是指依法設立、以盈利為目的、從事生產經營活動的獨立核算的經濟組織。從概念我們可以看出，企業具有如下特徵：

1. 企業是一種社會經濟組織

企業是經濟活動中的基本單位，是經濟活動的細胞。作為一個組織，它有自己的機構和工作程序要求。

2. 依法設立

企業依法設立，即是一種合法的組織，能得到國家法律的認可和保護。

3. 企業以盈利為目的

企業作為社會經濟組織，從事生產經營活動，其最基本的目標是賺取利潤。

4. 實行獨立核算

企業要單獨計算成本、費用，以收抵支，計算盈虧，對經濟業務做出全面反應和進行控制。

(二) 企業的類型和組織形式

企業是社會經濟生活中最具活力的細胞，形式多樣，情況複雜，依據不同的標準，可將企業分成不同的類型。按企業的所有制形式和產權特徵，可將企業分為獨資企業、合夥企業和公司制企業。這也是市場經濟在其數百年的孕育和發展過程中逐步形成的三種基本的企業組織形式。

1. 個人獨資企業

個人獨資企業指由單獨的個人投資者出資經營，歸該出資者所有和控制的企業。出資者對企業債務負無限責任，企業的價值是出資者出售企業可以得到的現金。

2. 合夥企業

合夥企業指由兩個或兩個以上的自然人共同出資、合夥經營、共享收益、共擔風險的營利性組織。合夥企業中，合夥人對企業債務負連帶無限責任，該企業的價值是合作人轉讓其財產份額可以得到的現金。

3. 公司制企業

公司制企業(或稱公司)是指由兩個以上投資人(自然人或法人)依法出資組建，有獨立法人財產，自主經營，自負盈虧的法人企業。出資者按出資額對公司承擔有限責任。

中國公司制企業主要包括股份有限公司及有限責任公司。股份有限公司是當今市場上最重要的一種企業組織形式，是現代企業最基本的形式。

(1) 股份有限公司。股份有限公司是指全部資本由等額股份構成並通過發行股票籌集資本，股東以其所持股份為限對公司承擔有限責任，公司以其全部資產對其債務承擔責任的企業法人。

股份有限公司的優點很多，主要體現在以下幾點：

第一，公司所有者的責任以其投資額為限度。在公司倒閉的時候，所有者的私人財產不會被強制用於償還股份有限公司的債務。

第二，股份有限公司的籌資能力很強，既可通過銀行貸款、留存收益等形式籌集資金，也可在資本市場發行股票、債券等各種有價證券籌措資金。

第三，股份有限公司的存在不依賴於其所有者，因此可以永續存在。

第四，股份有限公司所有權的轉移十分方便，公司股票可以自由方便地在證券市場上交換。

第五，股份有限公司的所有權和經營權是分離的。一般由專業管理人員負責經營股份有限公司。這些管理人員可以是各方面的專家，比股東自己經營更為有效。

由於存在著這些優點，股份有限公司得到了蓬勃發展，但是，我們也應該注意到股份有限公司存在的缺點，比如：公司的利潤需雙重徵稅，因此納稅負擔比較沉重；公司的成立比獨資企業和合夥企業複雜；當所有權和經營權分離後，會出現委託代理問題等。

第一章　公司財務總論

（2）有限責任公司。有限責任公司是指由50個以下股東共同出資，每個股東以其所認繳的出資額對公司承擔有限責任，公司是以其全部資產對債務承擔責任的企業法人。這種組織形式特別適用於中小型企業，它比股份有限公司有更少的限制和更大的靈活性。它允許股東成為公司雇員。股東大都積極參與公司的經營管理活動。

以上三種形式的企業組織形式中，個人獨資企業的數量在企業總數中占比最大，但是公司制企業控制的財務資源最多。因此，本教材只討論公司制企業的財務，也稱為公司財務。

二、公司財務的概念

財務是再生產過程中客觀存在的資金運動及其所體現的經濟利益關係。公司財務，又稱「企業財務管理」或「公司理財」，是企業管理的重要組成部分，是基於企業再生產過程中客觀存在的財務活動和財務關係而產生的，是企業組織財務活動、處理財務關係的一項經濟管理工作。

公司財務學是研究微觀經濟組織資源配置和有效使用的科學，其與經濟學、管理學、會計學和金融學等相關學科關係密切。

應該注意，公司財務與公司會計是兩個不同的概念。公司會計主要是對會計要素進行分類核算、編製財務報表、提供經營活動的財務信息，著重於反應歷史和現狀，為公司內部和外部的有關機構和人員（如股東、債權人、政府部門）提供資料。公司財務主要從事資金規劃、資金籌措、投資以及資金運用等活動，側重於編製預算、評價分析財務報表、利用財務信息進行財務決策。

三、公司財務在企業中的地位和功能

（一）企業管理系統中公司財務的地位

對典型的公司制企業而言，企業的管理系統至少包括：生產管理系統、行銷管理系統、人力資源管理系統和財務管理系統。雖然不同的公司在不同的生命進化階段管理的重點不同，財務管理的作用不同，但公司財務是企業管理的重要組成部分，在企業管理系統中發揮重要作用。

在大多數西方國家的中、大型企業中，最高財務主管（Chief Financial Officer，簡稱CFO）是分管財務的副總裁，他主持制定財務制度和公司規劃，並對公司總體管理產生重要影響，因而最有希望升任總裁。一般地，CFO及其下屬的財務長、會計長負責組織和控制資本預算過程，在這一系列過程中，高級財務人員起著廣泛的、非正式的影響作用，但他要為最終決策進行準備，因而對此有重大影響。此外，財務部門在履行其職能時，還起著從其他部門收集信息並轉達給更高管理部的渠道作用。由此可見，公司財務在企業管理中居於重要地位，也歷來備受最高管理

公司財務

者的關注。

(二) 公司財務的功能

公司財務的功能主要體現在以下幾方面：

(1) 籌集、分配和使用資金；

(2) 監督企業生產經營活動中資金的流向；

(3) 權衡風險和收益。

財務的上述功能適用於各行各業，公司財務功能發揮得如何，可從市場直接得到檢驗。例如，有的企業財務狀況的好壞可直接從企業股票的市場價格上反應出來，通常企業財務狀況好，股票市場價格就高。正是此功能促使公司財務經理或負責財務的有關人員認真研究市場，研究如何提高資金效益和經營報酬，同時促使企業有的放矢改善財務狀況，從而改善企業的生產經營，也使投資者從中獲得更多的收益。

四、公司財務學的發展

在20世紀初以前，公司財務學一直被認為是微觀經濟理論的應用學科，是經濟學的一個分支。直到1897年托馬斯·格林(Thomas L. Green) 出版了《公司財務》一書後，公司財務學才逐漸從微觀經濟學中分離出來，成為一門獨立的學科。它的發展大致經歷了如下幾個階段：

(一) 初創調整期(20世紀初至20世紀30年代)

20世紀初，西方發達的工業化國家先後進入壟斷階段。而後，又在20世紀20年代末暴發了經濟危機。因此，在這一階段公司財務學的注意力從如何利用普通股、債券和其他有價證券來籌集資金及財務制度的研究等問題逐漸向國家加強對微觀經濟活動干預方面轉移，重點研究如何維持企業生存，如企業的流動性、破產、清償、合併等，對公司財務學的發展起了巨大的推動作用。

在這一階段，公司財務學的研究特點是描述性的，即側重於對企業現狀的歸納和解釋，同時從企業的外部利益者(如債權人)的角度來研究財務問題。

(二) 過渡期(20世紀40年代至20世紀50年代)

在這一階段，公司財務學的研究方法逐漸由描述法轉向分析法，從企業內部決策的角度，圍繞企業利潤、股票價值最大化來研究財務問題，並把一些數學模型引入公司財務中。同時，隨著投資項目選擇方法的出現，公司財務學開始注意資本的合理利用，研究領域也擴展到現金和存貨管理、資本結構和股息政策等問題。這一時期，公司內部的財務決策被認為是公司財務管理的最重要的問題，而與資金籌集有關的事項已經退居到第二位。各種計量模型逐漸運用到存貨、應收帳款、固定資產等項目上。此時，財務分析、財務計劃、財務控制等都得到了廣泛應用。

(三) 成熟期(20世紀50年代後期至20世紀70年代)

這一時期是西方經濟發展的黃金時期，隨著第三次科技革命的興起和發展，公

第一章　公司財務總論

司財務中應用了電子計算機等先進的方法和手段，財務分析方法向精確化發展，開始了對風險和回報率的關係和資本結構等重大問題的研究，取得了一系列重要成果；研究方法也從定性向定量轉化，如這一階段出現了「投資組合理論」「資本市場理論」「資本資產定價模型」及「期權價格模型」等。

（四）深化期（20世紀80年代至今）

在這一階段，公司財務學的中心課題逐步涉及通貨膨脹及其對利潤的影響、政府對金融機構放鬆控制以及由專業金融機構向多元化金融服務公司轉化、電子通信技術在信息傳輸中和電子計算機在財務決策中的大量應用、資本市場上新的籌資工具的出現以及開放資本市場與防範金融風險等問題。

由於條件的變化已對財務決策產生了巨大影響，加劇了公司所面臨的不確定性，市場需求、產品價格以及成本的預測變得更加困難，這些不確定性的存在使公司財務學的理論和實踐都發生了顯著變化。

總之，公司財務學已從描述性轉向嚴格的分析和實證研究；從單純的籌資轉到資產管理、資本分配和企業估價；從單純注重企業外部分析轉到注重企業外部分析和內部決策的有效性上，已形成獨立、完整的學科體系。

第二節　公司財務的對象，關係和內容

一、公司財務的對象

公司財務管理主要是資金管理，其對象是資金及其流轉。資金流轉的起點和終點是現金，其他資產都是現金在流轉中的轉化形式，因此，公司財務的對象也可以說是現金及其流轉。公司財務也會涉及成本、收入和利潤問題。從財務的觀點來看，成本和費用是現金的耗費，收入和利潤是現金的來源。公司財務主要在這種意義上研究成本和收入，而不同於一般意義上的成本管理和銷售管理，也不同於計量收入、成本和利潤的會計工作。

（一）現金流轉的含義

在建立一個新企業時，必須籌集若干現金，作為最初的資本，現金是企業進行規劃、開始營運的前提。現金在營運過程中變為經營用的各種資產，在營運中又陸續變為現金，這種流轉過程稱為現金流轉。這種流轉無始無終，不斷循環，稱為現金的循環或資金循環。

現金的循環有多條途徑，各種流轉途徑完成一次循環即從現金開始又回到現金所需的時間不同。根據循環時間長短的不同，可將現金的循環分為短期循環與長期循環兩種形式。短期循環是指現金循環時間不超過一年的流轉，包括現金本身和企業正常經營週期內可以完全轉變為現金的存貨、應收帳款、短期投資及某些待攤和

預付費用等。長期循環是指現金循環時間在一年以上的流轉，包括固定資產、長期投資、無形資產、遞延資產等。

(二) 影響現金流轉的因素

由於公司內、外部的一系列原因，現金流轉往往是不平衡的，即公司的現金流量不是收大於支，就是支大於收。絕大多數公司一年中會多次遇到現金流出大於流入的情況。影響現金流轉的因素主要表現在兩個方面。

1. 影響公司現金流轉的內部原因

(1) 盈利公司的現金流轉。不打算擴充的盈利公司，其現金流轉一般比較順暢。它的短期循環中的現金大體平衡，稅後淨利使公司現金多餘出來，長期循環中的折舊、攤銷等也會積存現金。但是當出現需要支付股利、償還借款、更新設備等情況時，盈利公司也可能由於抽出過多現金而發生臨時流轉困難。

(2) 虧損公司的現金流轉。從長期來看，虧損公司的現金流轉是不可能維持的。從短期來看，其又分為兩類：一類是虧損額小於折舊額的公司，在固定資產重置以前可以維持下去，因為折舊和攤銷費用不需要支付現金，因此，這類公司支付日常的開支通常並不困難，然而，當計提折舊的固定資產達到必須重置的時候，就會使公司無法重置，很快破產；另一類是虧損額大於折舊額的公司，這類公司不能以高於付現成本的價格出售產品，更談不上補償非現金費用，如果不從外部補充現金將很快破產。

(3) 擴充公司的現金流轉。擴大經營規模的公司，需要使固定資產的投資擴大、存貨增加、應收帳款增加、營業費用增加等，都會使現金流出擴大。財務人員只有從內外部尋求資金，才能設法滿足公司擴大的現金需要。

除了公司本身盈虧和擴充等，外部環境的變化也會影響公司的現金流轉。

2. 影響公司現金流轉的外部原因

(1) 市場的季節性變化。通常來講，公司的生產部門力求全年均衡生產，以充分利用設備和人工，但銷售總會有季節性的變化。因此，公司往往在銷售淡季現金不足，銷售旺季過後積存過剩現金。

(2) 經濟的波動。任何國家的經濟發展都會有波動，時快時慢。在經濟收縮時，銷售下降，進而生產和採購減少，整個短期循環中的資金減少了，公司就會有過剩的現金。當經濟「熱」起來時，現金需求迅速擴大，積存的過剩現金很快被用盡，會出現資金的相對短缺。

(3) 通貨膨脹。通貨膨脹會使公司遭遇現金短缺的困難。由於原料價格上升，要保持存貨所需的現金增加，公司只有通過提高利潤來保持現金的充足。然而提高利潤只能通過增收節支來實現，增加收入受到市場競爭的限制，則只有通過降低成本來維持公司的營運。

(4) 競爭。競爭會對公司的現金流轉產生不利影響。價格競爭會使公司立即減少現金流，廣告競爭會立即增加公司的現金流，然而這些競爭往往是被迫的，公司

第一章　公司財務總論

經營者們不得不採取他們本來不想採取的方針。

二、公司財務關係

公司在其資金流轉中，將會產生廣泛的財務關係。財務關係是一個歷史的經濟範疇，在不同的經濟發展時期，存在著不同性質和特徵的財務關係。它是兩個或兩個以上的財務關係行為體之間發生經濟聯繫而形成的經濟關係。在財務活動和財務關係實務中，有多少個財務關係行為體，就可能產生多少種財務關係。概括地說，財務關係包括以下幾種：

(一) 公司與投資者、受資者的財務關係

公司與投資者、受資者的財務關係就是投資與收益的關係，從性質上看屬於所有權關係。公司與投資者形成財務關係時，公司是資金接受者，這種關係主要是公司從投資者那裡籌集資金，進行生產經營活動，並將所實現的財務成果按規定進行分配。公司與受資者形成財務關係時，公司是投資者，公司以自身的法人財產向公司以外的其他單位投資，並按投資額的多少享有相應的投資收益。公司應該按照有關法規的要求，正確處理這種財務關係，以維護投資者、受資者的合法權益。

(二) 公司與債務人、債權人的財務關係

這類財務關係有因公司向債權人借入資金，並按合同規定支付利息和歸還本金所形成的經濟關係，有因公司將其資金以購買債券、提供借款或商業信用等形式出借給其他單位所形成的經濟關係。這種財務關係在性質上屬於債權債務關係。處理債權債務關係，要求債務人按期還本付息，不得拖欠。

(三) 公司與供貨商、公司與客戶之間的財務關係

公司與供貨商、公司與客戶之間的財務關係主要是指公司購買供貨商的商品或接受服務，以及公司向客戶銷售商品或提供服務過程中形成的經濟關係。這種財務關係在性質上屬於收支結算關係。處理收支結算關係，要求講究商業信用，遵守結算規定，及時收付欠款，以免相互占用資金。

(四) 公司與稅務機關之間的財務關係

公司與稅務機關之間的財務關係表現為徵稅和納稅的關係。國家以社會管理者的身分委託稅務機關向公司徵收有關稅金，包括所得稅、流轉稅和其他形式的稅金，這是國家財政收入的主要來源。公司必須按照國家頒布的稅法和相關規定及時繳納各種稅款。

(五) 公司內部各單位的財務關係

公司內部各單位之間的財務關係是一種公司內部的資金結算關係，它表現在兩個方面：一方面是以公司財務部門為中心，公司內部各部門、各單位與公司財務部門之間的收支結算關係，領款、報銷以及代收、代付款等，它體現了公司內部資金集中管理的要求；另一方面是公司內部各單位之間由於提供產品或勞務而發生的資

7

金結算關係，它體現了公司內部資金在分散管理上的要求。這種集中和分散的財務關係反應了公司在生產經營中的分工和協作的權責關係。

（六）公司與其職工之間的財務關係

公司與職工之間的財務關係是公司支付職工工資、津貼、福利而形成的結算關係。公司應當按照職工提供的勞動數量和質量進行工資分配，正確制定相關工資分配制度，充分調動職工的積極性。

三、公司財務的內容

公司財務的內容是由公司資金運動的內容決定的。公司投入資金，用來進行產品生產和經營，要考慮投資的效益；公司投入的資金以一定的方式從各種來源獲得，必須注意資金的成本；產品售出收回貨幣資金，產生利潤，確定資金增值的分配方案，這就組成了公司財務的主要內容，它包括公司資金的籌資決策、公司投資決策、公司營運資金管理和股利分配決策。

（一）籌資決策

要建立一個公司，必須籌集若干資金作為最初的資本。這不僅是各國法律條文所要求的，而且是公司營運所必需的。在現代社會經濟中，要想使一個公司運轉起來，必須有足夠的資金，即使已成立的公司，也會不斷擴大生產規模，更新生產設備，採用先進技術，提高產品質量，因而需要投入更多資金和資源。因此，籌集公司生存和發展所需的資金是公司財務的重要內容。

資金按不同標準可分為權益性資金和債務性資金、長期資金和短期資金等。自不同來源、以不同方式籌集的各種資金都有不同的成本，其使用時間、抵押條款及其他附加條件也不相同，從而給公司帶來的風險也不一樣。因此，籌資決策要解決的問題是如何取得所需的資金，取得多少資金，是長期需要還是短期需要。財務人員必須對各種不同的籌資方式，在風險和成本之間進行權衡，選用最佳的籌資方式。

（二）投資決策

投資是最基本的財務決策。資本的運用過程就是投資過程。公司的投資範圍很廣，既包括購建固定資產等內部投資活動，又有購買有價證券、與其他企業聯營等外部投資活動。

公司的投資決策按不同標準可分為直接投資與間接投資、長期投資與短期投資等。投資決策應解決的問題是採用何種投資決策方法，分析、評價各種投資方案收益與風險的大小，進行綜合權衡並做出抉擇。

（三）營運資金管理

公司在日常生產經營過程中，需要採購材料或商品，支付工資和其他管理費用，會發生資金支出；當公司向市場售出產品、商品或提供勞務時，便可取得資金

第一章　公司財務總論

收入。公司日常生產經營過程中所發生的一系列的資金收支，便構成公司日常經營中的財務活動。

營運資金管理是指通過對營運資金的日常管理，保證公司有足夠的各種資源維持生產運行，並取得較高的盈利水準。它與公司現金流量緊密相關。其通常包括以下主要內容：貨幣資金最佳持有量的確定、短期投資的管理、信用管理、存貨管理等。

(四) 股利分配決策

股利分配決策是指在公司賺取的利潤中，有多少作為股利發放給股東，有多少留在公司作為再投資用。從公司角度看，較高的保留盈餘可以使自身保持較多的資金，利於投資及發展，但過低的股利支付率可能引起投資者的不滿，從而引起股價下跌。同樣，過高的股利支付率將影響公司再投資能力，甚至失去投資機會，引起未來收益減少，導致股價下跌。因此，公司必須制定適當的股利政策。

股利政策的制定受多種因素的影響，包括稅法對股利和出售股票收益的不同處理、公司未來投資機會、各種資金來源及其成本、以及股東對當期收入和未來收入的相對偏好等，公司必須根據自己的具體情況確定最佳的股利政策。

股利分配決策一般研究股利分配與內部融資的關係、股利政策及影響股利政策的因素、股利的支付程序、股票股利與股票回購等問題。

上述財務管理的四項基本內容是有機聯繫在一起的。因此，進行公司財務管理，必須把上述四大內容相互聯繫地加以考慮，統籌安排，合理調度，才能取得較好的管理效果。

第三節　公司財務目標

任何一項管理工作，都須有明確、具體的目的要求，唯有這樣，才能更有效地行使各種管理手段，以促進其健康發展。公司財務目標，是指公司財務管理系統所要達到和實現的最終目的。不同的財務目標，會產生不同的財務運行機制，科學地確定理財目標，對優化財務行為、實現財務資源的合理配置和有效使用，對合理安排財務制度、妥善處理和協調財務關係，具有重要意義。

一、公司財務目標的主張

從根本上說，公司財務目標取決於公司的總目標，取決於特定的社會經濟模式，而且受財務管理自身特點的制約。對於公司選擇什麼樣的財務管理目標，目前存在許多不同的觀點，這些觀點分別從不同角度闡述了其作為公司財務目標的理由。最具代表性的主要有以下幾種觀點：

公司財務

(一) 利潤最大化

以利潤最大化為目標，是指通過對公司財務活動的管理，不斷增加公司利潤，使公司利潤達到最大。利潤最大化強調經營有盈利是公司生存和發展的必要條件，從而促使公司講究經濟核算，加強管理，改進生產技術，提高勞動生產率，降低產品成本，以此來提高經濟效益。

以稅後利潤最大化作為財務管理的目標，有其科學性和合理性，這主要是因為：

(1) 利潤是衡量公司剩餘價值的重要指標。人類進行任何生產經營活動，都是為了創造更多剩餘產品，而剩餘產品的多少，可以用利潤的多少來綜合衡量。

(2) 在自由競爭的資本市場中，資本的使用權最終屬於獲利最多的公司。

(3) 公司通過追求利潤最大化，可以使整個社會財富實現最大化。

但是，以利潤最大化為目標，也存在如下的缺點：

(1) 沒有考慮貨幣的時間價值。從時間價值的角度看，現在取得的利潤與以後年度取得的利潤，其價值是大不相同的。雖然金額相等，但由於利潤實現的時點不同，其價值存在著很大的差別。因此，在公司的財務管理活動中，一定要考慮利潤實現的時間，在前期取得的利潤的價值要比後期實現的利潤的價值大。

(2) 沒有考慮風險因素。根據風險與收益對等原則，一般來說，高收益項目必然伴隨著高風險，即使兩個利潤相同的項目，其所包含的風險大小也是不同的。以利潤最大化作為財務管理的目標，會使財務管理人員盲目追求利潤而忽視其存在的風險，從而可能為公司帶來財務危機。

(3) 沒有考慮創造的利潤與投入之間的關係。這裡的利潤是一個絕對值，利潤是公司投入一定量的資金所形成的，投資額不同，利潤也不同。因而不利於不同資本規模的公司或同一個公司在不同時期的比較。

(4) 易導致公司短期行為。由於片面追求利潤最大化，公司會忽視人才培養、產品開發、生產安全、技術進步及社會責任等，忽視遠期投資，影響公司的可持續發展。

所以，利潤最大化目標不適應公司持續發展的需要。

(二) 資本利潤率最大化或每股收益最大化

資本利潤率是稅後利潤與投入資本額的比率，每股收益也稱為每股盈餘，是稅後淨利潤與普通股股數的比率。這兩個指標都是衡量效率的相對值指標，把公司實現的利潤額與投入的資本或股本數進行對比，能夠說明公司的盈利水準，可以在不同資本規模的公司或同一公司不同時期之間進行比較，揭示其盈利效率的差異，很好地貫徹成本效益原則，並且在一定程度上考慮了股東或投資者的利益。但是，這兩個指標同樣是已完成事項的成果，並不能代表公司未來的發展潛力，且沒有考慮收益取得的時間及其所面臨的風險，也不能避免公司的短期行為。另外，每股收益指標僅考慮了股東作為資本投資者的利益要求，沒有考慮債權人作為資本投資者的

第一章　　公司財務總論

利益要求。

(三) 股東財富最大化

股東財富表現為股東擁有的股票數量與每股市價的乘積。股東財富越多，表明公司的經營業績越好。該目標主要適用於上市公司，因為上市公司的股票有其市價，具有可以參考的標準。上市公司為股東所有，公司經營就以股東的利益最大化作為其管理目標，股東的利益體現為股東財富。如可口可樂公司在其年度財務報告中就向股東說明：「我們只為一個原因而存在，那就是不斷地增加股東的價值。」這充分說明了股東財富最大化是上市公司追求的財務管理目標。

以股東財富最大化作為財務管理目標，其優點主要有：

(1) 考慮了風險因素的存在，因為風險的高低會影響到股票的價格。

(2) 要使股票價格保持在較高的水準，就要求上市公司在持續經營的有效期限內每年都較好地實現利潤，穩重經營，從而克服公司追求利潤的短期化行為。

(3) 作為一個可以量化的財務指標，便於公司進行業績考核與獎懲。當然，影響股票價格變化的因素很多，但好的經營業績肯定有利於股票價格的提高，並為股東帶來利益。

(4) 考慮了資金的時間價值因素。股票價格的高低除了受到現在及預期未來的每股收益、公司的股利政策、風險及其他因素影響外，還有一個重要的因素是收益發生的時間、收益的期間。因此，以股東財富最大化作為財務管理的目標就能夠體現資金時間價值觀念的要求。

但是，股東財富最大化作為財務管理的目標也有其缺陷：

(1) 適用的範圍較窄，它只適用於上市公司。

(2) 股票價格是股東財富最大化的重要衡量標準，但影響股價的因素很多，有些因素是公司可控的，而有些因素是公司不可控的，如股票市場的系統因素作用、人為的股票炒作以及其他不可控因素的影響等，都會引起股價的變動。因此，將不可控因素引入到財務管理目標中是不合適的。

(3) 它只強調了股東的利益，而忽視了其他相關者，如公司的債權人、經營者、職工的利益等的利益。

(四) 公司價值最大化(企業價值最大化)

投資者設立並持續經營公司的重要目的，是盡可能地創造更多的財富，這種財富首先表現為公司的價值。公司價值是指公司的全部資產(股票和負債)市場價值之和，是公司所能創造的預計未來現金流量的現值，反應了公司潛在的或預期的獲利能力和成長能力。「公司價值」與「股東財富」相比，增加了負債的市場價值部分，不僅考慮了股東的利益，而且考慮了債權人的利益。

以公司價值最大化作為公司財務的目標，其優點主要表現在：

(1) 考慮了資金的時間價值和投資的風險價值，有利於統籌安排長短期資金規劃、合理選擇投資方案、有效籌措資金、合理制定股利政策等。

11

公司財務

(2) 反應了對公司資產保值增值的要求，從某種意義上說，公司價值最大化，公司市場價值就越大，追求公司價值最大化的結果可促使公司資產保值或增值。

(3) 有利於克服管理上的片面性和短期行為。

(4) 有利於社會資源合理配置，社會資金通常流向公司價值最大化的公司或行業，有利於實現社會效益最大化。

公司價值最大化這一公司財務目標的運用也有其缺陷：公司在確定公司價值時，未來收益以及風險都包含著不確定性因素，難以準確地對公司價值進行計量；另外，上市公司的公司價值可以用市場上交易的股票與債券的價格作為參考，而對於非上市公司就難以對其進行較為準確的衡量。因此，以公司價值作為財務管理的目標也有一定的不合理性。

以上公司財務目標，各有其優缺點，在實際運用時，公司應從實際情況出發，選擇有利於本公司發展的財務目標。公司與公司之間在性質、規模和效益等方面存有差異，其公司財務目標也會存在一定差異。每個公司都應該在發展中不斷開發財務目標，使其真正發揮規定公司財務方向和範圍的作用。本書選擇公司價值最大化作為公司財務的目標。

二、公司財務目標的協調

公司財務活動反應了不同利益主體之間的經濟關係。這些利益主體包括公司的股東、經營管理者、債權人、政府部門、員工和其他社會公眾等，不同的利益主體雖然都關注公司的經濟管理和資金運動，但其目標並不完全一致，這就構成了錯綜複雜的利益衝突。如何協調財務活動所涉及的不同利益主體之間的財務關係，是財務管理工作必須認真考慮和重點解決的問題。

(一) 股東與經營者的矛盾與協調

現代公司所有權(股權)與經營權的分離，尤其是股份公司制度下股權的分散，使公司的所有者——股東一般不再直接參與公司的具體經營活動，公司的經營權掌握在股東的代理人——公司的經營者手中。股東支付給經營者一定的勞動報酬，這種勞動報酬對於股東來說是一種成本支出，稱之為享受成本。股東與經營者形成一種代理關係，代理問題的關鍵不是享受成本的多少，而是在增加享受成本的同時，是否更多地提高了公司價值。股東希望以較小的享受成本帶來更多股東財富，而經營者則希望能更多地增加享受成本，甚至損害所有者的利益，如追求物質報酬和非物質的待遇，盡可能地減少勞動時間和勞動強度，迴避風險，而不願付出較多的代價為公司爭取更多的收益等。這些行為都會損害股東的利益，與股東目標背道而馳。

要協調股東與經營者之間的代理關係，使經營者的決策與股東財富最大化的目標一致，採取的措施主要包括兩個方面：一是激勵措施，二是約束、監督措施。

第一章　　公司財務總論

1. 激勵措施

協調股東與經營者之間的矛盾的一個重要思路是盡量使經營者的目標和股東的目標趨於一致。為此，在社會實踐中往往採用許多不同的辦法，包括：① 高額年薪制度。給公司的高級經理人提供高額的薪酬，並將其薪酬待遇與公司的業績掛勾，使其努力提高公司業績，實現股東財富增值的行為與提高自身的收益相統一。② 績效股。如果經營者也成為股東，二者的目標就統一了，正是基於這一思路，許多公司根據管理者績效指標的完成情況，發給其股票。③ 股票期權。給予公司不同等級的經理人以不同數量的認股權，允許他們在未來的一段時間內以約定的價格購買一定數量公司股票的權利。如果公司的經營業績良好，公司價值不斷增值，從而推動公司的股票價格不斷上漲並超過股票期權所約定的購買價格時，經理人通過行使認股權就可以獲利。這樣，直接將股東財富的增長與公司經營者收益的增長聯結在一起。

2. 約束和監督措施

為了保證公司經營者的行為與實現股東財富或公司價值最大化的目標一致，還可在公司的內部和外部設置一系列監督和約束機制。

（1）解聘。這是一種通過所有者約束經營者的辦法。股東對經營者予以監督，如果經營者未能使公司價值達到最大，就解聘經營者，經營者因解聘的壓力，就會更加盡心盡責地努力工作，從而被動地實現財務管理目標。

（2）接收。這是一種通過市場約束經營者的辦法。如果經營者經營決策失誤、經營不力，未能採取有效措施使公司價值提高，公司就可能被其他公司強行接收或吞並，相應經營者也會被解聘。為此，經營者為了避免這種接收，就必須採取一定的措施，增加公司價值，從而提高股票價格。

（二）股東與債權人的矛盾與協調

當公司向債權人借入資金後，兩者也形成一種委託代理關係。債權人的目標是到期收回本金，並獲得約定的利息收入，強調的是借款的安全性。公司借款的目的是擴大經營，強調的是借入資金的收益性。因此，股東的財務目標與債權人期望實現的目標存在一定的矛盾，股東往往為了自身的利益而通過經營者損害債權人的利益。這主要包括如下兩種方式：

（1）股東改變原定資金的用途，將資金用於風險更高的投資項目。如果高風險項目獲得成功，超額利潤就為股東所獨享；但如果高風險項目一旦失敗，公司無力償債，債權人將要與股東共同承擔由此而造成的損失，這對債權人來說風險與收益是不對等的。

（2）股東未徵得現有債權人同意發行新債券或舉借新債，從而使公司的負債比例增大，增加了公司財務危機甚至破產的可能性，降低了舊債的償還保障程度，致使債權人債權的價值下降。

為協調股東與債權人的上述矛盾，防止債權人利益受到侵害，通常可採取以下

措施：

（1）限制性借款，即在借款合同中加入某些限制性條款，如規定借款的用途、借款的擔保條款和借款的信用條件或限制增發新債的數額等。

（2）收回借款或不再借款，即當債權人發現公司有侵蝕其債權價值的意圖時，採取提前收回借款或拒絕提供新借款，或要求高出正常利率很多的高額利率，作為這種風險的補償，從而保障自身的權益。

公司違背債務合同，不僅損害了債權人的利益，同時也使其失去了借款的來源，或者不得不付出更高的負債成本，支付更高的借款利率，從而降低公司淨資產收益率，最終會影響公司未來股票的市價，進而降低或縮減公司價值或股東財富。因此，公司股東與債權人在一定程度上講，是相互依存的關係。公司在追求公司價值或股東財富的同時，還必須公平對待債權人，合理考慮債權人的利益。

（三）公司與社會的利益衝突與協調

當公司以公司價值最大化作為財務管理目標時，還必須考慮到整個社會是否受益；在實現其財務管理目標的過程中，還要考慮對社會責任的履行等問題。一般情況下，財務管理目標的制定和實現與社會責任的履行是基本一致的。這是因為：

（1）為了實現財務管理目標，公司必須生產出符合社會需要的產品，這不僅可以滿足消費者的需求，而且也實現了公司產品的價值。

（2）為了實現財務管理目標，公司必須不斷引進與開發新技術，並拓展公司經營規模，這樣就會引起新的就業需求，增加就業機會。

（3）為了實現財務管理目標，公司必須不斷擴大銷售，為此它必須把產品銷售給顧客，提供高效率和周到的服務。

在實現財務管理目標的過程中，公司為社會做出了一定的貢獻，也承擔了相當的社會責任。但是，財務管理目標的實現並不總是與社會責任的履行相一致，兩者之間也存在著一定的矛盾。如為了保護消費者權益、合理雇傭人員、防止環境污染等，公司會為此而付出代價，或損失一些機會，從而減少公司價值或股東財富。現代財務理論認為，公司承擔一定的社會責任是應該的，但完全以社會責任為前提是行不通的。為此，應由政府和有關部門制定相應的法律法規來規範公司承擔社會責任。對於公司非法定的社會責任，可以通過社會輿論導向等因素，引導公司不斷增強社會責任意識，從而使公司財務管理目標與社會責任協調一致。

第四節　　公司財務原則

公司財務原則，也稱理財原則，是指人們對財務活動的共同的、理性的認識。它是聯繫理論與實務的紐帶。對於如何概括理財原則，人們的認識不完全相同。道

第一章　公司財務總論

格拉斯·R. 愛默瑞和約翰·D. 芬尼特的觀點具有代表性，他們將理財原則概括為三類共 12 條。

一、有關競爭環境的原則

有關競爭環境的原則，是對資本市場中人的行為規律的基本認識。

（一）自利行為原則

自利行為原則是指人們在進行決策時按照自己的財務利益行事，在其他條件相同的情況下人們會選擇對自己經濟利益最大的行動。在這種假設情況下，公司會採取對自己最有利的行動。

根據委託－代理理論，公司應是各種自利的人的集合。在一個大型公司中，利益關係人之間存在衝突，一個公司涉及的利益關係人都是按自利行為原則行事的，公司和各種利益關係人之間的關係，大部分屬於委託－代理關係。這種相互依賴又相互衝突的利益關係，需要通過「契約」來協調。

自利行為原則的另一個應用是機會成本的概念。當一個人採取某個行動時，必然從自利原則出發而放棄其他行動方案，採用一個方案而放棄的其他方案的最大淨收益是被採用方案的機會成本，也稱擇機代價。對機會成本的概念的理解有分歧，計算也經常會遇到困難，但是人們都不否認機會成本是在決策時不能不考慮的重要問題。

（二）雙方交易原則

雙方交易原則是指每一項交易都至少存在兩方，在一方根據自己的經濟利益決策時，另一方也會按照自己的經濟利益決策行動，並且對方和你一樣聰明、勤奮和富有創造力，因此你決策時要正確預見對方的反應。

雙方交易原則的建立依據是商業交易至少兩方、交易是「零和博弈」以及各方都是自利的。而在實際交易中，人們的信息是不對稱的。由於這個原因，買賣雙方對金融證券產生不同的預期，不同的預期導致了證券買賣，高估股票價值的人買進，低估股票價值的人賣出。直到市場價格達到他們一致的預期時交易停止。因此，在決策時不僅要考慮自利行為原則，還要使對方有利，否則交易就無法實現。除非對方不自利或者很愚蠢，不知道自己的利益是什麼，然而，這樣估計商業對手本身就不明智。

雙方交易原則要求在理解財務交易時不能「以自我為中心」，在謀求自身利益的同時要注意對方的存在，要知道對方也在遵循自利行為原則行事。這條原則要求我們不要總是「自以為是」，錯誤認為自己優於對手。

雙方交易原則還要求在理解財務交易時要注意稅收的影響。稅收的存在，主要是利息的稅前扣除，使得一些交易表現為「非零和博弈」。避稅就是尋求減少政府稅收的合法交易形式。避稅的結果使交易雙方受益但其他納稅人會承擔更大的稅收份

公司財務

額，從更大範圍來看並沒有改變「零和博弈」的性質。有的人主張，把「稅收影響決策」單獨作為一條理財原則，因為稅收會影響所有的交易。

（三）信號傳遞原則

信號傳遞原則，是指行動可以傳遞信息，並且比公司的聲明更有說服力。信號傳遞原則是自利行為原則的延伸。如一項資產的買進能暗示出該資產「物有所值」，買進的行為提供了有關決策者對未來的預期或計劃的信息。信號傳遞原則要求根據公司的行為判斷它未來的收益狀況；信號傳遞原則還要求公司在決策時不僅要考慮行動方案本身，還要考慮該項行動可能給人們傳達的信息。在資本市場上，每個人都在利用他人交易的信息，因此應考慮交易的信息效應，不僅要考慮決策本身的收益和成本，還要考慮信息效應的收益和成本。

（四）引導原則

引導原則是指當所有辦法都失效時，尋找一個可以信賴的榜樣作為自己的引導。例如，你在一個自己從未到過的城市尋找一個就餐的飯館，沒必要或沒時間調查每個飯館的有關信息，你應當找一個顧客較多的飯館去就餐，不要去顧客很少的地方，或許那裡不是價格很貴就是服務很差。引導原則不同於「盲目模仿」，它的適用條件為：一是理解存在局限性，認識能力有限，找不到最優的決策辦法；二是尋找最優方案的成本過高。

引導原則的一個重要應用，是行業標準概念。例如，對一項房地產的估價，如果系統的估價方法成本過高，不如觀察一下近期類似房地產的成交價格。引導原則的另一個重要應用就是「免費跟莊」概念。因為「領頭人」往往比「追隨者」承擔更大的風險與成本，所以相關法律對「領頭人」給予了保護。在知識產權領域中保護領頭人的法律，強制規定追隨者向領頭人付費，以避免免費跟莊的影響。許多小股民經常跟隨「莊家」或機構投資者，以節約信息成本，當然「莊家」也會利用免費跟莊現象，進行惡意炒作，掠奪小股民。因此，各國的證券監管機構都禁止操縱股價的惡意炒作，以維持證券市場的公平性。

二、有關創造價值的原則

有關創造價值的原則，是人們對增加公司財富的基本規律的認識。

（一）有價值的創意原則

有價值的創意原則，是指新創意能獲得額外報酬。新創意可以形成產品本身、銷售交貨、行銷渠道等客戶廣泛重視的方面，在產業內獨樹一幟，從而獲得高於平均水準的利潤。

這一原則主要應用於直接投資項目，一個有創意的投資項目可以為公司帶來更多的利潤。公司只有不斷創新，才能維持經營的奇異性並不斷增加股東財富。有價

第一章　公司財務總論

值的創意原則還應用於行銷渠道和銷售活動，例如連鎖經營方式的創意。

（二）比較優勢原則

比較優勢原則是指專長能創造價值。在市場上要想賺錢，必須發揮你的專長。只有擁有了比較優勢才能獲得超出平均水準的收入；沒有比較優勢的公司很難增加股東財富。

比較優勢原則的依據是分工理論。讓每一個人去做最適合他做的工作，讓每一個公司生產最適合它生產的產品，社會的經濟效率才會提高。比較優勢原則的一個應用是「人盡其才、物盡其用」；另一個應用是優勢互補，合資、合併、收購等都是出於優勢互補原則。比較優勢原則要求公司把主要精力放在自己的比較優勢上，並力圖形成、維持和鞏固自己的比較優勢，以保證公司能夠長期獲利。

（三）期權原則

期權是指不附帶義務的權利，它是有經濟價值的。期權原則是指在估價時要考慮期權的價值。

廣義的期權不限於財務合約，任何不附帶義務的權利都屬於期權。許多資產都存在隱含的期權。例如，一個投資項目，本來預期有正的淨現值，因此被採納並實施了，上馬以後發現它並沒有原來設想的那麼好，決策人不會讓事情按原計劃一直發展下去，而會決定方案下馬或者修改方案，使損失減少到最低。這種後續的選擇權是有價值的，它增加了項目的淨現值。這種選擇權則是一種期權，在評價項目時就應考慮到後續選擇權是否存在以及它的價值有多大。有時一項資產附帶的期權比該資產本身更有價值。

（四）淨增效益原則

淨增效益原則是指財務決策建立在淨增效益的基礎上，一項決策的價值取決於它和替代方案相比所增加的淨收益。如果一個方案的淨收益大於替代方案，我們就認為它是一個比替代方案好的決策，其價值是增加的淨收益。

淨增效益原則的應用領域之一是差額分析法，也就是在分析投資方案時只分析它們有區別的部分，而省略其相同的部分。淨增效益原則的另一個應用是沉沒成本。沉沒成本是指已經發生、不會被以後決策改變的成本。沉沒成本與將要採納的決策無關，因此在分析決策方案時應將其排除。

三、有關財務交易的原則

有關財務交易的原則，是人們對於財務交易基本規律的認識。

（一）風險－收益權衡原則

風險－收益權衡原則是指風險和收益之間存在一個對等關係，投資人必須對收益和風險做出權衡，為追求較高收益而承擔較大風險，或者為減少風險而接受較低的收益。在財務交易中，當其他一切條件相同時，人們傾向於高收益和低風險。然

而現實的市場中只有高風險同時高收益和低風險同時低收益的投資機會,如果你想有一個獲得巨大收益的機會,就必須冒可能遭受巨大損失的風險,每一個市場參與者都在他的風險和收益之間做權衡。有的人偏好高風險、高收益,有的人偏好低風險、低收益,但是每個人都要要求風險與收益對等,不會去冒沒有價值的風險。

(二) 投資分散化原則

投資分散化原則,是指不要把全部財富投資於一個對象,而要分散投資。

投資分散化原則的理論依據是投資組合理論。馬科維茨的投資組合理論認為,若干種證券組成的投資組合,其收益是這些證券收益的加權平均數,但其風險要小於這些證券加權平均風險,所以投資組合能降低風險。

這項原則不僅適用於證券投資,公司各項決策都應遵循分散化原則:在有能力時,不應當把公司的全部投資集中於個別項目、個別產品和個別行業;不應當把銷售集中於少數客戶;不應當使資源供應集中於個別供應商;重要的事情不要依賴一個人完成,重要決策不要由一個人做出。凡是有風險的事項,都要貫徹分散化原則,以降低風險。

(三) 資本市場有效原則

資本市場是指證券買賣的市場。資本市場有效原則,是指在資本市場上頻繁交易的金融資產的市場價格反應了所有可獲得的信息,而且面對新信息完全能迅速地做出調整。資本市場有效原則要求理財時重視市場對公司的估價。股價可以綜合反應公司的業績,如果僅通過操縱財務報告信息來提高報告利潤,只能獲得短時的欺騙效應,最終可能導致公司破產,因此,當市場對公司的評價降低時,應分析公司的行為是否出了問題並設法改進,而不應設法欺騙市場。同時應該注意,在資本市場上只能獲得與投資風險相對稱的收益,因此公司應當提高自身的競爭力,靠生產經營性投資增加股東財富,而企圖通過籌資就能夠增加股東財富的觀念是行不通的,要慎重使用金融工具。

(四) 貨幣時間價值原則

貨幣時間價值原則,是指在進行財務計量時要考慮貨幣時間價值因素。「貨幣的時間價值」是指貨幣在沒有風險條件下經過一定時間的投資和再投資所增加的價值。

貨幣時間價值的首要應用是現值概念。通常情況下,現在的1元貨幣比將來的1元貨幣經濟價值大,在計算時,應把不同時間的貨幣價值折算到「現在」的時點,然後再進行計算與比較,我們將這種方法稱為「折現」。財務估價中,廣泛使用現值計量資產的價值。貨幣時間價值的另一個重要應用是「早收晚付」觀念。

第一章　公司財務總論

第五節　公司財務程序和方法

一般而言，公司財務工作包含以下工作步驟和程序：

一、財務預測

財務預測是指根據公司過去的財務活動信息，依據現實條件，對公司未來財務活動和財務成果所做出的科學預計和測量。

財務預測的任務：通過測算生產經營方案的經濟效益，為公司決策提供科學依據；通過測算公司財務收支的變化情況，確定公司未來的經營目標；通過測算各項定額和標準，為編製計劃、分解計劃指標提供依據。

財務預測一般包括明確預測的對象和目標、搜集和整理有關信息資料、選用特定的預測方法進行預測、分析預測結果等步驟。

財務預測方法一般包括定性預測法和定量預測法兩大類。定性預測法主要利用直觀材料，依靠個人經驗的主觀判斷和綜合分析能力，對事物未來的狀況和趨勢做出預測。定量預測法主要依據歷史的和現實的資料，建立數學模型，進行定量預測。常用的財務預測模型有因果關係預測模型、時間序列預測模型、迴歸分析預測模型等。在實際工作中應將以上兩類預測法結合起來，互相補充，以便提高預測的質量。

二、財務決策

財務決策是指在財務目標的總體要求下，利用專門方法從若干個可以選擇的財務活動方案中選擇一個最優方案的過程。財務決策是公司財務管理的核心，財務預測是為財務決策服務的，決策的成功與否直接關係到公司的興衰成敗。

財務決策一般包括確定決策目標、提出備選方案、方案優選等步驟。

財務決策的方法主要有兩類：一類是經驗判斷法，指根據決策者的經驗判斷選擇，常用的方法有淘汰法、排隊法、歸類法等；另一類是定量分析法，指運用決策論的定量方法進行方案的確定、評價和選擇，常用的方法有數學微分法、線性規劃法、概率決策法、損益決策法、優選對比法等。財務決策一般分為情報活動、設計活動、抉擇活動、審查活動四個階段。這四個階段並不是按順序一次完成的，而是經常需要返回到以前的階段，最終獲得令人滿意的、足夠好的行動方案。

三、財務計劃

廣義的財務計劃工作包括確定財務目標、制定財務戰略和財務策略、規定財務

公司財務

工作程序和針對某一具體問題的財務規則，以及制定財務規劃和編製財務預算。狹義的財務計劃工作，僅針對特定期間的財務規劃和財務預算。

財務規劃通過調整經營活動的規模水準，使公司的資金、可能取得的收益、未來發生的成本費用相互協調，以保證實現財務目標。它受公司財務目標、戰略、程序和規劃等決策的指導和限制，為編製財務預算提供基礎。

財務預算是指公司根據各種預測信息和各項財務決策確立的預算指標和編製的財務計劃，是以貨幣表示的預期結果，是決策的具體化。

財務預算步驟一般包括：分析財務環境，確定預算指標；協調財務能力，組織綜合平衡；選擇預算方法，編製財務預算。

財務預算的方法主要有平衡法、因素法、比例法、定額法等。

四、財務控制

財務計劃的執行依靠財務控制。財務控制就是依據財務計劃目標，按照一定的程序和方式，發現實際偏差與糾正偏差，確保公司及其內部機構和人員全面實現財務計劃目標的過程。在公司經濟控制系統中，財務控制是一種連續性、系統性和綜合性最強的控制，也是公司財務經常進行的工作。

財務控制的方法主要有：防護性控制、前饋性控制、反饋控制等。

五、財務分析

財務分析是以公司會計報表信息為主要依據，運用特定的方法，對公司財務活動過程及其結果進行分析和評價的一項工作。財務分析既是對已完成的財務活動的總結，也是財務預測的前提，在公司財務管理的循環中起著承上啓下的作用。通過財務分析，可以掌握各項財務計劃指標的完成情況，評價財務狀況，研究和掌握公司財務活動的規律性，以便於投資者、債權人、管理者以及其他信息使用者做出正確的經濟決策。

財務分析步驟一般包括：獲取資料，掌握信息；指標對比，揭露矛盾；分析原因，明確責任；提出措施，改進工作。

常用的財務分析方法有：比較分析法、比率分析法和綜合分析法等。

第六節　公司財務環境

公司財務環境又稱理財環境，是指對公司財務活動和財務管理產生影響的公司內外各種條件的統稱。

公司財務環境包括的內容十分廣泛：從公司外部看，包括政治、經濟、法律、

# 第一章　公司財務總論

資源、文化教育等方面的環境；從公司內部看，公司組織形式、公司內部管理制度和管理組織機構、公司領導和管理人員的素質等也對理財產生不同程度的影響。下面僅就對公司財務管理影響較大的經濟環境、法律環境和金融環境作主要介紹。

一、經濟環境

（一）宏觀經濟環境

公司財務的宏觀經濟環境是指影響公司財務的各項宏觀經濟因素，如經濟發展週期、通貨膨脹、政府的經濟政策等。公司經營的好壞在很大程度上取決於宏觀經濟狀況。在社會經濟條件較好時，大多數公司都會興旺發達；而在社會經濟條件較差時，許多公司則會出現困難局面，有的公司可能還要發生虧損甚至破產。

1. 經濟體制

經濟體制是指制定並執行經濟決策的各種機制的總和。目前，中國處於市場經濟條件下，比起計劃經濟體制而言，公司是「自主經營、自負盈虧」的經濟主體，有獨立的經營權，同時也有獨立的財權。公司可以根據自身發展的需要，合理確定資本需要量，然後到市場上籌資，再把籌集到的資本投放到效益高的項目上，最後將收益根據需要和可能進行分配，保證公司自始至終根據自身條件和外部環境變化，做出各種財務決策並組織實施，因此，在市場經濟體制下，公司財務的內容更加豐富，方法也更加複雜多樣，公司財務的能動性較強，公司員工的積極性較高。

2. 經濟週期

經濟的發展總是呈現出一定的週期性，沿著復甦、繁榮、衰退、蕭條這四個階段周而復始地循環。經濟的週期性波動對公司財務有著重要影響。例如，在經濟蕭條時期，由於整個宏觀環境的不景氣，需求減少，投資銳減，公司處於緊縮狀態，產量和銷量下降，有時資金緊缺，有時資金又閒置；在繁榮時期，市場需求旺盛，購銷活躍，銷售大幅度上升，公司為了擴大生產，就需要大量地籌資和投資，這就要求財務人員迅速地籌集所需資金。

3. 經濟政策

經濟政策是政府進行宏觀調控的重要手段。在一定時期，政府為了協調經濟發展，往往通過計劃、財稅、金融等手段對國民經濟總體運行機制及其各個子系統提出一些具體的政策措施。這些宏觀經濟調控政策對公司財務的影響是直接的，公司必須按國家的政策辦事。例如，國家採取緊縮的經濟政策，會導致公司的現金流入減少，現金流出增加，資金緊張，投資壓縮；反之，當國家採取寬鬆的經濟政策時，公司現金流出減少，籌資相對容易，公司就可能會擴大投資，現金流入增加，從而利潤上升。

4. 通貨膨脹

通貨膨脹會給公司經營和理財帶來很大的困難。價格不斷上漲，不僅對消費者

極其不利，而且對公司財務活動的影響也很嚴重。公司本身對通貨膨脹無能為力，只有政府才能控制通貨膨脹速度。大規模的通貨膨脹會引起資金占用的迅速增加；通貨膨脹還會引起利息率的上升，增加公司的籌資成本；通貨膨脹會導致證券價格不斷下降，給籌資帶來相當大的困難；通貨膨脹會引起利潤虛增，造成公司資金流失。

（二）微觀經濟環境

理財的微觀經濟環境是指影響公司財務管理的各項微觀經濟因素，主要包括公司所處的市場環境、採購環境、生產環境、人員環境等。

1. 市場環境

市場環境又稱為銷售環境，是指公司的商品和勞務在市場上銷售時的競爭關係構成的組合，大體上反應了市場競爭的程度。公司所處的市場環境通常包括以下四種：完全壟斷市場、完全競爭市場、不完全競爭市場和寡頭壟斷市場。不同的市場環境對公司理財有著不同的影響。

2. 採購環境

如果公司處於穩定的採購環境中，可以少儲備存貨，減少存貨占用的資金。反之，如果公司處於波動的採購環境中，則必須增加存貨的保險儲備。在價格上漲的情況下，公司應該盡量提前進貨，以防因物價上漲而遭受損失。這時，要求在存貨上投放更多的資金。反之，如果物價下跌，則應推遲進貨，以便從價格下降中獲得好處，也可在存貨上少投入資金。

3. 生產環境

生產環境是指由生產所需要的人力資源、技術資源和時間資源所構成的組合。不同行業的公司有著不同的生產環境。生產環境也會對公司財務行為產生重要的影響。例如，如果一個公司是技術密集型，那它一定擁有比較多的固定資產而只有較少的工資和費用。這時，公司理財的任務就是籌集到足夠的長期資金以滿足固定資產的投資需要。反之，如果一個公司屬於勞動密集型，則公司理財的任務在於更多地籌措日常資金。

4. 人員環境

公司財務管理實際上處理的是人與人之間的經濟關係，因而人員環境對公司財務的影響是相當大的。這裡所說的人員環境不僅指對公司財務有影響的自然人，也指法人，還包括由不同人所構成的社會。如股東的意見對公司的籌資、投資和利潤分配有重大影響；顧客能影響公司的價值實現與資金週轉；社會責任會影響公司的資金和盈利；等等。

二、法律環境

任何公司都在一定法律約束下進行生產經營活動，並隨時接受法律意圖的導

第一章　公司財務總論

引。公司合法經營要受到保護，違法經營則要受到懲罰。不同的法律，對公司生產經營和管理的影響並不相同。公司財務的法律環境是指公司和外部發生經濟關係時所應遵守的各種法律、法規。與公司財務有關的法律、法規很多，比如合同法、金融法、證券法、財產法、稅法、公司法、破產法等。其中，對公司財務影響最直接、最重要的是公司法和稅法。為此，財務人員在進行財務管理時必須熟悉法律環境，加強法制觀念，依法組織好公司財務活動。

三、金融市場環境

公司財務的兩個基本要素——融資和投資活動都離不開金融市場。金融市場與公司財務活動有著密切的聯繫：一方面，公司需要從金融市場籌集所需的長短期資金；另一方面，公司也需要將其暫時閒置的資金出借給其他單位以獲取利息收益。可以說，公司的生存和發展離不開金融市場，金融市場是公司財務最重要的環境之一。

（一）金融市場

1. 金融市場的定義、功能和要素

所謂金融市場就是資金供需雙方通過某種方式進行資金融通和有價證券交易的場所和機制。金融市場可以是一個有形場所，也可以不是一個有形場所，而僅僅是一種交易關係或交易過程。

金融市場的主要功能有五項：轉化儲蓄為投資；改善社會經濟福利；提供多種金融工具並加速流動，使中短期資金凝結為長期資金；提高金融體系競爭性和效率；引導資金流向。

金融市場的要素主要有：①市場主體，即參與金融市場交易活動而形成買賣雙方的各經濟單位；②金融工具，即借以進行金融交易的工具，一般包括債權債務憑證和所有權憑證；③交易價格，反應的是在一定時期內轉讓貨幣資金使用權的報酬；④組織方式，即金融市場的交易採用的方式。

2. 金融市場類型

在當今發達的經濟下，存在許多不同類型的金融市場，對金融市場可以從不同的角度進行多種分類：

（1）按資金的期限劃分，可以分為短期資金市場和長期資金市場；

（2）按金融交易的對象劃分，可分為票據承兌市場、票據貼現市場、股票市場、債券市場、黃金市場和外匯市場等；

（3）按金融交易成交後交割的時間來分，可分為即期市場和遠期市場；

（4）按金融交易的地域來劃分，可分為國際市場、國內市場、區域市場和地方市場；

（5）按證券交易的過程來劃分，可分為初級市場和次級市場。

公司財務

(二) 金融機構

資金可以通過股票市場和債券市場在其需求者和供給者之間直接流動，也可以通過金融仲介機構間接流動。金融機構包括銀行業金融機構和其他金融機構。

1. 銀行業金融機構

銀行業金融機構是指經營存款、放款、匯兌、儲蓄等金融業務，承擔信用仲介的金融機構。銀行的主要職能是充當信用仲介、充當企業之間的支付仲介、提供信用工具、充當投資手段和充當國民經濟的宏觀調控手段。中國主要銀行業金融機構包括：

(1) 中央銀行。中國的中央銀行是中國人民銀行。它是全國最高金融機構，代表政府管理全國的金融機構和金融活動，經理國庫。其主要職責是：制定和實施貨幣政策，保持貨幣幣值穩定；依法對金融機構進行監督管理，維護金融業的合法、穩健運行；維護支付和清算系統的正常運行，持有、管理、經營國家外匯儲備和黃金儲備；代理國庫和其他與政府有關的金融業務；代表政府從事有關的國際金融活動。

(2) 商業銀行。商業銀行是以經營存款、放款和辦理轉帳結算為主要業務，以營利為主要經營目標的金融公司。中國目前的商業銀行有：國有獨資商業銀行，如中國銀行、中國工商銀行、中國農業銀行、中國建設銀行等；股份制商業銀行，如交通銀行、深圳發展銀行、中信實業銀行、中國光大銀行、城市合作銀行等。此外，還有外資商業銀行在中國設立的分支機構。

(3) 政策性銀行。政策性銀行是由政府設立，以貫徹國家產業政策、區域發展政策為目的，不以營利為目的的金融機構。與商業銀行相比，其主要特點是：不面向公眾吸收存款，而以財政撥款和發行政策性金融債券為主要資金來源；經營時主要考慮國家的整體利益和社會效益；其服務對象主要是對國民經濟發展和社會穩定有重要意義而商業銀行出於營利目的不願融資的領域；一般不普遍設立分支機構，其業務由商業銀行代理。中國目前的政策性銀行有：國家開發銀行、中國進出口銀行和中國農業發展銀行。

2. 非銀行金融機構

非銀行金融機構是指那些經營金融業務但又不稱為銀行的金融仲介機構。非銀行金融機構種類繁多，在西方國家主要分為兩大類：一類是儲蓄或存款型的非銀行金融機構，主要有保險公司、儲蓄與貸款協會、信貸協會、養老基金組織和互助基金組織等；另一類是通過出售股票或債券，聚集投資資金的非銀行金融機構，主要有投資公司、不動產投資信託公司、租賃公司以及財務公司等。目前中國主要的非銀行金融機構有：保險公司、信託投資公司、證券機構、財務公司和金融租賃公司等。

(三) 金融工具

金融工具是能夠證明債權債務關係或所有權關係並據以進行貨幣交易的合法憑

第一章　　公司財務總論

證，它對於交易雙方應承擔的義務與享有的權利均具有法律效力。金融工具一般具有期限性、流動性、風險性和收益性四個基本特徵。

（1）期限性是指金融工具一般規定了償還期，也就是規定債務人必須全部歸還本金之前所經歷的時間。

（2）流動性是指金融工具在必要時迅速轉變為現金而不致遭受損失的能力。

（3）風險性是指購買金融工具的本金和預定收益遭受損失的可能性，一般包括信用風險和市場風險兩個方面。

（4）收益性是指持有金融工具所能夠帶來的一定收益。

金融工具若按期限不同可分為貨幣市場工具和資本市場工具。前者主要有商業票據、國庫券（國債）、可轉讓大額存單、回購協議等；後者主要是股票和債券等。

（四）利率

1. 利率的概念

利率也稱利息率，是利息占本金的百分比指標。在金融市場上，利率是資金的交易價格。通過利率實現資金的再分配，利率在金融市場及公司財務管理活動中起著重要的作用。

2. 利率的分類

利率的種類很多，按照不同的分類標準可以有不同的分類：

（1）按利率之間的變動關係，利率可分為基準利率和套算利率。基準利率又稱為基本利率，是指在各種利率中起決定作用的利率。基準利率變動時，其他利率也會隨基準利率的變化而變化。基準利率在西方通常是中央銀行的再貼現率，在中國通常是中國人民銀行對商業貸款的利率，是中央銀行實行貨幣政策的重要手段之一。套算利率是各金融機構根據基準利率和借貸款的特點換算出的利率。

（2）按債權人實際收益，利率可分為名義利率和實際利率。名義利率有兩種含義：一種是在年內多次計息情況下的市場報價年利率，此時實際年利率大於市場報價年利率；另一種是指包含對物價上漲補償的利率，此時實際利率小於名義利率。

（3）按利率與市場資金的供求關係，利率可分為固定利率和浮動利率。固定利率是指在借貸期內，利率固定不變。浮動利率是指在借貸期內，利率可以根據借貸雙方的協定，在規定時間內，依據某種市場利率進行調整。浮動利率多用於3年以上的借貸或國際金融市場。

（4）按利率形成機制的不同，利率可分為市場利率和法定利率。市場利率是指根據資金市場上的供求關係，隨市場規律而自由變動的利率。法定利率是指由政府金融管理部門或者中央銀行確定的利率，又稱公定利率。中國的利率屬於法定利率，由國務院統一制定，中國人民銀行統一管理。發達的市場經濟國家以市場利率為主，同時有公定利率，但兩者基本一致。

3. 利率的構成

利率是資本的價格，它主要取決於資本供求關係。作為資本價格，它對資本供

應方來說屬於收益，而對資本需求方而言則屬於成本，在金融市場中，利率的計算方法為：

利率＝純粹利率＋通貨膨脹附加率＋風險收益率

（1）純粹利率。純粹利率是指無通貨膨脹、無風險情況下的平均利率。純粹利率的高低受平均利潤率、資金供求關係、政府政策調整的影響。例如，在沒有通貨膨脹時，國庫券的利率可視為純粹利率。

（2）通貨膨脹附加率。通貨膨脹使貨幣貶值，從而使投資者的真實報酬下降，因此，為彌補貨幣貶值，對通貨膨脹造成的損失給予一定的補償。預期的通貨膨脹率越高，證券的名義收益率也越高。

（3）風險收益率。風險收益率包括違約風險收益率、流動風險收益率和期限風險收益率。其中違約風險收益率是指為了彌補因債務人無法按期還本付息而帶來的風險，由債權人要求提高的利率；流動風險收益率是指為了彌補債務人資產流動性不好而帶來的風險，由債權人要求提高的利率；期限風險收益率是指為了彌補因償債期長而帶來的風險，由債權人要求提高的利率。

本章小結

本章主要介紹了公司財務的研究對象和內容、目標、原則、程序方法和理財環境。公司財務又稱企業財務管理，或公司理財，是企業管理的重要組成部分，是基於企業再生產過程中客觀存在的財務活動和財務關係而產生的，是企業組織財務活動，處理財務關係的經濟管理工作。公司財務的對象是公司的資金運動及其所體現的各種經濟利益關係，簡單地說就是公司的現金及其流轉。公司財務的內容包括籌資決策、投資決策、資本營運和股利分配決策。公司財務目標是實現公司價值最大化。為了實現既定的財務目標，公司應遵循理財原則，正確處理各種財務關係。公司財務工作包括財務預測、財務決策、財務計劃、財務控制和財務分析五個步驟，這五個步驟構成了一個完整的財務管理循環。公司財務活動和財務管理受到公司內外各種因素的影響，其中主要的外部影響因素有經濟環境、法律環境和金融環境等。

思考題

1. 什麼是公司財務？公司財務管理的內容有哪些？財務管理需要處理的財務關係有哪些？

2. 為什麼說公司財務管理在企業管理中具有非常重要的作用？

3. 目前關於財務管理的目標主要有哪幾種觀點？你比較贊同哪一種觀點？為什麼？

第一章　公司財務總論

4. 股東與經理之間代理矛盾所引發的代理成本有哪些？如何協調股東與經營者的利益關係？

5. 理財環境的內容有哪些？談談公司外部的環境對公司財務管理活動有怎樣的影響。

6. 試述公司財務原則的內容。

第二章
公司財務基礎

● 第一節　　貨幣時間價值

一、貨幣時間價值的概念

(一) 貨幣時間價值的含義

貨幣時間價值，又稱資金時間價值，是指貨幣經歷一定時間的投資和再投資所增加的價值。在貨幣投入社會再生產運動的條件下，即使不存在通貨膨脹和風險，等量的貨幣在不同時間點上的價值量也是不同的。比如，銀行一年期存款利率為10%，今天將100元存入銀行，一年後就可以收回110元。這表明100元錢經過一年時間的投資後，產生了10元錢的增值。假定銀行存款無風險，這一年中也沒發生通貨膨脹，則這增值的10元錢即為100元錢經過一年投資後產生的貨幣時間價值。

需要注意的是，貨幣自身並不具備增值的能力，貨幣只有進入金融體系，轉化為資本後才能產生價值。貨幣進入金融體系後產生的增值並非全部都是時間價值，通常情況下，還包括對風險(包括通貨膨脹風險)的補償。

(二) 貨幣時間價值的表示方式

貨幣時間價值可以用絕對數和相對數來表示，但是一般情況下都用相對數。例如，用10,000元購買了本國政府發行的短期國債，30天後獲得10元的利息。那麼，這10元收益就是10,000元貨幣在這30天內取得的時間價值的絕對數表現形式，而0.1%則為其相對數表現形式。

二、複利終值和現值

所謂複利，是指不僅本金要計算利息，而且利息也要計算利息，每經過一個計

第二章　公司財務基礎

息期，要將所生利息加入本金再計利息，逐期滾算，俗稱「利滾利」。

(一) 複利終值

複利終值是指一定量的本金按複利計算若干期後的本利和，其計算公式為：

$$F = P(1+i)^n \qquad (2.1)$$

式中：F 表示複利終值，P 表示現值，i 表示利率，n 表示計息期數。

式中$(1+i)^n$稱為「一次性收付款項終值系數」，簡稱複利終值系數，記作$(F/P, i, n)$，表示利率為i、n期複利終值的系數。式(2.1)也可以寫為：

$$F = P(F/P, i, n) \qquad (2.2)$$

複利終值系數可以通過查閱「複利終值系數表」獲得(見書末附表1)。

【例1】假設某人現在將1,000元存入銀行，年複利利率10%，經過5年後能拿到的本利和是：

$$F = 1,000 \times (1+10\%)^5 = 1,610.51(元)$$

【例2】現有10,000元，要想在12年後使其達到原來的2倍，則選擇的投資機會的年報酬率應該不低於多少？

$(F/P, i, 12) = 2$，查複利終值系數表，在$n=12$的行中尋找2，對應的i值最小應為6%，即可接受的投資機會的最低年報酬率為6%。

(二) 複利現值

複利現值是複利終值的逆運算，是指今後某一特定時間點收到或者付出的一筆款項，按折現率i所計算的現在時點價值。由終值求現值的過程叫作折現，其計算公式是：

$$P = F \frac{1}{(1+i)^n} = F \cdot (1+i)^{-n} \qquad (2.3)$$

式中的$(1+i)^{-n}$被稱為「一次性收付款項現值系數」，簡稱「複利現值系數」，記作$(P/F, i, n)$，表示利率為i、n期複利現值的系數。式(2.3)也可以寫為：

$$P = F(P/F, i, n) \qquad (2.4)$$

複利現值系數可以通過查閱「複利現值系數表」獲得(見書末附表2)。

【例3】假設某項投資年報酬率為8%，某人擬在3年後獲得本利和10萬元，那麼他現在應該投入多少錢？

$$\begin{aligned}
P &= F \times (1+i)^{-n} = F(P/F, i, n) \\
&= 100,000 \times (P/F, 8\%, 3) \\
&= 100,000 \times 0.793\,8[1] \\
&= 79,380(元)
\end{aligned}$$

所以，他現在應該投入79,380元。

---

[1] 本書在計算時對附表的取值皆精確到小數點後四位。

公司財務

三、年金的終值與現值

年金是指等額、定期的系列收支。折舊、利息、租金、保險費、養老金等通常都表現為年金的形式。年金按付款方式可以分為普通年金、先付年金、遞延年金和永續年金。

(一)普通年金的終值與現值

普通年金，是指在一定時期內每期期末等額收付的系列款項，也稱為後付年金。日常生活中最常見的為此類年金，若不加說明，年金即指普通年金。

1. 普通年金終值

普通年金的終值，是指一定時期內每期期末等額收付款項的複利終值之和。其計算公式為：

$$F = A \sum_{t=1}^{n} (1+i)^{t-1} = A \frac{(1+i)^n - 1}{i} \qquad (2.5)$$

其中 $\frac{(1+i)^n - 1}{i}$ 的值被稱為「普通年金終值係數」，記為 $(F/A, i, n)$，可以通過查閱「普通年金終值係數表」獲得(見書末附表3)。

【例4】假設某人在3年內每年年末向銀行存入2,000元，年利息率為4%，複利計息，則在第3年末他在銀行的存款為多少？

$F = 2,000 \times (F/A, 4\%, 3) = 2,000 \times 3.1216 = 6,243.2(元)$

所以在第3年末某人在銀行的存款為6,243.2元。

2. 普通年金現值

普通年金現值，是指一定時期內每期期末等額收付款項的複利現值之和。其計算公式為：

$$P = A \sum_{t=1}^{n} \frac{1}{(1+i)^t}$$

$$= A \frac{1 - (1+i)^{-n}}{i} \qquad (2.6)$$

其中 $\frac{1-(1+i)^{-n}}{i}$ 的值稱為「普通年金現值係數」，記為 $(P/A, i, n)$，可通過查閱「普通年金現值係數表」獲得(見書末附表4)。

【例5】某公司需要添置一套生產設備，如果現在購買，全部成本需要60萬元；如果採用融資租賃方式，每年末需等額支付租賃費9.5萬元，8年租期滿後，設備歸公司所有。問公司應選擇哪種方案？(假設年複利率8%)

融資租賃費現值 $P = 9.5 \times (P/A, 8\%, 8) = 9.5 \times 5.746, 6 = 54.592, 7(萬元)$

低於現在購買成本(60萬元)，因此，應選擇融資租賃方式。

第二章　公司財務基礎

(二) 先付年金的終值與現值

先付年金是指在每期期初支付的年金，又稱為預付年金。先付年金與普通年金的區別僅在於每次付款時間的不同，前者在期初而後者在期末。

1. 先付年金終值

先付年金終值的計算公式為：

$$F = A(1+i) + A(1+i)^2 + \cdots + A(1+i)^n \tag{1}$$

等式兩邊乘以$(1+i)$得：

$$(1+i)F = A(1+i)^2 + A(1+i)^3 + \cdots + A(1+i)^{n+1} \tag{2}$$

(2) - (1) 得：

$$(1+i)F - F = A(1+i)^{n+1} - A(1+i)$$

$$F = A\frac{(1+i)^{n+1} - (1+i)}{i}$$

$$= A\left[\frac{(1+i)^{n+1} - 1}{i} - 1\right] \tag{2.7}$$

式中：$\left[\frac{(1+i)^{n+1} - 1}{i} - 1\right]$稱為「先付年金終值系數」，記為$[(F/A, i, n+1) - 1]$。和普通年金終值系數$\frac{(1+i)^n - 1}{i}$相比可以看出，它是在普通年金終值系數的基礎上期數加1而系數減1的結果。因此，可以利用普通年金終值表先查出$(n+1)$期的值，再減去1，就可得到對應的先付年金終值系數。

【例6】某人每年年初存入銀行2,000元，存款年利息率為6%，以複利計算，則第5年年末的本利和為多少？

$$F = A \times [(F/A, i, n+1) - 1]$$
$$= 2,000 \times [(F/A, 6\%, 6) - 1]$$
$$= 2,000 \times (6.975,3 - 1)$$
$$= 11,950.6(元)$$

所以第5年年末的本利和為11,950.6元。

2. 先付年金現值

先付年金現值的計算公式為：

$$P = A + A(1+i)^{-1} + A(1+i)^{-2} + \cdots + A(1+i)^{-(n-1)} \tag{1}$$

等式兩邊同乘以$(1+i)$得：

$$(1+i)P = A(1+i) + A + A(1+i)^{-1} + A(1+i)^{-2} + \cdots + A(1+i)^{-(n-1)+1} \tag{2}$$

(2) - (1) 得：

$$(1+i)P - P = A(1+i) - A(1+i)^{-(n-1)}$$

$$P = \frac{A(1+i) - A(1+i)^{-(n-1)}}{1+i-1}$$

$$= A \frac{(1+i) - (1+i)^{-(n-1)}}{i}$$

$$= A \left[\frac{1 - (1+i)^{-(n-1)}}{i} + 1 \right] \qquad (2.8)$$

其中 $\left[\dfrac{1 - (1+i)^{-(n-1)}}{i} + 1 \right]$ 的值稱為先付年金係數，記為 $[(P/A, i, n-1) + 1]$。和普通年金現值係數 $\dfrac{1-(1+i)^{-n}}{i}$ 相比，它的期數減1，而係數加1。因此，可利用普通年金現值係數表先查 $(n-1)$ 期的值，然後加1，就可以得到對應的先付年金係數。

【例7】某企業租用設備一臺，在10年中每年年初支付5,000元，年利息率為8%，問：這些租金的現值是多少？

$$P = A \times [(P/A, i, n-1) + 1]$$
$$= 5,000 \times [(P/A, 8\%, 9) + 1]$$
$$= 5,000 \times (6.246,9 + 1) = 36,234.5(元)$$

所以這些租金的現值為36,234.5元。

(三) 遞延年金現值

遞延年金，也稱為延期年金，是指第一次收付款項發生在第二期或者第二期以後的年金。凡不是從第一期開始的普通年金都是遞延年金。遞延年金可以看作普通年金的特殊形式。

遞延年金的終值與遞延期無關，其計算方法與普通年金終值完全相同。假設最初有 m 期沒有款項收付，後面 n 期發生年金 A，則遞延年金現值的計算方法有兩種：

(1) 將遞延年金視為 n 期普通年金，先求出該年金在遞延期末的現值，再把此現值調整為第一期期初的現值，即可求得遞延年金現值。其計算公式為：

$$P = A \times (P/A, i, n) \times (P/F, i, m) \qquad (2.9)$$

(2) 假設遞延期中也進行支付，先求出 $(m+n)$ 期的年金現值，再減去實際並未支付的遞延期 (m) 的年金現值，即可求得遞延年金現值。其計算公式為：

$$P = A \times [(P/A, i, m+n) - (P/A, i, m)] \qquad (2.10)$$

【例8】大華公司向銀行借入一筆資金，銀行貸款利率為7%，前三年不用還本付息，從第四年至第十年每年末償還本息10,000元，則大華公司借入此筆資金的現值為多少？

$$P = A \times (P/A, i, n) \times (P/F, i, m)$$
$$= 10,000 \times (P/A, 7\%, 7) \times (P/F, 7\%, 3)$$
$$= 10,000 \times 5.389,3 \times 0.816,3 \approx 43,992.86(元)$$

所以大華公司借入此筆資金的現值約為43,992.86元。

(四) 永續年金現值

永續年金指無期限支付的年金，也稱為永久年金或者無期限年金。例如，存本

第二章　公司財務基礎

取息的利息和無期限附息債券的利息可以看作永續年金的例子。永續年金無終值，永續年金現值公式可由普通年金現值的公式推導得出：

$$P = A \frac{1-(1+i)^{-n}}{i}$$，當 $n \to \infty$ 時，$(1+i)^{-n}$ 的極限值為 0，所以：

$$P = \frac{A}{i} \qquad (2.11)$$

【例9】某學院欲成立一項獎學金基金，每年取出 10,000 元用於獎勵優秀學生，設年利率為 5%，那麼現在需一次性地投入多少錢到該基金？

$$P = \frac{A}{i} = \frac{10,000}{5\%} = 200,000 \text{（元）}$$

所以現在需一次性地投入 200,000 元到該基金中。

第二節　風險和收益

一、風險與風險收益的概念

風險是指行為預期結果的變動性。如果公司的一項行為有多種可能的結果，其將來的財務後果是不確定的，人們只能事先確定採取某種行動可能形成的結果，以及每種結果出現的可能性程度（概率），而行動的最終結果究竟會怎樣，人們不得而知，這就是風險。幾乎所有財務活動都有風險，財務活動的每一個環節都不可避免地要面對大小不同的風險。

與風險相聯繫的另一個概念是不確定性，即人們事先只知道採取某種行動可能形成的多種結果，但不知道它們出現的概率，或者兩者皆不知。對於前一種情況的不確定性問題，人們可以通過估計「主觀概率」的辦法將其轉化為風險問題而進行決策，相應的決策稱為不確定型決策。在實踐中很難將風險和不確定型決策加以嚴格區別，因為對很多風險問題的概率往往也只能進行估算，而不能準確計算。

風險的大小隨時間的延續而變化，是「一定時間內」的風險。對於一個投資項目的成本，事先的預計可能不很準確，越接近完工則預計越準確。隨著時間的延續，事件的不確定性在縮小，事件完成了，其結果也就完全確定了。因此，風險總是「一定時間內」的風險。

風險可能帶來超出預期的損失，也可能給投資者帶來超出預期的收益。只是投資者對意外損失的關切比對意外收益要強烈得多。因此人們主要從不利的方面來考察風險，經常把風險看成不利事件發生的可能性。但是在公司財務中風險是指與收益相關的風險，即無法達到預期收益的可能性。

理性的投資者會選擇肯定的某一投資收益率，而不會選擇不確定的同一收益

率，這種現象稱為風險厭惡。在風險厭惡普遍存在的情況下，誘使投資者進行風險投資的，是超過時間價值的那部分額外收益。

所謂風險收益，也稱風險價值、風險報酬、風險溢價、風險貼補率、風險貼水等，是指投資者冒著風險進行投資所要求獲得的超過資金時間價值的那部分額外收益。它是對投資者承擔風險的一種價值補償，是投資者期望投資收益的一部分。它不同於時間價值，時間價值是指投資者將資金投資後，隨著時間的推移而要求得到的無風險收益。在公司財務中，風險收益與時間價值一樣，往往是一個預期的概念，而不是指實際數。

風險收益的表示方式也有兩種：一是絕對數，即風險收益額；二是相對數，即風險收益率。財務實務中常用的是相對數。

風險收益的概念揭示了風險和收益之間的關係，是財務投資決策的基本依據。投資決策考慮的主要是投資的預期收益（預期投資報酬率）和風險程度是否達到自己期望的水準。風險收益率與風險成正比，而投資者的期望投資收益率在沒有通貨膨脹的情況下由無風險收益率和風險收益率組成，因此，要確定期望投資收益率，必須先確定期望的風險收益率；要確定期望的風險收益率，必須先確定投資所將承擔的風險究竟有多大。

二、風險的衡量

對財務風險的定量衡量，常用的方法有概率分佈法、槓桿系數法和 β 系數法等，這裡介紹概率分佈法。

（一）概率分佈和期望值

某一事件在完全相同的條件下可能發生也可能不發生，這類事件被稱為隨機事件。概率就是用來表示隨機事件發生可能性大小的數值。通常把必然發生事件的概率定為1，把不可能發生事件的概率定為0，而一般隨機事件的概率介於0與1之間，所有可能結果的概率之和等於1。

概率分佈是指某一隨機變量可能發生的結果及其相應概率的完整描述。概率分佈有離散型概率分佈和連續型概率分佈兩種。離散型概率分佈也稱不連續的概率分佈，其特點是概率分佈在各個特定的點上；連續型概率分佈的特點是概率分佈在連續的兩點之間的區間上。兩者的區別在於：離散型分佈中的概率是可數的，而連續型分佈中的概率是不可數的。

【例10】甲企業預計 A 產品明年的收益與市場情況有關，而市場情況為一隨機變量，可用表 2－1 描述各種可能收益的概率分佈。

第二章　　公司財務基礎

表 2－1　　　　　　　　　　市場情況概率分佈與收益

市場情況	概率 P_i	年收益 X_i（萬元）
銷量很好	0.3	100
銷量一般	0.5	40
銷量差	0.2	－10

期望值反應了隨機變量取值的平均化，它是所有可能的結果以各自相應的概率為權數的加權平均數，其計算公式如下：

$$\bar{x} = \sum_{i=1}^{n} p_i x_i \tag{2.12}$$

所以，A 產品明年收益的期望值為：

$$\bar{x} = 100 \times 0.3 + 40 \times 0.5 + (-10) \times 0.2 = 48(萬元)$$

（二）標準差和標準離差率

我們可以用離散程度來衡量風險的大小。一般來說，離散程度越大，風險越大；離散程度越小，風險越小。最常使用的用於刻畫隨機變量離散程度的指標主要有標準差和標準離差率。

1. 標準差

標準差是方差的平方根，也叫均方差。其計算公式為：

$$\sigma = \sqrt{\sum_{i=1}^{n} p_i (x_i - \bar{x})^2} \tag{2.13}$$

繼續採用例 10 的數據，計算甲企業 A 產品明年的預期收益的標準差的值：

$$\sigma = \sqrt{0.3 \times (100-48)^2 + 0.5 \times (40-48)^2 + 0.2 \times (-10-48)^2} \approx 38.94$$

對於一個決策方案，標準差越大，說明其風險越大。對於兩個或兩個以上的決策方案，若各個方案的期望值相等，標準差越大，風險越大；反之，標準差越小，風險越小。若各個方案的期望值不等，標準差的大小並不能直接說明各方案風險的大小，因為標準差以絕對數衡量決策方案的風險，只適用於期望值相同的決策方案風險程度的比較，而不能用來比較期望值不同的各項目的風險程度。因此，期望值不同的投資方案的風險程度，只能用標準離差率這個相對數指標來進行比較。

2. 標準離差率

標準離差率，也稱變異系數，它是標準離差與期望值之比，通常用符號 V 表示。其計算公式為：

$$V = \frac{\sigma}{\bar{x}} \times 100\% \tag{2.14}$$

用標準離差率衡量的兩個方案的風險大小結果與標準差一致，但標準離差率的功能更大，既可以用於期望值相同的方案之間風險大小的比較，也可以用於期望值

公司財務

不同的方案之間風險大小的比較。

【例11】大華公司有兩個投資項目 A 和 B 供選擇，兩個項目投資額均為1,000萬元，它們的可能投資收益率和相應的概率如表2－2所示。試比較兩個投資項目的風險大小。

表2－2　　　　　　　　　　投資項目收益的概率分佈

經濟狀態	發生概率 P_i	預期收益率 X_i(%)	
		A項目	B項目
繁榮	0.2	30	50
一般	0.6	25	25
衰退	0.2	20	0

A 項目：$\bar{x}_A = 25\%$；$\sigma_A = 3.16\%$

$$V_A = \frac{\sigma_A}{\bar{x}_A} \times 100\% = 12.64\%$$

B 項目：$\bar{x}_B = 25\%$；$\sigma_B = 15.81\%$

$$V_B = \frac{\sigma_B}{\bar{x}_B} \times 100\% = 63.24\%$$

所以，A 項目的風險小於 B 項目。

對投資方案風險量化後，就可以據此做出決策。當只有一個方案時，可以將方案的標準差或標準離差率與設定的可接受的標準差或標準離差率進行對比，若前者低於後者，說明投資項目的風險在可接受的範圍內，投資方案也是可以接受的。當情況是多方案擇優時，應選擇低風險高收益的方案，即選擇標準離差率最低，期望收益率最高的方案。然而高收益往往伴隨著高風險，低收益方案往往風險也較低，此時，決策者應該在風險和收益之間進行權衡，在風險可控的前提下盡量獲得更高的收益。當然，對投資方案的選擇還要視決策者對待風險的態度而定。對風險比較厭惡的投資者可能會選擇期望收益較低同時風險也較低的方案，反之，則可能選擇風險較高同時收益也較高的方案。

三、證券投資組合的風險和收益

證券投資組合又稱為證券組合，是指在進行證券投資時，不是將所有的資金都投向單一的某種證券，而是有選擇地投向一組證券。證券投資組合擴大了投資者的選擇範圍，增加了投資者的投資機會，而且通過有效地進行證券投資組合，投資者可以削減證券投資風險，達到穩定收益的目的。當投資的證券種類足夠多時，投資者幾乎能把所有的非系統性風險分散掉。因此，證券市場上有這樣一句名言：不要

第二章　公司財務基礎

把全部雞蛋放在同一只籃子裡。

現代證券投資組合理論的發展可追溯至 1952 年。美國財務學家馬科維茨在當年發表的《資產組合選擇——投資的有效分散化》一文中，揭示了如何運用組合理論以確定一條可供投資者選擇的有效邊界，使得邊界上的每個點都符合在給定風險水準下具有最大收益的特點。

投資組合理論研究的是「理性投資者」如何選擇及優化投資組合。所謂理性投資者，是指這樣的投資者：他們在給定期望風險水準下對期望收益進行最大化，或者在給定期望收益水準下對期望風險進行最小化。在以波動率為橫坐標、收益率為縱坐標的二維平面中，我們可以把代表優化投資組合的所有點描繪出來，形成一條曲線(圖2－1)。這條曲線上有一個點，其波動率最低，稱之為最小方差點(英文縮寫是MVP)。這條曲線在最小方差點以上的部分就是著名的(馬科維茨)投資組合有效前沿，對應的投資組合稱為有效投資組合。投資組合有效前沿是一條單調遞增的凹曲線。

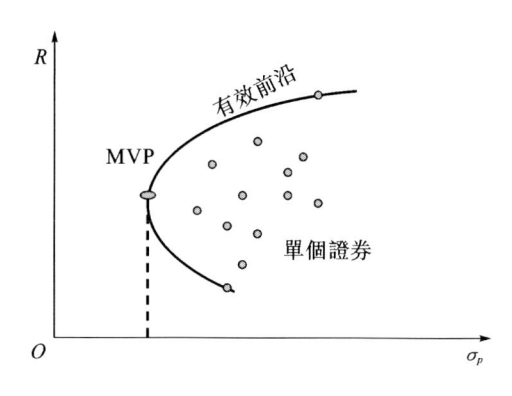

圖2－1　投資組合有效前沿

(一) 證券投資組合的風險

證券投資組合的風險包括可分散風險和不可分散風險。

1. 可分散風險

可分散風險，又叫非系統性風險或公司特別風險，是指某些因素對單個證券造成經濟損失的可能性。

股票風險分散理論認為：若干種股票組成的投資組合，其收益是這些股票收益的加權平均數，但是其風險並不是這些股票風險的加權平均風險。故投資組合能降低風險。

兩只股票完全負相關，投資組合的風險被全部抵消；兩只股票完全正相關，投資組合的風險不減小也不擴大。

一般各股間的相關程度為0.5～0.7，所以不同股票組合可以降低風險，但又不能完全消除風險。股票投資組合消除(降低)公司的特有風險，不能降低市場風險。

2. 不可分散風險

不可分散風險，又稱為系統性風險或市場風險，是指由某些因素給市場上所有證券都帶來經濟損失的可能性。

不可分散風險的程度，通常用 β 系數來計量。

β 系數是測定特定股票或資產組合對一般股票相對變動性大小的量。它反應個別股票相對於市場平均風險變動的敏感程度，用來衡量個別股票的系統風險。

$\beta = 1$ 表明該股票的風險與整個市場平均風險相同；

$\beta = 2$ 表明該股票的風險是整個市場平均風險的 2 倍；

$\beta = 0.5$ 表明該股票的風險是整個市場平均風險的 0.5 倍。

投資組合中，公司特有風險可以經由證券種類的增加而減少，剩下的僅為市場風險。投資組合的市場風險即 β 系數是個別股票的 β 系數的加權平均數，它反應特定投資組合的風險，即該組合的收益率相對於整個市場組合收益率的變異程度。

$$\beta = \sum W_i \beta_i \qquad (2.15)$$

式中：W_i 為第 i 種證券投資金額占總資金的比重；β_i 為第 i 種證券的市場風險系數。

證券組合的風險系數 β 值可以通過調整所選擇的個股來確定。

（二）資本資產定價模型（CAPM）

資本資產定價模型由美國經濟學家威廉·夏普（William Sharp）、簡·莫辛（Jan Mossin）和約翰·林特納（John Lintner）等於20世紀60年代創立起來的。資本資產定價模型對投資收益與投資風險之間的關係進行了定量表述，將「高收益伴隨著高風險」這樣一種複雜的現實現象和直觀認識用簡單的數學關係式表達了出來。

資本資產定價模型解釋了風險收益率的決定因素和度量，並且給出了一個簡明的表達形式：

$$K = R_f + \beta(R_m - R_f) \qquad (2.16)$$

式中：K 表示投資者投資某證券的期望收益率；β 表示該證券的系統性風險系數；R_f 表示無風險收益率，通常可以用短期國債的利率來近似替代；R_m 表示證券市場平均投資收益率，通常用股票市場價格指數收益率或所有股票的平均收益率來替代。$(R_m - R_f)$ 稱為證券市場平均風險收益率，它是證券投資者由於承擔了市場平均風險而要求獲得的超過無風險收益率的那部分額外收益，反應了市場整體上對風險的「偏好」水準。市場對風險的態度厭惡程度越高，要求的補償就越高，市場平均風險收益率 $(R_m - R_f)$ 的數值就越大；反之，如果市場對風險的偏好程度高，則對風險的厭惡和迴避就不是很強烈，要求的補償就越低，$(R_m - R_f)$ 的數值就越小。不難看出，投資者投資某項證券所要求的風險收益率是市場平均風險收益率與該證券的系統性風險系數 β 的乘積，即：風險收益率 $= \beta(R_m - R_f)$。

如果把資本資產定價模型公式中的 β 看作自變量（橫坐標），必要投資收益率 K

第二章 公司財務基礎

作為因變量(縱坐標)，無風險收益率 R_f 和市場平均風險收益率($R_m - R_f$)作為已知數，那麼 $K = R_f + \beta(R_m - R_f)$ 這個關係式就是一個直線方程，即證券市場線(SML)。將證券市場線描繪在平面上，這條直線的截距是無風險收益率 R_f，其斜率是市場平均風險收益率($R_m - R_f$)，如圖2-2所示。市場平均風險收益率($R_m - R_f$)越大，證券市場線的斜率就越大，證券市場線就會越陡，這時一項證券投資的系統性風險水準稍有變化，就會導致該證券的必要投資收益率較大幅度的變化；相反，如果多數市場參與者對風險的厭惡程度較小，證券市場線就會變得平穩一些，這時證券投資的必要投資收益率受其系統性風險的影響程度較小。

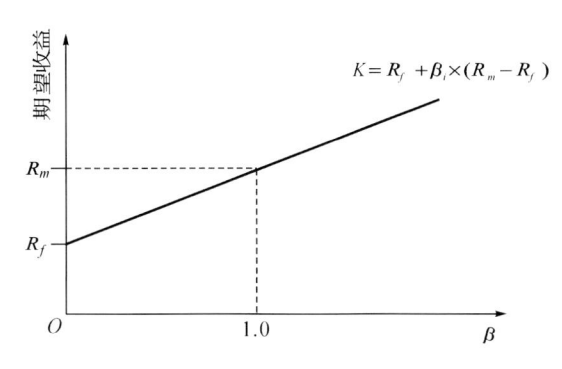

圖2-2 證券市場線

證券市場線對任何證券及組合的必要投資收益率的計算都是適用的，並在很多領域得到了廣泛應用。只要將證券或證券組合的 β 系數代入方程，就能得到其各自的必要投資收益率。證券市場上任意一只證券或證券組合的 β 系數和必要收益率都可以在證券市場線上找到對應的一點。在證券市場線關係式 $K = R_f + \beta(R_m - R_f)$ 中的等號右側，唯一與單項證券(或證券組合)相關的就是系統性風險系數 β，這意味著「只有系統性風險才有資格要求補償」。

【例12】現行短期國庫券的投資收益率為10%，股票市場平均必要投資收益率為16%，若某股票的 β 系數為1.5，則：

市場平均風險收益率 = 16% - 10% = 6%

該股票的必要風險收益率 = 6% × 1.5 = 9%

該股票的必要投資收益率 K = 10% + 1.5 × (16% - 10%) = 19%

本章小結

貨幣時間價值，是指貨幣經歷一定時間的投資和再投資所增加的價值。終值是複利的結果，現值則是未來的貨幣在今天的價值，兩者均與投資期間及利率水準有極密切的關係。年金是指定期、定額支付的現金流量，可依支付時間節點的不同，

公司財務

分為普通年金及先付年金，一般所稱的年金是指普通年金，而永續年金是指沒有到期日的年金。

風險與收益是貫穿公司財務學的兩大核心。投資收益包括收益所得及資本利得；預期收益率則為長期平均狀況下的期望值；風險為實際收益率與預期收益率產生差異的可能性，其衡量的工具有標準差及變異系數。

有效地進行證券投資組合，可以消除證券投資非系統風險。資本資產定價模型（CAPM）認為：證券（組合）的預期收益，包括代表機會成本的無風險收益及對應於市場風險的風險收益。

思考題

1. 時間價值在公司經營管理中有哪些應用？
2. 資金時間價值的大小取決於什麼因素？
3. 什麼是風險收益？
4. 衡量投資項目風險大小的指標有哪些？如何計算？

練習題

1. 某公司2016年年初對某項目投資100萬元，預計該項目2018年年初完工投產。2018年、2019年、2020年年末預期收益各為20萬元、30萬元、50萬元。若公司資金成本為10%，按複利計算2018年年初投資額的終值和2018年年初各年預期收益的現值之和。

2. 某公司2018年年初對某項目投資250萬元，預計該項目2019年年末完工投產。2020年、2021年、2022年年末預期收益均為100萬元。若該公司資金成本為10%，按複利計算2018年年初各年預期收益的現值之和。

3. 某企業租用設備一臺，在10年中每年年初支付1,000元，年利息率為5%，那麼這些租金的現值是多少？

第三章
籌資方式

第一節　籌資概述

　　資金是公司經營活動的一種基本要素，是公司創建和生存發展的必要條件。任何一個公司從創建到生存發展，整個過程都需要籌集資金。公司籌資是指公司根據其生產經營、對外投資和調整資本結構等需要，通過一定的籌資渠道，運用一定的籌資方式，經濟有效地籌措和集中資金的一項財務活動。籌資是公司進行生產經營活動的前提，籌資活動是公司的一項基本財務活動。籌資管理是公司財務管理的一個主要內容。

一、公司籌資動機

　　公司籌資是為了自身的生存和發展。公司在持續的生存與發展中，其具體的籌資活動通常受特定的籌資動機所驅使。公司籌資的具體動機是多種多樣的。例如：為購置設備、引進新技術、開發新產品而籌資；為對外投資、併購其他公司而籌資；為現金週轉與調度而籌資；為償付債務和調整資本結構而籌資等。在公司籌資實踐中，這些具體的籌資動機有時是單一的，有時是結合的，歸納起來有三種基本類型：擴張性動機、調整性動機和混合性動機。公司籌資動機對籌資行為及其結果產生直接的影響。

　　（一）擴張性動機

　　擴張性動機是指公司因擴大生產經營規模或增加對外投資而產生的追加籌資的動機。處於成長時期、具有良好發展前景的公司通常會產生這種籌資動機。例如，

公司財務

公司產品供不應求，需要增加市場供應，開發生產適銷對路的新產品，追加有利的對外投資規模，開拓有發展前途的對外投資領域等，往往都需要追加籌資。擴張性籌資動機產生的直接結果，是公司生產總額和資本總額的增加。

（二）調整性動機

調整性動機是公司因調整現有資本結構的需要而產生的籌資動機。一個公司在不同時期由於籌資方式的不同組合會形成不盡相同的資本結構。隨著相關情況的變化，現有的資本結構可能不再合理，需要相應地予以調整，使之趨於合理。

公司產生調整性籌資動機的原因很多。例如，一個公司有些債務到期必須償付，公司雖然具有足夠的償債能力償付這些債務，但為了調整現有的資本結構，仍然舉債，從而使資本結構更加合理。再如，一個公司由於客觀情況的變化，現有的資本結構中債務籌資所占的比例過大，財務風險過高，償債壓力過重，需要降低債權籌資的比例，採取債轉股等措施予以調整，使資本結構適應客觀情況的變化而趨於合理。

（三）混合性動機

公司同時既為擴張規模又為調整資本結構而產生的籌資動機，可稱為混合性籌資動機，即這種混合性籌資動機中兼容了擴張性籌資和調整性籌資。在這種混合性籌資動機的驅使下，公司通過籌資，既擴大了資產和籌資的規模，又調整了資本結構。

二、公司籌資渠道

公司的籌資渠道是指公司籌集資金來源的方向和通道。籌資渠道主要是由社會資本的提供者及數量分佈所決定的。目前，中國社會資本的提供者眾多，數量分佈廣泛，為公司籌資提供了廣泛的資金來源。認識公司籌資渠道的特點和適用性，有利於公司充分開拓和利用籌資渠道，實現各種籌資渠道的合理組合，有效地籌集資金。

公司籌資渠道主要包括以下幾個方面：

（一）政府財政資金

政府財政資金長期以來一直是國有企業籌資的主要來源，政策性強，通常只有國有企業才能利用。現有的國有企業，包括國有獨資公司，其籌資來源的大部分是在過去由政府通過中央和地方財政部門以撥款方式投資的基礎上形成的。政府財政資金具有廣闊的源泉和穩固的基礎。可以預見，政府財政資金將來仍然是國有企業權益資本籌資的重要渠道。

（二）銀行信貸資金

銀行信貸資金是各類公司籌資的重要來源。銀行包括商業性銀行和政策性銀行。商業性銀行可以為各類企業提供各種商業性貸款；政策性銀行主要為特定企業

第三章　籌資方式

提供一定的政策性貸款。銀行信貸資金擁有居民儲蓄、單位存款等經常性的資本來源，貸款方式靈活多樣，可以適應各類企業債權資本融資的需要。

（三）非銀行金融機構資金

非銀行金融機構資金也可以為企業提供一定的資金來源。非銀行金融機構是指除了銀行以外的各種金融機構及金融仲介機構。它們有的集聚社會資本，融資融物；有的承銷證券，提供信託服務。這種籌資渠道的融資數量雖然比銀行要小，但具有廣闊的發展前景。

（四）其他法人資金

其他法人資金有時也可為公司提供一定的資金來源。在中國，法人可分為企業法人、事業法人和團體法人等。它們在日常的資本營運週轉中，有時可能形成部分暫時閒置資金，為了讓其發揮一定的效益，就需要相互融通，這就為公司籌資提供了一定的資本來源。

（五）民間資金

民間資金可以為公司提供資金來源。中國企事業單位職工及廣大城鄉居民持有大量的貨幣資本，可以對一些公司直接進行投資，為公司籌資提供了資金來源。

（六）公司內部資金

公司內部資本主要是指公司通過盈餘公積和未分配利潤而形成的資金。這是由公司內部形成的籌資渠道，比較便捷，有盈餘的公司通常可以加以利用。

（七）外國和中國港澳臺資金

在改革開放的條件下，外國以及中國香港、澳門和臺灣地區的投資者持有的資金亦可加以吸收。

三、公司籌資方式

公司籌資方式是指公司籌集資金所採取的具體形式和工具，體現著資金的屬性和期限。在這裡，資金屬性是指資金的股權或債權性質。籌資方式取決於公司的組織形式和金融工具的開發利用程度。目前，中國公司的組織形式多種多樣，金融工具得到比較廣泛的開發和利用，為公司籌資提供了良好的條件。認識公司籌資方式的種類及其特點和適用性，有利於公司的管理者準確地開發利用各種籌資方式，實現各種籌資方式的合理組合，有效地籌集資金。

一般來說，公司籌資的方式主要有以下幾種：

（一）吸收直接投資

吸收直接投資是公司以契約形式籌集政府、法人、自然人等直接投入的資金，形成企業投入資金的一種籌資形式。吸收直接投資不以股票為媒介，適用於非股份制企業，是非股份制企業籌集權益資金的一種基本方式。

（二）發行股票

發行股票是股份制公司按照公司章程發行股票直接籌資，形成公司股本的一種

籌資方式。發行股票籌資要以股票為媒介，適用於股份制公司，是股份制公司取得股權資金的基本方式。

（三）發行債券

發行債券籌資是公司按照債券發行協議通過發售債券直接籌資，形成公司債權資金的一種籌資方式。在中國，股份有限公司、國有獨資公司等可以採用發行債券籌資方式，依法發行公司債券，獲得大額的長期債權資金。

（四）銀行借款

銀行借款是公司按照借款合同從銀行等金融機構借入各種款項的籌資方式。它廣泛應用於各類企業，是企業長期和短期債務資本的主要來源。

（五）商業信用

商業信用是公司通過賒購商品、預收貨款等商品交易行為籌集短期債務資金的一種籌資方式。這種籌資方式比較靈活，為各類企業所採用。

（六）租賃籌資

租賃籌資是公司按照租賃合同租入資產從而籌集資金的特殊籌資方式。各類企業都可以採用租賃籌資方式，租入所需資產，並形成企業的債務資金。

公司籌資需要通過一定的籌資渠道，運用一定的籌資方式來進行。不同的籌資渠道和籌資方式各有其特點和適用性。籌資渠道與籌資方式既有聯繫，又有區別。同一籌資渠道的資本往往可以採用不同的籌資方式取得，而同一籌資方式又往往可以籌集不同籌資渠道的資本。

第二節　資金需求量預測

公司籌資之前，應當採用一定的方法預測資金需要量。只有這樣，才能使籌集來的資金既能滿足生產經營的需要，又不會有太多的閒置，最大限度地提高資金使用效益。

資金需要量的預測方法主要有兩種。

一、資金增長趨勢預測法

資金增長趨勢預測法，就是運用迴歸分析法原理對過去若干期間銷售收入（銷售量）和資金需要量的歷史資料進行分析後，確定反應銷售收入與資金需要量之間的迴歸直線，並據以預測未來期間資金需要量的一種方法。

儘管影響資金需要量變動的因素很多，但從短期經營決策角度來看，引起資金發生增減變動的最直接、最重要的因素是銷售收入。在其他因素不變的情況下，銷售收入增加，往往意味著公司生產規模擴大，所需的資金量就擴大；反之，銷售收

第三章　籌資方式

入減少，往往意味著公司生產規模縮小，所需的資金量就減少。因此，資金需要量與銷售收入之間存在著內在的相互聯繫，利用這種聯繫可以建立數學模型，預測未來期間銷售收入水準一定時的資金需要量。

通常情況下，假設公司資金需要量與銷售收入之間存在著線性關係。用公式表示為：

$$y = a + bx \tag{3.1}$$

式中：y 表示資金需要量，a 表示固定成本，b 表示單位變動成本，x 表示銷售收入。

根據迴歸分析法（最小二乘法）的基本原理，可以求得 a、b 的值。即：

$$a = \frac{\sum y - b \sum x}{n} \tag{3.2}$$

$$b = \frac{n \sum xy - \sum x \sum y}{n \sum x^2 - (\sum x)^2} \tag{3.3}$$

式中 n 表示時期數。

下面舉例說明增長趨勢預測法的一般應用。

【例1】陽光公司近5年的資金需要量和銷售收入的資料如表3-1所示：

表 3-1　　　　　　　　銷售收入與資金需要量統計表

金額單位：萬元

年度	銷售收入	資金需要量
2014	396	250
2015	430	270
2016	420	260
2017	445	275
2018	500	290

如果陽光公司2019年銷售收入預測值為580萬元，試預測2019年的資金需要量。

根據迴歸分析原理，對表3-1中的數據進行加工整理如表3-2所示：

表 3-2　　　　　　　　銷售收入與資金需要量分析表

金額單位：萬元

年度	銷售收入(x)	資金需要量(y)	xy	x^2
2014	396	250	99,000	156,816
2015	430	270	116,100	184,900

表3-2(續)

年度	銷售收入(x)	資金需要量(y)	xy	x^2
2016	420	260	109,200	176,400
2017	445	275	122,375	198,025
2018	500	290	145,000	250,000
$n=5$	$\sum x = 2,191$	$\sum y = 1,345$	$\sum xy = 591,675$	$\sum x^2 = 966,141$

根據表3-2的數據可以求得：

$$a = \frac{1,345 - 0.379,8 \times 2,191}{5} \approx 102.571,6$$

$$b = \frac{5 \times 591,675 - 2,191 \times 1,345}{5 \times 966,141 - (2,191)^2} \approx 0.379,8$$

將a、b的值代入迴歸方程$y = a + bx$，因此，2019年資金需要量的預測結果為：

$$y = a + bx = 102.571,6 + 0.379,8 \times 580 = 322.855,6(萬元)$$

二、預計資產負債表法

預計資產負債表法是通過編製預計資產負債表來預計報告期資產、負債和利潤，從而預測外部資金需要量的一種方法。

由於資產、負債的許多項目隨著銷售收入的增加而增加，隨其減少而減少，呈現出一定的比例關係，因此可以根據基期年份資產、負債各項目與銷售收入的比例關係來預測報告期資產、負債各項目的金額。

【例2】明星公司2017年12月31日的資產負債情況如表3-3所示。2017年度實現銷售收入300,000元，銷售淨利潤為5%。如果2018年度實現銷售收入400,000元，試根據預計資產負債表法預測2018年資金需要量。

表3-3　　　　　　　　　資產負債簡表

單位：元

資產		負債和所有者權益	
庫存現金	15,000	應付帳款	30,000
應收帳款	30,000	應交稅費	30,000
存貨	90,000	短期借款	60,000
長期待攤費用	35,000	長期借款	30,000
固定資產	70,000	普通股股本	60,000
		未分配利潤	30,000
合計	240,000	合計	240,000

第三章 籌資方式

(一) 區分資產負債表中的變動項目和非變動項目

由於 2018 年銷售收入為 400,000 元,需追加固定資產投資,因此,資產項目除了長期待攤費用外均屬於敏感資產,它們將隨銷售的增加而增加,因為較多的銷售不僅會增加庫存現金、應收帳款,占用較多的存貨,而且會相應地增加一部分固定資產。負債和所有者權益項目,只有應付帳款、應交稅費屬於敏感負債,會隨著銷售的增加而增加,而短期借款、長期借款、普通股等不隨銷售的增加而增加。企業稅後利潤如果不全部分給投資者,未分配利潤也將會增加。

(二) 計算各敏感項目的銷售比重

根據基期年份各敏感項目的數額及基年銷售收入,可以按照下列公式計算基年銷售比重:

$$敏感項目銷售比重 = \frac{基年該項目金額}{基年銷售收入} \times 100\% \qquad (3.4)$$

如應收帳款的銷售比重為:

$$\frac{30,000}{300,000} \times 100\% = 10\%$$

各敏感項目的銷售比重如表 3 - 4 所示:

表 3 - 4   銷售比重情況表

資產	占銷售的比重(%)	負債和所有者權益	占銷售的比重(%)
庫存現金	5	應付帳款	10
應收帳款	10	應交稅費	10
存貨	30	短期借款	不變動
長期待攤費用	不變動	長期借款	不變動
固定資產	23.33	普通股	不變動
		未分配利潤	變動
合計	68.33	合計	20

從表 3 - 4 可以看出,銷售收入每增加 100 元,將占用資金 68.33 元,同時增加 20 元的資金來源(尚未考慮未分配利潤),還有 48.33 元的資金缺口。

(三) 編製預計資產負債表

根據 2017 年 12 月 31 日的資產負債表及銷售比重,編製 2018 年預計資產負債表,如表 3 - 5 所示:

表 3 - 5　　　　　　　　　預計資產負債表

金額單位：元

項目	基期資產負債表	銷售比重(%)	預計資產負債表
資產			
庫存現金	15,000	5	20,000
應收帳款	30,000	10	40,000
存貨	90,000	30	120,000
長期待攤費用	35,000	不變動	35,000
固定資產	70,000	23.33	93,320
資產合計	240,000	68.33	308,320
負債和所有者權益			
應付帳款	30,000	10	40,000
應交稅費	30,000	10	40,000
短期借款	60,000	不變動	60,000
長期借款	30,000	不變動	30,000
負債小計	150,000	20	170,000
普通股	60,000	不變動	60,000
未分配利潤	30,000	變動	50,000
所有者權益小計	90,000		110,000
可用資金總額			280,000
需要籌集的資金			28,320
負債和所有者權益合計	240,000		308,320

（四）預測報告期資金需要量

表 3 - 5 中的未分配利潤為基年(2017 年)未分配利潤 30,000 元與 2018 年預計未分配利潤 20,000 元(400,000 × 5%)之和。可用資金總額 280,000 元為 2018 年預計負債 170,000 元與預計所有者權益 110,000 元之和。預計資產總額 308,320 元扣除可用資金總額，即為公司需要籌集的資金 28,320 元。

通過以上計算可以看出，明星公司 2018 年預計資金需要總量為 308,320 元，與 2017 年相比需要增加資金 68,320 元，如果考慮資金來源將隨著銷售增加而增加的話，仍需要從外部籌集資金 28,320 元。

第三章　籌資方式

第三節　權益性籌資

一、吸收直接投資

(一) 吸收直接投資及其種類

吸收直接投資是指公司按照「共同投資，共同經營，共擔風險，共享利潤」的原則，吸收國家、法人、個人和外商投入資金的一種籌資方式。

按出資人主體的不同，公司吸收直接投資包括四類：

1. 國家投資

國家投資是指有權代表國家投資的政府部門或者機構以國有資產投入公司。吸收國家投資是國有企業籌集自有資本的主要方式。國家投資一般具有產權歸國家、資本數額較大等特點。只有國有企業才能吸收國家投資。

2. 法人投資

法人投資是指法人單位以其依法可以支配的資產投入公司。目前吸收法人投資主要是指法人單位在進行橫向經濟聯合時所產生的聯營投資。隨著中國橫向經濟聯合的廣泛開展，吸收法人投資這種籌資方式將越來越重要。吸收法人投資的特點是：發生在法人單位之間；投資的目的主要是參與利潤分配；出資方式靈活多樣。

3. 個人投資

個人投資是指社會公眾或本企業內部職工以個人合法財產投入公司。個人投資的特點是：參與投資的人員較多；每人投資的數額相對較少；參與企業利潤分配是投資的主要目的。

4. 外商投資

外商投資是指外商將其合法財產投入公司，並不同程度地參與企業經營決策。通過企業盈利分配獲取投資收益是外商投資的主要目的。

(二) 吸收直接投資的出資方式

公司採用吸收直接投資方式籌集資本時，投資者可以用貨幣資金、實物或無形資產作價出資。具體來說，主要有以下幾種出資方式：

1. 現金出資

現金出資是吸收直接投資中一種最重要的投資方式。公司有了貨幣資金可以購買各種生產資料，支付各種費用，具有較大的靈活性。因此，公司一般爭取投資者以現金方式出資，各國法規大多對現金出資比例做出了規定。

2. 實物出資

實物出資是指以廠房、建築物、設備等固定資產和材料、燃料、商品等流動資產所進行的投資，均屬實物投資。一般來說，公司的實物投資應符合如下條件：確為公司科研、生產、經營所需；技術性能比較好；作價公平合理。

公司財務

3. 工業產權出資

工業產權出資是指以專有技術、商標權、專利權等無形資產所進行的投資。一般來說，公司吸收的工業產權應符合以下條件：能幫助公司研究和開發出新的高科技產品；能幫助公司生產出適銷對路的高科技產品；能幫助公司改進產品質量，提高生產效率；能幫助公司大幅度降低各種消耗；作價比較合理。公司在吸收工業產權出資時應特別謹慎，進行認真的可行性研究。因為工業產權出資實際上是把有關技術資本化，將技術的價值固定化，而實際上技術的性能是在不斷老化的，價值也在不斷減少，甚至經過一段時間後會完全喪失。

4. 場地使用權出資

投資者也可以用場地使用權出資。場地使用權是按有關法規和合同的規定使用場地的權利，公司吸收場地使用權投資應符合以下條件：公司科研、生產、銷售活動所需要的；交通、地理條件比較適宜；作價公平合理。在中國，土地是國有的，投資的僅僅是使用權，而不是所有權，獲得土地使用權後公司不能轉讓、出賣或抵押。

（三）吸收直接投資的程序

公司吸收其他單位投資的一般程序是：

1. 確定吸收投資所需要的數量

吸收直接投資一般是在公司開辦時所使用的一種籌資方式。公司在經營過程中，如果發現自有資金不足，也可採用吸收直接投資的方式籌集資金。但在吸收投資之前，都必須確定所需資金的數量，以利於合理籌集資金。吸收投資要根據公司實際需要，堅持既不浪費社會資源，又不影響公司資本盈利能力的原則。

2. 尋找投資單位

公司在吸收投資之前，需要做一些必要的宣傳和廣泛細緻的調查研究工作，以便使出資者瞭解公司的經營狀況和財務狀況，從而有利於公司在比較多的投資者中尋找最合適的合作夥伴。

3. 協商投資數額和出資方式

尋找到投資者後，雙方便可進行具體的協商，以便合理確定投資的數量和出資方式。在協商過程中，公司應努力說服投資者以現金方式出資，如果投資者確實擁有較先進的適用於公司需要的生產設備、無形資產等非現金資產，也可用實物、工業產權和場地使用權出資。

4. 簽署投資協議

投資雙方需要進一步磋商實物資產、工業產權、場地使用權等投資的作價問題。一般而言，雙方應按公平合理的原則協商定價，如果爭議比較大，可聘請有關資產評估機構來評定。當出資數額、資產作價確定後，便可簽署投資協議或合同，以明確雙方的權利和義務。

第三章　籌資方式

5. 投資利潤分配

出資各方有權對公司進行經營管理，但如果投資者的投資在公司資本總額中的比例較低，投資者一般並不參與經營管理，其最關心的還是投資報酬問題。因此，公司在吸收投資之後，應按合同中的有關條款，在投資者之間對實現的利潤進行合理分配。

（四）對吸收直接投資的評價

吸收直接投資是中國公司籌資中最常採用的一種方式，也曾是中國國有企業、集體企業、合資或聯營企業普遍採用的籌資方式。

1. 吸收直接投資的優點

（1）利用吸收直接投資能提高公司的資信等級和借款能力，對擴大公司經營規模，壯大公司實力具有重要作用。

（2）吸收直接投資能直接獲取投資者的先進設備和先進技術，盡快形成生產能力，有利於盡快開拓市場。

（3）吸收直接投資能根據公司的經營狀況向投資者支付報酬。公司經營狀況好，可向投資者多支付報酬。公司經營狀況不好，可不向投資者支付報酬或少支付報酬，比較靈活。所以公司的財務壓力較小，財務風險較低。

2. 吸收直接投資的缺點

（1）吸收直接投資的資金成本較高。一般而言，採用吸收直接投資方式所籌集的資金的成本較高，特別是公司經營狀況較好和盈利能力較強時，更是如此。因為向投資者支付的報酬是根據其出資的數額和公司實現利潤的多少來計算的。

（2）容易分散公司的控制權。採用吸收直接投資方式籌集資本，投資者一般都會要求獲得與投資數量相適應的經營管理權，這是接受外來投資的代價之一。如果投資者的投資較多，則投資者會有相當大的管理權，甚至會對公司實行完全控制，這是吸收直接投資的不利因素。

二、股票籌資

（一）股票及其特點

股票是股份有限公司為籌集自有資本而發行的有價證券，是持股人擁有公司股份的入股憑證，它代表股份有限公司的所有權。股票由股份有限公司發行，其目的是籌集長期資本。作為有價證券，股票是對投資人股東資格及其資本所有權的一種證明。

股票具有以下特點：

（1）變現性。股票可以進行市場交易，變現十分方便。

（2）波動性。與一般商品比，股票交易價格變動較為特殊：一是股票交易價格的變動十分頻繁和迅速；二是股票交易價格變動的幅度很大。

（3）風險性。一般情況下，股票一經發售，本金不再返還，因此，對投資者來

說，能否獲得預期收益，就取決於公司的盈利狀況。加之股價的波動性很大，並難以預測，其風險程度自然就很高。

(4) 參與性。普通股股東有權參與公司股東大會，選舉公司董事會，在不同程度上參與公司的經營決策。

(二) 股票的分類

股票可以按不同標準進行分類：

1. 記名股票和不記名股票

股票按是否記名，可分為記名股票和不記名股票。記名股票是持有人姓名記於股票票面的股票。記名股票的轉讓由持有人背書；不記名股票是指股票票面上不記載持有人姓名，可以隨意轉讓的股票。

2. 面值股票和無面值股票

股票按是否標明票面金額，可分為有面值股票和無面值股票。有面值股票是指在股票票面上載明一定金額數的股票；無面值股票是指在股票票面上不載明金額數，但要註明該股票所代表的股份在發行的總股份中所占的比例。

3. 優先股和普通股

股票按股東權利的大小，可分為優先股和普通股。普通股是最典型的股票，持有普通股的股東具有決策參與權、盈餘分配權、剩餘財產分配權、優先認股權、股份轉讓權等權利。普通股的收益水準主要取決於公司的經營情況，並不保證支付，亦無固定的股利率，因而風險較大，但持有後獲得高收益的可能性也極大；優先股是相對普通股有某些分配優先權的股票。優先股的「優先」表現在：其一，收益穩定性的保障優先；優先股都有固定的股息率，並且，股息的分配優先於普通股。其二，剩餘財產索取的優先。在公司解散或清算時，優先股股東對剩餘財產的索取優先於普通股。但優先股股東一般無權參與公司的經營管理，沒有表決權，同時不能享受公司利潤增長的利益。

4. 國家股、法人股和社會公眾股

按投資主體不同，股票可分為國家股、法人股、社會公眾股。國家股是有權代表國家投資的部門或機構以國有資產投入企業而形成的股份；法人股是指其他法人單位以其可以支配的資產投入企業而形成的股份；社會公眾股是指社會個人和機構以其合法的財產購買並可依法流通的股份。

5. 內資股和外資股

按投資者是以人民幣認購和買賣還是以外幣認購和買賣劃分，將股票分為內資股和外資股。內資股一般是由境內人士或機構以人民幣認購和買賣的股票；外資股一般是以外幣認購和買賣的股票。外資股主要有境內上市外資股和境外上市外資股。境內上市外資股一般標為 B 股；境外上市外資股一般以境外上市地的英文名稱中的第一個字母命名，比如在香港上市的為 H 股，在紐約上市的為 N 股，在新加坡上市的為 S 股。

第三章　籌資方式

資料鏈接

公司公開發行股票的條件與原則

一、公司公開發行股票的條件

公司發行股票可分為設立股份有限公司公開發行股票、公司成立後首次公開發行新股和上市公司公開發行股票三種。

1. 設立股份有限公司公開發行股票的條件

設立股份有限公司公開發行股票是指採用公開募集方式設立股份有限公司時發行股票，即由發起人認購公司一部分股票，其餘股份向社會公開募集。中國《證券法》第十二條規定，設立股份有限公司公開發行股票，應當符合《公司法》規定的條件和經國務院批准的國務院證券監督管理機構規定的其他條件。《公司法》規定的條件主要包括：(1) 發起人應當有2人以上200人以下，其中須有半數以上在中國境內有住所；(2) 以募集設立方式設立股份有限公司的，發起人認購的股份不得少於公司股份總數的35%，但是，法律、行政法規另有規定的，從其規定。

2. 公司成立後公開發行新股的條件

公司成立後公開發行新股，包括公司成立後首次公開發行新股和上市公司公開發行股票。中國《證券法》第十三條規定，公司公開發行新股，應當符合下列條件：(1) 具備健全且運行良好的組織機構；(2) 具有持續盈利能力，財務狀況良好；(3) 最近三年財務會計文件無虛假記載，無其他重大違法行為；(4) 經國務院批准的國務院證券監督管理機構規定的其他條件。前三個條件是公司公開發行新股需要符合的基本條件。除此之外，中國證監會還規定了其他條件。

對於首次公開發行新股(IPO)，中國證監會公布的《首次公開發行股票並上市管理辦法》第二十六條規定，發行人應當符合下列條件：(1) 最近3個會計年度淨利潤均為正數且累計超過人民幣3,000萬元，淨利潤以扣除非經常性損益前後較低者為計算依據；(2) 最近3個會計年度經營活動產生的現金流量淨額累計超過人民幣5,000萬元；或者最近3個會計年度營業收入累計超過人民幣3億元；(3) 發行前股本總額不少於人民幣3,000萬元；(4) 最近一期末無形資產(扣除土地使用權、水面養殖權和採礦權等後)占淨資產的比例不高於20%；(5) 最近一期末不存在未彌補虧損。

3. 上市公司公開發行股票的條件

上市公司公開發行股票包括上市公司向原股東配售股票(配股)、向社會公眾發售股票(增發)兩種方式。中國證監會公布的《上市公司證券發行管理辦法》中，除了對公開發行證券的條件做了一般規定，還分別對配股設定了特殊要求：(1) 擬配售股份數量不超過本次配售股份前股本總額的百分之三十；(2) 控股股東應當在股東大會召開前公開承諾認配股份的數量；(3) 採用證券法規定的代銷方式發行。對增發也設定了特殊要求：(1) 最近三個會計年度加權平均淨資產收益率平均不低於百分之六，扣除非經常性損益後的淨利潤與扣除前的淨利潤相比，以低者作為加權

公司財務

平均淨資產收益率的計算依據；（2）除金融類企業外，最近一期財務報告顯示不存在大量的交易性金融資產、委託資產管理、借與他人的閒置資金；（3）發行價格應不低於公告招股意向書前二十個交易日公司股票均價或前一個交易日的均價。

二、公司公開發行股票的原則

中國《公司法》規定，股份的發行，實行公平、公正的原則，同種類的每一股份應當具有同等權利。同次發行的同種類股票，每股的發行條件和價格應當相同；任何單位或者個人所認購的股份，每股應當支付相同價額。股票發行價格可以按票面金額，也可以超過票面金額，但不得低於票面金額。

（三）股票發行的程序

1. 設立發行股票的基本程序

（1）發起人認購股份。在發起設立方式下，發起人繳付全部股本資金後，應選舉公司董事會、監事會，由董事辦理設立登記事項。在募集設立方式下，發起人認足其應認購的股份並繳納股本金後，其餘部分向社會公開募集。

（2）提出募集股份申請。發起人向社會公開募集股份時，必須向國務院證券管理部門遞交募股申請，並報送批准設立公司的文件、公司章程、發起人姓名或名稱、發起人認購的股份數量、出資種類及驗資證明、招股說明書、代收股款銀行的名稱及地址、承銷機構名稱及有關協議等文件。

（3）公告招股說明書，製作認股書，簽訂承銷協議。招股說明書應附有發起人製作的公司章程，並載有發起人認購的股份數、每股的票面價值和發行價格、無記名股票的發行總數、認購人的權利義務、本次募股的起止時間、逾期未募足時認股人可撤回所認購股份的說明等事項。認股書應當載明招股說明書所列事項，由認股人填寫所認購股份數量、金額、認股人住所，並簽名蓋章。發起人向社會公開發行股票，應當由依法成立的證券承銷機構承銷，並簽訂承銷協議，還應當同銀行簽訂代收股款協議。

（4）招認股份，繳納股款。發行股票的公司或承銷機構一般用廣告或書面通知的辦法招募股份。認股者一旦填寫了認股書，就要承擔認股書中約定繳納股款的義務。如果認股者總股數超過發起人擬招募總股數，可以採取抽籤的方式確定哪些認股者有權認股。認股者應在規定的時間內向代收股款的銀行繳納股款，同時交付認股書。股款收足後，發起人應委託法定的機構驗資，出具驗資證明。

（5）召開公司創立大會，選舉董事會、監事會。發行股份的股款繳足後，發起人應在規定期限內（法定 30 天）主持召開創立大會。創立大會由認股人組成，應有代表股份總數半數以上的認股人出席才能舉行。創立大會通過公司章程，選舉董事會和監事會成員，並有權對公司的設立費用進行審核，對發起人用於抵作股款的財產作價進行審核。

第三章　籌資方式

(6) 辦理公司設立登記，交割股票。經創立大會選舉的董事會應在創立大會結束後 30 天內，辦理申請公司設立的登記事項。登記完成後，即向股東正式交付股票。股票可採取紙面形式或由國務院證券管理部門規定的其他形式。股票應載明下列主要事項：公司名稱，公司登記成立的日期，股票種類、票面金額及股份數，公司董事長簽名，公司印章。發起人的股票還應當標明發起人股票字樣。

2. 增資發行股票的基本程序

(1) 做出發行新股的決議。公司應根據生產經營情況，提出發行新股的計劃。公司發行新股的種類、股數及發行價格應由股東大會根據公司股票在市場上的推銷前景及籌資的需要、公司的盈利和財產增值情況，並考慮發行成本後予以確定。

(2) 提出發行新股的申請。公司做出發行新股的決議後，董事會必須向國務院授權的部門或省級政府申請批准。

(3) 公告招股說明書，製作認股書，簽訂承銷協議。

(4) 招認股份，繳納股款，交割股票。

(5) 召開股東大會改選董事、監事，辦理變更登記事項並公告。

(四) 股票的發行及承銷方式

1. 股票的發行方式

發行股票主要採取股東優先認購、公開發行和定向募集三種方式。

(1) 股東優先認購。發行公司對原有股東按一定比例讓其優先認購，若原有股東不願認購，可轉讓其認購權。這種方式有利於維護股東在公司的原有地位，不會引起股權結構發生重大變化，但這種方式不利於提高股份公司的社會性。在股票市場尚未完善時，這是一種主要的發行方式。

(2) 公開發行。股份有限公司通過發行仲介機構，公開向社會公眾發行股票。其特點是：能夠在更廣的範圍內籌集資本，提高公司的社會形象；擴大股東範圍，實現股權分散化。公開發行可採取無限量發行認購證、銀行專項存單、交易所掛牌競價、交易所掛牌定價發行等多種具體方式。

(3) 定向募集。定向募集的股份有限公司發行的股份除了由發起人認購以外，不得向社會公眾公開發行，而是向其他法人、內部職工發行部分股份。定向募集公司經申請獲得批准後，可以採取公開發行的方式。定向募集方式的籌資範圍雖然受到限制，但可以保持公司股權的相對集中。

2. 股票的承銷方式

公開發行的股票由證券經營機構承銷。股票承銷有包銷和代銷兩種方式。

(1) 股票的包銷。股份有限公司發行的股票由證券經營機構包銷，證券經營機構再將這些股票銷售給公眾。如果證券經營機構不能如期售完股票，則由其全部承購，並承擔股票發行的風險。發行公司採取包銷方式，有利於股票的順利發售，及時籌足資金，但這種方式的發行價格可能較低，實際支付的發行費用較高。

(2) 股票的代銷。證券經營機構代理發行股份有限公司股票，如果證券經營機

構不能如期售完股票，則未售完部分退回股份有限公司，發行風險由發行公司承擔。在這種方式下，實際支付的發行費較低，發行價格可能提高，但發行風險較大，尤其是在市場狀況不佳時，難以及時籌足資金。

（五）股票發行價格

股票發行價格是股份有限公司發行股票時將股票出售給投資者所採用的價格。股票發行價格通常是發行公司根據股票的面額、每股稅後利潤、市盈率與證券公司協商確定。

根據發行價格和票面金額的關係，可以將證券發行分為溢價發行、平價發行和折價發行三種。中國《公司法》第一百二十七條規定：「股票發行價格可以按票面金額，也可以超過票面金額，但不得低於票面金額。」這就是說中國不允許折價發行股票。

1. 平價發行

平價發行也稱為面值發行，是指發行人以票面金額作為發行價格。中國最初發行股票時，就曾經採用過面值發行，如1987年深圳發展銀行發行股票時，每股面值20元，發行價也是20元。

2. 溢價發行

溢價發行是指發行人以高於票面金額的價格發行股票。中國《證券法》第三十四條規定：股票發行採取溢價發行的，其發行價格由發行人與承銷的證券公司協商確定。溢價發行又可分為時價發行和中間價發行兩種方式。時價發行也稱為市價發行，是指以同種或同類股票的流通價格為基礎確定股票發行價格。股票公開發行通常採用這種方式。在發達的證券市場中，當一家公司首次發行股票時，通常會根據同類公司產業相同、經營狀況相似的股票在流通市場上的價格表現來確定自己的發行價格；而當一家公司增發新股時，則會按已發行股票在流通市場上的價格水準來確定發行價格。中間價發行是以介於股票票面價格與當時市價之間的價格作為發行價格。它通常是在以不公開的、公司股東分攤形式發行股票時採用，配股價格一般採取中間價格。

3. 折價發行

折價發行是指以低於票面金額的價格作為發行價格。折價發行一般是在公司籌資需要十分迫切、預期股票的市場表現欠佳的情況下採用。目前，西方國家的股份公司很少有按折價發行股票的。中國也不允許折價發行股票。

（六）股票上市

股票上市是指股份有限公司公開發行的股票經批准在證券交易所進行掛牌交易。經批准在證券交易所上市交易的股票，稱為上市股票，其股份有限公司稱為上市公司。

1. 股票上市的目的

股份公司申請股票上市，一般出於以下目的：

第三章　籌資方式

（1）籌集更多資本。股票上市需要經過有關機構的審查批准，並接受相應的監督和管理，這大大增強了社會公眾對公司的信賴，樂於購買公司的股票。同時，由於一般人認為上市公司實力雄厚，也便於公司採用其他方式籌措資金。

（2）增強股票流動性。股票上市後便於投資者購買，自然提高了股票的流動性和變現力。

（3）提高公司聲譽。股票上市的公司為社會所熟知，並被認為經營優良，會帶來良好的聲譽，吸引更多的客戶，擴大銷售。

（4）分散公司風險。股票上市後，會有更多的投資者認購公司股份，從而能夠分散公司風險。

（5）確定公司價值。股票上市後，公司價值有市價可循，便於確定公司的價值，有利於促進公司財富最大化。

但是，股票上市對公司也有不利的一面。其主要表現在：公司將負擔較高的信息報導成本；各種信息公開的要求可能會暴露公司商業秘密；股價有時會歪曲公司的實際情況，醜化公司形象；可能會分散公司控制權，造成管理上的困難。

資料鏈接

股票上市的條件

公司公開發行的股票進入證券交易所掛牌買賣（股票上市），須受嚴格的條件限制。中國《證券法》第五十條規定，股份有限公司申請其股票上市，應當符合下列條件：

（1）股票經國務院證券監督管理機構核准已公開發行；

（2）公司股本總額不少於人民幣3,000萬元；

（3）公開發行的股份達到公司股份總數的25%以上；公司股本總額超過人民幣4億元的，公開發行股份的比例為10%以上；

（4）公司最近三年無重大違法行為，財務會計報告無虛假記載。

證券交易所可以規定高於前款規定的上市條件，並報國務院證券監督管理機構批准。

2. 股票上市的程序

（1）報請國務院證券監督管理部門核准。股份有限公司申請股票上市交易，必須報經國務院證券監督管理機構核准。股份有限公司向國務院證券監督管理機構提供股票上市交易申請時，應當提供下列文件：上市公告書；申請上市的股東大會決議；公司章程；公司營業執照；經法定驗證機構驗證的公司最近三年或者公司成立以來的財務會計報告；法律意見書和證券公司的推薦書；最近一次的招股說明書。

（2）提請證券交易所安排上市。股票上市交易申請經國務院證券監督管理機構核准後，其發行人應當向證券交易所提交核准文件和向國務院證券監督管理機構提

公司財務

出股票上市交易申請時提交的文件。證券交易所上市委員會應自收到申請之日起 20 個工作日內做出審核，6 個月內安排該股票上市交易。

（3）上市公告。股票上市交易申請經證券交易所同意後，上市公司應當在其股票上市交易前 5 個工作日內，在國務院證券監督管理機構指定的全國報刊上公告核准股票上市的有關文件和下列有關事項：股票獲準在證券交易所交易的日期；持有公司股份最多的前 10 名股東的名單和持股數額；董事、監事、經理及有關高級管理人員的姓名及其持有本公司股票和債券的情況，同時，上市公司還應將所公告的文件置備於指定場所（如公司所在地、擬掛牌交易的證券交易所、有關證券經營機構及網點），供公眾查閱。

3. 股票上市的暫停與終止

當上市公司經營情況惡化、存在重大違法違規行為或其他原因以致不符合上市條件時，就可能被暫停或終止上市。

中國《證券法》第五十五條規定，上市公司有下列情形之一的，由證券交易所決定暫停其股票上市交易：

（1）公司股本總額、股權分佈等發生變化不再具備上市條件；

（2）公司不按照規定公開其財務狀況，或者對財務會計報告作虛假記載，可能誤導投資者；

（3）公司有重大違法行為；

（4）公司最近三年連續虧損；

（5）證券交易所上市規則規定的其他情形。

中國《證券法》第五十六條規定，上市公司有下列情形之一的，由證券交易所決定終止其股票上市交易：

（1）公司股本總額、股權分佈等發生變化不再具備上市條件，在證券交易所規定的期限內仍不能達到上市條件；

（2）公司不按照規定公開其財務狀況，或者對財務會計報告作虛假記載，且拒絕糾正；

（3）公司最近三年連續虧損，在其後一個年度內未能恢復盈利；

（4）公司解散或者被宣告破產；

（5）證券交易所上市規則規定的其他情形。

在中國，連續兩年虧損的上市公司的股票，其股票名稱之前要加上「ST」符號，以提醒公司管理層並便於投資者識別。「ST」是英文「special treatment」的縮寫，中文意思為「特別處理」。受到特別處理的股票，其每個交易日上漲與下跌的最大幅度為 5%，小於一般股票每個交易日漲跌的最大幅度 10%，以免這些問題股票被過度投機。

（七）對普通股籌資的評價

1. 普通股籌資的優點

（1）可以獲得大量資金。公司在急需擴大生產規模而資金短缺時，發行普通股

第三章　籌資方式

能夠籌集到大量資金。

（2）普通股是永久性資本，不需要償還，除非公司破產清算。這有利於保證公司資金的最低需要，促進公司長期穩定地發展。

（3）普通股籌資風險較小。發行普通股，股東越多，公司經營風險就越分散，加之普通股屬於永久性資金，也不支付固定股利，籌資風險必然有所降低。

（4）普通股籌資為舉債籌資創造了條件。普通股資本以及由此產生的資本公積屬於公司的權益資本，權益資本增多可以更好地為舉債籌資提供支持。

2. 普通股籌資的缺點

（1）公司權利分散。普通股籌資分散了對資產的部分所有權，喪失了對重大經營問題的部分控制權，轉移了部分股利的收益權。

（2）籌資成本較高。普通股籌資成本一般高於債務資金；同時，股利是從所得稅後利潤中支付的，不能像債務的利息那樣從所得稅前支付。

（3）股票的市場表現如果欠佳可能影響公司形象。

（八）優先股籌資

1. 優先股的特點

優先股是股份有限公司發行的較之普通股具有特別權利的股票。這種特權也叫作優先權，與普通股相比，優先股具有股息分配優先和剩餘財產分配優先的權利。

優先股是一種具有股票和債券雙重特徵的混合型證券。它有如下的特徵：優先股有固定的股息率，優先股股東有比普通股股東優先分配公司收益的權利；當公司解散或破產清算時，優先股股東有比普通股股東優先獲得清償的權利；優先股股東不享有公司經營參與權，只在優先股股票所保障的股東權益受到損害時，優先股才有相應的表決權；優先股股東不能要求退股，但優先股股票附有贖回條款時，發行公司有贖回股票的權利。

2. 優先股的種類

（1）累計優先股和非累計優先股。累計優先股是指公司在經營狀況欠佳時，可以把未發或未發足的股息累積起來，待公司經營狀況好轉時再補發未付的累積股息。非累計優先股是指股息發放只限於當年度，對於未發或未發足的股息部分以後不再補發。

（2）可轉換優先股和不可轉換優先股。可轉換優先股是指在一定條件下可轉換成普通股的優先股。不可轉換優先股是指在任何時候、任何條件下都不可能轉換成普通股的優先股。

（3）參加優先股和非參加優先股。參加優先股是指優先股除可以按約定股息率取得股息外，在公司經營利潤增加較多的情況下，還可以和普通股一樣參加公司盈餘的分配，獲得額外的股息。非參加優先股是指無論公司經營利潤有多高，都只能按約定的股息率領取股息。

公司財務

3. 對優先股籌資的評價

（1）優先股籌資的優點。與債券相比，支付優先股股利的款項不具有契約性質，在公司盈餘不足而無法支付股息時，優先股股東不能要求公司破產；出售優先股股票，可使公司避免發行普通股股票時普通股權的稀釋；優先股沒有明確的到期日，優先股股票的發行可避免債務發行歸還本金時的現金流出。

（2）優先股籌資的缺點。優先股籌資成本高於債券籌資成本；雖然優先股股利能被免除，但只要條件允許，投資者總希望能支付股息，公司也力圖支付股利。因此，優先股股利實際上是一個固定開支。這樣，優先股的發行，也會增加公司的財務風險，由此會增加公司全部籌資成本。

第四節 債務性籌資

債務性籌資與權益性籌資是兩種不同性質的籌資方式。與權益性籌資相比，債務性籌資的特點表現為：籌集資金的使用具有時間性，需到期償還並支付利息，從而形成公司固定的負擔；但其資本成本一般比普通股籌資成本低，且不會分散投資者對公司的控制權。

一、長期借款籌資

（一）長期借款及其分類

長期借款是指公司根據借款合同向銀行等金融機構或其他單位借入的期限在一年以上的各種借款。長期借款主要用於購建固定資產和滿足流動資金占用的需要。長期借款按不同的分類標準，可作如下分類：

長期借款按用途分為固定資產投資借款、更新改造借款、科技開發和新產品試製借款等。

長期借款按提供貸款機構分為政策性銀行貸款、商業性銀行貸款、保險公司貸款等。此外，公司還可以從信託投資公司取得實物或貨幣形式的信託投資貸款，從財務公司取得各種中長期貸款。

長期借款按有無擔保分為信用借款和抵押借款。信用借款指不需要公司提供抵押品，僅憑其信用或擔保人信譽而發放的貸款。抵押借款指要求公司以抵押品作為擔保的貸款，長期貸款的抵押品常常是房屋、建築物、機器設備、股票、債券等。

（二）長期借款的程序

1. 提出申請

公司申請借款必須符合借款原則和貸款條件。其中，中國金融部門對貸款規定的原則是：按計劃發放，擇優扶植，有物資保證，按期歸還。公司申請貸款一般應

第三章　籌資方式

具備六個方面的條件：① 借款公司實行獨立核算，自負盈虧，具有法人資格；② 借款公司的經營方向和業務範圍符合國家政策，借款用途屬於銀行貸款辦法規定的範圍；③ 借款公司具有一定的物資和財產保證，擔保單位具有相應的經濟實力；④ 借款公司具有償還貸款本金的能力；⑤ 借款公司財務管理和經濟核算制度健全，資金使用效益及公司經濟效益良好；⑥ 借款公司在銀行開立有帳戶，辦理結算。

公司提出的借款申請，應陳述借款的原因、借款金額、用款時間與計劃、還款期限與計劃。

2. 銀行審批

銀行針對公司的借款申請，按照有關政策和貸款條件，對借款公司進行審查，依據審批權限，核准公司申請的借款金額和用款計劃。銀行審查的內容包括：① 公司的財務狀況；② 公司的信用情況；③ 公司的盈利穩定性；④ 公司的發展前景；⑤ 借款投資項目的可行性等。

3. 簽訂合同

銀行經審查批准借款合同後，與借款公司可進一步協商貸款的具體條件，簽訂正式的借款合同，明確規定貸款的數額、利率、期限和一些限制性條款。

4. 取得借款

借款合同生效後，銀行可在核定的貸款指標範圍內，根據用款計劃和實際需要，一次或分次將貸款轉入公司的存款結算戶，以便公司支用借款。

5. 償還借款

公司應按借款合同的規定按期還本付息。公司償還貸款的方式通常有三種：① 到期日一次償還，在這種方式下，還款集中，借款公司需於貸款到期日前做好準備，以保證全部清償到期貸款；② 定期償還相等份額的本金，即在到期日之前定期償還相同的金額，至貸款到期日還清全部本金；③ 分批償還，每批金額不等，便於公司靈活安排。

貸款到期經銀行催收，如果借款公司不予償付，銀行可按合同規定，從借款公司的存款戶中扣還貸款本息及加收的利息。

借款公司如因暫時財務困難，需延期償還貸款時，應向銀行提交延期還貸計劃，經銀行審查核實，續簽合同，但通常要加收利息。

(三) 長期借款的保護性條款

由於長期借款的期限長、風險大，按照國際慣例，銀行通常對借款公司提出一些有助於保證貸款按時足額償還的條件。這些條件寫入貸款合同中，形成保護性條款。保護性條款大致有如下兩類：

1. 一般性保護條款

一般性保護條款應用於大多數借款合同。它規定借款公司流動資金的保持量、對支付現金股利和再購入股票的限制、對資本支出規模的限制、對公司借入其他長期資金的限制，同時還規定借款公司定期向銀行提交財務報表，不準以任何資產作

公司財務

為其他承諾的擔保或抵押，不準貼現應收票據或出售應收帳款等。

2. 特殊性保護條款

特殊性保護條款針對某些特殊情況而出現在部分借款合同中，其主要包括：貸款專款專用；不準公司投資於短期內不能收回資金的項目；限制公司高管人員的薪酬；要求公司主要領導人購買人身保險等。

（四）對長期借款籌資的評價

1. 長期借款的優點

（1）籌資速度快。發行各種證券時，申請、批准、發行等都需要一定時間。而銀行借款與發行證券相比，一般所需時間較短，可以迅速地籌集資本。

（2）借款成本較低。利用銀行借款所支付的利息比發行債券所支付的利息低得多，另外，也無須支付大量的發行費用。

（3）借款的彈性好。公司與銀行可以直接接觸，可通過直接商談確定借款的時間、數量和利息。在借款期間，如果公司情況發生了變化，也可與銀行進行協商，修改借款的數量和條件。借款到期後，如有正當理由，還可延期歸還。

（4）有利於利用財務槓桿效應。長期借款的利率一般是固定或相對固定的，這就為公司利用財務槓桿效應創造了條件。

2. 長期借款的缺點

（1）財務風險大。與債券一樣，必須定期還本付息，在公司經營不利時，可能會產生不能償付的風險，甚至會引起破產。

（2）限制條款較多。公司與銀行簽訂的借款合同中，一般都有一些限制性條款，如定期報送有關報表、不準改變借款用途等，這些條款可能會限制公司的經營活動。

（3）籌資數額有限，取得巨額的長期借款的可能性較小。

二、發行債券籌資

發行債券是公司籌集債務資本的重要方式。按照《公司法》規定，股份有限公司和有限責任公司發行的債券稱為公司債券。

（一）公司債券的特點及其特徵

公司債券是指公司依照法定程序發行的、約定在一定期限還本付息的有價證券。公司債券具有以下特點：

1. 流動性

債券可以在市場上出售轉化為貨幣，可轉換債券可以轉換為公司股票。

2. 償還性

公司發行債券要規定期限、利率，債券到期必須還本付息。

第三章　籌資方式

3. 安全性

公司債券可以在普通股和優先股之前償付本金和固定利息，風險較小。

4. 非參與性

公司發行債券一般不涉及公司資產的所有權、經營權，債券持有者不得參與公司經營，不享有公司利潤增長的分配權。

（二）公司債券的種類

公司債券有很多形式，主要包括以下分類：

1. 按債券上是否記名，分為記名債券和不記名債券

記名債券是在券面上記載有持有者姓名的債券。這種債券的本息只付給被記名人，記名債券一般是在公司內部發行的帶有優惠條件的債券。不記名債券是指在券面上不載明持有人的姓名，還本付息以債券為依據。

2. 按有無抵押或擔保，分為抵押債券和信用債券

抵押債券是指有指定的財產作為擔保物的債券，當公司不能還本付息時，可將這些抵押品變賣償還；信用債券是指無特定的抵押品，完全靠公司良好的聲譽和資金收益情況而發行的債券。

3. 按償還方式，分為一次償還債券和分次償還債券

一次償還債券是指發行公司於債券到期日一次償還全部本息的債券；分次償還債券是指對所發行的債券設計分批到期償還，或者對同一債券的本息分期償還，於債券到期全部還清本息的債券。

4. 按債券利率情況，分為固定利率債券和浮動利率債券

固定利率債券的利率在發行債券時業已確定並載於債券票面；浮動利率債券的利率水準在債券發行之初不固定，而是根據有關利率予以確定。

此外，公司債券按能否轉換為公司股票，分為可轉換債券和不可轉換債券；按能否上市，分為上市債券和非上市債券；按是否參與公司盈餘分配，分為參加公司債券和不參加公司債券；等等。

（三）公司債券的發行

1. 發行債券的方式

債券的發行方式通常分為公募發行和私募發行兩種。

（1）公募發行。這是指以不特定的多數人為募集對象而公開發行債券的方式，它又包括不通過仲介機構直接向公眾公開募集的直接募集方式和經由仲介機構的間接募集方式。

（2）私募發行。這是指向特定的少數投資者發行債券的方式，如向發行公司的產品消費者或職工，與發行者密切相關的金融機構和其他企業單位發行。

中國公司債券的發行既可採取直接方式，自營發售，也可以採用間接方式，即委託銀行、信託投資公司等金融機構承銷。在公開發行或發行規模較大時，必須採用金融機構承銷的方式。從發展趨勢看，間接發行將是企業債券發行的一種主要

方式。

  2. 發行債券的程序

  債券發行的程序一般包括：

  (1) 向證券主管機關報送債券發行計劃。發行計劃的提出須事先徵得公司上級主管部門批准。

  (2) 編製發行公司債券的章程。其內容包括：發行公司的名稱、地址及法定代表人；發行公司經營管理的簡況；公司自有資產淨值；發行債券的主要目的、用途；經濟效益預測；發行債券的總面額；債券的票面利率、期限及還本付息的方式；發行對象及地區範圍；債券持有人的權利和義務；發行的起止日期；承銷債券機構的名稱、地址及方式；其他事項。

  (3) 向由證券主管機關指定的資信評估機構申請辦理債券等級評定手續。一般只有在資信評估機構出具的債券等級證明在 A 級以上才允許公司正式提出發行申請。

  (4) 向證券主管機關及有關單位正式提出發行債券的申請。除填報申請表外，還要提交其他一些文件和材料，包括：公司章程、債券發行章程、公司債券發行決議；可行性報告；近三年及最近一季度的財務報表；債券等級確認文件；公司主管部門同意發行的證明文件；與證券承銷機構簽訂的委託發行的意向性文件；營業執照；等等。

  (5) 獲準發行後，與證券承銷機構正式簽訂承銷合同。其內容包括：當事人雙方的名稱、地址與法定代表人；承銷債券的名稱、總面額及發行價格；承銷方式、債券發行和承銷的起止日期；承銷付款的日期及其方式；承銷方收取的費用額及其支付日期和方式；未售出債券的處理方法；違約責任；其他事項。

  (6) 發行公司於債券發行前，在由證券主管機關指定的宣傳媒介上，公布其債券發行章程。

  (7) 承銷債券機構依據合同規定，在發行期內向投資人銷售債券。

  (8) 發行期截止後，進行善後工作。

  3. 債券發行價格

  債券發行價是投資者購買新上市債券時必須支付的價格。

  債券的發行價格主要有三種：一是等於券面金額的發行價格，即平價發行；二是低於券面金額的發行價格，即折價發行；三是高於券面金額的發行價格，即溢價發行。債券發行價格的確定要結合債券的期限、票面利率、債券的級別以及債券市場的一般收益率水準等因素綜合考慮。一般而言，在債券有效期較長、票面利率較低、債券級別不高、發行時債券市場收益水準較低時，債券的發行價格應從低；反之，則可從高。

  債券發行價格主要由兩個部分組成：債券利息的年金現值與到期本金的複利現值。

第三章　籌資方式

【例3】光華公司擬發行面額為1,000元、票面利率為8%、期限為10年的債券，每年年末付息一次，假設市場同期利率為7%。該債券的發行價格為：

債券發行價格 = $1,000 \times 8\% \times P/A(7\%, 10) + 1,000 \times P/F(7\%, 10)$
　　　　　　 = $80 \times 7.023,6 + 1,000 \times 0.508,3$
　　　　　　 = $1,070.19$(元)

資料鏈接

公司債券發行條件

中國《證券法》第十六條規定，公開發行公司債券，應當符合下列條件：
（1）股份有限公司的淨資產不低於人民幣三千萬元，有限責任公司的淨資產不低於人民幣六千萬元；
（2）累計債券餘額不超過公司淨資產的百分之四十；
（3）最近三年平均可分配利潤足以支付公司債券一年的利息；
（4）籌集的資金投向符合國家產業政策；
（5）債券的利率不超過國務院限定的利率水準；
（6）國務院規定的其他條件。

公開發行公司債券籌集的資金，必須用於核准的用途，不得用於彌補虧損和非生產性支出。

根據中國證監會公布的《上市公司證券發行管理辦法》第十四條規定，公開發行可轉換公司債券的公司，除了符合上述要求外，還應當符合下列規定：
（1）最近三個會計年度加權平均淨資產收益率平均不低於百分之六。扣除非經常性損益後的淨利潤與扣除前的淨利潤相比，以低者作為加權平均淨資產收益率的計算依據。
（2）本次發行後累計公司債券餘額不超過最近一期末淨資產額的百分之四十；
（3）最近三個會計年度實現的年均可分配利潤不少於公司債券一年的利息。

《證券法》第十八條規定，有下列情形之一的，不得再次公開發行公司債券：
（1）前一次公開發行的公司債券尚未募足；
（2）對已公開發行的公司債券或者其他債務有違約或者延遲支付本息的事實，仍處於繼續狀態；
（3）違反本法規定，改變公開發行公司債券所募資金的用途。

（四）債券等級評定

債券等級對公司和投資者都非常重要。首先，債券等級是其風險的指標，因此，債券等級的高低直接影響到債券的利率及公司負債的成本；其次，大部分債券的投資者是機構投資者而非個人投資者，這些機構為避免較大的投資風險，只購買較高等級的債券。因此，如果公司債券跌落到BBB以下，推銷新債券將十分困難。

公司財務

儘管債券等級的評定加入了許多主觀的判斷，但債券等級的評定仍然是基於被評公司的一些基本資料來分析的，從質和量兩方面來判斷，主要考察的因素有：負債比率、償債能力指標、抵押條款、保證條款、償債基金、到期期限和發行債券公司銷售與盈餘的穩定性等。債券評級機構在評定債券等級時，要考慮種種因素，包括收益穩定性、利息保證金、資產保護措施、財務靈活性、發行者所屬的行業、競爭地位以及無形資產評定等。

國際上流行的債券等級是三等九級。

AAA 質量最好，風險程度最小，本金和利息的償付是有保證的。

AA 與AAA級債券一樣，都屬於上等債券。保護程度不及AAA級強，而且其中的某些因素可能使其遠期風險略大於AAA。

A 債券具有有利的投資特性，屬於中上等債券，但未來易受風險影響。

BBB 屬於中等級債券。支付利息以及擔保償還本金的保護措施在近期內看來還算適當，但遠期的保護性因素就不太可靠。

BB 這種債券擔保償付利息、本金的措施似乎還可以，但有其他不確定因素，前景難測。

B 一般缺乏合乎需要的投資特點；支付保證可能小。

CCC 屬於低等級債券，本金和利息的支付會延遲，甚至還有危及支付本金的因素。

CC 是一種投機性很大的債券，推遲償付本金的情況時常發生，或者還有其他明顯的問題。

C 是最次的債券。從實際投資需求看，這種債券前途黯淡。

（五）對公司債券籌資的評價

1. 公司債券籌資的優點

（1）籌資成本較低。債券籌資的成本往往低於股票籌資的成本，主要因為債券利息在稅前支付，而股票股利在稅後支付。

（2）保障公司控制權。由於債權人無權參與公司管理決策，所以債券籌資不會導致公司所有者對控制權的部分喪失。

（3）獲得財務槓桿效應。發行債券籌集的資金屬於債務資金，能夠為公司帶來財務槓桿效應。

2. 公司債券籌資的缺點

（1）財務風險高。債券有固定的到期日，到期需還本付息，倘若公司經營欠佳，還本付息無異於釜底抽薪，加重公司的財務負擔。

（2）限制條件多。發行債券的限制條件較長期借款、融資租賃的限制條件多而且嚴格，從而限制了公司對債券融資的使用，甚至會影響公司以後的籌資能力。

（3）籌資規模有限。債券融資不僅有嚴格的限制條件，而且發行數量也受到限制。中國《證券法》第十六條第二款規定，公司累計債券餘額不超過公司淨資產的40%。

第三章　籌資方式

三、商業信用籌資

商業信用是公司之間相互提供的、與商品交易直接相聯繫的信用形式，它是公司短期籌資的重要方式。

（一）商業信用及其產生

商業信用是商品交易中以延期付款或預收貨款的方式進行購銷活動而形成的借貸關係，是公司之間的直接信用行為。商業信用是商品交換發展的產物。在發達的商品交換中，往往產生一方要出售商品而另一方也急於購買但沒有現款的情況，這種貨與錢在空間和時間上的分離，必然導致賒購賒銷或預收貨款等商業信用形式的出現。在市場經濟下，商業信用已經成為公司籌集短期資金的一種重要方式。

（二）商業信用籌資形式

公司利用商業信用籌資的形式較多，主要有應付帳款、預收貨款、商業匯票和票據貼現。

1. 應付帳款

應付帳款是一種典型的商業信用形式。當某一公司要出售其商品而另一公司又因資金週轉困難而沒有資金購買該商品時，賒購方式就是一種對雙方都有利的解決辦法。對於購買者可以解決資金緊缺的問題，對於出售者可以解決產品的銷售問題。應付帳款採取的是「欠帳」方式，買方不提供正式借據，完全依靠公司之間的信用來維持，一旦買方資金緊張，就會造成長期拖欠，甚至形成債務連鎖反應。因此，賣方要掌握買方的財務信譽情況。

2. 預收貨款

預收貨款，即先收貨款後交商品，無異於向購買單位先借入一筆款項。對於某些緊缺商品，購買單位樂於採取這種方式，以便取得期貨；對於生產週期長、售價高的商品，生產公司也樂於分期預收貨款，以緩和公司資金占用過多的矛盾。但這種方式易導致生產公司借商品供不應求之機，亂收預收貨款，影響其他公司資金週轉的問題。

3. 商業匯票

商業匯票是公司之間在根據購銷合同進行延期付款的商品交易時開具的反應債權債務關係的票據。商業票據可由銷貨公司簽發，也可由購貨公司簽發，到期日由銷貨公司要求付款；商業票據必須經過承兌，即由有關方在匯票上簽章，表示承諾到期付款。根據承付人不同，商業匯票分為商業承兌匯票和銀行承兌匯票。商業承兌匯票是指由銷貨方對購貨方簽發的，經購貨方在匯票上簽章，承認到期支付的票據；銀行承兌匯票是指付款單位承兌後，向銀行提出承兌申請，由銀行在其匯票上簽名蓋章，承認到期付款的票據。商業匯票承兌期限由交易雙方商定，一般為3～6個月，最長不得超過6個月。如果分期付款，應一次簽發若干不同期限的匯票。

商業匯票的簽發、承兌和使用必須遵循以下原則：
(1) 使用匯票的公司必須是在銀行開立帳戶的法人；
(2) 簽發匯票必須以合法的商品交易為基礎，禁止簽發無商品交易的匯票；
(3) 匯票經承兌後，承兌人負有到期無條件交付票款的責任。

商業匯票是一種直接、迅速的橫向融資方式，為公司提供了一條便利的融資渠道。開展商業匯票業務，將掛帳信用轉化為票據信用，通過承兌與貼現，又將銀行信用介入其中，易於將商業信用納入管理的軌道；商業匯票有較強的到期支付的約束力，可借助它清理拖欠帳務，建立正常的結算秩序。

4. 票據貼現

票據貼現是指持票人把未到期的商業票據轉讓給銀行，貼付一定的利息以取得銀行信貸資金的一種借貸行為，即銀行按照票面金額扣除從貼現日到票據到期日之間的利息付給現款，收進票據，使票據到期後由銀行向付款人收款。票據貼現對持票人而言能夠使其提前收回墊支於商業信用上的資金。對銀行來說，票據貼現是一種與商業信用相結合的銀行信用，有利於銀行加強對商業信用的引導以及參與對商業信用的組織和管理。

根據有關規定，票據貼現主要涉及三個要素：
(1) 貼現對象。收款人需要資金時，可持未到期的承兌匯票向其開戶銀行申請貼現。
(2) 貼現期限。貼現期限一律從貼現之日起至匯票到期日止。
(3) 貼現利率。銀行在貼現商業票據時，所付金額要低於票面金額，因為銀行通過貼現把款項貸給銷貨單位，票據到期才能向購貨單位收款，所以要收取利息。貼現率由銀行參照流動資金貸款利率確定。

貼現利息及應付貼現票款的計算公式是：

$$匯票到期值 = 匯票票面價值 + 匯票票面利息 \qquad (3.5)$$

$$貼現利息 = 匯票到期值 \times 貼現天數 \times \frac{月貼現率}{30\ 天} \qquad (3.6)$$

$$應付貼現票款 = 匯票到期值 - 貼現利息 \qquad (3.7)$$

(三) 對商業信用籌資的評價

1. 商業信用籌資的優點

商業信用籌資直接、方便，且籌資成本較低，凡是能通過商業信用來解決資金短缺問題的，都不會借助於銀行貸款。

2. 商業信用籌資的缺點

(1) 商業信用籌資的規模要受到提供信用的公司本身所能支配的資金數量的限制；

(2) 籌資的範圍僅限於有買賣關係的公司之間，由買方提供給賣方且只能用於商品交易；

第三章　籌資方式

(3) 商業信用籌資是以償還和付息為條件，因而財務風險較大，並容易引起債務連鎖反應，所以對商業信用籌資必須加以正確的引導和管理。

四、租賃籌資

(一) 租賃的種類與特點

租賃是指承租人為使用資產，連續支付租金給出租人的一種不可取消的契約承諾。租賃一般可分為經營租賃和融資租賃兩種。

1. 經營租賃

經營租賃又稱營業租賃或使用租賃，其基本特點在於：

(1) 租賃期限較短，租金較低，風險小。

(2) 在合理的限制條件下，承租人有權在租賃期間提前解除租約。

(3) 租賃期滿後，租賃資產由出租人收回並繼續出租。

(4) 出租人負責租賃資產的維修、保養和管理。此時，與租賃資產所有權有關的風險和報酬歸屬於出租人。

2. 融資租賃

融資租賃又稱財務租賃或金融租賃，其基本特點在於：

(1) 交易涉及三方。融資租賃交易涉及出租方、承租方和供貨方，承租方與出租方是租賃關係，出租方與供貨方是買賣關係，承租方與供貨方存在著標的物選擇與技術服務的關係。

(2) 租賃期限比較長。根據美國會計準則的規定，租賃期只有超過資產經濟壽命期的75%，才能稱為融資租賃。

(3) 租賃合同不能因一方提出要求而隨意撤銷。

(4) 租賃期滿後，租賃資產的所有權歸承租人或者由承租人擁有優先選擇權(即有權選擇是降低租金續租還是退還出租人，抑或按遠遠低於租賃資產公允價值的價格購進)。

(5) 租賃資產的維修、保養和管理由承租人負責。

(6) 承租人負責對租賃資產及其供應商進行選擇，並負責租賃資產的檢驗等相關事宜。出租人負責出資購買承租人所需的資產，並租賃給承租人。此時，與租賃資產所有權有關的風險和報酬歸屬於承租人。出租人幾乎可以通過一次租賃就足以彌補租賃資產的成本並獲取正常收益，而承租人則實際上是以租金的形式分期付款購買了所需的資產。

融資租賃實際上是公司將其融資行為與融物行為結合在一起，就融資租賃來說，其可以具體分為以下幾種：

(1) 直接租賃。它是指出租方應承租方的要求，出資購買設備，然後直接租給承租方使用的一種方式。出租人提供購買租賃資產的全部資金，它是融資租賃中最

常見的一種方式。

(2) 售後回租。它是指公司將所擁有的資產出售給出租方，然後再租回使用的一種租賃方式。這種方式可以使公司既保留設備的使用權，又可以將設備占用的資金變為可利用的資金。

(3) 槓桿租賃。槓桿租賃在概念上與非槓桿租賃相似，承租人以同樣方式選擇設備和談判租賃條件。採用槓桿租賃時，出租方自籌相當於租賃設備價款 20%～40% 的資金，其餘資金由出租方將待購設備作貸款抵押，以轉讓收取租金的權利作為附加擔保，從銀行或其他金融機構取得貸款。槓桿租賃涉及的當事人主要有：出租方、承租方、長期貸款方和供貨商。槓桿租賃主要用於價格較高的大型設備的長期融資租賃業務。

(4) 轉租賃。它是指租賃公司同時具備承租人與出租人雙重身分的一種租賃形式。出租方根據承租方的需要，先從其他租賃公司租入設備，然後再轉租給承租方使用，或者出租方根據承租方的需要向供貨商訂購設備，並將訂購合同提交其他租賃公司付款購買，然後由出租方將設備轉租給承租方使用的一種融資方式。它一般用於從國外引進設備。

3. 融資租賃與經營租賃的區別

(1) 目的不同。融資租賃是承租人籌集長期性債務資本的重要形式，而經營租賃則是承租人為了獲取資產的短期使用權以及出租人提供的專門技術服務。

(2) 租賃期限不同。融資租賃合同不能被撤銷，是長期性的，而經營租賃是短期性的，合同可提前解除。

(3) 出租方與承租方承擔的責任不同。融資租賃的承租人必須負責資產的維修、保養、保險，並承擔過時風險，經營租賃的承租人則不承擔這些責任。

(4) 租賃期滿後對資產的處置不同。融資租賃資產在租賃期滿後可按租賃合同約定的方式處置資產，承租人可退回資產，也可按較低租金續租或者作價買下。

(二) 租金的構成與計算

1. 租金的構成

公司租賃時，需按租賃合同的規定支付租金。經營租賃由於租賃期限較短，其租金的計算也比較簡單，由出租人和承租人協商確定即可。而融資租賃每期支付租金的大小則會受到許多因素的影響，這些因素包括：

(1) 租賃設備的採購成本，包括買價、運輸費、安裝費、保險費等。

(2) 租賃設備預計殘值，即設備租賃期滿時的預計可變現淨值。

(3) 利率。在租賃設備成本既定的條件下，利率是影響租金的最為重要的因素，利率水準越高，支付的租金總額也就越高，反之則越低。

(4) 租賃手續費，即出租人承辦設備租賃的營業費用及一定的盈利，通常按照設備成本的一定比例來計算，由租賃雙方協商確定。

(5) 租賃期限。租賃期限越長，租金總額越大，同時，租賃期限還會對每期支

付的租金有一定的影響。

（6）租金的支付方式，如支付租金的間隔期（年付、半年付、季付、月付）越長，租金總額越大；期末（後付）付租方式與期初（先付）付租方式相比，租金總額相對增加，其原因都在於承租人佔有出租人資金的時間更長。此外，等額支付與不等額支付，對租金總額及各期租金的計算也有著明顯的影響。

2. 租金的計算

在租賃期內租賃費用率固定的情況下，計算租金的常用方法有：

（1）附加率法。它是指在租賃資產的概算成本上再附加一項特定的比率來計算租金的方法。在租金後付的情況下，按照這種方法計算的平均每期租金為：

$$R = \frac{P(1+ni)}{n} + Pr \tag{3.8}$$

式中：R 為平均每期租金，P 為概算成本，i 為每期利率，n 為付租期數，r 為附加利率。

（2）年金法。它是將一項租賃資產在未來各租賃期間內的租金總額按一定比率折現，使其現值總和等於租賃資產的概算成本的一種計算方法。這種方法簡便、科學，適用面廣，為中國大部分租賃公司所採用。年金法又分為等額年金法和變額年金法。等額年金法用以計算每年支付的等額年金，其公式如下：

$$等額年金 = \frac{等額租金的現值}{等額租金現值系數} \tag{3.9}$$

【例4】ABC 公司採用融資租賃方式，於 2014 年 1 月 1 日從租賃公司租入一臺設備，設備價款為 20,000 元，租期為 4 年，到期後設備歸承租公司所有，租賃期間的貼現率為 15%，採用後付等額年金方式支付租金。要求確定各年應支付的租金，並編製租金攤銷計劃表。

年利率 15%、期限為 4 年的年金現值系數為 2.855，可計算出每年應支付租金 = 20,000 ÷ 2.855 = 7,005 元，據此可編製各年租金攤銷計劃表，如表 3-6 所示：

表 3-6　　　　　　　　ABC 公司租金攤銷計劃表

金額單位：元

日期	支付租金 （1）	應計租費 （2）=（4）×15%	本金減少 （3）=（1）-（2）	應還本金 （4）
2014.01.01	—	—	—	20,000
2015.12.31	7,005	3,000	4,005	15,995
2016.12.31	7,005	2,399	4,606	11,389
2017.12.31	7,005	1,708	5,297	6,092
2018.12.31	7,005	913	6,092	0
合計	28,020	8,020	20,000	—

公司財務

（三）對租賃籌資的評價

1. 租賃籌資的優點

（1）增加了公司籌資的靈活性。租賃融資可以避免長期借款籌資所附加的多種限制，從而為公司經營活動提供了更大的彈性空間。此外，租賃是籌資與購買設備並行，比舉債購置設備速度更快，也更加靈活；並且，租賃尤其是經營性租賃可以既不構成負債也不改變公司的資本結構，從而維持了公司未來的借款能力。

（2）避免設備陳舊過時的風險。隨著現代科學技術的不斷進步，設備陳舊過時的風險很高，而多數租賃協議規定此種風險主要由出租人承擔，承租公司可因此而部分避免這種風險。

（3）全部租金通常在整個租期內分散支付，可適當減低公司不能償付的危險。

（4）租金費用可在所得稅前扣除，承租公司可享受稅收上的優惠。

2. 租賃籌資的缺點

（1）租金高。儘管租賃沒有明顯的利息成本，但出租人所獲報酬必定隱含於其租金中。一般而言，許多租賃的租金（包括其隱含報酬）要高於債券利息，其租金總額通常要高於設備價值的 30% 左右。

（2）喪失資產殘值。租賃期滿，除非承租人購買該資產，否則其殘值一般歸出租人享有，這也是承租公司的一種機會損失。

（3）難以改良資產。未經出租人同意，承租人不得擅自對租賃資產加以改良。

第五節　混和性籌資

一、可轉換債券籌資

（一）可轉換債券及其特徵

可轉換債券又稱為可轉換公司債券，是以公司債券為載體、允許持有人在規定時間內按規定價格轉換為發行債券公司或其他公司股票的一種金融工具。可轉換債券是一種混合型金融工具，可以看作普通公司債券與股票期權的組合體。其特殊性在於它所特有的可轉換性。可轉換債券使投資者既可獲得到期收回債券本息的安全承諾，又可以在公司股票價格攀升時將債券轉換為股票，獲得股票價差收益。

可轉換債券具有以下特點：

1. 債務性

可轉換債券在轉換股份前，具有普通債券所具有的債務性特徵。

2. 股權性

可轉換債券在一定期限內依據約定的條件，根據投資者的選擇可以轉換成股票。轉換之後，原債券持有人就成為公司的股東，有權參與公司的紅利分配和經營

第三章　籌資方式

管理。

3. 期權性

可轉換債券實質上是一種附有股票選擇權的債券，持有者具有是否將其轉換成普通股的選擇權，即持有人既可將其轉換成股票，也可以放棄這種轉換權。

由於可轉換債券具有上述特點，公司往往將其視為不用還本的貸款，投資者則視其為能收回本金的股票。

(二) 可轉換債券的要素

可轉換債券的要素指構成可轉換債券基本特徵的必要因素，它們表明可轉換債券與普通債券的區別。

1. 標的股票

按照條款，可轉換債券將會轉換成的那種股票，一般來說是發行公司自己的股票。

2. 轉換價格

它是指可轉換公司債券轉換為每股股份所支付的價格。轉換價格可以是固定的，也可以是逐步提高的。固定的轉換價格是在發行可轉換債券時就確定了的；逐步提高的轉換價格是在持證期限內，以一定幅度逐步遞增。提高轉換價格的目的是鼓勵投資者在提高轉換價格前行使轉換的權力，同時也使將來公司增長給現有股東帶來的預期好處不會被稀釋。

3. 轉換比率

這是指可轉換債券的持有人行使轉換權時，每一份債券所能換得的普通股股數。可轉換債券的轉換比率與轉換價格有關，二者之間的關係可用下面的公式表示：

$$轉換比率 = 公司債券面值 / 轉換價格 \qquad (3.10)$$

4. 轉換期限

轉換期限是指可轉換債券轉換為股份的起始日至結束日的期間。可轉換債券的轉換期限可以與債券的期限相同，也可以短於債券的期限。例如某種可轉換債券規定只能在一定時間內(如發行日之後若干年之內)行使轉換權，超過這一段時間轉換權失效。按照中國《可轉換公司債券管理暫行辦法》，上市公司發行的可轉換公司債券，在發行結束 6 個月後，持有人可以依據約定的條件隨時轉換成股份。

5. 贖回條款

贖回是指在一定條件下，公司按事先約定的價格買回未轉股的可轉換債券。發行公司為了避免因市場利率下降而帶來的損失，同時為了避免可轉換債券的持有者過分享受因公司收益大幅度提高所產生的回報，通常設計有贖回條款。贖回條款通常包括贖回期、贖回價格、贖回條件等。公司在贖回債券之前要向投資者發出贖回通知，此時投資者必須在轉股與售給發行公司之間進行選擇。正常情況下，投資者會選擇前者。可見，贖回條款最主要的功能是促使可轉換債券的持有者積極行使轉

股權。

6. 回售條款

回售是指公司股票價格在一段時期內連續低於轉股價格並達到某一幅度時，可轉換公司債券持有人按事先約定的價格將所持債券賣給發行人。該條款的目的在於使投資者具有安全感，從而更好地吸引投資者。

7. 強制性轉換條款

在某些條件具備後，債券持有人必須將可轉換債券轉為股票，無權要求償還債權本金的要求。強制性轉換條款的目的在於保證可轉換債券順利地轉換成股票，實現發行公司擴大權益籌資的目的。

(三) 可轉換債券的價格

可轉換債券的價格有兩種：一是轉換股票前的價格；二是轉換股票時的價格。

1. 轉換股票前的價格

轉換股票前的價格用一般債券價格計算公式計算，即：

$$\text{發行價格} = \text{債券利息的年金現值} + \text{到期本金的複利現值} \qquad (3.11)$$

【例5】某可轉換債券的面值為5,000元，期限為20年，年利率為4%，收益貼現率為4.5%，則此債券轉換成股票前的價格應為：

$5,000 \times 4\% \times P/A(4.5\%, 20) + 5,000 \times P/F(4.5\%, 20)$

$= 200 \times 13.007,9 + 5,000 \times 0.414,6$

$= 4,674.58(元)$

如果可轉換債券已發行數年但尚未到期，則轉換前的價格也用一般債券公式計算。

2. 轉換股票時的價格

$$PV_t = PV_0(1+g)^t \times q \qquad (3.12)$$

式中：PV_t 為轉換股票時的價格，PV_0 為股票的現行市場價格，g 為股票價格增長率，q 為轉換率，t 為轉換時間。

【例6】某公司股票市價為50元，股票價格增長率為6%，轉換比率為18.52。則5年後的轉換價格為：

$PV_5 = 50 \times (1+0.06)^5 \times 18.52 \approx 1,239.17(元)$

(四) 對可轉換債券籌資的評價

1. 可轉換債券籌資的優點

(1) 可降低籌資成本。可轉換債券給予了債券持有人以優惠的價格轉換公司股票的好處，其利率低於同一條件下的不可轉換債券(或普通債券)的利率，降低了公司的籌資成本；此外，在可轉換債券轉換為普通股時，公司無須另外支付籌資費用，又節約了股票的籌資成本。同時，在債券轉換成權益資本前，債券利息在稅前扣除，從而降低了籌資成本。

(2) 便於籌集資金。可轉換債券一方面可以使投資者獲得固定利息；另一方面

又向其提供了進行債權投資或股權投資的選擇權,對投資者有吸引力,便於債券的發行,便於資金的籌集。

(3)公司可獲得轉換溢價。可轉換債券是以轉換溢價轉換為股票的,一旦發生轉換,就等於公司在將來以高於當前市價的價格發行新股,從而獲得了溢價收入。而直接發售新股通常按當前股票價格的一定折扣出售。

(4)有利於穩定股票價格和減少對每股收益的稀釋。可轉換債券轉換之前,不會增加公司的股本,不會立即產生攤薄公司每股淨收益的負面效應。一般而言,可轉換債券持有人只有在股票市價高於轉換價格時才行使轉換權,而股票市價持續增長時期也是公司盈利高速增長時期,在這個時期發生債權轉股權,其攤薄效應也會因公司盈利的增加而得到抵免。

(5)提高公司聲譽,擴大股東基礎,增加長期資金來源。可轉換債券的認購者基本為機構投資者和投資基金,有些國家不允許機構投資者和投資基金投資於外國公司的股票,可轉換債券則能解決這個問題。因而可轉換債券的發行將有助於擴大發債公司的股東基礎,獲得穩定的長期資金來源。同時,在國際上提高公司聲譽和擴展公司的業務,為公司進一步在海外市場融資打下良好基礎。可轉換債券的期限一般都比較長。

2. 可轉換債券籌資的缺點

(1)實際籌資成本較高。雖然可轉換債券的轉換價格高於其發行時的股票價格,但如果轉換時股票價格大幅度上漲,則其實際籌資成本會高於發行純債券成本。

(2)增加財務風險。發行可轉換債券後,如果公司業績不佳,股價長期低迷,持券人沒有如期轉換為普通股,則會增加公司償債壓力。特別是在訂有回售條款的情況下,公司短期內集中償還債務的壓力會更加明顯。

(3)債券低利率的期限不長。可轉換債券轉換成普通股後,其原有的低息優勢不復存在,公司將要承擔較高的普通股成本,從而導致公司的綜合資本成本上升。

二、認股權證籌資

(一)認股權證及其特點

認股權證是公司發行的一種附有選擇權的金融憑證,它賦予持證人在預定的期限內按約定價格認購事先約定數量的標的證券。認股權證本質上為一種權利契約,支付權利金的一方有權(非義務)於契約期間或契約到期時,以事先約定的價格買進或賣出事先約定的標的證券。認股權證的交易就是決定是否買賣特定標的證券的一種選擇性交易,實質上是一種期權買賣。

認股權證具有以下特點:

1. 具有衍生性

認股權證作為衍生金融工具的一種，源於股票、債券等其他基礎性金融資產。

2. 是一種期權

認股權證是否執行是可以選擇的。

3. 是一種選擇性契約

認股權證包含了選擇權契約的全部特徵，即選擇權約定的有效期限、約定價格及可以購買股票的數量。

4. 具有流通性

認股權證可以在不同的投資者之間轉讓。權證的流通性一方面為權證的持有人提供了隨時變現的機會；另一方面，又為市場的參與者提供了投資的機會。

(二) 認股權證的要素

1. 標的物

這是指認股權證發行所依附的證券。

2. 認購期限

這是指認股權證的有效期。在有效期內，認股權證的持有者可以隨時購買股份；超過有效期，則認股權證失效。

3. 認購數量

認購數量既可以用數量單位約定，也可以用金額單位約定。

4. 認購價格

這是指認股權證持有人行使權利時的執行價格。

5. 贖回條款

這是指在特定情況下，公司有權贖回發行在外的認股權證。

(三) 認股權證的價值

認股權證在其有效期限內具有價值。認股權證價值有理論價值與實際價值之分。

1. 理論價值

理論價值 = (普通股市價 − 執行價格) × 每一認股權證所能認購的普通股股數

(3.13)

如果普通股市價低於其執行價格，認股權證的理論價值為負數，在此情況下，一般認股權證的持有者不會行使其認購權。所以，當出現這種情況時，設定認股權證的理論價值為零。

影響認股權證理論價值的因素主要有：

(1) 普通股的市價。市價越高，認股權證的理論價值就越大。

(2) 剩餘有效期間。認股權證的剩餘有效期間越長，市價高於執行價格的可能性就越大，認股權證的理論價值也越大。

(3) 換股比率。認股權證每一份所能認購的普通股股數越多，其理論價值就越

第三章　籌資方式

大；反之，則越小。

（4）執行價格。執行價格越低，認股權證的持有者為換股而支付的代價就越小，普通股市價高於執行價格的機會就越大，認股權證的理論價值也越大。

假如某公司規定認股權證的持有者，每持有兩份可按 12 元的價格認購一股普通股。現王某擁有 200 份認股權，他投資 1,200 元購買 100 股普通股，次日該公司的普通股的市價為每股 16 元，王某將其持有的 100 股全部拋出獲得 1,600 元。假設無交易成本，則王某獲利 400 元，就是實現的認股權證的理論價值。

2. 實際價值

認股權證在證券市場上的市場價格或售價稱為認股權證的實際價值。一般來說，認股權證的實際價值高於其理論價值，理論價值是出售認股權證的最低價格。認股權證的實際價值大於理論價值的部分稱為超理論價值的溢價。之所以形成超理論價值的溢價，是因為認股權證的投資具有較大的投機性，認股權證給予投資者以極大的獲利槓桿作用。

為了說明這一點，假定認股權證的售價恰好等於其理論價值。若 A 公司規定認股權證的持有者以 20 元的價格，每份認購一股普通股，普通股價格為 25 元，則此時認股權證的售價為 5 元。如果王明準備投資，以 25 元的股價購買一股普通股，一年後股價上漲為 50 元，王明獲得的資本利得為 25 元（假設無交易成本），資本利得率為 100%。但張勇在一年前按認股權證的理論價值去投資認股權證，投資 5 元買入一份，此時出售認股權證可獲得收入 30 元，獲利 25 元，資本利得率為 500%（25/5）。而且張勇投資認股權證的可能總損失為 5 元，而王明的可能總損失為 25 元。巨額的資本利得，有限的損失，對於投資者來說吸引力巨大。認股權證在資本市場上公開買賣，相應助長了這種投機性。

（四）對認股權證籌資的評價

1. 認股權證籌資的優點

（1）它可以保護現有股東免受公開發行股票導致的財產潛在損失。為了促銷，股票發行的價格比其現行市場價格要低。在公開發行中，這種促銷方式會導致財富由現有股東向新股東轉移，認股權證的發行會避免這種財富轉移。只要現有股東出售或執行認股權證，他們就能獲得降價促銷的好處。

（2）為公司提供了擴大證券組合和更廣泛地吸引投資者的機會。認股權證隨債券配售，如果公司處於利潤高速增長期，可以使投資者在持有債券的同時享有分享公司利潤的機會，這種潛在的利益以及認股權的補償價值使公司可以以較低的利率和不很嚴格的契約條款向投資者出售公司的長期債券。

2. 認股權證籌資的不足

（1）發行所需要的時間較長。

（2）當股票價格高於認股權證約定的價格時，如果認股權證持有人行使權利，會使公司遭受財務損失。

公司財務

本章小結

公司籌資的動機在於擴張性籌資、調整性籌資和混合性籌資。

公司籌資需要通過一定的籌資渠道，運用一定的籌資方式來進行。不同的籌資渠道和籌資方式各有特點和適用性，公司需要根據自身的實際情況進行選擇。同時，公司籌資之前，應當預測資金需要量，以提高資金使用效益。

權益性籌資主要包括吸收直接投資和發行股票。吸收直接投資是投資者投入資本建立企業籌資的一種主要形式。發行股票是股份公司設立籌資(包括IPO)和再融資(配股和增發)的一種主要形式。

債務性籌資主要包括長期借款、公司債券、商業信用、租賃籌資等。其中，長期借款、公司債券和融資租賃屬於長期籌資，而商業信用、經營租賃屬於短期籌資。

除了傳統的籌資方式外，隨著公司財務管理實踐的不斷創新和發展，產生了混合性籌資方式。常見的混合性籌資方式主要有可轉換債券和認股權證等。

思考題

1. 什麼是吸收直接投資？吸收直接投資的優缺點何在？
2. 簡述股票的性質和特點。
3. 試分析股票籌資的利與弊。
4. 簡述長期借款和發行債券籌資的優缺點。
5. 如何看待商業信用在籌資中的作用？
6. 試比較經營租賃與融資租賃的異同。
7. 可轉換債券的構成要素有哪些？
8. 怎樣確定認股權證的理論價值和實際價值？
9. 試分析認股權證的特點。

練習題

1. 某公司發行可轉換債券，該債券面值為1,000元，期限為10年，年利率為4%，市場利率為5%。已知$(P/F, 5\%, 10) = 0.613\,9$，$(P/A, 5\%, 10) = 7.721\,7$。要求：計算該債券轉換成股票前的價格。

2. 公司發行債券，面值為1,000元，票面年利率為12%，期限為5年，市場利率為10%，每一年付息一次。已知$(P/F, 10\%, 5) = 0.620\,9$，$(P/A, 10\%, 5) = 3.790\,8$。要求：計算該債券的發行價格。

第三章　籌資方式

3. 某公司採用融資租賃方式於某年租入一臺設備，設備的價款為 10 萬元，租期為 4 年，到期後設備歸承租公司所有，租賃期折現率為 10%，採用普通年金方式支付租金。已知 (P/A, 10%, 4) = 3.169,9，要求計算每年應支付的租金數額。

第四章
資本成本與資本結構

第一節　　資本成本

一、資本成本及其性質

（一）資本成本的概念

由於資本的稀缺性和不可或缺性，公司從各種渠道或者通過各種方式取得的資金都不是無償使用的，而是要付出代價、發生費用的。因此，資本成本是指公司為取得和使用資本而支付的代價。這種代價包括資本的取得成本和資本的使用成本。

1. 資本取得成本

資本取得成本是指資本籌集過程中支付的各種費用，也稱為籌資費用，主要包括銀行借款的手續費、股票和債券的發行費等。資本取得成本往往與籌資金額和使用時間無直接聯繫，因此，可看作資本成本的固定費用，在計算資本成本時作為籌資金額的一項扣除。

2. 資本使用成本

資本使用成本又稱資金占用費，是指資金使用者因使用或占用資金而支付給資金所有者的報酬，主要包括銀行借款的利息、股票的股利、債券的利息等。資本使用成本一般與所籌集資金的多少以及使用時間有關，具有經常性、定期性支付的特點，可視為資本成本的變動成本，是資本成本的主要內容。

資本成本可以用絕對數表示，也可以用相對數表示，通常用相對數表示，即用資費用與籌集資金之間的比率。其計算公式表示如：

第四章　資本成本與資本結構

$$資本成本率 = \frac{資本使用成本}{籌資總額 - 資本取得成本} \times 100\% \quad (4.1)$$

(二) 資本成本的性質

資本成本是商品經濟條件下資本所有權和使用權分離的必然結果，具有特定的經濟性質。

1. 資本成本是資本使用者向資本所有者和仲介機構支付的費用，是資本所有權和使用權相分離的結果

當資本所有者有充裕的資金而閒置時，可以直接或者通過仲介機構將其閒置資本的使用權轉讓給急需資金的籌資者。這時，對資本所有者而言，由於其讓渡了資本的使用權，必然要求獲得一定的收益回報，資本成本表現為讓渡資本使用權所帶來的報酬；對籌資者來說，由於其取得了資本的使用權，也必須支付一定的代價，資本成本便表現為取得資本使用權所付出的代價。可見，資本成本是資本所有權和使用權分離的必然結果。

2. 資本成本作為一種耗費，最終要通過收益的扣除來補償，體現了一種利益分配關係

資本成本和產品成本都屬於勞動耗費，但是，產品成本的價值補償是對耗費自身的補償，並且，這種補償金還會回到公司再生產過程中；而資本成本的補償是對資本所有者讓渡資本使用權的補償，一旦從公司收益中扣除，就退出了公司生產過程，體現了一種利益分配關係。

3. 資本成本是資金時間價值和風險價值的統一

資本成本與貨幣時間價值既有聯繫，又有區別。貨幣時間價值是資本成本的基礎，貨幣時間價值越大，資本成本也就越高；反之，貨幣時間價值越小，資本成本也就越低。但是，貨幣時間價值和資本成本二者在數量上並不一致。資本成本不僅包括時間價值，而且還包括風險價值、資本籌集費，同時，還受資金供求、通貨膨脹等因素的影響。此外，貨幣時間價值除了用於確定資本成本外，還廣泛用於其他方面。

二、資本成本的意義

西方財務理論認為，資本成本在財務管理中處於至關重要的地位。它對於公司籌資決策、投資決策以及經營決策等具有重要作用。資本成本的意義主要表現在三個方面。

(一) 資本成本是比較籌資方式、進行資本結構決策的重要依據

首先，個別資本成本是比較籌資方式的依據。前已述及，衡量一種籌資方式是否優於另一種籌資方式的標準是多種多樣的，如對公司控制權的影響、對投資者吸引力的大小、取得資金的難易程度、財務風險的大小、資本成本的高低等。其中，資本成本是一個極為重要的因素。在其他條件基本相同的情況下，應選擇資本成本

公司財務

最低的籌資方式。

其次,綜合資本成本是衡量資本結構合理性的依據。綜合資本成本與資本結構之間關係密切。按照西方財務理論,綜合資本成本最低時的資本結構才是最優資本結構,這時公司的價值達到最大。

最後,邊際資本成本是選擇追加籌資方案的依據。公司有時為了擴大生產規模,需要增大資本投入量。這時,公司不論維持原有資本結構還是希望達到新的目標資本結構,都可以通過計算邊際資本成本的大小來選擇是否追加投資。

(二)資本成本是評價投資效益、比較投資方案的主要標準

公司在進行投資決策時,要從設定的眾多投資方案中選擇最經濟、最有效的投資方案,從而實現投入資金的合理配置,提高投資效益。由於資本成本是某項投資項目可接受的最低報酬率,所以,它便成為衡量方案取捨的客觀標準。只有當期望投資收益率大於資本成本率時,投資方案才有利,否則就是不利方案。

(三)資本成本是評價公司經營管理業績的客觀依據

資本成本是公司使用資金所應獲得收益的最低界限,一定時期資本成本的高低可以綜合反應公司的經營管理水準。通過分析資本成本,管理者不僅可以衡量公司經營管理業績,而且可以發現公司經營管理中存在的問題,促進公司採取有效措施,努力提高生產經營管理水準。

三、資本成本率的計算

資本成本有個別資本成本、綜合資本成本和邊際資本成本三種形式,每種形式的計量方法各不相同。

(一)個別資本成本率

個別資本成本率包括債務資本成本率和權益資本成本率兩類。其中,債務資本成本率又包括長期借款成本率和長期債券成本率;權益資本成本率又包括優先股成本率、普通股成本率和留存收益成本率。

1. 長期借款成本率

$$K_l = \frac{I_l(1-T)}{L(1-F_l)} \tag{4.2}$$

式中:K_l 為長期借款成本率,L 為長期借款總額,I_l 為長期借款年利息,T 為所得稅率,F_l 為借款籌資費率(借款手續費率)。

如果借款手續費率較低,可以略去不計。這時,長期借款成本率為:

$$K_l = I(1-T) \tag{4.3}$$

式中:I 為借款利率。

【例1】某公司取得長期借款200萬元,年利率為10.8%,期限為3年,每年付息一次,到期一次還本。籌措這筆借款的費用率為0.2%,公司所得稅率為25%。長期

第四章　資本成本與資本結構

借款成本率計算如下：

$$\frac{200 \times 10.8\% \times (1 - 25\%)}{200 \times (1 - 0.2\%)} \approx 8.12\%$$

在考慮貨幣時間價值時，長期借款的稅前資本成本率計算如下：

$$P_0 = \sum_{t=1}^{n} \frac{I}{(1 + R_l)^t} + \frac{P_n}{(1 + R_l)^n} \tag{4.4}$$

式中：P_0 表示借款籌資淨額，即長期借款扣除銀行手續費；I 表示長期借款年利息額；P_n 表示長期借款到期價值；R_l 表示長期借款投資的必要報酬率，即長期借款的稅前資本成本率；t 表示長期借款付息期數；n 表示長期借款期限。

長期借款的稅後資本成本率計算如下：

$$K_l = R_l(1 - T) \tag{4.5}$$

2. 長期債券成本率

$$K_b = \frac{I_b(1 - T)}{B(1 - F_b)} \tag{4.6}$$

式中：K_b 為長期債券成本率，B 為債券發行總額（按發行價確定），I_b 為長期債券年利息，T 為所得稅率，F_b 為長期債券籌資費率。

長期債券的籌資費包括債券申請手續費、註冊費、印刷費、推銷費等；長期債券利息按債券面值和債券年利率確定，而長期債券籌資總額按發行價格確定。

【例2】某公司發行長期債券1,000萬元，票面利率為15%，發行費率為4%，所得稅率為25%。

如果按1：1平價發行，則：

$$K_b = \frac{1,000 \times 15\% \times (1 - 25\%)}{1,000 \times (1 - 4\%)} \approx 11.72\%$$

如果按1：1.2溢價發行，則：

$$K_b = \frac{1,000 \times 15\% \times (1 - 25\%)}{1,200 \times (1 - 4\%)} \approx 9.77\%$$

如果按1：0.8折價發行，則：

$$K_b = \frac{1,000 \times 15\% \times (1 - 25\%)}{800 \times (1 - 4\%)} \approx 14.65\%$$

在考慮貨幣時間價值時，公司債券的稅前資本成本率計算如下：

$$P_0 = \sum_{t=1}^{n} \frac{I}{(1 + R_b)^t} + \frac{P_n}{(1 + R_b)^n} \tag{4.7}$$

式中：P_0 表示債券籌資淨額，即債券發行價格（或現值）扣除發行費用；I 表示債券年利息額；P_n 表示債券面額或到期價值；R_b 表示債券投資的必要報酬率，即債券的稅前資本成本率；t 表示債券付息期數；n 表示債券期限。

公司債券的稅後資本成本率計算如下：

公司財務

$$K_b = R_b(1 - T) \qquad (4.8)$$

3. 優先股成本率

$$K_p = \frac{D_p}{P_p(1 - F_p)} \qquad (4.9)$$

式中：K_p 為優先股成本率，P_p 為優先股籌資總額（按發行價確定），D_p 為優先股年股息，F_p 為優先股籌資費率。

優先股股息按面值和固定股息率確定，優先股籌資總額按發行價格確定。優先股股息是以所得稅後淨利支付的，不會減少公司應交所得稅。

【例3】發行優先股總額為1,500萬元，按1：2溢價發行，年股息率為18%，籌資費率為5%，則：

$$K_p = \frac{1,500 \times 18\%}{3,000 \times (1 - 5\%)} \approx 9.47\%$$

4. 普通股成本率

普通股的使用成本具有很大的不確定性。一般而言，普通股比優先股的風險大，因而資本成本率更高。普通股資本成本率的計算方法有多種：

(1) 評價法（股利固定增長模型）。

$$K_c = \frac{D_c}{C(1 - F_c)} + g \qquad (4.10)$$

式中：K_c 為普通股成本，D_c 為普通股第一年支付的股利，C 為普通股發行總額（按發行價格確定），F_c 為普通股籌資費率，g 為普通股股利預計每年平均增長率。

【例4】發行普通股1,000萬元，平價發行，籌資費率為4%，第1年股利率為15%，以後每年增長4%，則：

$$K_c = \frac{1,000 \times 15\%}{1,000 \times (1 - 4\%)} + 4\% \approx 19.63\%$$

(2) 貝塔系數法（資本資產定價模型）。

普通股的資本成本率 = 無風險收益率 + 貝塔系數 × (股票市場平均收益率 − 無風險收益率) $\qquad (4.11)$

【例5】陽明公司普通股的風險系數為2，政府長期債券利率為3%，股票市場平均收益率為8%。計算該公司普通股的資本成本率。

陽明公司普通股的資本成本率 = 3% + 2 × (8% − 3%) = 13%

(3) 債券收益加風險溢價法。

這種方法是在公司發行的長期債券成本率的基礎上加上風險溢價率。

【例6】友誼公司發行的債券屬於AAA級，利率為7%，而普通股股東所要求的風險收益率為4%。

普通股的資本成本率 = 7% + 4% = 11%

第四章　　資本成本與資本結構

5. 留存收益成本率

留存收益是企業稅後淨利在扣除當年股利後形成的，它屬於普通股股東所有。從表面上看，留存收益不需要現金流出，似乎不用計算其資本成本。其實不然。留存收益的資本成本是一種機會成本，體現為股東追加投資要求的收益率。

留存收益成本率的計算方法與普通股成本率的計算方法基本相同，只是留存收益沒有籌資費。其計算公式為：

$$K_r = \frac{D_r}{R} + g \tag{4.12}$$

式中：K_r 為留存收益成本，D_r 為普通股股利，$D_r = D_c$，g 為普通股股利每年預計的平均增長率，R 為留存收益用於追加投資的總額。

需要說明的是，按上述公式確定的資本成本，只是一個近似值，因為各種籌資方式下的資本成本是根據現在和將來的各項因素確定的，這些因素並非固定不變。所以，在實際運用上述公式時，要充分考慮各個因素的變動對資本成本的影響。

(二) 綜合資本成本

公司從不同資金渠道按不同方式籌集的資金，它們的資本成本各不相同。為了進行籌資決策，尤其是研究公司資本結構的合理性，必須計算綜合資本成本。綜合資本成本，又稱為加權平均資本成本，它是以各種個別資本占全部資本的比重為權數，對個別資本成本進行加權計算的平均資本成本。其公式是：

$$K = \sum_{i=1}^{n} K_i W_i \tag{4.13}$$

式中：K 為綜合資本成本，K_i 為第 i 種個別資本成本，W_i 為第 i 種個別資本占全部資本的比重。

【例7】某公司現有長期資本 5,500 萬元。其個別資本及相應的資本成本如表 4－1 所示：

表 4－1　　　　　　　　　綜合資本成本計算表

資本來源	全額(萬元)	比重(%)	資本成本(%)
債務資本	1,800	32.72	
其中：長期借款	1,000	18.18	10.00
長期債券	800	14.54	12.00
權益資本	3,700	67.28	
其中：優先股	1,000	18.18	14.00
普通股	2,200	40.00	18.00
留存收益	500	9.10	16.00
合計	5,500	100.00	14.77

公司財務

本例中,綜合資本成本

= 10% × 18.18% + 12% × 14.54% + 14% × 18.18% + 18% × 40% + 16% × 9.10%

≈ 14.77%

可見,該公司綜合資本成本約為14.77%,這是公司追求經濟效益的最低標準。只有當公司投資收益率高於這個標準,才可能有較好的效益。因此,降低綜合資本成本是公司取得良好經濟效益的重要途徑。要降低綜合資本成本,不僅要降低各項個別資本成本,而且要適當提高資本成本較低的個別資本比重。

綜合資本成本的計算存在著一個權數價格選擇的問題,即各個個別資本按什麼價值來確定的問題。可供選擇的價值形式有四種。

1. 帳面價值

這是指以各個個別資本的帳面價值來計算權數。其優點是:資料容易取得,可以直接從資產負債表右方得到。其缺點是:當債券和股票的市價脫離帳面價值較大時,影響準確性;同時,帳面價值反應的是過去的資本結構,不適合未來的籌資決策。

2. 現行市價

這是指以各個個別資本的現行市價來計算權數。其優點是:能夠反應實際的資本成本,市場價值權數比帳面價值權數提供了更好的公司目標籌資結構的估計值。其缺點是:現行市價處於經常變動之中,不容易取得;並且,現行市價反應的只是現實的資本結構,也同樣不適合未來的籌資決策。

3. 目標價值

這是指以未來預計的目標市場價值來確定權數。對於公司籌措新的資本,目標價值是有益的,但目標價值的確定難免具有主觀性。

4. 修正帳面價值

這是指以各個個別資本的帳面價值為基礎,根據債券和股票的市價脫離帳面價值的程度,適當地對帳面價值予以修正,據以計算權數。這種方法能夠比較好地反應實際資本成本和資本結構。

(三) 邊際資本成本

1. 邊際資本成本的概念

公司無法以某一固定的資本成本來籌措無限的資金,當其籌集的資金超過一定的限度時,原來的資本成本就會增加。在公司追加籌資時,需要知道籌資額在什麼數額上便會引起資本成本的怎樣變化,這就要用到邊際資本成本的概念。

邊際資本成本是指資金每增加一個單位而增加的成本。邊際資本成本也是按加權平均法計算的,是追加籌資時使用的加權平均成本。

2. 邊際資本成本的計算和應用

以下舉例說明邊際資本成本的計算和應用。

【例8】某公司計劃籌集新的資金,並維持目前的資金結構(債券占40%,普通

第四章　資本成本與資本結構

股占60%）不變。隨籌資額增加，各籌資方式的資本成本變化如表4-2所示，試計算邊際資本成本。

表4-2　　　　　　　　　　某公司籌資資料

籌資方式及 目標資本結構	新籌資額	個別資本成本
債券(40%)	30萬元以下	8%
	30萬～80萬元	9%
	80萬元以上	10%
普通股(60%)	60萬元以下	14%
	60萬元以上	16%

（1）計算籌資突破點。因為花費一定的資本成本只能籌集到一定限度的資金，超過這一限度多籌集的資金就要多花費資本成本，引起原來資本成本的變化，於是就把在保持某資本成本條件下可以籌集到的資金總額稱為現有資本結構下的籌資突破點。在籌資突破點範圍內籌資，原來的資本成本不會改變；一旦籌資總額超過籌資突破點，即使維持現有的資本結構，其資本成本也會增加。籌資突破點的計算公式為：

$$籌資突破點 = \frac{可用某一特定成本率籌集到的某種資金額}{該種資金在資本結構中所占的比重} \quad (4.14)$$

在花費8%的資本成本時，取得的發行債券的限額為30萬元，其籌資突破點為：$\frac{30}{40\%}=75$（萬元），按此計算方法，資料中的各種情況下的籌資突破點的計算結果如表4-3所示：

表4-3　　　　　　　　　　籌資突破點計算表

籌資方式及 目標資本結構	資本成本	特定籌資方式的 籌資範圍(萬元)	籌資突破點 (萬元)	籌資總額範圍 (萬元)
債券(40%)	8%	30萬元以下	30÷40% = 75	75萬元以下
	9%	30萬～80萬元	80÷40% = 200	75萬～200萬元
	10%	80萬元以上		200萬元以上
普通股(60%)	14%	60萬元以下	60÷60% = 100	100萬元以下
	16%	60萬元以上		100萬元以上

（2）計算邊際資本成本。由表4-3可得出四組新的籌資範圍，並計算出資金的邊際成本：

① 0～75萬元：邊際成本 = 8%×0.4 + 14%×0.6 = 11.6%

② 75 萬 ～ 100 萬元：邊際成本 = 9% × 0.4 + 14% × 0.6 = 12%
③ 100 萬 ～ 200 萬元：邊際成本 = 9% × 0.4 + 16% × 0.6 = 13.2%
④ 200 萬元以上：邊際成本 = 10% × 0.4 + 16% × 0.6 = 13.6%

第二節　槓桿效應

槓桿本是物理學用語，是指在力的作用下能夠繞固定支點轉動的杆。改變支點和力點間的距離，可以產生大小不同的力矩，這就是槓桿作用。經濟學中所說的槓桿是無形的，通常指槓桿作用，反應的是不同經濟變量之間的相互關係。通常的槓桿效應有經營槓桿效應、財務槓桿效應和總槓桿效應。槓桿效應具有兩面性，既可以產生槓桿利益，也可能帶來槓桿風險。

一、經營槓桿效應

(一) 經營槓桿效應的概念

按照成本與業務量的關係，成本可分為變動成本和固定成本。變動成本是指在相關業務量範圍內，成本總額隨著業務量變動而成正比例變動的成本；固定成本是指在相關業務量範圍內，成本總額不隨業務量變動而變動的成本。

在相關的業務量範圍內，固定成本總額不會發生變動，但是，單位產品的固定成本卻會隨著業務量的增加而降低。這樣，隨著業務量的增長，公司的經營利潤會以更快的速度增長。這種由於固定成本的作用而導致的經營利潤的變動率必然大於業務量變動率的現象，就是經營槓桿效應，也稱為營業槓桿效應。

(二) 經營槓桿效應的計算公式

為了測算經營槓桿效應，反應業務量的既定變動對經營利潤的影響，需要計算經營槓桿係數。經營槓桿係數(DOL) 是息稅前利潤的變動率相對於銷售額變動率的倍數。其計算公式為：

$$DOL = \frac{\Delta EBIT/EBIT}{\Delta X/X} \qquad (4.15)$$

式中：DOL 為經營槓桿係數，$EBIT$ 為息稅前利潤，$\Delta EBIT$ 為息稅前利潤的增量，X 為銷售量，ΔX 為銷售量的增量。

為了深入理解經營槓桿效應，有必要從經營利潤的基本公式入手對經營槓桿效應原理展開具體討論。首先給出基本公式：

$$EBIT = X(P - V) - F \qquad (4.16)$$

式中：$EBIT$ 為息稅前利潤，X 為銷售量，P 為單價，V 為單位變動成本，F 為固定成本。

第四章　資本成本與資本結構

由於 F 的作用，當 X 變動時，$EBIT$ 必然以更快的速度變動，即 $\Delta EBIT/EBIT > \Delta X/X$。

【例9】設 $P = 15$ 元，$V = 10$ 元，$F = 8,000$ 元，則：當 X 分別為 4,000 件、6,000 件、8,000 件、10,000 件和 12,000 件時，其息稅前利潤如表 4-4 所示：

表 4-4　　　　　　　　　　不同銷售量下的息稅前利潤

銷售量(件) (X)	銷售額(元) (XP)	經營成本(元) ($XV + F$)	息稅前利潤(元) ($EBIT$)
4,000	60,000	48,000	12,000
6,000	90,000	68,000	22,000
8,000	120,000	88,000	32,000
10,000	150,000	108,000	42,000
12,000	180,000	128,000	52,000

根據表 4-4 的資料可以計算出銷售量變動率、息稅前利潤變動率以及經營槓桿系數，如表 4-5 所示：

表 4-5　　　　　　　　　　經營槓桿系數計算表

銷售量變動率 ($\triangle X/X$)	息稅前利潤變動率 ($\triangle EBIT/EBIT$)	經營槓桿系數 ($\triangle EBIT/EBIT)/(\triangle X/X$)
$\dfrac{6,000 - 4,000}{4,000} = 50\%$	$\dfrac{22,000 - 12,000}{12,000} \approx 83.33\%$	1.67
$\dfrac{8,000 - 6,000}{6,000} \approx 33.3\%$	$\dfrac{32,000 - 22,000}{22,000} \approx 45.45\%$	1.36
$\dfrac{10,000 - 8,000}{8,000} = 25\%$	$\dfrac{42,000 - 32,000}{32,000} \approx 31.25\%$	1.25
$\dfrac{12,000 - 10,000}{10,000} = 20\%$	$\dfrac{52,000 - 42,000}{42,000} \approx 23.81\%$	1.19

從表 4-5 可見，當銷售量從 10,000 件增加到 12,000 件，增長 20% 時，息稅前利潤從 42,000 元增加到 52,000 元，增長了 23.81%，經營槓桿系數為 1.19；當銷售量從 4,000 件增加到 6,000 件，增長 50% 時，息稅前利潤從 12,000 元增加到 22,000 元，增長了 83.33%，經營槓桿系數為 1.67。因此，銷售量的微小變動引起了息稅前利潤的大幅度變動。經營槓桿系數越大，公司所獲得的槓桿效應也越大。

經營槓桿系數也可用下式計算：

$$DOL = \frac{F + EBIT}{EBIT} \qquad (4.17)$$

【例10】在上例中，當銷售量從 4,000 件增加到 6,000 件，息稅前利潤從 12,000 元增加至 22,000 時，經營槓桿系數為：

公司財務

$$DOL = \frac{8,000 + 12,000}{12,000} \approx 1.67$$

當經營槓桿系數業已確定後，還可用下式計算變動後的息稅前利潤，即進行息稅前利潤的預測分析。

$$預計息稅前利潤 = EBIT(1 + \frac{\Delta X}{X} \times DOL) \qquad (4.18)$$

【例11】產銷量 $X = 4,000$ 件，實現利潤 $EBIT = 12,000$ 元，固定成本 $F = 8,000$ 元，若下期產銷量提高 50%，則下期的利潤是多少？

$$\because \quad DOL = \frac{8,000 + 12,000}{12,000} = 1.67$$

$\therefore \quad$ 預計息稅前利潤 $= 12,000 \times (1 + 50\% \times 1.67)$
$$= 22,020(元)$$

公司在獲得經營槓桿效應的同時，也承擔了經營風險。經營風險是指利用經營槓桿效應而導致的經營利潤變動的風險。經營風險不僅影響公司的籌資能力，而且還影響資本結構。因此，公司必須在經營槓桿效應和經營風險之間進行慎重的權衡和選擇——要麼承擔高風險去獲得經營槓桿高效應，要麼只獲得較小的經營槓桿效應去避免過高的經營風險。

二、財務槓桿效應

(一) 財務槓桿效應的概念

我們知道，公司舉借債務資本需要從息稅前利潤中支付利息，在既定的資本結構下，公司從息稅前利潤中支付的利息具有一種典型的固定成本特徵。這樣，隨著企業息稅前利潤增加，單位息稅前利潤所負擔的債務資本的利息就會相應減少，從而導致企業淨利潤(或普通股每股利潤)以更大幅度增長。這種因利用債務資本而支付的利息，猶如槓桿的支點那樣，使息稅前利潤的微小變化引起淨利潤的大幅度變化的現象，就是財務槓桿效應。債務資本使用越多，計入息稅前利潤的固定利息就越多，財務槓桿效應就越大，與此相適應的財務風險也就越大。倘若公司不使用任何債務資本，公司就不存在對籌資的定期契約性的現金支付——利息，從而也就無所謂財務槓桿效應以及由財務槓桿效應而帶來的財務風險。

(二) 財務槓桿效應的計算公式

財務槓桿效應一般通過財務槓桿系數來衡量。財務槓桿系數，又稱為財務槓桿度，它是指淨收益或普通股每股利潤變動率相當於息稅前利潤變動率的倍數，即淨收益或普通股每股利潤變動率與息稅前利潤變動率之比。其計算公式為：

$$DFL = \frac{\Delta EPS/EPS}{\Delta EBIT/EBIT} \qquad (4.19)$$

式中：DFL 為財務槓桿系數，ΔEPS 為普通股每股利潤變動額，EPS 為普通股每

第四章　資本成本與資本結構

股利潤。

根據式(4.19)，還可以推導出計算財務槓桿系數的另一個公式：

$$DFL = \frac{EBIT}{EBIT - I} \qquad (4.20)$$

式中：I 為支付的利息。

【例12】某公司資本總額為 5,500 萬元，負債比率為 55%，債務資本利息率為 12%，如果息稅前利潤為 550 萬元，則財務槓桿系數為：

$$DFL = \frac{550}{550 - 5,500 \times 55\% \times 12\%} \approx 2.94$$

這表明，當息稅前利潤增長 1 倍時，每股利潤增長 2.94 倍。

在有優先股的條件下，由於優先股股利通常也是固定的，且以稅後利潤支付，此時，式(4.20) 應改寫成下列形式：

$$DFL = \frac{EBIT}{EBIT - I - \dfrac{E}{1 - T}} \qquad (4.21)$$

式中：E 為優先股股息。

DFL 的經濟含義是：當息稅前盈餘增長 1 倍時，普通股每股利潤將增長多少倍。當資本結構、利率、息稅前利潤等因素發生一定變化時，財務槓桿系數也會變動，從而表示不同程度的財務槓桿利益和財務風險。財務槓桿系數越大，對財務槓桿利益的影響就越強，財務風險也就越高。

三、總槓桿效應

(一) 總槓桿效應的概念

以上分別討論了經營槓桿效應和財務槓桿效應及其衡量。從討論中我們可以看到，經營槓桿效應和財務槓桿效應是兩個既有聯繫又有區別的概念：經營槓桿主要是從生產經營的角度考察實現經濟效益各變量之間的關係，它是以業務量為前提，側重於生產經營的決策分析；財務槓桿效應則是從籌資角度，來考察每股利潤各變量之間的關係，它是以經營利潤即息稅前利潤為前提，側重於籌資效益和資本結構的選擇分析。經營槓桿效應是因為固定成本的存在而導致的銷售量變動對息稅前利潤的影響；財務槓桿效應則是因為債務資本固定利息的存在而導致的息稅前利潤變動對每股收益的影響。因此，無論是經營槓桿效應還是財務槓桿效應，最終都會影響每股利潤。如果公司同時利用兩種槓桿效應，那麼，銷售量的極微小變動必然導致每股利潤的更大幅度的變動。這種由銷售量的微小變化引起的每股利潤更大幅度變動的現象，就是總槓桿效應。總槓桿效應又稱為複合槓桿效應或聯合槓桿效應。總槓桿效應實質上是經營槓桿效應和財務槓桿效應綜合作用的結果。

公司財務

(二) 總槓桿效應的計算公式

總槓桿效應的衡量是通過總槓桿系數來進行的。總槓桿系數，又稱為總槓桿度，它是經營槓桿系數與財務槓桿系數之乘積，即每股利潤變動率相對於銷售量變動率的倍數，其計算公式：

$$DCL = DOL \times DFL \quad (4.22)$$

式中：DCL 為總槓桿系數。

【例 13】某公司經營槓桿系數為 1.67，財務槓桿系數為 2.94，則：

$$DCL = 1.67 \times 2.94 \approx 4.91$$

這表明，銷售量變動 10%，將導致每股利潤變動約 49.1%。

經營槓桿效應和財務槓桿效應不同的組合，能夠產生不同的總槓桿效應。因而，公司可以在經營槓桿效應和財務槓桿之間做出適宜的選擇：經營槓桿系數較低的公司可以利用較高的財務槓桿效應，增加債務資本，以提高總槓桿效應；經營槓桿系數較高的公司可以利用較低的財務槓桿效應，減少債務資本，降低財務風險。

第三節　資本結構決策

一、資本結構及其影響因素

(一) 資本結構的概念

對資本結構這一概念有著不同的理解：

一是將其理解為總資本中短期資本與長期資本之間的組合及其相互關係；

二是將其理解為總資本中全部債務資本與權益資本之間的組合及其相互關係；

三是將其理解為長期資本中債務資本和權益資本之間的組合及其相互關係。

按照國際慣例，資本結構決策主要是針對長期資本而言的，其實質是要確定長期資本中債務資本和權益資本各自的構成比例及其相互關係，因此，採取第三種理解方法不僅符合國際慣例，而且能夠體現不同投資主體的風險，有利於籌資方式的比較和選擇。

(二) 資本結構對公司的影響

長期資本中債務資本和權益資本的構成不同即資本結構不同，對公司有著十分重要的影響。正是這種影響，客觀上要求進行資本結構決策，選擇最佳的資本結構。

一個公司的債務資本是公司外部債權人對公司的投資，公司使用債權人的投資進行經營就是舉債經營。通過舉債經營，為公司和股東創造更大的經濟利益，被認為是最精明的舉動。因為在經濟處於上升階段和通貨膨脹比較嚴重的情況下，舉債經營無論對公司還是對股東都是有益的。

第四章　資本成本與資本結構

（1）舉債可以降低資本成本。債務資本的利息率一般都低於公司權益資本的股息率；並且，債務的利息從稅前支付，公司可以減少所得稅，因而，債務資本成本總是低於權益資本成本。

（2）舉債可以獲得槓桿效應。由於債務利息是固定的，隨著息稅前利潤的增加，單位利潤所負擔的固定利息就會減少，公司所有者分得的稅後利潤就會隨之增加。

（3）舉債可增加權益資本收益。由於在經濟上升階段，公司經營比較順利，獲利水準往往較高，特別是當投資收益率大於債務資本利息率時，公司舉債越多，其權益資本利潤率(也稱為淨資產收益率)就會越高，從而給股東帶來超額利潤。

（4）舉債可減少貨幣貶值的損失。在通貨膨脹日益加重的情況下，利用舉債擴大再生產比利用權益資本更為有利，可以減少通貨膨脹造成的貶值損失。

但是，舉債對公司的上述有利之處並不意味著舉債越多越好，尤其是在經營環境不景氣的情況下，如果在公司資本結構中，債務資本過大，權益資本過小，也會對公司經營產生不利影響。

（1）資本來源不穩定。如果權益資本比重過低，公司若再發行債券或向銀行舉借長期借款，因其信用程度降低，籌資比較困難。因為對債權人來說，向權益資本過低的公司投資，意味著收回投資的風險較大。

（2）資本成本可能升高。雖然債務資本成本一般都小於權益資本成本，似乎債務籌資更為有利，但是，如果公司權益資本過低，資本來源受到限制，就需要對投資者和債權人給予一些優惠條件來吸引投資，這勢必增加資本成本，給公司經營帶來壓力。

（3）資本的自我增值率降低。由於資本成本的升高和外部投資者、債權人對利潤的分割較多，在經濟不景氣的環境下，公司只依靠留存收益來增加權益資本的自我增值能力就會受到限制，從而影響公司的發展。

（4）現金流量需求增加。較高的資本成本意味著每個經濟期間要分配給外部投資者、債權人的利潤增加，每期因償還債務而退出的資金增加，進而現金需求量增加，這必然加大公司資本運轉的難度。

【例14】某公司長期債務資本和權益資本總額為2,000萬元，息稅前利潤為400萬元，所得稅率為25%，利息率為15%。現有三個資本結構方案：

方案Ⅰ：　債務資本比重為0
方案Ⅱ：　債務資本比重為30%
方案Ⅲ：　債務資本比重為60%

試根據上述資料，分析不同資本結構方案對公司權益資本利潤率的影響。

根據題意，通過計算得表4－6的結果：

公司財務

表4－6　　　　　　　　同資本結構對權益資本利潤率的影響

金額單位：萬元

項目	方案Ⅰ	方案Ⅱ	方案Ⅲ
總資本	2,000	2,000	2,000
債務資本	0	600	1,200
權益資本	2,000	1,400	800
息稅前利潤	400	400	400
利息	0	90	180
稅前利潤	400	310	220
所得稅	100	77.5	55
稅後利潤	300	232.5	165
權益資本利潤率	15%	16.61%	20.63%

從表4－6可以看出，公司舉債30%時，公司權益資本利潤率為16.61%，超過無負債情況下的權益資本利潤率15%；當公司舉債60%時，則公司權益資本利潤率提高到了20.63%，大大超過無負債情況下的權益資本利潤率15%。因此，在相同資本總額、相同息稅前利潤和相同利率和所得稅率情況下，資本結構不同，權益資本利潤率必然有所差異。

但值得注意的是，以上分析是假設息稅前利潤是一個確定的量，即三種資本結構下都為400萬元。然而實際上的公司收益並不是那樣確定，在不同的經營景況下，公司收益會有所不同。那麼，在收益不確定的情況下，不同的資本結構又會對權益資本利潤率產生什麼影響呢？

同樣以上例來分析這種影響。假設上例中的息稅前利潤有三種情況：

情況Ⅰ：不景氣經營時的息稅前利潤為200萬元。

情況Ⅱ：正常經營時的息稅前利潤為400萬元。

情況Ⅲ：景氣經營時的息稅前利潤為600萬元。

三種不同的資本結構方案在三種經營景況下對權益資本利潤率的影響如表4－7所示：

表4－7　　　　　　　　不同經營景況下的權益資本利潤率

金額單位：萬元

資本結構 \ 經營景況		不景氣經營（200萬元）	正常經營（400萬元）	景氣經營（600萬元）
方案Ⅰ（0%）	利息	0	0	0
	稅前利潤	200	400	600
	所得稅	50	100	150
	稅後利潤	150	300	450
	權益資本利潤率	7.5%	15%	22.5%

第四章　資本成本與資本結構

表4-7(續)

資本結構	經營景況	不景氣經營 (200萬元)	正常經營 (400萬元)	景氣經營 (600萬元)
方案Ⅱ (30%)	利息	90	90	90
	稅前利潤	110	310	510
	所得稅	27.5	77.5	127.5
	稅後利潤	82.5	232.5	382.5
	權益資本利潤率	5.89%	16.61%	27.32%
方案Ⅲ (60%)	利息	180	180	180
	稅前利潤	20	220	420
	所得稅	5	55	105
	稅後利潤	15	165	315
	權益資本利潤率	1.88%	20.63%	39.38%

從表4－7可以看出：

(1)在公司正常經營和景氣經營的情況下，總資本中債務資本越多，則權益資本利潤率就越高；在不景氣經營的情況下，總資本中債務資本越多，則權益資本利潤率就越低。因此，公司在選擇資本結構時，必須具體分析和研究公司的經營情況，並對公司的銷售水準和利潤水準的發展趨勢做出正確的預測。只有在公司產品市場需求量大，市場佔有率高，銷量和盈利水準保持良好增長的勢頭時，公司才能適當增加債務資本比重，從而通過舉債獲得較大的利潤，否則，公司應壓縮債務資本比重，以避免財務困境。

(2)財務槓桿效應對公司經營效益具有重要的擴張和遏製作用。在本例中，當息稅前利潤從400萬元增加到600萬元，增長50%時，在舉債0%的情況下，權益資本利潤率從15%增長到22.5%，也增長50%。在舉債30%的情況下，權益資本利潤率則從16.61%增長到27.32%，增長了64.48%。而在舉債為60%的情況下，權益資本利潤率則從20.63%增長到39.38%，增長了90.89%。可見，資本結構的改變對權益資本利潤率的影響是很大的，其原因就在於利用了債務資本的槓桿效應。

(三)資本結構的影響因素

資本結構是由公司採用不同的籌資方式籌資而形成的，各種籌資方式的不同組合決定著公司的資本結構及其變化。通常情況下，公司資本結構是否科學、合理，直接決定著公司資本成本的高低，並直接影響公司籌資和投資風險的大小。在公司財務管理實踐中，影響資本結構的因素有很多，主要有以下因素：

1. 各種籌資方式的資本成本

公司資本來自債務資本和股東權益資本。其中債務資本成本可以在所得稅前列支，具有抵稅的作用，這就使得債務資本成本低於股權資本成本。隨著債務比率的增加，公司整體的綜合資本成本將不斷下降。在公司追求資本成本最小、價值最大

的前提條件下，公司傾向於使用負債。但是，過多的負債會加重公司的財務負擔，從而產生財務風險。因此，不能說資本成本越低其籌資方式越好，要權衡利弊，選擇最佳的籌資方式。

2. 公司自身的風險程度

公司的風險對融資方式有很大影響。當負債資本比率較高時，投資者將負擔較多的債務成本，從而加大財務風險。如果公司本身財務風險大，舉債籌資就不如發行股票，因為股票不用定期支付利息、按時償還本金。因此，風險大的公司，不宜再冒更大的財務風險。

3. 行業差別

實踐中，不同行業以及同一行業的不同公司，在運用債務籌資的策略和方法上大不相同，從而使資本結構產生差別。在資本結構決策中，應掌握本公司所處的行業資本結構的一般標準，作為確定本公司資本結構的參照。同時還必須看到，資本結構不會停留在一個固定不變的水準上，隨著時間的推移、情況的變化，資本結構會發生一定的變動，這就要求公司根據具體情況進行及時調整。

4. 公司獲利能力

公司獲利能力制約著公司的資本結構。公司的息稅前利潤最低應滿足債務利息的要求，否則，不可能運用財務槓桿。在實踐中，獲利水準相當高的公司往往並不使用大量的債務資本，因為它可以利用較多的留存收益來滿足增資的需要。

5. 公司成長性

公司的成長性越強，意味著在一定時期內所需的資金投入越多，從而所需融通的資本就越多。成長性強的公司，儘管獲利水準不低，但僅僅依賴保留盈餘是不夠的；此外，成長性強的公司往往有著良好的前景，因而通常不願過多地發行新股，以免分散老股東控制權和稀釋每股收益。因此，增長率高的公司傾向於使用更多的債務資本。

6. 公司所有者與管理者的態度

如果公司所有者不希望公司的控制權落在他人手裡，則可能盡量採用債務籌資的方式來增加資本，而不採取發行新股來增加籌資。相反，從管理者角度來看，一旦發生財務危機，其職務和利益都將受到重大影響，因此，管理者可能較少利用財務槓桿，盡量降低債務資本的比例。

7. 信用等級評定機構或貸款人的態度

他們的態度往往決定了公司擴大融資和選擇融資種類的可能性。縱然公司對未來充滿信心，認為可以超出公司能力大膽運用財務槓桿，但此時貸款人的態度未必與公司一致。如果公司負債過高，信用評定機構對它的信用評價會較低，此時要獲得貸款會比較困難，或者要以較高的資本成本才能獲得貸款，從而使公司無法達到它所希望的負債水準。

第四章　資本成本與資本結構

8. 稅收因素

債務的利息可以在所得稅前支付，而股票的股利不能在稅前支付，因此，公司所得稅稅率越高，舉債籌資的利益就越大。由此可見，稅收實際上對債務資本的安排產生了一定的刺激作用。

9. 法律限制

法律對於公司的籌資行為是有限制的。如中國的《證券法》第十六條第二款規定：公司累計債券餘額不得超過公司淨資產的40%。這就使得公司資本結構中的債務比例受到限制。

10. 國別差異

由於歷史文化因素的影響，各國的融資傳統存在差異。有些國家的公司偏好債務融資，有些國家的公司則偏好股權融資，傾向於保持較低的負債比率。按照美國金融學家邁耶斯(Myers)的「啄食」融資理論，西方國家的融資順序一般是：先內源融資，其次債務融資，最後股權融資。在美國市場，公司決策者可能更願意選擇債務融資。而中國上市公司的融資順序一般為：先股權融資，其次內源融資，最後債務融資。因此，中國公司融資中存在著明顯的股權融資偏好。

二、資本結構理論

資本結構理論闡述了公司負債、公司價值和資本成本之間的關係。

（一）早期資本結構理論

早期資本結構理論是由美國經濟學家戴蘭德於1952年提出的。他認為，資本結構理論可以按照淨收益理論、淨營業收益理論和傳統折中理論來建立。

1. 淨收益理論

淨收益理論認為，負債可以降低公司的資本成本，負債程度越高，公司的價值越大。這是因為債務利息和權益資本成本均不受財務槓桿的影響，無論債務程度多高，公司的債務資本成本和權益資本成本都不會變化。因此，只要債務資本成本低於權益資本成本，負債越多，公司的加權平均資本成本就越低，公司的淨收益或稅後利潤就越多，公司價值就越大。當負債比率為100%時，公司加權平均資本成本最低，公司價值將達到最大值。該理論的缺陷在於沒有考慮財務風險對資本成本和公司價值的影響。

2. 淨營業收益理論

淨營業收益理論認為，無論財務槓桿如何變化，公司加權平均資本成本都是固定的，因而公司的總價值也是固定不變的。這是因為公司利用財務槓桿時，即使債務資本成本本身不變，但由於加大了權益的風險，也會使權益資本成本上升，於是加權平均資本成本不會因為負債比率的提高而降低，而是維持不變。因此，資本結構與資本成本和公司價值無關，資本結構的選擇也毫無意義。決定公司價值的因素在於其營業收益。該

理論的缺陷在於，過分誇大了財務風險的作用，而忽略了資本成本與資本結構之間的內在聯繫。

3. 傳統折中理論

傳統折中理論是一種介於淨收益理論和淨營業收益理論之間的理論。傳統折中理論認為，公司利用財務槓桿儘管會導致權益資本成本上升，但在一定程度上卻不會完全抵消利用成本率低的債務所獲得的好處，因此會使加權平均資本成本下降，公司總價值上升。但是超過一定程度利用財務槓桿，權益成本的上升就不再為債務的低成本所抵消，加權資本成本便會上升。以後，債務成本也會上升，它和權益成本的上升共同作用，使加權平均資本成本從下降變為上升的轉折點，是加權平均資本成本的最低點，這時的負債比率就是公司的最佳資本結構。因此，最佳資本結構就在債務資本的邊際成本等於權益資本的邊際成本那一點上。

(二) 現代資本結構理論

1. MM 理論

現代公司財務中，公司融資行為和資本結構理論研究的起點是 Modigliani 和 Miller(1958) 的開創性論文《資本成本、公司財務與投資理論》(*The Cost of Capital, Corporate Finance and Theory of Investment*)。該論文在理想條件下論證了公司價值與資本結構無關的命題，即 MM 理論。MM 理論被認為是現代資本結構的開端和最有影響力的資本結構理論。他們兩人分別於 1985 年和 1990 年獲得諾貝爾經濟學獎。

MM 理論包括無公司稅的 MM 理論和有公司稅的 MM 理論。它們都基於以下基本假設：

(1) 風險是可以衡量的，且經營風險相同的公司處於同一個風險等級。

(2) 投資者對公司未來收益與風險的預期相同。

(3) 資本市場是完全的。這意味著股票和債券的交易不存在交易成本。

(4) 負債的利率為無風險利率。

(5) 投資者預期的息稅前利潤不變。

無公司稅的 MM 理論的結論是：資本結構不會影響公司價值和資本成本。

有公司稅的 MM 理論的結論是：負債會因稅收節約而增加公司價值，負債越多，公司價值越大，權益資本的所有者獲得的收益也越大。

2. 權衡理論

MM 理論並沒有考慮財務拮据成本與代理成本。權衡理論的貢獻在於：它是在 MM 理論的基礎上，充分考慮財務拮据成本和代理成本兩個因素來研究資本結構。

財務拮据成本是指公司因財務拮据而發生的成本。例如，公司因經營效益達不到預期水準，但仍然需要按期還本付息，經理為緩解燃眉之急而推遲機器大修理、降價拍賣資產而使公司蒙受的損失；公司客戶和供應商不再提供信用而使公司遭受的損失等。財務拮据成本發生在有負債的公司裡，而且負債越多，固定利息越大，收益下降的概率高導致財務拮据成本的概率就越高。財務拮据成本越高，勢必提高公司的資本

第四章　資本成本與資本結構

成本,降低公司的價值。

代理成本是指為處理股東和管理者之間、債權人和管理者之間的關係而發生的成本。它實際上是一種監督成本。代理成本的發生會提高負債成本,從而降低負債利益。

權衡理論認為,負債公司的價值等於無負債公司的價值加上稅收節約,減去預期財務拮据成本的現值和代理成本的現值。最優資本結構存在於稅收節約與財務拮据成本和代理成本相互平衡的那一點上。

以上介紹了早期資本結構理論和西方現代主要資本結構理論,從中可以看出,現代資本結構理論的構思是精巧而新穎的,這對於我們尋求最優資本結構大有益處。但也應該看到,現代資本結構理論是建立在一系列假設條件上的理論推導,其中的許多假設條件在中國現實的經濟條件下尚不具備。例如,中國公司融資中存在的信譽問題,致使投資者利益得不到保障;重股權融資輕債務融資還相當普遍;過度依賴外部融資;融資偏好不良;融資機制不靈等。中國公司對資本結構的選擇還處於摸索階段和主觀確定階段,資本結構經常會出現巨大變動。因此,借鑑西方現代資本結構理論,建立起適合中國公司現實情況的資本結構理論,是我們面臨的一項長期任務。

三、最優資本結構及其選擇

最優資本結構是指綜合資本成本最小、公司價值最大時的資本結構。最優資本結構是一個公司理財者所追求的理想目標,因此又稱為目標資本結構。現代資本結構理論對最優資本結構的認識儘管不盡相同,但是,最優資本結構是客觀存在著的。

衡量最優資本結構的標準主要是:綜合資本成本最小化,或公司價值最大化。

(一) 綜合資本成本比較法

綜合資本成本比較法也稱為比較資本成本法。這種方法就是通過計算和比較公司的各種可能的籌資組合方案的綜合資本成本,選擇綜合資本成本最低的方案,該方案下的資本結構即為最優資本結構。這種方法側重於從資本投入的角度對資本結構進行選擇分析。

【例15】太陽股份有限公司現有資本結構如表4-8所示:

表4-8　　　　　　　　太陽股份有限公司資本結構

長期資本	金額(萬元)
(1) 長期債券,年利率12%	3,000
(2) 優先股,年股息率13%	2,000
(3) 普通股,300,000股,每股市價100元	3,000
預計每股股利10元,以後每年增長4%	
合　　計	8,000

公司財務

該公司所得稅率為25%，並假設所有資本的籌集費率為0。

該公司現擬增資2,000萬元，提出了兩個可供選擇的方案。

方案 I：發行長期債券2,000萬元，年利息率為14%。發行後，普通股股利增加到14元，以後每年增長5%，同時，由於財務風險增加，普通股每股市價跌至80元。

方案 II：發行長期債券1,000萬元，年利息率為14%；另發行普通股1,000萬元。普通股股利增加到14元，以後每年再增長5%，由於公司信譽提高，普通股市價將上升到每股145元。

試選擇最優資本結構方案。

根據題意：

首先，計算現有資本結構的綜合資本成本。各個別資本的比重和資本成本分別為：

$$W_b = \frac{3,000}{8,000} = 37.5\%$$

$$W_P = \frac{2,000}{8,000} = 25\%$$

$$W_c = \frac{3,000}{8,000} = 37.5\%$$

$$K_b = \frac{12\% \times (1-25\%)}{1-0} = 9\%$$

$$K_P = \frac{13\%}{1-0} = 13\%$$

$$K_c = \frac{10}{100} + 4\% = 14\%$$

現有資本結構的綜合資本成本 = $37.5\% \times 9\% + 25\% \times 13\% + 37.5\% \times 14\%$
$\approx 11.88\%$

其次，計算方案 I 的綜合資本成本。各個別資本的比重和資本成本分別為：

$$W_{b_1} = \frac{3,000}{10,000} = 30\%$$

$$W_{b_2} = \frac{2,000}{10,000} = 20\%$$

$$W_P = \frac{2,000}{10,000} = 20\%$$

$$W_c = \frac{3,000}{10,000} = 30\%$$

$$K_{b_1} = 9\%$$

$$K_{b_2} = \frac{14\% \times (1-25\%)}{1-0} = 10.5\%$$

第四章　資本成本與資本結構

$K_p = 13\%$

$K_c = \dfrac{14}{80} + 5\% = 22.5\%$

方案 Ⅰ 的綜合資本成本 = 30% × 9% + 20% × 10.5% + 20% × 13% + 30% × 22.5%

= 14.15%

再次，計算方案 Ⅱ 的綜合資本成本。各個別資本比重和資本成本分別為：

$W_{b_1} = \dfrac{3,000}{10,000} = 30\%$

$W_{b_2} = \dfrac{1,000}{10,000} = 10\%$

$W_p = \dfrac{2,000}{10,000} = 20\%$

$W_c = \dfrac{3,000 + 1,000}{10,000} = 40\%$

$K_{b_1} = 9\%$

$K_{b_2} = \dfrac{14\% \times (1 - 25\%)}{1 - 0} = 10.5\%$

$K_p = 13\%$

$K_c = \dfrac{14}{145} + 5\% \approx 14.66\%$

方案 Ⅱ 的綜合資本成本 = 30% × 9% + 10% × 10.5% + 20% × 13% + 40% × 14.66%

≈ 12.21%

最後，評價選擇方案。以上計算表明，現有資本結構的綜合資本成本為 11.88%，方案 Ⅰ 為 14.15%，方案 Ⅱ 為 12.21%。因此，倘若公司不增加 2,000 萬元的資本，則現行資本結構是比較合理的；如果公司確需增加 2,000 萬元資本，則應在方案 Ⅰ 和方案 Ⅱ 中選擇方案 Ⅱ，因為，它的綜合資本成本低於方案 Ⅰ。

（二）每股收益無差別點分析

資本結構是否合理，可以通過每股收益的變化進行分析。一般而言，凡是能夠提高每股收益的資本結構是合理的；反之，則認為不合理。然而，每股收益的變化，不僅受到資本結構的影響，還受到銷售收入的影響。要處理這三者的關係，則必須運用「每股收益無差別點」的方法來分析。每股收益無差別點是指兩種資本結構下每股收益等同時的息稅前利潤點（或銷售額點），也稱息稅前利潤平衡點或籌資無差別點。當預期息稅前利潤（或銷售額）大於（小於）該差別點時，資本結構中債務比重高（低）的方案為較優方案。

【例16】光明資源開發公司目前資本結構為：長期資本總額為 600 萬元，其中債

公司財務

務 200 萬元，普通股股本 400 萬元，每股面值 100 元，4 萬股全部發行在外，目前市場價每股 300 元。債務利息率 10%，所得稅率 25%。公司由於擴大業務需追加籌資 200 萬元，有兩種籌資方案：

甲方案：全部發行普通股。向現有股東配股，4 配 1，每股配股價 200 元，配發 1 萬股。

乙方案：向銀行貸款取得所需長期資本 200 萬元，因風險增加銀行要求的利息率為 15%。

根據相關人員的測算，追加籌資後銷售額有望達到 800 萬元，變動成本率為 50%，固定成本為 180 萬元。則：

甲方案 $EPS = \dfrac{(S - 0.5S - 180 - 20)(1 - 25\%)}{4 + 1}$

乙方案 $EPS = \dfrac{(S - 0.5S - 180 - 50)(1 - 25\%)}{4}$

令上述兩式相等，求得：$S = 700$（萬元）。700 萬元為兩個方案的每股收益無差別點。在此點上，兩個方案的每股收益相等，均為 22.5 元。公司的預期銷售額 800 萬元大於無差別點銷售額，所以資本結構中負債比重較高的方案即乙方案為較優方案。

四、實踐中優化資本結構的途徑

在公司財務管理實踐中，當發現現有的資本結構不合理時，可以通過以下一些方法對其進行調整。

（一）債轉股或股轉債

當公司資產負債率過高或過低，通過與現有的債權人、所有者協商的辦法來改善資本結構。對於可轉換債券可以設計贖回條款敦促債權人盡快行使轉換權。

（二）從外部取得增量資本

如發行新債券、可轉換債券、舉借新貸款、進行融資租賃、發行新的股票等。

（三）調整現有負債結構

與債權人協商，將短期負債轉為長期負債，或將長期負債列入短期負債，收回發行在外的可提前收回債券。還可採用債務托管、債務轉移等方法降低公司負債水準。

（四）調整權益資本結構

如優先股轉換為普通股、股票回購減少公司股本等。

（五）併購調整

兼併其他公司、控股其他公司或進行公司分立，改善公司的資本結構。

第四章　資本成本與資本結構

本章小結

資本成本和槓桿效應是進行資本結構決策的兩個重要的理論基礎，公司籌資不僅要合理選擇籌資方式，而且還要科學安排資本結構。資本結構優化既是公司籌資活動的基本目標，也是評價公司籌資效率的重要依據。

資本成本是指公司為取得和使用資本而付出的代價。資本成本主要有個別資本成本和綜合資本成本兩種形式。資本成本對公司籌資決策、投資決策和經營決策都具有重要作用。

槓桿效應通常有經營槓桿效應、財務槓桿效應和總槓桿效應幾種。槓桿效應具有兩面性，既可以產生槓桿利益，也可能帶來槓桿風險。

資本結構一般是指長期資本中債務資本和權益資本各自的構成比例及其相互關係。資本結構決策的目的在於合理確定公司最優資本結構。衡量公司最優資本結構的主要標準是綜合資本成本最小化和公司價值最大化。

思考題

1. 簡述資本成本的性質和作用。
2. 公司如何利用財務槓桿效應？
3. 試述資本結構變動及其對公司的影響。
4. 簡述資本成本與資本結構的關係。

練習題

1. 資料：光明公司籌資情況如下：

資金種類	面值（萬元）	籌資額（萬元）	年利率	年股利增長率	所得稅稅率	籌資費用率
長期借款		1,600	10%		25%	
公司債券	500	505	11.2%		25%	1.5%
優先股	200	220	12.8%			2%
普通股	2,000	2,500	14%	2%		2%
留存收益		600	14%	2%		

要求：①計算各種資本的個別資本成本；②計算該公司的綜合資本成本。

2. 資料：

（1）公司年度固定成本為1,000萬元，變動成本率為銷售額的50%，其年銷售額

103

公司財務

有2,000萬元、2,200萬元、2,500萬元和3,000萬元四種方案。

（2）公司在銷售額2,500萬元時需要資金1,200萬元，預計息稅前利潤率為銷售額的16%。銀行借款年利率為10.8%。

公司籌資方案分別為：

方案一：70%發行普通股，30%向銀行借款

方案二：60%發行普通股，40%向銀行借款

方案三：50%發行普通股，50%向銀行借款

要求：①根據資料「（1）」計算各種方案的經營槓桿系數；②根據資料「（2）」計算各種方案的財務槓桿系數。

3. 光明公司目前資產總數為1,500萬元，現擬增加籌資500萬元。新增籌資可以利用發行普通股籌集，也可以利用發行債券籌集。下表列示了原資本結構和新增籌資後的資本結構情況。該公司所得稅稅率為25%。

光明公司新增籌資前後資本結構情況

金額單位：萬元

籌資方式	原資本結構	新增籌資後的資本結構	
		方案一：增發普通股	方案二：增發公司債
公司債(利率6%)	200	200	700
普通股(每股面值1元)	400	600	400
資本公積	500	800	500
盈餘公積	400	400	400
資本總額	1,500	2,000	2,000
普通股股數(萬股)	400	600	400

要求：用每股收益無差別點法進行籌資分析。

第五章
項目投資管理

第一節　　投資概述

一、投資的含義

顧名思義，投資是資金投放出去的意思。廣義地說，投資是經濟主體以在未來可預見的時期內獲得經濟收益和社會效益為目的，在一定時機向一定領域的項目投放資金的行為。這裡的「經濟主體」既可以是個人，也可以是公司。而本章探討的是基於公司的投資，即投資行為的主體是公司。

因此，可將投資的含義界定為：投資是指公司對現在所持有資金的一種運用，其目的是在未來一定時期內獲得經濟利益。可從兩方面理解此含義：① 投資是用資金換取公司生產經營活動所需資產的交換過程；② 投資是以獲利為目的的行為，或者說，投資行為產生的原因是在可預見的將來可能取得經濟利益。在市場經濟條件下，公司能否把籌集到的資金投放到收益高、回收快、風險小的項目上去，對公司的生存和發展是十分重要的。

二、投資的意義

（一）投資是實現公司理財目標的基本前提

公司理財的目標是不斷提高企業價值，為此，就要採取各種措施增加利潤，降低風險。公司要想獲得利潤，就必須進行投資，在投資中獲得收益。

（二）投資是公司發展生產的必要手段

在市場經濟快速發展的今天，公司無論是維持簡單再生產還是實現擴大再生

公司財務

產，都必須進行一定的投資。

(三) 投資是降低經營風險的重要方法

公司把資金投向生產經營的關鍵環節或薄弱環節，可以使各種生產經營能力配套、平衡，從而形成更大的綜合生產能力。

三、投資的分類

(一) 按照投資與公司生產經營的關係劃分為直接投資和間接投資

直接投資是指把資金投放於生產經營性資產，以便獲取利潤的投資。在生產性公司中，直接投資占的比重很大。間接投資又稱證券投資，是指把資金投放於證券等金融資產，以便取得利息、股利或資本利得收入的投資。隨著中國金融市場的完善和多渠道投資的形成，公司間接投資的範圍越來越廣。

(二) 按照投資回收時間的長短劃分為短期投資和長期投資

短期投資又稱流動資產投資，是指能夠並且也準備在一年以內收回的投資，主要包括對庫存現金、應收帳款、存貨、短期有價證券等的投資。長期投資則是指需要一年以上才能收回的投資，主要包括對廠房、機器設備等固定資產的投資，也包括對無形資產和長期有價證券的投資。

(三) 按照投資的方向劃分為對內投資和對外投資

對內投資又稱內部投資，是指把資金投放在公司內部，購置各種生產經營用資產的投資。對外投資又稱外部投資，是指公司以現金、實物、無形資產等資源通過購買股票、債券、聯營等方式向其他單位的投資。

本章所講的項目投資是指對公司內部生產經營所需的各種資產的長期投資，其目的是保證公司生產經營過程的連續和生產經營規模的擴大。項目投資具有投資數額大、影響時間長、不經常發生、變現能力差等特點，因此，在公司的整個投資中具有十分重要的地位。

四、投資的程序

(一) 投資項目的提出

投資項目的提出是項目投資程序的第一步，它可以由公司管理當局或公司高層管理人員提出，也可以由公司的各級管理部門和相關部門領導提出。一般而言，由公司管理當局和公司高層管理人員提出的項目投資多是具有戰略意義的項目投資或擴大生產能力的項目投資，其投資金額巨大，影響深遠；由公司各級管理部門和相關部門領導提出的項目投資主要是一些戰術性項目投資或維持性項目投資。對於公司管理當局和公司高層管理人員提出的具有戰略意義的項目投資或擴大生產能力的項目投資一般要由公司的戰略、市場、財務和物資等部門參與共同論證；對於公司各級管理部門和相關部門領導提出的戰術性項目投資或維持項目投資，可先由提出

部門進行可行性論證。

(二) 對投資項目的評價

對投資項目的評價主要涉及如下幾項工作：① 對提出的投資項目進行分類，為分析評價做好準備；② 計算有關項目的預計收入和成本，預測投資項目的現金流量；③ 運用各種投資評價指標，把各項投資按可行程度進行排序；④ 寫出詳細的評價報告，供上級決策使用。

(三) 投資項目的決策

在對投資項目進行評價後，應按分權管理的決策權限，由公司高層管理人員或相關部門領導做出最後決策。投資額較小的戰術性項目投資或維持性項目投資，一般由部門領導做出決策；投資額較大的項目投資一般由公司最高管理當局或公司高層管理人員做出決策；特別重大的項目投資還需要報董事會或股東(大)會表決批准。不管由誰最後決策，其結論一般有三種：接受這個項目，則可以進行投資；拒絕這個項目，則不能進行投資；發還給項目的提出部門，則應重新論證，然後再做處理。

(四) 投資項目的執行

決定對某項目進行投資後，要積極籌措資金實施投資。在投資項目的執行過程中，要對項目進度、項目質量、項目成本等進行控制，以便使投資按預算規定保質、如期完成。

(五) 對投資項目的再評價

在投資項目的執行過程中，應注意考查原來的決策是否合理、正確。一旦出現新的情況，就要隨時根據變化的情況做出新的評價。如果情況發生重大變化，原來投資決策已變得不合理，就應對該項目是否中途停止做出決策，以避免造成更大的損失。

第一節　投資環境分析

投資環境是指伴隨投資活動整個過程的各種周圍境況和條件的總和。概括地說，投資環境包括影響投資活動的自然要素、社會要素、經濟要素、政治要素和法律要素等。對公司來說，投資環境是不可完全控制的因素，公司必須努力認清其所處的環境，努力適應環境，並利用環境提供的有利因素，迴避不利因素。

一、投資環境的分類

投資環境包括的內容很廣泛，可從不同的角度進行分類。

公司財務

(一) 按投資環境影響的普遍性不同，可分為投資的一般環境和相關環境

1. 投資的一般環境

投資的一般環境主要包括以下四個方面：

(1) 政治環境。政治環境是指一個國家或地區的政治制度、體制、方針政策等因素，主要包括國際關係、政治干預、方針政策、政治局勢、國體政體等方面。由於政治環境對公司影響的直接性、難於預測性和不可逆轉性，公司必須學習和瞭解國家的有關方針、政策等，決定是否進行投資。

(2) 經濟環境。經濟環境主要包括宏觀經濟政策、經濟基礎結構、國家經濟形勢、經濟發展水準、信貸與儲蓄、居民收入水準等。經濟環境常常決定著公司投資的類型和規模。

(3) 法律環境。法律環境是指國家或地方政府所頒布的各項法規、法令和條例等，它是公司生產經營活動的準則。主要因素有法律規範、國家司法執法機關以及公司法律意識等。這裡的法律環境特指與投資有關的法律，它會直接影響投資的類型與效果。

(4) 文化環境。文化環境主要指社會性質、人們共享的價值觀、人口狀況、教育程度、宗教信仰、風俗習慣等。文化環境對公司的影響是間接的、潛在的和持久的。文化的基本要素包括哲學、宗教、語言與文字、文學藝術等。

2. 投資的相關環境

投資的相關環境是指與特定投資有關的一系列因素，即特指影響某一投資項目的相關環境因素，主要包括六個方面。

(1) 市場環境。公司在進行投資之前，必須對該項投資所生產的產品在市場上的供求狀況進行預測，一般在有市場需求時公司才能進行投資。

(2) 資源環境。公司在進行投資之前必須對所需資源的供應狀況和價格狀況進行認真調查和準確分析，以提高投資的經濟效益。

(3) 科學技術環境。公司在投資之前，應瞭解掌握與產品、材料、製造工藝、技術裝備等的相關科學技術水準、發展速度與方向，做好這些有助於公司降低產品成本、提高科技貢獻率。

(4) 地理環境。地理環境指與特定投資項目有關的地理位置和這一位置上的地形、地貌、土壤、氣候、水系、礦藏、動植物以及其他的生態條件等。

(5) 基礎設施。基礎設施指與特定投資項目有關的交通、郵電、供水供電、商業服務、科研與技術服務、園林綠化、環境保護、文化教育、衛生事業等市政公用工程設施和公共生活服務設施等。

(6) 其他。如競爭對手的強弱、輔助工業的配套情況和發展水準、公司的資信程度和籌資能力等。

第五章　項目投資管理

（二）按投資環境研究層次的不同，可分為宏觀投資環境、中觀投資環境和微觀投資環境

（1）宏觀投資環境多指影響整個社會資本運動的宏觀社會經濟變量和歷史文化現實，探索研究的內容是全國或大區域範圍內的國民經濟發展、商業週期興衰、國家政治法律制度變革、文化傳統習俗的嬗變，以及國家之間和區域之間的地緣關係等。

（2）中觀投資環境多指地區投資環境和產業投資環境，是介於宏觀投資環境和微觀投資環境兩者之間的一個劃分層次。

（3）微觀投資環境則是指某個投資項目選址時考慮的具體的自然、經濟和社會條件。

分析投資環境的目的：一是使投資決策有可靠的基礎，保證決策的準確性；二是使公司及時瞭解環境的變化，保證投資決策的及時性和靈活性；三是使公司預計到未來投資環境的變化，提高投資決策的預見性。

二、評價投資環境的原則

（一）客觀性原則

對投資環境的評價一定要從實際出發，以事實為依據，不能從主觀意願出發想當然地進行評價。

（二）系統性原則

從系統論來看，投資環境是具有相互聯繫、相互制約的若干組成部分結合在一起並具有特定功能的有機整體。因此，對投資環境的評價要從以下幾方面入手：從系統的整體性出發，把握投資環境最重要的特點；要從集合性出發，視投資環境為由若干相互關聯的要素構成；從相關性出發，投資環境各要素之間存在有機聯繫；從動態性出發，投資環境內外不斷發生著變化；從有序性出發，要把握投資環境的本身所具有的規律。

（三）目的性原則

公司投資的動機多種多樣，因此對投資環境的要求也不完全相同。換言之，不同的投資環境適合不同的投資項目，投資環境的優劣並沒有一個絕對的和固定不變的標準。即使是同樣的投資環境對不同的投資項目產生的影響也是不同的。因此，對投資環境的評價一定要從投資的目的出發，否則對投資環境的評價就沒有針對性，不符合具體投資項目的要求。

三、投資環境分析的基本方法

對投資環境進行分析的方法很多，不同行業、不同公司的分析方法也不相同。國際上常用的有「冷熱」分析法、等級評分法、道氏評估法、多因素評估法、動態分

公司財務

析法等。這裡結合中國的具體情況，介紹應用較為普遍的兩種方法。

(一) 調查法

調查法主要是指借助專業人員的知識技能、實踐經驗及綜合分析能力，在調查研究的基礎上，對投資環境的優劣做出評價，是一種定性分析的方法。為了正確預測有關投資環境，公司首先必須認真搜集有關的信息資料，然後進行「由此及彼、由表及裡、去粗取精、去偽存真」的分析，進而匯總投資決策所用的有用信息，來綜合判斷投資環境的優劣。

(二) 加權評分法

加權評分法是先對影響投資環境的一系列因素進行評分，並針對各個因素對投資環境的影響程度賦予一定的權重，加權平均得出投資環境的綜合分數，是一種定量分析的方法。其基本計算公式如下：

$$Y = x_1 w_1 + x_2 w_2 + \cdots + x_n w_n$$
$$= \sum_{i=1}^{n} x_i w_i \tag{5.1}$$

式中：Y 為投資環境的綜合分數，x_i 為第 i 種投資環境影響因素的評分，w_i 為第 i 種投資環境影響因素的權重 $(0 \leq w_i \leq 1$，即 $\sum_{i}^{n} w_i = 1)$。

在採用加權評分法分析投資環境時，要對投資環境的綜合得分給出不同的等級，以便對投資環境的優劣做出判斷。

● 第三節　項目投資的現金流量分析

項目投資是一種以特定建設項目為對象，直接與新建項目或更新改造項目有關的長期投資行為，本章主要介紹工業企業投資項目中新建項目和更新改造項目兩種類型。

另外，項目投資從建設起點到終結點的整個時間過程被稱為項目計算期，具體包括建設期和營運期(營運期又可劃分為投產期和達產期)。其中建設期是指從項目資金正式投入開始到項目建成投產為止所需要的時間，建設期的第一年初稱為建設起點，建設期的最後一年末稱為投產日。項目計算期的最後一年年末稱為終結點，假定項目最終報廢或清理均發生在終結點(但更新改造除外)。從投產之日到終結點之間的時間間隔稱為營運期。營運期一般應根據項目主要設備的經濟使用壽命確定。

一、現金流量的構成

現金流量，是指與項目投資決策有關的現金流入、流出的數量。按照現金流動

第五章　項目投資管理

的方向,可以將投資活動產生的現金流量分為現金流入量、現金流出量和淨現金流量(Net Cash Flow,NCF)。在項目投資決策分析中,「現金」是一個廣義的概念,它不僅包括貨幣資金,也包含與項目相關的非貨幣資源的變現價值。現金流入量是指該投資方案引起的公司現金收入的增加額;現金流出量是指該投資方案引起的公司現金收入的減少額;淨現金流量是指該投資方案一定時間內現金流入量與現金流出量的差額。在計算過程中,現金流入一般用正號表示,現金流出一般用負號表示。

在確定投資方案相關的現金流量時,應遵循的最基本的原則是:只有增量現金流量才是與項目相關的現金流量。所謂增量現金流量,是指接受或拒絕某個投資方案後公司總現金流量因此發生的變動。只有那些由於採納某個項目引起的現金流入增加額,才是該項目的現金流入;只有那些由於採納某個項目引起的現金支出增加額,才是該項目的現金流出。

正確計算投資方案的增量現金流量,需要注意以下幾個問題:① 區分相關成本和非相關成本。相關成本是指與特定決策有關的、在分析評價時必須加以考慮的成本,比如差額成本、未來成本、重置成本、機會成本等都屬於相關成本;與此相反,與特定決策無關的、在分析評價時不必加以考慮的成本是非相關成本,比如沉沒成本、過去成本、帳面成本等往往是非相關成本。如果將非相關成本納入投資方案的總成本,則一個有利的方案可能因此變得不利,一個較好的方案可能變為較差的方案從而造成決策錯誤。② 不要忽視機會成本。在投資方案的選擇中,如果選擇了一個投資方案,則必須放棄投資於其他途徑的機會。其他投資機會可能取得的收益是實行本方案的一種代價,被稱為這項投資方案的機會成本。機會成本不是我們通常意義上的「成本」,它不是一種支出或費用,而是失去的收益。這種收益不是實際發生的,而是潛在的。機會成本總是針對具體方案的,離開被放棄的方案就無從計量確定。機會成本在決策中的意義在於它有助於全面考慮可能採取的各種方案,以便為既定資源尋求最為有利的使用途徑。③ 要考慮投資方案對公司其他項目的影響。當我們採納一個新的項目後,該項目可能對公司的其他項目造成有利或不利的影響。當然,此類的交互影響,事實上很難準確計量。但決策者在進行投資分析時仍要將其考慮在內。

按照現金流量的發生時間,投資活動的現金流量又可分為初始現金流量、營業現金流量和終結現金流量。由於使用該分類方法計算現金流量比較方便,下面將以此分類為基礎對現金流量的構成進行詳細分析。

(一) 初始現金流量

初始現金流量又稱投資現金流量(或稱原始投資),是指開始投資時發生的現金流量,一般包括四個部分:① 固定資產的投資,包括固定資產的購入建造成本、運輸成本、相關稅費和安裝成本等。② 流動資產上的投資,包括對現金、原材料、在產品、產成品等流動資產上的投資。由於流動資產屬於墊付週轉金,因此在理論上,投產第一年所需的流動資產應在項目投資產前安排,項目終結時收回全部墊付週轉金。③ 原

111

公司財務

有固定資產的變價收入,主要指固定資產更新時原有固定資產變賣所得的現金收入。④所得稅效應,是指固定資產更新時變價收入的稅收損益。按規定,更新資產時,如果變價收入高於帳面淨值,應繳納所得稅,多繳的所得稅構成現金流出量;如果變價收入小於帳面淨值,可以抵減當年所得稅支出,少繳的所得稅構成現金流入量。諸如此類由投資引起的稅收變化,應在計算項目現金流量時加以考慮。所得稅效應對現金流量的影響為:(設備的變現價值－帳面淨值)×所得稅率。

上面列示的初始現金流量是常見的方面,初始現金流量還包括投資無形資產的費用(如技術轉讓費或技術使用費、商標權等)和其他投資費用(如開辦費、教育培訓費等)。因此,在計算初始現金流量時,將上述全部所有分類相加即可。

(二)營業現金流量

營業現金流量,也稱為經營現金流量,是指投資項目投入使用後,在其壽命週期內由生產經營所帶來的現金流入和流出的數量,這種現金流量一般按年計算。從淨現金流量的角度考慮,交納所得稅是企業的一項現金流出,因此,在計算營業現金淨流量時所用的損益是指稅後淨損益,即稅前利潤減所得稅,或稅後收入減稅後成本。

折舊作為一項成本,在計算稅後淨損益時是包括在成本當中的,但是由於它不需支付現金,因此需要將它當作一項現金流入看待。

營業現金淨流量的計算公式為:

$$
\begin{aligned}
營業現金淨流量 &= 稅後淨損益 + 折舊 \quad &(5.2)\\
&= 稅前利潤 \times (1-所得稅率) + 折舊 \\
&= (收入-總成本) \times (1-所得稅率) + 折舊 \\
&= (收入-付現成本-折舊) \times (1-所得稅率) + 折舊 \\
&= 收入 \times (1-所得稅率) - 付現成本 \times (1-所得稅率) \\
&\quad -折舊 \times (1-所得稅率) + 折舊 \\
&= 收入 \times (1-所得稅率) - 付現成本 \times (1-所得稅率) \\
&\quad + 折舊 \times 所得稅率 \quad &(5.3)
\end{aligned}
$$

(三)終結現金流量

終結現金流量是指項目經濟壽命終了時發生的現金流量,主要包括固定資產的殘值收入和收回原投入(即原墊支)的流動資金。在項目投資決策中,一般假設當項目終止時,將項目投入在流動資產上的資金全部收回。這部分收回的資金由於在會計上不涉及利潤的增減,因此也不受所得稅的影響。固定資產的殘值收入如果與預定的固定資產殘值相同,在會計上也將不涉及利潤的增減,所以也不受所得稅的影響。但是,如果實際工作中存在最終的殘值收入不等於預計的固定資產殘值,它們之間的差額將會引起公司的利潤增加或減少,進而對所得稅產生影響。因此,在計算終結現金流量時,要將此因素考慮在內。

$$終結現金流量 = 原投入的流動資金 + 實際固定資產殘值收入 - (實際固定資產殘值收入 - 預計殘值收入) \times 所得稅率 \quad (5.4)$$

第五章　項目投資管理

二、現金流量的計算

為正確地評價投資項目的優劣，必須正確地計算投資項目的現金流量，現舉例如下：

【例1】ABC公司擬投資A項目，經過預測估計，有關資料如下：

(1) A項目需要購買固定資產投資250,000元，並於第一年年初投資且交付使用；同時，A項目還需要墊支相應流動資金120,000元，用於購買材料物資等，於第一年年初全部墊支，項目終結時將全部收回。

(2) A項目經營期預計為5年，固定資產按直線法計提折舊。預計該項目正常終結處理時清理費用為3,000元，殘餘價值為23,000元。

(3) 根據市場預測顯示，A項目投產後第一年銷售現金收入為220,000元，以後4年每年銷售現金收入均為350,000元。投產後第一年的付現成本為120,000元，以後4年每年的付現成本均為220,000元。

(4) 該公司適用所得稅率為25%。

要求：計算A項目各年的現金流量。

首先，計算A項目的年折舊額：

固定資產的年折舊額 = (250,000 - 23,000 + 3,000) ÷ 5 = 46,000(元)

其次，計算營業現金流量，即A項目投產後的營業現金流量，計算過程見表5-1：

表5-1　　　　　營業現金流量計算表

單位：元

項　　目	第一年	第二年	第三年	第四年	第五年
銷售收入	220,000	350,000	350,000	350,000	350,000
減：付現成本	120,000	220,000	220,000	220,000	220,000
折舊	46,000	46,000	46,000	46,000	46,000
稅前利潤	54,000	84,000	84,000	84,000	84,000
減：所得稅	13,500	21,000	21,000	21,000	21,000
稅後利潤	40,500	63,000	63,000	63,000	63,000
加：折舊	46,000	46,000	46,000	46,000	46,000
營業現金淨流量	86,500	109,000	109,000	109,000	109,000

最後，在A項目營業現金流量計算出來後，便可通過加進項目的初始現金流量和終結現金流量，一併計算該項目的全部現金流量。計算過程見表5-2：

公司財務

表 5 - 2　　　　　　　　　　現金流量計算表

單位：元

現金流量＼t	0	1	2	3	4	5
固定資產投入	-250,000					
流動資金投入	-120,000					
營業現金流量		86,500	109,000	109,000	109,000	109,000
固定資產淨殘值						20,000
流動資金回收						120,000
現金流量合計	-370,000	86,500	109,000	109,000	109,000	249,000

註：上表中 t 表示時間點，$t=0$ 表示第一年年初，$t=1$ 表示第一年年末，以此類推。

【例2】某公司有一臺設備，購於3年前，現在考慮是否需要更新。該公司適用所得稅稅率為25%，其他有關資料見表5-3：

表 5 - 3　　　　　　　　　新、舊設備的基本數據情況表

單位：元

項目	舊設備	新設備
原價		180,000
折餘價值	95,000	
變價淨收入	80,000	
最終報廢殘值	10,000	10,000
第1年營業收入	100,000	150,000
第2～5年營業收入	100,000	160,000
第1年付現成本	50,000	75,000
第2～5年付現成本	50,000	80,000
折舊方法	直線法	直線法
使用年限	5年	5年

該項目現金流量計算過程見表5-4、表5-5和表5-6。

繼續使用舊設備時的年折舊額：$(80,000-10,000) \div 5 = 14,000$（元）

舊設備變現損失：$95,000 - 80,000 = 15,000$（元）

舊設備變現損失減稅：$15,000 \times 25\% = 3,750$（元）

第五章　項目投資管理

表 5-4　　　　　　　　　繼續使用舊設備現金流量計算表

單位：元

時間 項目	0	1	2	3	4	5
固定資產投入	-80,000					
變現損失減稅	-3,750					
營業收入		100,000	100,000	100,000	100,000	100,000
減：付現成本		50,000	50,000	50,000	50,000	50,000
折舊		14,000	14,000	14,000	14,000	14,000
稅前利潤		36,000	36,000	36,000	36,000	36,000
減：所得稅		9,000	9,000	9,000	9,000	9,000
稅後利潤		27,000	27,000	27,000	27,000	27,000
加：折舊		14,000	14,000	14,000	14,000	14,000
營業現金淨流量		41,000	41,000	41,000	41,000	41,000
固定資產淨殘值						+10,000
現金淨流量	-83,750	41,000	41,000	41,000	41,000	51,000

使用新設備時的折舊額：(180,000 - 10,000) ÷ 5 = 34,000(元)

表 5-5　　　　　　　　　使用新設備現金流量計算過程表

單位：元

時間 項目	0	1	2	3	4	5
固定資產投入	-180,000					
營業收入		150,000	160,000	160,000	160,000	160,000
減：付現成本		75,000	80,000	80,000	80,000	80,000
折舊		34,000	34,000	34,000	34,000	34,000
稅前利潤		41,000	46,000	46,000	46,000	46,000
減：所得稅		10,250	11,500	11,500	11,500	11,500
稅後利潤		30,750	34,500	34,500	34,500	34,500
加：折舊		34,000	34,000	34,000	34,000	34,000
營業現金淨流量		64,750	68,500	68,500	68,500	68,500
固定資產淨殘值						+10,000
現金淨流量	-180,000	64,750	68,500	68,500	68,500	78,500

表 5－6　　　　　　　　　更新改造項目現金流量計算表

單位：元

時間 項目	0	1	2	3	4	5
採用新設備現金淨流量	－180,000	64,750	68,500	68,500	68,500	78,500
使用舊設備現金淨流量	－83,750	41,000	41,000	41,000	41,000	51,000
更新改造項目現金淨流量	－96,250	23,750	27,500	27,500	27,500	27,500

三、使用現金流量的原因

在項目投資決策中，之所以要以收付實現制計算的現金流量作為項目投資決策的依據，而不以權責發生制計算的收入和成本為依據，主要原因有兩個。

（一）採用現金流量有利於科學地考慮貨幣的時間價值因素

科學的項目投資決策必須認真考慮貨幣的時間價值，這就要求在決策時一定要弄清每筆預期收入款項和支出款項的具體時間，因為不同時間的貨幣具有不同的價值，並不考慮貨幣收付的時間，它是以權責發生制為基礎的。

（二）採用現金流量才能使投資決策更符合客觀實際

在項目投資決策中，運用現金流量能科學、客觀地評價投資方案的優劣，而利潤則明顯存在不科學、不客觀的成分。這是因為：① 利潤的計算有較大的主觀因素，在一定程度上受存貨估價、費用攤配和折舊計提方法等會計政策、會計估計方法的影響；② 利潤反應的是某一會計期間「應計」的現金流量，而不是實際的現金流量。若以未實際收到現金的收入作為收益，具有較大風險，容易高估投資項目的經濟效益，存在不科學、不合理的成分。

第四節　項目投資決策評價指標及其應用

一、項目投資決策評價指標

（一）非貼現現金流量指標

非貼現現金流量指標是指不考慮資金時間價值的各類指標。這類指標主要有：投資回收期和投資收益率。這些指標在選擇方案時起輔助作用。

1. 投資回收期

投資回收期（Payback Period，PP）是指投資引起的現金流入累積到與投資額相等所需要的時間，或者說是指以投資項目營業淨現金流量抵償原始總投資所需要的

第五章 項目投資管理

全部時間。它代表收回投資所需要的年限。回收年限越短,方案越有利。

在原始投資一次支出、每年現金淨流入量相等時:

$$投資回收期 = \frac{原始投資額}{每年現金淨流入量} \quad (5.5)$$

如果現金流入量每年不等,或原始投資是分幾年投入的,則可使下式成立的 n 為回收期:

$$\sum_{t=0}^{n} I_t = \sum_{t=0}^{n} O_t \quad (5.6)$$

式中:n 為投資涉及的年限,I_t 為第 t 年的現金流入量,O_t 為第 t 年的現金流出量。

【例3】ABC 公司現有三個項目投資方案。有關數據如表 5-7 所示:

表 5-7　　　　　　各方案的稅後淨收益及現金流量表

單位:元

年份	A方案 稅後淨收益	A方案 現金淨流量	B方案 稅後淨收益	B方案 現金淨流量	C方案 稅後淨收益	C方案 現金淨流量
0		-20,000		-9,000		-12,000
1	1,800	11,800	-1,800	1,200	600	4,600
2	3,240	13,240	3,000	6,000	600	4,600
3			3,000	6,000	600	4,600
合計	5,040	5,040	4,200	4,200	1,800	1,800

從表 5-7 可以看出,C 方案屬於原始投資一次支出,每年現金淨流入量相等的情形,即:

$$投資回收期(C) = \frac{12,000}{4,600} \approx 2.61(年)$$

從表 5-7 可以看出,A 方案和 B 方案屬於現金流入量每年不相等的情形,其投資回收期計算過程見表 5-8:

表 5-8　　　　　　投資回收期計算表

單位:元

A方案	現金流量	回收額	未回收額
原始投資	-20,000		
現金流入			
第一年	11,800	11,800	8,200
第二年	13,240	8,200	0
回收期 = 1 + (8,200 ÷ 13,240) ≈ 1.62(年)			

表5-8(續)

B方案	現金流量	回收額	未回收額
原始投資	-9,000		
現金流入			
第一年	1,200	1,200	7,800
第二年	6,000	6,000	1,800
第三年	6,000	1,800	0

回收期 = 2 + (1,800 ÷ 6,000) = 2.30(年)

　　投資回收期法計算簡便，並且容易被決策者正確理解。它的缺點在於不僅忽視了貨幣時間價值，而且沒有考慮回收期以後的收益。事實上，有戰略意義的長期投資往往早期收益較低，而中後期收益較高。投資回收期法優先考慮急功近利的項目，可能導致放棄長期成功的方案。它是過去評價投資方案最常用的方法，目前作為輔助方法使用，主要用來測定方案的流動性而非營利性。有人主張，在計算投資回收期指標時，應將投資項目的「建設期」和「經營期」作區分，即「包括建設期的投資回收期」和「不包括建設期的投資回收期」。

2. 投資收益率

　　投資收益率，又稱投資報酬率(Return on Investment, ROI)，是指項目生產經營期正常年份的年息稅前利潤或營運期年均息稅前利潤占項目總投資的百分比。有時分子也可以用稅前利潤或淨利潤。

　　投資收益率的計算公式為：

$$投資收益率(ROI) = \frac{年息稅前利潤或年均息稅前利潤}{項目總投資} \times 100\% \qquad (5.7)$$

　　採用例3的資料，各方案投資收益率計算如下(假設各方案適用所得稅率為25%，且不考慮利息費用)：

$$投資收益率(A) = \frac{(\frac{1,800}{1-25\%} + \frac{3,240}{1-25\%}) \div 2}{20,000} \times 100\% = 16.8\%$$

$$投資收益率(B) = \frac{(-1,800 + \frac{3,000}{1-25\%} + \frac{3,000}{1-25\%}) \div 3}{9,000} \times 100\% \approx 22.96\%$$

$$投資收益率(C) = \frac{(\frac{600}{1-25\%} + \frac{600}{1-25\%} + \frac{600}{1-25\%}) \div 3}{12,000} \times 100\% \approx 6.67\%$$

　　投資收益率指標的優點是計算公式簡單；缺點是沒有考慮貨幣的時間價值因素，不能正確反應建設期長短及投資方式不同和回收額對項目的影響，分子、分母計算口徑的可比性較差，無法直接提供淨現金流量信息。

第五章　　項目投資管理

有人主張，計算時公式的分子使用平均現金流量，分子、分母計算口徑就具有了可比性。也有人主張分母使用平均投資額，這樣計算的結果可能會提高1倍，但不改變方案的優先次序。

(二) 貼現現金流量指標

貼現現金流量指標是指考慮貨幣時間價值的各類指標。這類指標主要有：淨現值、獲利指數和內部收益率。

1. 淨現值

淨現值(Net Present Value， NPV)，是指在項目計算期內，按設定折現率計算的各年淨現金流量現值的代數和。也可以表述為，特定方案未來現金流入的現值與未來現金流出的現值之間的差額。按照該指標，如淨現值為正數，即各年淨現金流量現值的代數和大於零，該投資項目的報酬率大於設定的折現率；如淨現值為零，即各年淨現金流量現值的代數和等於零，該投資項目的報酬率相當於設定的折現率；如淨現值為負數，即各年淨現金流量現值的代數和小於零，該投資項目的報酬率小於設定的折現率。

其理論計算公式為：

$$淨現值(NPV) = \sum_{t=0}^{n}(第t年的淨現金流量 \times 第t年的複利現值系數) \quad (5.8)$$

或：
$$淨現值(NPV) = \sum_{t=0}^{n}\frac{I_t}{(1+i)^t} - \sum_{t=0}^{n}\frac{O_t}{(1+i)^t} \quad (5.9)$$

式中：n為投資涉及的年限，I_t為第t年的現金流入量，O_t為第t年的現金流出量，i為預定的折現率(或稱基準折現率)。

採用例3的資料，假設折現率為10%，則三個投資方案的淨現值計算如下：

淨現值$(A) = -20,000 + (11,800 \times 0.909,1 + 13,240 \times 0.826,4)$
$\approx -20,000 + 21,669$
$= 1,669(元)$

淨現值$(B) = -9,000 + (1,200 \times 0.909,1 + 6,000 \times 0.826,4 + 6,000 \times 0.751,3)$
$\approx -9,000 + 10,557$
$= 1,557(元)$

淨現值$(C) = -12,000 + 4,600 \times 2.486,9 = -12,000 + 11,439.74 = -560.26(元)$

A、B兩項方案投資的淨現值為正數，說明該方案的報酬率超過10%。如果公司的資本成本率或要求的投資報酬率是10%，這兩個方案是有利的，因而可以接受的。C方案淨現值為負數，說明該方案的報酬率達不到10%，因而應予放棄。

淨現值指標所依據的原理是：假設預計的現金流入在年末肯定可以實現，並把原始投資看成是按預定折現率借入的。當淨現值為正數時，償還本息後該項目仍有剩餘的收益；當淨現值為零時，償還本息後一無所獲；當淨現值為負數時，該項目收益不足以償還本息。

119

公司財務

淨現值指標具有廣泛的適用性，在理論上也比其他方法更完善。淨現值指標應用的主要問題是如何確定折現率，一種辦法是根據資本成本來確定，另一種辦法是根據公司要求的最低資金利潤率來確定。前一種辦法，由於計算資本成本比較困難，因而限制了其應用範圍；後一種辦法根據資金的機會成本，即一般情況下可以獲得的報酬來確定，比較容易解決。

淨現值指標的優點是綜合考慮了貨幣時間價值、項目計算期內的全部淨現金流量的投資風險；缺點是無法從動態的角度直接反應投資項目的實際收益水準，而且計算比較繁瑣。

2. 獲利指數

獲利指數(Profitability Index，PI)，又稱現值指數，是指投資後按設定折現率折算的各年淨現金流量的現值合計與原始投資的現值合計之比。

獲利指數的計算公式為：

$$獲利指數(PI) = \frac{投產後各年淨現金流量的現值合計}{原始投資的現值合計} \qquad (5.10)$$

採用例3的資料和利用例3的計算結果，A、B、C三個方案的獲利指數計算如下：

獲利指數(A) = 21,669 ÷ 20,000 ≈ 1.08

獲利指數(B) = 10,557 ÷ 9,000 ≈ 1.17

獲利指數(C) = 11,439.74 ÷ 12,000 ≈ 0.95

A和B兩項投資方案的獲利指數大於1，說明其收益超過成本，即投資報酬率超過預定的折現率。C投資方案的獲利指數小於1，說明其報酬率沒有達到預定的折現率。如果獲利指數為1，說明折現後各年淨現金流量等於原始投資的現值，投資的報酬率與預定的折現率相同。

獲利指數指標的優點是可以從動態的角度反應項目投資的資金投入與總產出之間的關係，可以進行獨立投資機會獲利能力的比較。

獲利指數指標的缺點是除了無法直接反應投資的實際收益率外，計算也相對複雜。獲利指數法需要一個適合的折現率，以便將現金流量折為現值，折現率的高低將會影響方案的優先次序。

在例3中，A方案的淨現值是1,669元，B方案的淨現值是1,557元。如果這兩個方案之間是互斥的，當然A方案較好。如果兩者是獨立的，那麼對於哪一個應優先給予考慮，可以根據獲利指數來選擇。B方案獲利指數為1.17，大於A方案的1.08，所以B優於A。獲利指數可以看成是1元原始投資可望獲得的現值淨收益，因此，可以作為評價方案的一個指標。它是一個相對數指標，反應投資的效率；而淨現值指標是絕對數指標，反應投資的效益。

3. 內部收益率

內部收益率(Internal Rate of Return，IRR)，又稱內部報酬率或內含報酬率，

第五章　項目投資管理

是指使項目的淨現值等於零時的折現率，或者說是指能夠使項目未來現金流入量現值等於未來現金流出量現值的折現率，也就是項目投資實際可望達到的收益率。

內部收益率滿足下列等式：

$$NPV = 0 = \sum_{t=0}^{n} NCF_t(P/F, IRR, t) \quad (5.11)$$

淨現值指標和獲利指數指標雖然都考慮了貨幣時間價值，可以說明投資方案高於或低於某一特定的投資報酬率，但沒有揭示方案本身可以達到的具體的報酬率是多少。內部收益率反應的確是方案本身的投資報酬率。

內部收益率的計算，通常需要採用「逐步測試法」。首先估計一個折現率，用它來計算方案的淨現值；如果淨現值為正數，說明方案本身的報酬率超過估計的折現率，應提高折現率後進一步測試；如果淨現值為負數，說明方案本身的報酬率低於估計的折現率，應降低折現率後進一步測試。經過多次測試，尋找出使淨現值接近於零的折現率，即為方案本身的內部收益率。

採用例3的資料，已知A方案的淨現值為正數，說明它的投資報酬率大於10%，因此，應提高折現率進一步測試。假設以18%為折現率進行測試，其結果淨現值為-490元。下一步降低到16%重新測試，結果淨現值為13元，已接近於零，可以認為A方案的內部收益率是16%。B方案用18%作為折現率測試，淨現值為-22元，接近於零，可認為其內部收益率為18%。測試過程見表5-9和表5-10：

表5-9　　　　　　　　A方案內部收益率的測試

單位：元

年份	現金淨流量	設折現率 = 18%		設折現率 = 16%	
		貼現系數	現值	貼現系數	現值
0	-20,000	1	-20,000	1	-20,000
1	11,800	0.847,5	10,001	0.862,1	10,173
2	13,240	0.718,2	9,509	0.743,2	9,840
淨現值			-490		13

表5-10　　　　　　　　B方案內部收益率的測試

單位：元

年份	現金淨流量	設折現率 = 18%		設折現率 = 16%	
		貼現系數	現值	貼現系數	現值
0	-9,000	1	-9,000	1	-9,000
1	1,200	0.847,5	1,017	0.862,1	1,035
2	6,000	0.718,2	4,309	0.743,2	4,459
3	6,000	0.608,6	3,652	0.640,7	3,844
淨現值			-22		338

公司財務

如果對測試結果的精確度不滿意，可以使用「內插法」(或稱「插值法」)來改善。

$$内部收益率(A) = 16\% + \left(\frac{13}{13 + 490} \times 2\%\right) \approx 16.05\%$$

$$内部收益率(B) = 16\% + \left(\frac{338}{22 + 338} \times 2\%\right) \approx 17.88\%$$

由於 C 方案各期現金流入量相等，符合年金形式，因而內部收益率的計算可直接利用年金現值表來確定，不需要進行逐步測試。

設現金流入的現值與原始投資相等，則：

原始投資 ＝ 每年現金流入量 × 年金現值系數

$12,000 = 4,600 \times (P/A, i, 3)$

$(P/A, i, 3) = 2.608,6$

查閱附錄的「普通年金現值系數表」，尋找 $n = 3$ 時系數 2.608,6 所指的利率。查表結果，與 2.608,6 接近的現值系數 2.624,3 和 2.577,1 分別指向 7% 和 8%。用「內插法」確定 C 方案的內部收益率為 7.33%。

$$内部收益率(C) = 7\% + \left(\frac{2.624,3 - 2.608,6}{2.624,3 - 2.577,1} \times 1\%\right)$$

$$\approx 7\% + 0.33\%$$

$$= 7.33\%$$

計算出各方案的內部收益率以後，可以根據公司的資本成本或要求的最低投資報酬率對方案進行取捨。假設資本成本是 10%，那麼，A、B 兩個方案都可以接受，而 C 方案則應放棄。因此，只有內部收益率指標大於或等於折現率或資本成本的投資項目才具有財務可行性。

內部收益率指標的優點是既可以從動態的角度直接反應投資項目的實際收益率水準，又不受折現率高低的影響，比較客觀；其缺點是計算過程複雜，尤其當經營期大量追加投資時，有可能導致多個內部收益率，或偏高或偏低，缺乏實際意義。

內部收益率指標和獲利指數指標有相似之處，都是根據相對比率來評價方案，而不像淨現值法那樣使用絕對數來評價方案。在評價方案時要注意到，比率高的方案絕對數不一定大，反之也一樣。這種不同和利潤率與利潤額不同是類似的。A 方案的淨現值大，是靠投資 20,000 元取得的；B 方案的淨現值小，是靠投資 9,000 元取得的。如果這兩個方案是互相排斥的，也就是說只能選擇其中一個，那麼選擇 A 有利。A 方案儘管投資較大，但是在分析時已考慮到承擔該項投資的應付利息。如果這兩個方案是相互獨立的，也就是說採納 A 方案時不排斥同時採納 B 方案，那就很難根據淨現值來排定優先次序。內部收益率可以解決這個問題，應優先安排內部收益率較高的 B 方案，如有足夠的資金可以再安排 A 方案。

第五章　項目投資管理

內部收益率指標與獲利指數指標也有區別。在計算內部收益率時不必事先選擇折現率，根據內部收益率就可以排定獨立投資的優先次序，只是最後需要一個切合實際的資本成本或最低報酬率來判定方案是否可行。

二、項目投資決策評價指標的應用

項目投資決策的關鍵，就是合理選擇適當的決策方法，利用投資決策評價指標作為決策的標準，進而做出最終的投資決策。

(一) 獨立方案財務可行性評價及投資決策

1. 獨立方案的含義

獨立方案，就是對其接受或者放棄的決策不受其他項目投資決策影響的投資方案。或者說，將一組互相分離、互不排斥的方案稱為獨立方案。就一組完全獨立的方案而言，其存在的前提條件是：①投資資金來源無限制；②投資資金無優先使用的排列；③各投資方案所需的人力、物力均能得到滿足；④不考慮地區、行業之間的相互關係及其影響；⑤每一投資方案是否可行，僅取決於本方案經濟效益，與其他方案無關。比如，假設麥當勞打算在一個偏遠的小島開設一家漢堡包餐廳，這個方案是否採納都不會受到在其他地方開設新餐廳的投資決策的影響，這是因為該餐廳位置偏遠，不會影響其他餐廳的銷售額。

2. 獨立方案的財務可行性評價與投資決策的關係

根據上述獨立方案的存在前提，對於獨立方案而言，評價其財務可行性也就是對其做出最終決策的過程。因為對於一組獨立方案中的任何一個方案，都存在著「接受」或「拒絕」的選擇。只有完全具備或基本具備財務可行性的方案，才可以接受；完全不具備或基本不具備財務可行性的方案，只能選擇「拒絕」，從而「拒絕」本身也是一種方案。

3. 評價方案財務可行性的要點

評價方案財務可行性，應掌握以下要點：

(1) 判斷方案是否完全具備財務可行性的條件。如果某一投資方案的所有評價指標均處於可行區間，即同時滿足以下條件時，便可以斷定該投資方案無論從哪個方面看都具備財務可行性，或完全具備財務可行性。這些條件分別是：①淨現值 (NPV) $\geqslant 0$；②獲利指數 (PI) $\geqslant 1$；③內部收益率 (IRR) $\geqslant$ 折現率；④投資回收期 (PP) $\leqslant \frac{n}{2}$；⑤投資收益率 (ROI) $\geqslant$ 基準投資收益率 (事先給定)。

(2) 判斷方案是否完全不具備財務可行性的條件。如果某一投資方案的評價指標均處於不可行區間，即同時滿足以下條件時，則可以斷定該投資項目從哪個方面看都不具備財務可行性，或完全不具備可行性，應當徹底放棄該投資方案。這些條件是：①淨現值 (NPV) < 0；②獲利指數 (PI) < 1；③內部收益率 (IRR) $<$ 折現

率；④投資回收期(PP) > $\frac{n}{2}$；⑤投資收益率(ROI) < 基準投資收益率。

(3) 判斷方案是否基本具備財務可行性的條件。如果在評價過程中發現某項目的主要指標處於可行區間，如淨現值(NPV) ≥ 0，獲利指數(PI) ≥ 1，內部收益率(IRR) ≥ 折現率，但次要或輔助指標處於不可行區間，如投資回收期(PP) > $\frac{n}{2}$，投資收益率(ROI) < 基準投資收益率，則可以斷定該方案基本上具有財務可行性。

(4) 判斷方案是否基本不具備財務可行性的條件。如果在評價過程中發現某方案出現淨現值(NPV) < 0、獲利指數(PI) < 1、內部收益率(IRR) < 折現率的情況，即使有投資回收期(PP) ≤ $\frac{n}{2}$、投資收益率(ROI) ≥ 基準投資收益率發生，也可斷定該方案基本上不具備財務可行性。

(二) 多個互斥方案的比較決策

互斥方案是指互相關聯、互相排斥的方案，即一組方案中的各個方案彼此可以相互代替，採納方案組中的某一方案，就會自動排斥這組方案中的其他方案。因此，互斥方案具有排他性。比如項目 A 與項目 B，怎樣才能稱這兩個項目相排斥呢？你可以選擇 A 也可以選擇 B，或者是兩者同時放棄，但你唯獨不能同時採納項目 A 和項目 B。比如，項目 A 是在你擁有的一塊地皮上建一幢公寓樓，而項目 B 是決定在同樣的一塊地上建一座電影院。

在多個互斥方案的比較中，一般情況下可以利用投資回收期、投資收益率、淨現值、獲利指數以及內部收益率等指標做出正確的決策。但當投資項目的原始投資總額或壽命期不相同時，僅利用這些指標就可能做出錯誤的決策。

【例4】ABC 公司投資建設一條新生產線，現有三個方案可供選擇：A 方案的原始投資為 243 萬元，項目壽命期(即項目計算期) 為 10 年，淨現值為 1,100 萬元；B 方案的原始投資為 145 萬元，項目壽命期為 6 年，淨現值為 850 萬元；C 方案的原始投資為 364 萬元，項目壽命期為 7 年，淨現值為 880 萬元。

從題意來看，以淨現值指標進行判斷似乎 A 方案最可取，其淨現值為 1,100 萬元，遠遠大於 B、C 兩方案。但由於 A、B、C 三個方案的投資總額及項目壽命期都不相同，僅利用淨現值進行決策就不太合適了。因為，淨現值適用於投資額相同且項目壽命期相同的多方案比較決策。

因此，當備選方案的投資總額或壽命期不相同時，決策的目的是要保證投資年收益最大。這時，可以採用差額內部收益率法或年等額淨回收額法進行決策。而年等額淨回收額法尤其適用於項目壽命期不同方案的比較決策。

1. 差額內部收益率法

差額投資內部收益率法，是指在兩個原始投資額不同的方案的差量淨現金流量(ΔNCF) 的基礎上，計算出差額內部收益率(ΔIRR)，並據以判斷方案優劣的方法。

第五章　項目投資管理

採用該方法時，當差額內部收益率大於或等於折現率或資本成本時，原始投資額大的方案較優；反之，則投資小的方案較優。

ΔIRR 的計算原理及過程與 IRR 一樣，只是所依據的是 ΔNCF 而已。

【例5】CH 公司某更新改造項目的差量淨現金流量如表5－11 所示，假設行業基準收益率10%。

要求：就是否進行更新改造做出決策。

表5－11　　　　　　　　投資項目差量現金流量表

單位：元

年份	0	1	2	3	4	5
ΔNCF	－100,000	30,500	30,500	30,500	30,500	30,500

依題意：

$(P/A, \Delta IRR, 5) = 100,000 \div 30,500 \approx 3.278,7$

查「普通年金現值系數表」得：

當 $\Delta IRR = 16\%$ 時，$(P/A, 16\%, 5) = 3.274,3 < 3.278,7$

當 $\Delta IRR = 15\%$ 時，$(P/A, 15\%, 5) = 3.352,2 > 3.278,7$

由於 $15\% < \Delta IRR < 16\%$，因此採用「內插法」便可計算出 ΔIRR：

$$\Delta IRR = 15\% + \frac{3.352,2 - 3.278,7}{3.352,2 - 3.274,3} \times 1\%$$

$$\approx 15.009,4\%$$

2. 年等額淨回收額法

年等額淨回收額法，是指通過比較所有投資方案的年等額淨回收額指標的大小來選擇最優方案的決策方法。該方法適用於原始投資不相同特別是項目計算期或項目壽命期不相同時的多方案比較決策。決策的目的是要選擇年等額淨回收額最大的方案。某一方案年等額淨回收額等於該方案淨現值與相關的資本回收系數(年金現值系數的倒數) 的乘積。計算公式為：

某方案年等額淨回收額 ＝ 該方案淨現值 × 資本回收系數

$$= 該方案淨現值 \times \frac{1}{年金現值系數} \qquad (5.12)$$

採用例4的資料，如果行業基準收益率為10%，按年等額淨回收額法進行 A、B、C 三個方案的決策分析如下：

A 方案的年等額淨回收額 $= 1,100 \times \dfrac{1}{(P/A, 10\%, 10)}$

$= 1,100 \times \dfrac{1}{6.144,6}$

$\approx 179.019,0(萬元)$

$$B\text{方案的年等額淨回收額} = 850 \times \frac{1}{(P/A, 10\%, 6)}$$

$$= 850 \times \frac{1}{4.355,3}$$

$$\approx 195.164,5(\text{萬元})$$

$$C\text{方案的年等額淨回收額} = 880 \times \frac{1}{(P/A, 10\%, 7)}$$

$$= 880 \times \frac{1}{4.868,4}$$

$$\approx 180.757,5(\text{萬元})$$

因此,比較上述各方案年等額淨回收額後,B方案最優。

(三)多方案組合排隊投資決策

1. 組合或排隊方案的含義

如果一組方案既不相互獨立,又不相互排斥,而是可以實現任意組合或排隊,則這些方案被稱作組合或排隊方案,其中又包括先決方案、互補方案和不完全互斥方案等形式。在這種方案決策中,除了要求首先評價所有方案的財務可行性,淘汰不具備財務可行性的方案外,在接下來的決策中需要反覆衡量和比較不同組合條件下的有關評價指標的大小,從而做出最終決策。

2. 組合或排隊方案決策的含義

這類決策需分兩種情況:① 在資金總量不受限制的情況下,可按每一項目的淨現值(NPV)大小排隊,確定優先考慮的項目順序;② 在資金總量受到限制時,則需要按獲利指數(PI)的大小,結合淨現值(NPV)進行各種組合排隊,從中選出能使 $\sum NPV$ 最大的組合。

3. 組合或排隊方案決策的程序

第一,以各方案獲利指數高低為序,逐項計算累計投資額,並與限定投資總額進行比較。

第二,當截止到某項投資項目(假定為第j項)的累計投資額恰好達到限定的投資總額時,則第1至第j項的項目組合為最優的投資組合。

第三,若在排序過程中未能直接找到最優組合,必須按下列方法進行必要的修正:

首先,當排序中發現第j項的累計投資額首次超過限定投資額,而刪除該項後,按順延的項目計算累計投資額卻小於或等於限定投資額時,可將第j項與第($j+1$)項交換位置(這種交換可持續進行),繼續計算累計投資額。

其次,當排序中發現第j項的累計投資額首次超過限定投資額,又無法與下一項進行交換,第($j-1$)項的原始投資大於第j項的原始投資時,可將第j項與第($j-1$)項交換位置(這種交換可持續進行),繼續計算累計投資額。

第五章　項目投資管理

最後，若經過反覆交換，已不能再進行交換，仍未找到能使累計投資額恰好等於限定投資的項目組合時，可按最後一次交換後的項目組合作為最優組合。

總之，在主要考慮投資效益的條件下，多方案比較決策的主要依據是能否保證在充分利用資金的前提下，獲得盡可能多的淨現值總量。

【例6】ABC公司有A、B、C、D、E五個可供選擇的投資項目，且均為非互斥方案，有關資料如表5－12所示：

表5－12　　　　　ABC公司五個投資項目基本情況表

金額單位：萬元

投資項目	原始投資	淨現值	獲利指數	內部收益率
A	300	120	1.4	18%
B	200	40	1.2	21%
C	200	100	1.5	40%
D	100	22	1.22	19%
E	100	30	1.3	35%

要求：分別在以下不相關情況下做出多方案組合決策。
（1）投資總額不受限制時；
（2）投資總額受到限制時，它們分別為：200萬元、400萬元、450萬元、800萬元、900萬元。

先按照各方案的獲利指數的大小排序，並計算原始投資和累計淨現值數據，見表5－13：

表5－13　　　ABC公司五個投資項目累計投資和累計淨現值計算表

單位：萬元

順序	項目	原始投資	累計原始投資	淨現值	累計淨現值
1	C	200	200	100	100
2	A	300	500	120	220
3	E	100	600	30	250
4	D	100	700	22	272
5	B	200	900	40	312

根據表5－13中的數據，按投資組合決策原則作如下決策：
（1）當投資總額不受限制（或限額大於或等於900萬元）時，最優投資組合方案為：A＋C＋B＋E＋D。
（2）當限定投資總額為200萬元時，只能上C項目，可獲得100萬元淨現值。

（3）當限定投資總額為 400 萬元時，最優投資組合為 C + E + D（這裡 A 與 E、D 交換一次），獲得淨現值 152 萬元。

（4）當限定投資總額為 800 萬元時，最優投資組合為 C + A + E + B（這裡 D 和 B 交換一次），獲得淨現值 290 萬元。

（5）當限定投資總額為 450 萬元時，最優組合仍為 C + E + D，此時累計投資總額為 400 萬元（200 + 100 + 100），小於 450 萬元，但實現的淨現值仍比所有其他組合多。

第五節　項目投資的風險處置

前面的分析，我們都假設項目的現金流量是可以確知的，但實際上，真正意義上的投資項目總是有風險的，項目未來現金流量總會具有某種程度的不確定性。如何處置項目的風險是一個很複雜的問題，必須非常小心。

在此，我們介紹兩種項目投資風險處置的方法：一種是調整現金流量法；另一種是風險調整折現率法。前者是縮小淨現值模型的分子，使淨現值減少；後者是擴大淨現值模型的分母，也可以使淨現值減少。

一、調整現金流量法

調整現金流量法，是指把不確定的現金流量調整為確定的現金流量，然後用無風險的報酬率作為折現率計算淨現值。

$$風險調整後淨現值 = \sum_{t=0}^{n} \frac{a_t \times 現金流量期望值}{(1 + 無風險報酬率)^t} \quad (5.13)$$

式中：a_t 是 t 年現金流量的肯定當量系數，它在 0～1 之間。

肯定當量系數，是指不肯定的 1 元現金流量期望值相當於使投資者滿意的肯定的金額的系數。它可以把各年不肯定的現金流量換算為肯定的現金流量。

我們知道，肯定的 1 元比不肯定的 1 元更受歡迎。不肯定的 1 元，只相當於不足 1 元的金額。兩者的差額，與現金流的不確定性程度的高低有關。肯定當量系數是指預計現金流入量中使投資者滿意的無風險的份額。利用肯定當量系數，可以把不肯定的現金流量折算成肯定的現金流量，或者說去掉了現金流量中有風險的部分，使之成為「安全」的現金流量。去掉的部分包含了全部風險，既有特殊風險也有系統風險，既有經營風險也有財務風險，剩下的是無風險的現金流量。由於現金流量中已經消除了全部風險，相應的折現率應當是無風險的報酬率。無風險的報酬率可以根據國庫券的利率確定。

【例 7】當前的無風險報酬率為 4%。公司有兩個投資機會，有關資料如表 5 - 14

第五章　項目投資管理

所示：

表 5-14　　　　　　　　　A、B 項目有關數據表

金額單位：元

年數	現金流量	肯定當量系數	肯定現金流量	現值系數(4%)	未調整現值	調整後現值
A 項目						
0	-40,000	1	-40,000	1.000,0	-40,000	-40,000
1	13,000	0.9	11,700	0.961,5	12,500	11,250
2	13,000	0.8	10,400	0.924,6	12,020	9,616
3	13,000	0.7	9,100	0.889,0	11,557	8,090
4	13,000	0.6	7,800	0.854,8	11,112	6,667
5	13,000	0.5	6,500	0.821,9	10,685	5,342
淨現值					17,874	965
B 項目						
0	-47,000	1	-47,000	1.000,0	-47,000	-47,000
1	14,000	0.9	12,600	0.961,5	13,461	12,115
2	14,000	0.8	11,200	0.924,6	12,944	10,356
3	14,000	0.8	11,200	0.889,0	12,446	9,957
4	14,000	0.7	9,800	0.854,8	11,967	8,377
5	14,000	0.7	9,800	0.821,9	11,507	8,055
淨現值					15,325	1,860

調整前 A 項目的淨現值較大，調整後 B 項目的淨現值較大。不進行調整，就可能導致錯誤的判斷。

二、風險調整折現率法

風險調整折現率法是更為實際、更為常用的風險處置方法。這種方法的基本思路是對高風險的項目，應當採用較高的折現率計算淨現值。

$$調整後淨現值 = \sum_{t=0}^{n} \frac{預期現金流量}{(1+風險調整折現率)^t} \qquad (5.14)$$

【例8】當前的無風險報酬率為4%，市場平均報酬率為12%，A 項目的預期股權現金流量風險大，其 β 值為 1.5；B 項目的預期股權現金流量風險小，其 β 值為 0.75。

A 項目的風險調整折現率 = 4% + 1.5 × (12% - 4%) = 16%

公司財務

B 項目的風險調整折現率 = 4% + 0.75 × (12% - 4%) = 10%

其他有關數據如表 5-15 所示：

表 5-15　　　　　　　　A、B 項目有關數據表

金額單位：元

年數	現金流量	現值系數（4%）	未調整現值	現值系數（16%）	調整後現值
A 項目					
0	-40,000	1.000,0	-40,000	1.000,0	-40,000
1	13,000	0.961,5	12,500	0.862,1	11,207
2	13,000	0.924,6	12,020	0.743,2	9,662
3	13,000	0.889,0	11,557	0.640,7	8,329
4	13,000	0.854,8	11,112	0.552,3	7,180
5	13,000	0.821,9	10,685	0.476,2	6,191
淨現值			17,874		2,569
B 項目					
0	-47,000	1.000,0	-47,000	1.000,0	-47,000
1	14,000	0.961,5	13,461	0.909,1	12,727
2	14,000	0.924,6	12,944	0.826,4	11,570
3	14,000	0.889,0	12,446	0.751,3	10,518
4	14,000	0.854,8	11,967	0.683,0	9,562
5	14,000	0.821,9	11,507	0.620,9	8,693
淨現值			15,325		6,070

如果不進行折現率調整，A 項目比較好；調整以後，B 項目要好得多。

調整現金流量法在理論上受到好評。該方法對時間價值和風險價值分別進行調整，先調整風險，然後把肯定現金流量用無風險報酬率進行折現。對不同年份的現金流量，可以根據風險的差別使用不同的肯定當量系數進行調整。同時，風險調整折現率法在理論上受到批評，因為它用單一的折現率同時完成風險調整和時間調整。這種做法意味著風險隨時間推移而加大，可能與事實不符，誇大遠期現金流量的風險。

從實務上看，經常應用的是風險調整折現率法，主要原因是風險調整折現率比肯定當量系數容易估計。此外，大部分財務決策都使用報酬率來決策，調整折現率更符合人們的習慣。

第五章　項目投資管理

本章小結

本章主要介紹了投資的含義、意義、分類及程序；投資環境及其評價的原則與方法；項目投資現金流量的構成和計算；項目投資決策評價指標及其計算，主要包括非貼現現金流量指標和貼現現金流量指標，非貼現現金流量指標主要有投資回收期和投資收益率，貼現現金流量指標主要有淨現值、獲利指數和內部收益率；項目投資決策評價指標運用時，獨立方案財務可行性與投資決策可以同時完成，互斥方案的決策則必須以方案具備財務可行性為前提，項目投資多方案比較決策時，可運用差額投資內部收益法和年等額淨回收額法。由於項目未來現金流量總會具有某種程度的不確定性，本章介紹了兩種項目投資的風險處置方法——一種是調整現金流量法，另一種是風險調整折現率法。前者是縮小淨現值模型的分子，使淨現值減少；後者是擴大淨現值模型的分母，也可以使淨現值減少。

思考題

1. 在項目投資決策中，為什麼要對投資環境進行分析？
2. 簡述項目投資決策中現金流量的構成。
3. 在項目投資決策中，為什麼要用現金流量替代利潤作為決策評價的基礎信息？
4. 項目投資決策評價的指標主要包括哪些？如何理解各指標含義？
5. 試對非貼現現金流量指標與貼現現金流量指標進行比較。
6. 試對各貼現現金流量指標進行比較。
7. 調整現金流量法與風險調整折現率法有何聯繫與區別？

練習題

1. 某公司計劃投資一個固定資產項目，原始投資額為100萬元，全部在建設期起點一次投入，並於當年完工投產。投產後每年增加銷售收入90萬元，總成本費用為62萬元，該固定資產預計使用期為5年，按照直線法計提折舊，預計淨殘值為10萬元。項目經營期第1、2年不交所得稅(因為其享受某種優惠政策)，第3、4、5年的所得稅率為25%。假設項目的折現率為10%。

要求：(1) 編製現金流量計算過程表；(2) 計算項目的投資回收期；(3) 計算項目的投資收益率；(4) 計算該項目的淨現值；(5) 計算該項目的獲利指數。

2. 某工業投資項目需要原始投資合計130萬元，其中固定資產投資100萬元，建設期為2年，於每年初投入50萬元。流動資金投資30萬元，流動資金於第2年末

投入。該項目壽命期為5年，固定資產按直線法計提折舊，期滿無殘值；預計投資產後每年能獲得7.5萬元的淨利潤，所得稅率為25%，流動資金於項目終結點一次收回，項目的折現率為12%。

要求：(1)計算項目的投資回收期；(2)計算項目的投資收益率；(3)計算項目的淨現值和獲利指數；(4)判斷項目的財務可行性。

3. 某公司打算在2018年末購置一臺不需要安裝的新設備，以替換一臺尚可使用5年、折餘價值為40,000元、變現淨收入為10,000元的舊設備。取得新設備的投資額為165,000元，到2023年末，新設備的預計淨殘值將超過繼續使用舊設備的預計淨殘值5,000元，使用新設備可使公司每年增加稅前利潤15,000元。新舊設備均採用直線法計提折舊，公司適用的所得稅率為25%，假設行業基準收益率為5%。

要求：計算差額內部收益率，並決定是否應該替換舊設備。

4. 某公司擬投資於一新項目，假設所在的行業基準收益率為10%，分別有A、B兩個方案可供選擇。

(1)A方案的資料如下表(單位：元)：

t	0	1	2	3	4	5	6
稅後淨現金流量	-80,000	0	30,000	35,000	20,000	40,000	30,000

(2)B方案的項目期為3年，淨現值為15,000元。

要求：計算A、B方案的年等額淨回收額，並做出投資決策。

第六章
證券投資管理

第一節　　證券投資概述

　　隨著經濟的發展，證券日益成為公司一種重要的投資對象。科學地進行證券投資分析與管理能增加公司收益、降低風險，有利於財務管理目標的實現。

一、證券的含義及分類

　　(一) 證券的含義

　　證券，是記載和代表一定權利的書面憑證，包括有價證券和無價證券兩種。其中，有價證券指具有一定票面金額，證明持券人有權按期取得一定收入，並可自由轉讓和買賣的所有權或債權證書，通常簡稱為證券。證券包括財物證券(如貨運單、提單等)、貨幣證券(如支票、匯票、本票等) 和資本證券。本章所指證券為資本證券，即股票、債券、投資基金份額等。

　　(二) 證券的分類

　　1. 按證券的發行主體不同分類

　　證券按照其發行主體的不同，可分為政府證券、金融證券和公司證券三種。政府證券是指中央或地方政府為籌集資金而發行的證券；金融證券是指銀行或非銀行金融機構為籌措資金而發行的證券；公司證券又稱企業證券，是指公司為籌集資金而發行的證券。一般情況下，政府證券的風險較小，金融證券次之，公司證券的風險相對較大。

公司財務

2. 按證券所體現的權益關係不同分類

按照證券所體現的權益關係,可分為所有權證券和債權證券。所有權證券是標明證券的持有人便是證券發行單位的所有者的證券,證券的持有人一般對發行單位擁有一定的管理權和控制權,如股票;債權證券是標明證券的持有人即成為發行單位的債權人的證券,如債券。債權證券的持有人一般無權對發行單位進行管理和控制。

3. 按證券收益的決定因素不同分類

按照證券收益的決定因素,可分為原生證券和衍生證券。原生證券的收益大小主要取決於發行者的財務狀況;衍生證券包括期貨合約和期權合約兩種基本類型,其收益取決於原生證券的價格。

4. 按證券的收益穩定性不同分類

證券按其給投資者帶來的收益是否穩定,可分為固定收益證券和變動收益證券兩種。固定收益證券是指在證券的票面上規定有固定收益率的證券,如債券一般有固定的票面利息率,優先股一般有固定的票面股息率。變動收益證券是指證券的票面不標明固定的收益率,其收益情況隨公司經營狀況而變動的證券,普通股就是最典型的變動收益證券。一般來說,固定收益證券風險較小,但報酬較低;而變動收益證券風險大,但報酬較高。

5. 按證券的期限長短不同分類

證券按其期限長短的不同,可分為1年內到期的短期證券和期限長於1年的長期證券兩種。一般而言,短期證券的變現能力強、風險小,但收益相對較低;長期證券收益較高,但時間長,風險大。

二、證券投資的收益和風險

證券投資是指投資者將資金投放於股票、債券、基金、金融衍生工具等各種有價證券,以期從未來證券增值中獲取收益的行為。證券投資的目的是獲取投資收益,但同時也承擔著各種風險,下面對投資收益及風險的構成作分析:

(一) 證券投資收益

不同性質的證券其收益不同,其主要包括債券利息、股利及資本利得等。

1. 債券利息

債券利息是指按債券面值、利率和期限計算的利息。利息收入的取得取決於利息的支付方式和債券的持有時間。如果債券是到期時一次還本付息,則到期時債券持有者可得到全部利息;如果債券利息是分期支付,則只有利息支付期內持有債券的人才能獲得當期的利息收益。債券利息收入的多少主要取決於債券利率的高低。

2. 股利

股利是股息和紅利的總稱,它是股份公司向股東分配的稅後利潤。股利支付的

第六章　證券投資管理

形式主要有現金股利和股票股利。現金股利是股份公司直接以現金向股東支付股利；股票股利則是股份公司通過增加股東的股份或給予股東優先購買權等方式分配的。

3. 資本利得

資本利得是指證券投資者進行證券買賣所得的價差收入，即證券出售價格減去證券購買價格和證券交易費用後的餘額。

證券投資的收益有兩種表示方法：絕對數和相對數，在財務管理中通常用相對數即投資收益率來表示。

(二) 證券投資風險

證券投資風險是指投資者在證券投資過程中遭受損失或達不到預期收益的可能性。

投資者在進行證券投資獲得投資收益的同時，還必須承擔一定的風險，對投資證券風險進行充分估計，對期望報酬率進行謹慎測算是證券投資管理的重點。

證券投資風險包括系統風險和非系統風險兩部分。

1. 系統風險

(1) 利率風險。這是指利率變動引起有價證券價格波動，從而使投資者承擔損失的風險。一般而言，市場利率上升，則有價證券市價下降。市場利率下降，則有價證券市價上升。不同期限的證券，利息率風險不一樣，有價證券的持有期限越長，其利息率風險程度就越大。

(2) 購買力風險。這是指通貨膨脹使貨幣購買力下降的風險。一般而言，在通貨膨脹發生時，變動收益證券比固定收益證券更好。因此，普通股票被認為比公司債券和其他有固定收入的證券能更好地避免購買力風險。

(3) 再投資風險。這是指市場利率下降造成的無法通過再投資實現預期收益的風險。一般長期投資的收益率應當高於短期利率，為了避免市場利率變動的利率風險，投資者可能會投資於短期證券，但短期證券又會面臨市場利率下降的再投資風險，即無法按預定收益率進行再投資而實現所要求的預期收益。

2. 非系統風險

(1) 違約風險。這是指證券發行人無法按時支付利息或償還本金的風險。一般而言，政府證券基本上沒有違約風險，金融證券違約風險較小，公司證券違約風險較大。

(2) 流動性風險。這是指在投資人想以適當的價格出售有價證券獲取變現的資金時，證券不能立即出售的風險，即證券轉讓的難易程度。在一般情況下，經濟實力雄厚、信譽程度高、經濟效益好的公司所發行的證券比較容易轉讓。轉讓時間短，轉讓價格高，證券的流動性就強；反之，證券的流動性就弱。

公司財務

第二節　債券投資

債券是指政府或公司為向社會公眾籌措資金而向投資者發行的，確定債權債務關係的憑證。債券發行人是債務人，債券的購買者(投資者)是債權人。

債券投資是指投資者通過認購債券成為債務發行單位的債權人以獲得債券利息和資本利得的投資活動。

一、債券的投資價值

進行債券投資，在考慮投資時機、投資期限、公司債券投資可使用資金、收益率要求、投資風險偏好等因素後，就需要決定具體的投資對象。在選擇具體投資債券品種時需要評估債券的價值，將其價值與市場價格作比較，從而確定是否應該投資，同時也必須考慮債券投資的風險問題。

(一) 債券價值的估算

債券價值又稱為債券內在價值、債券理論價格，是指債券未來現金流入的現值。只有債券的價值大於市場價格時，該債券才具有投資價值。

債券價值是投資者做債券投資決策時使用的主要指標之一。影響債券價值的因素主要是債券的票面利率、面值、期限和所採用的貼現率等因素。

債券估價的模型隨債券的本金、利息的支付方式不同而有所不同，其基本原理是：債券價值等於採用一定貼現率計算的債券未來現金流入量(包括各期利息和到期收回的本金)的現值。

典型的債券類型是有固定的票面利率、每期支付利息、到期歸還本金的附息債券，這種債券模式下債券價值計量的基本模型是：

$$P_V = \sum_{t=1}^{n} \frac{I_t}{(1+K)^t} + \frac{M}{(1+K)^n}$$
$$= I_t(P/A, i, n) + M(P/F, i, n) \quad (6.1)$$

式中：K 表示評估債券價值所採用的貼現率，即所期望的最低收益率；P_V 為債券的買入價；I_t 為債券各付息期的利息收入；n 為債券持有期內的付息次數；M 為債券面值。

【例1】ABC公司於2018年9月1日購買一張面額為1,000元的債券，其票面利率為8%，每年9月1日計算並付息一次，並於5年後的8月31日到期。當時的市場利率為10%，債券的市價是923元。應否購買該債券？

該債券價值為：

$$P_V = I(P/A, 10\%, 5) + M(P/F, 10\%, 5)$$
$$= 1,000 \times 8\% \times 3.790,8 + 1,000 \times 0.620,9$$

第六章　證券投資管理

$$\approx 303.26 + 620.9$$
$$= 924.16(元)$$

由於債券的價值 924.16 元大於市價 923 元，因此，在該債券的風險與市場其他債券投資風險基本相同的條件下，購買該債券是合算的，可獲得大於 10% 的收益率。

【例2】ABC 公司於 2018 年 4 月 1 日購買一張面額為 1,000 元的貼現債券，該債券 3 年後的 3 月 31 日到期。購買時市場利率為 10%，債券的市價是 780 元。應否購買該債券？

該債券價值計算如下：

$$P_V = M(P/F, 10\%, 3) = 1,000 \times 0.751,3 = 751.30 （元）$$

由於債券的價值 751.30 元小於市價 780 元，因此購買該債券不合算，因為該債券投資收益率低於 2018 年 4 月 1 日市場平均投資收益率 10%。

(二) 債券投資的風險及風險規避

債券投資的風險主要有違約風險和利率風險。

1. 違約風險

違約風險是指債券發行人無法按時支付債券利息和償還本金而使投資者所承擔的風險。

一般從債券的發行主體來看，政府債券，由於有政府為其擔保，不會存在違約行為，也就沒有違約風險。但是金融機構和公司發行的金融債券和公司債券，則有可能發生違約行為，從而產生違約風險。因此，在進行債券投資時，應對相關債券進行評估，預測其違約風險程度的大小。一般地，投資者在進行債券投資時，只要堅持購買信用較好的債券就可以有效地避免違約風險。

2. 利率風險

債券的利率風險是指市場利率的波動使投資者的投資收益遭受損失的可能性。

債券一旦發行，其面值、期限、票面利率都相對固定了，市場利率作為債券價值計算的貼現率，其變動將在很大程度上影響債券價值，導致債券的利率風險。

【例3】ABC 公司目前以 100 萬元的價格購進面值為 100 萬元、票面利率為 8%、單利計息的 3 年期到期一次還本付息國庫券，購進一年後市場利率上升為 10%，問一年後國庫券的價值是多少？ABC 公司是否遭受利率風險損失？

國庫券的到期值 = 100 × (1 + 3 × 8%) = 124(萬元)

一年後國庫券的價值 = 124 × (P/F, 10%, 2) = 124 × 0.826,4 ≈ 102.47(萬元)

國庫券一年後的本利和 = 100 × (1 + 1 × 8%) = 108(萬元)

一年後該國庫券的價值小於其本利和，ABC 公司遭受了利率風險損失。

各種債券都可能存在利率風險，投資者減少利率風險的辦法就是分散債券的到期日。

二、債券投資收益率

(一) 債券投資收益的構成及影響因素

公司進行債券投資的主要目的是獲得相應收益。債券投資收益主要包括債券的利息收入和資本利得兩部分。

債券收益的高低一般用債券收益率表示。債券收益率是指債券在特定期間帶來的收益額與買入價(或者本金)的比率。債券收益一般按年計算。

債券收益率主要受票面利率、期限、面值、持有時間、購買價格和出售價格等因素的影響。另外，債券可贖回條款、稅收待遇、流動性和違約風險等因素也會影響債券收益率的高低。

(二) 債券收益的計算

債券收益率的計算有多種形式，常用的有持有期收益率和到期收益率，而在計算收益率時，短期投資的收益率常常用單利計算，長期投資收益率則需要考慮貨幣時間價值，採用複利計算。

1. 債券持有期收益率

債券持有期收益率是指買入債券後持有一段時間，又在債券到期前將其出售而得到的年均收益率。持有期收益率既考慮了持有期間利息收益，也考慮了資本利得，是投資者獲得的現實收益率。

計算債券的持有期收益率，一般不考慮資金的時間價值，其計算公式為：

$$K = \frac{P_n - P_0 + I}{nP_0} \qquad (6.2)$$

式中：K 表示債券的持有期收益率，P_0 為債券的買入價，P_n 為債券的賣出價，I 為債券的持有期間的利息收入，n 為債券持有期限。

【例4】ABC公司於2017年1月1日以925.50元購買一張面值為1,000元、期限為5年的債券，其票面利率為8%，每年1月1日計算並支付一次利息，該債券於2019年1月1日按市價960.25元的價格出售，問該債券的持有期收益率為多少？

$$K = \frac{(960.25 - 925.50) + 1,000 \times 8\% \times 2}{2 \times 925.5} \approx 10.52\%$$

2. 債券到期收益率

債券到期收益率是指在購買債券後，將債券持有到期，收回本金和最後一期利息所能獲得的投資報酬率。到期收益率按複利計算，是能使債券投資未來現金流入現值等於債券買入價格的折現率，即債券投資的內含報酬率。

一般情況下，投資者在決定投資以前不太關心債券未來價格的變化，而是更關心債券未來的利息收入以及到期值與當前市價的差額所揭示的收益水準，即到期收益率。如果到期收益率大於或等於投資者要求的必要報酬率，則可以現價投資；否則應放棄投資。

第六章　證券投資管理

債券到期收益率的計算公式為：

$$P_0 = \sum_{t=1}^{n} \frac{I_t}{(1+K)^t} + \frac{M}{(1+K)^n}$$
$$= I_t(P/A, K, n) + M(P/F, K, n) \quad (6.3)$$

式中：K 表示債券的到期收益率，P_0 為債券的買入價，I_t 為債券各付息期的利息收入，n 為債券持有期內的付息次數，M 為債券面值。

【例5】ABC公司於2018年1月1日以1,050元購買一張面值為1,000元、期限為3年的債券，其票面利率為5%，每年1月1日計算並支付一次利息，問該債券的到期收益率為多少？

根據到期收益率的計算公式，可得下列等式：

$$1,050 = 1,000 \times 5\%(P/A, K, 3) + 1,000 \times (P/F, K, 3)$$

採用「逐步測試法」計算該債券的到期收益率。

用4%作貼現率，可得：

$$P = 1,000 \times 5\%(P/A, 4\%, 3) + 1,000 \times (P/F, 4\%, 3) = 1,027.76$$

計算結果 1,027.76 < 1,050，說明到期收益率低於4%。

用3%作貼現率，可得：

$$P = 1,000 \times 5\%(P/A, 3\%, 3) + 1,000 \times (P/F, 3\%, 3) = 1,056.53$$

計算結果 1,056.53 > 1,050，說明到期收益率高於3%。

採用插值法：$\dfrac{K - 4\%}{3\% - 4\%} = \dfrac{1,050 - 1,027.76}{1,056.53 - 1,027.76}$

求得到期收益率 $K = 4\% - 0.773,0\% = 3.23\%$

三、債券投資的優缺點

與股票投資相比，債券投資的優缺點主要表現在以下方面：

(一) 債券投資的優點

(1) 本金較安全。政府債券有國家財力作後盾被視為無違約風險；公司債券投資，在被投資公司破產清算時，債權人具有優先求償權，優先於股東參加公司資產的分配或清算，收回本金也有一定保障。

(2) 收入較穩定。一般債券是固定利息率，債券發行單位有義務按時支付利息，因此在正常經營情況下，利息收入是比較穩定可靠的。

(3) 流動性較好，變現能力較強。特別是政府、金融機構和大公司發行的債券更容易流通和變現。

(二) 債券投資的缺點

(1) 購買力風險較大。一般債券是固定利息率債券，債券的面值和利息率在發行時就已經確定，如果投資期間的通貨膨脹率比較高，本金和利息的購買力將不同

程度地受到侵蝕，承擔投資的潛在損失。

(2) 沒有經營管理權。因債券投資是一種債權投資，投資者無權參與債券發行單位的經營管理，只能按時獲取一定的利息報酬。

第三節　　股票投資

股票是股份公司發行給股東作為持股憑證並借以取得股息和紅利的一種有價證券。股票是代表所有權的憑證，持有人作為發行公司的股東，有權參與公司的經營決策。

股票投資是證券投資最基本也是最重要的投資之一。股票持有者擁有對股份公司的重大決策權、盈利分配要求權、剩餘財產求索權和股份轉讓權。

一、股票投資的目的

公司進行股票投資的目的主要有兩種：一是獲利，即作為一般的證券投資，獲取股利收入及股票買賣差價；二是控股，即通過買入某公司的大量股票達到控制該公司的目的。

如果公司股票投資的目的是獲利，僅僅是將某種股票作為證券投資組合的一個組成部分，則不應冒險將大量資金投資於某一公司的股票上。而對於以控股為目的的股票投資，公司考慮更多的不是目前利益——股票投資收益的高低，而是長遠利益——佔有多少股份比例才能達到控制的目的，並以此獲利。

二、股票的價值

(一) 股票的相關價值

股票的價值有多種形式，主要包括六種。

1. 票面價值

股票的票面價值又稱為面值或名義價值，是指股票票面所標明的貨幣金額。它的主要作用是確定股東所持股份的數量及其在公司全部股本中所占的比例，確定股份有限公司的資本總量。股份有限公司的註冊資本必須與股票面值總額相等。

2. 發行價值

股票的發行價值又稱為發行價格，是指股票發行時所使用的價格，通常由發行公司根據股票的面值、市場行情及其他有關因素確定。股票的發行價值與票面價值常常不一致：股票發行主要有平價發行(按面值)、時價發行(按市場價值) 和中間價發行(平價與時價的中間值)。時價和中間價有可能低於面值。目前中國規定，股票不得低於面值(即折價) 發行。

第六章　證券投資管理

3. 帳面價值

股票的帳面價值又稱每股淨資產，是指每一份普通股所擁有的公司帳面資產淨值。

4. 內在價值

內在價值又稱為股票的理論價值、真實價值，是指投資於股票預期獲得的未來現金流量的現值。

5. 市場價值

股票的市場價值是指股票在股票交易市場上轉讓時的價格，又稱市場價。股票市場價既受到公司自身因素的影響，又受到宏觀因素的影響，在一定時間內股票市場價值的波動往往很大，很難估計。

6. 清算價值

股票的清算價值又稱清算價格，是指在公司終止及清算時，每股股票所能代表的實際價值。由於清算時存在資本的變現損失及一定的清算費用，股票的清算價值常常與其帳面價值和市場價值有很大差距。

(二) 股票價值的評估

股票價值的估價方法基本上有兩種模型：一是按股票的內在價值計算其投資價值；二是利用市盈率分析估算股票的公平價值。

1. 股票的內在價值估算模型

股票的諸多價值當中最重要的是股票的內在價值，股票估價也主要是計算其內在價值。在股票投資時，需要將股票的內在價值與股票市價比較決定其是否具有投資價值。

（1）股票估價的基本模型。從理論上講，股票帶給持有者的未來現金流入包括兩部分：各期的股利收入和出售時的售價收入。股票的內在價值由一系列的股利和將來出售股票時售價按投資者要求的必要投資報酬率折算的現值所構成。

$$P_V = \sum_{t=1}^{n} \frac{D_t}{(1+K)^t} + \frac{P_n}{(1+K)^n} \qquad (6.4)$$

式中：P_V 為股票的內在價值，P_n 為股票的轉讓價，K 為股票投資者要求的必要投資報酬率，D_t 為各期的股利收入，n 為股票持有期。

（2）股票估價的常用模型。雖然理論上可將股票的轉讓價作為股票未來現金流入的一部分，但由於股票的市場價值波動很大，在投資時不可能準確確定未來股票轉讓時的轉讓價格或時間。因此，股票的內在價值估算一般是在假設股票長期持有的基礎上進行的。

股份公司的淨利潤是決定股票價值的基礎。股票給持有者帶來的未來收益一般是以股利形式出現的，因此，站在股東角度評價股票價值時，可以認為股利決定了股票價值。由此股票估價存在兩種常用的股利折現模型：

① 固定股利折現模型。假設每年股利穩定不變，投資人持有期限很長時，將股

公司財務

利收入看作一個永續年金，則股票的估價模型為：

$$P_V = \frac{D}{K} \tag{6.5}$$

式中：P_V 為股票的內在價值，K 為股票投資者要求的必要投資報酬率，D 為各期的固定股利收入。

②固定股利增長模型。如果公司的股票股利按固定增長率 g 逐年遞增，投資人的投資期限很長，其股票估價模型為：

$$P_V = \frac{D_1}{K-g} = \frac{D_0(1+g)}{K-g} \tag{6.6}$$

式中：K 為股票投資者要求的必要投資報酬率；g 為股利年增長率，且 $K>g$；D_0 表示最近一期股票股利；D_1 表示下一期股票股利。

【例6】ABC 公司準備購買某公司的股票，要求達到 12% 的收益率，該公司今年已支付每股股利 0.6 元，預計未來股利會以 8% 的速度增長，則該股票的價值為：

$$P_V = \frac{D_0(1+g)}{i-g} = \frac{0.6 \times (1+8\%)}{12\% - 8\%} = 16.2(元)$$

如果該股票目前的市場價格低於 16.2 元，則該公司的股票是值得購買的。

2. 市盈率分析法

股票的內在價值估算模型在理論上比較健全，但對未來股利的正確預計是較為複雜的問題，一般投資者很難採用該方法，可用一種簡化的估計股票價值的方法——市盈率分析法。

市盈率是指股票的每股市價與每股盈餘的比率，它可以粗略反應股價的高低，表明投資人願意用盈利的多少倍的資金來購買這種股票，是市場對該股票的評價。有關計算公式如下：

$$股票市盈率 = 股票價格 / 股票每股收益 \tag{6.7}$$

$$股票價值 = 同類股票平均市盈率 \times 該股票每股收益 \tag{6.8}$$

在實際工作中，投資者可以根據證券機構提供的同類股票過去若干年的平均市盈率，乘以當前的每股收益，得出股票的公平價值，用公平價值與當前市價進行比較，可以分析所付價格是否合理。

【例7】某公司的上市股票，每股收益為 2.5 元，市盈率為 10，行業類似股票的平均市盈率為 12，則該股票是否具有投資價值？

該股票價值 = 2.5 × 12 = 30(元)

股票價格 = 2.5 × 10 = 25(元)

計算結果表明，目前市場對該股票的評價偏低，該股票具有投資價值。

一般來說，市盈率高，說明投資者對該公司的發展前景看好，願意出較高的價格購買該公司的股票。但市盈率過高，也意味著這種股票具有較高的投資風險。股票的市盈率比較低，表明投資者對公司的未來缺乏信心，這種股票的風險也比較

第六章　證券投資管理

大。通常認為，市盈率在 5 倍以下的股票，其前景比較悲觀。

採用市盈率分析法估計股票價值時應注意對同類股票平均市盈率的分析，所選同類股票公司需要在股利增長率、股利分配率和資本成本率等指標上與被評估公司具有相似性，市盈率分析法才能比較準確地評價公司價值。

三、股票的投資收益

股票投資存在三種情況：短期持有，中途出售；長期持有，中途出售；永久持有。對其收益的計算應視情況分別進行。

（一）短期持有股票的收益率

短期持有股票的投資是為獲得股票買賣價差，當市場價格合適時將出售股票。因此，此類投資與短期債券投資的投資收益率計算相似，不考慮貨幣時間價值，計算公式為：

$$K = \frac{(P_n - P_0) + D}{nP_0} \tag{6.9}$$

式中：K 表示股票的收益率，P_0 為股票的買入價，P_n 為股票的賣出價，D 為股票持有期間的股息收入，n 為股票持有期限。

【例8】ABC 公司於 2018 年 7 月 1 日以 23 元購買一張股票，該股票於 2019 年 1 月 5 日支付 0.4 元現金股利，2019 年 4 月 1 日按市價 29 元的價格出售，則該股票收益率為多少？

股票收益率 $K = \dfrac{[(29 - 23) + 0.4] \times 9}{12 \times 23} \approx 20.87\%$

（二）長期持有股票的收益率

長期持有、中途出售的股票投資收益率計算，需考慮資金的時間價值。公司進行股票投資，一般情況下每年可獲得股利，只是股利每年是經常變化的。股票出售時也可收回一定的資金，股票投資收益率是使各期股利及股票售價的複利現值等於股票買入價時的貼現率。股票投資收益率可按下式計算：

$$P_0 = \sum_{t=1}^{n} \frac{D_t}{(1+K)^t} + \frac{P_n}{(1+K)^n} \tag{6.10}$$

式中：K 為股票收益率，P_0 為股票的買入價，P_n 為股票的賣出價，D_t 為各期的股利收入，n 為股票持有期。

【例9】ABC 公司於 2016 年 7 月 1 日以每股 35 元的價格購買 10 萬股股票，該股票於 2017 年和 2018 年的 6 月 30 日支付 0.4 元、0.5 元現金股利，2018 年 7 月 1 日按市價 39 元的價格出售，則該股票收益率為多少？

K 表示股票收益率，則根據股票收益率計算公式可得：

$$35 = \frac{0.4}{(1+K)} + \frac{0.5}{(1+K)^2} + \frac{39}{(1+K)^2}$$

公司財務

採用逐步測試法可得：

當貼現率為6%時，$P = 0.4 \times (P/F, 6\%, 1) + 39.5 \times (P/F, 6\%, 2) = 35.532\,2$
計算結果 $35.532\,2 > 35$，說明到期收益率高於6%。

當貼現率為7%時，$P = 0.4 \times (P/F, 7\%, 1) + 39.5 \times (P/F, 7\%, 2) = 34.857\,5$
計算結果 $34.857\,5 < 35$，說明到期收益率低於7%。

採用插值法：

$$\frac{6\% - K}{6\% - 7\%} = \frac{35.532\,2 - 35}{35.532\,2 - 34.857\,5}$$

求得該股票收益率 $K \approx 6.79\%$

（三）永久持有股票的收益率

如果投資者永久持有股票，且每年獲得相同的股利收入，可將股利收入視為永續年金。根據永續年金現值計算公式，永久持有股票投資收益率的計算公式為：

$$K = \frac{D}{P_0} \tag{6.11}$$

式中：K 為股票收益率，D 為年股利收入，P_0 為股票購買價格。

【例10】ABC公司於2018年1月1日以每股10元的價格購買10萬股股票準備永久持有，該股票於2018年12月31日支付0.5元的現金股利，預計該股票的現金股利將保持在同一水準，則該股票收益率為多少？

K 表示股票收益率，則根據股票收益率計算公式可得：

$$K = \frac{0.5}{10} = 5\%$$

四、股票投資的優缺點

（一）股票投資的優點

股票投資是收益和風險都比較高的證券投資，其優點主要有：

1. 投資收益率高

股票投資是一種高收益投資，一般情況下高於債券的利息收入。股票持有者可以獲得股息、資本利得和實現貨幣保值。普通股票的價格雖然變動頻繁，但從長期看，優質股票的價格總是上漲的居多，只要選擇得當，就能取得優厚的投資收益。

2. 購買力風險低

普通股的股利不固定，在通貨膨脹率比較高時，隨著股份公司盈利增加，股利的支付也隨之增加，因此，與固定收益證券相比，普通股能有效地降低購買力風險。

3. 擁有經營控制權

普通股股東是股份公司所有者，有權監督和控制公司的生產經營。

第六章　證券投資管理

(二) 股票投資的缺點

股票投資的缺點主要是風險大，這是因為：

1. 求償權居後

普通股對公司資產和盈利的求償權均居於最後。公司破產時，股東原來的投資可能得不到全額補償，甚至一無所有。

2. 價格不穩定

股票價格受眾多因素影響，變動頻繁，這也使股票投資具有較高的風險。

3. 收入不穩定

普通股股利的多少，視公司經營狀況和財務狀況而定，其有無多寡均無法律上的保證，其收入的風險也遠遠大於固定收益證券。

第四節　基金投資

基金投資是當今世界上一種重要的投資方式，發展十分迅速，已經成為繼股票、債券之後又一個非常重要的投資工具。

一、基金投資的含義和組織運作

(一) 基金投資的含義

基金投資是一種利益共享、風險共擔的集合投資方式，是通過發行基金單位，籌集社會資金，由基金托管人托管，基金管理人管理和運用資金，從事股票、債券、期權、期貨等金融工具投資，並將投資收益按基金購買者的購買比例進行分配的間接投資方式。

(二) 投資基金的組織運作

投資基金的稱謂各有不同：美國稱之為共同基金或互惠基金，英國和中國香港特區稱之為單位信託基金，日本和臺灣地區稱之為證券投資信託基金。儘管稱謂各異，但投資基金的組建框架及操作過程基本上都是相同的。

一般來說，投資基金的組織與運作包括如下幾個方面的內容：

(1) 由投資基金的發起人設計、組織各種類型的投資基金。基金的組建行為要由投資基金發起人實施。投資基金的發起人預定基金規模，確定「基金單位」的金額，然後面向社會發行「基金單位」籌資。通過發售「基金單位」，將社會上眾多投資者的零散資金聚集後，將所籌資金交由基金保管機構保管，然後交由基金經理公司運用。

基金的份額用「基金單位」來表達，「基金單位」也稱為「受益權單位」，它是確定投資者在某一投資基金中所持份額的尺度。將發行的基金總額分成若干等額的整

公司財務

數份，每一份即為一個基金單位，表明認購基金所要求達到的最低投資金額。一個基金單位與股份公司普通股的一股含義基本上是相同的。

(2) 由指定的信託機構保管和處分基金資產，專款存儲以防止基金資產被挪為他用。基金保管機構亦稱為基金保管公司，接受基金管理人的指令，負責基金的投資操作，處理基金投資的資金撥付、證券交割和過戶、利潤分配及本金償付等事項。

(3) 由指定的基金經理公司負責基金的投資運作。基金經理公司(也稱為基金管理公司)負責設計基金品種，制定基金投資計劃，確定基金的投資目標和投資策略，以基金的名義購買證券資產或其他資產，向基金保管人發出投資操作指令。

二、投資基金的類型

依據不同的標準，投資基金可以做以下分類：

(一) 投資基金依其組織形式的不同，可分為公司型基金和契約型基金

1. 公司型基金

公司型基金是指按照《公司法》組建基金股份公司，以發行基金股票的方式設立的一種投資基金。基金公司負責基金的經營和管理，基金的保管可委託金融機構或投資機構承擔。組建的股份公司即是基金公司本身，投資者購入該公司的股票而成為該公司的股東，並形成公司與股東的權利義務關係。基金公司的設立程序類似於一般股份公司，基金公司本身依法註冊為法人。但不同於一般股份公司的是，基金公司是委託專業的基金管理公司來經營與管理。基金公司的組織結構與一般股份公司類似，設有董事會和持有人大會，基金資產由公司所有，投資者則是這家公司的股東，承擔風險並通過持有人大會行使權力。

2. 契約型基金

契約型基金又稱為單位信託基金，它是把受益人(投資者)、管理人、托管人三者作為基金的當事人，由管理人與信託人通過簽訂信託契約的形式發行受益憑證而設立的一種基金。由基金經理公司(投資信託公司)與基金保管公司(金融機構)訂立契約，確立雙方的權利和義務。投資者購買受益證券並享有受益權，但不得對基金的投向及結構等發表意見。

3. 契約型基金與公司型基金的區別

契約型基金與公司型基金的不同點主要體現在以下幾個方面：① 資金的性質不同。契約型基金的資金是信託財產，公司型基金的資金為公司法人的資本。② 投資者的地位不同。契約型基金的投資者購買受益憑證後成為基金契約的當事人之一，即受益人，投資者沒有管理基金資產的權利；公司型基金的投資者購買基金公司的股票後成為該公司的股東，公司型基金的股東通過股東大會和董事會享有管理基金公司的權利。③ 基金的營運依據不同。契約型基金依據基金契約營運基金，公司型

第六章　　證券投資管理

基金依據基金公司章程營運基金。

（二）投資基金依基金證券能否贖回，可分為開放型基金和封閉型基金

1. 開放型基金

開放型基金是指基金發起人在設立基金時，基金單位的總數是不固定的，可視經營策略和發展需要追加發行。投資者也可根據市場狀況和各自的投資決策，或者要求發行機構按現期淨資產值扣除手續費後贖回股份或受益憑證，或者再買入股份或受益憑證，增加基金單位份額的持有比例。購買或贖回受益憑證的價格，按基金的淨資產計算。

2. 封閉型基金

封閉型基金是指基金的發起人在設立基金時，限定了基金單位的發行總額，籌集到這個總額後，基金即宣告成立，並進行封閉，在一定時期內不再接受新的投資。在信託契約期限內，不允許投資者向發行人請求贖回受益憑證，但是可進入證券交易市場將其持有的受益憑證賣出，收回投資。受益憑證的價格在一定程度上由市場供求關係決定，並不完全反應受益憑證的淨資產價值。

3. 封閉型基金與開放型基金的區別

封閉型基金與開放型基金的區別主要表現在以下幾個方面：① 期限不同。封閉型基金通常有固定的封閉期，而開放型基金沒有固定期限，投資者可隨時向基金管理人贖回。② 基金單位的發行規模要求不同。封閉型基金在招募說明中列明其基金規模，開放型基金沒有發行規模限制。③ 基金單位轉讓方式不同。封閉型基金的基金單位在封閉期限內不能要求基金公司贖回，只能在證券交易場所出售或在櫃臺市場上出售給第三者。開放型基金的投資者則可以在首次發行結束一段時間（多為 3 個月）後，隨時向基金管理人或仲介機構提出購買或贖回申請。④ 基金單位的交易價格計算標準不同。封閉型基金的買賣價格受市場供求關係的影響，並不必然反應公司的淨資產值。開放型基金的交易價格則取決於基金的每單位資產淨值的大小，其賣出價一般是基金單位資產淨值加 5% 左右的首次購買費，買入價即贖回價是基金所代表的資產淨值減去一定的贖回費，基本不受市場供求影響。⑤ 投資策略不同。封閉型基金的基金單位數不變，資本量穩定，因此基金可進行長期投資，基金資產的投資組合能有效地在預定計劃內進行。開放型基金因基金單位可隨時贖回，為應付投資者隨時贖回兌現，必須保持基金資產的流動性，在投資組合上需保留一部分現金和可隨時兌現的金融商品，基金資產不能全部用來投資。

（三）根據投資標的不同，可分為股票基金、債券基金和貨幣基金

1. 股票基金

股票基金是所有基金品種中最為流行的一種類型，它是指投資於股票的投資基金，其投資對象通常包括普通股和優先股，其風險程度較個人投資股票市場要低得多，且具有較強的變現性和流動性。

2. 債券基金

債券基金是指投資於政府債券、金融債券、公司債券等各類債券品種的投資基金。債券基金一般情況下定期派息，其風險和收益水準通常較股票基金低。

3. 貨幣基金

貨幣基金是指由貨幣存款構成投資組合，協助投資者參與外匯市場投資，賺取較高利息的投資基金。其投資工具包括銀行短期存款、國庫券、政府債券、公司債券及商業票據等。這類基金的投資風險小，投資成本低，安全性和流動性較高，在整個基金市場上屬於低風險的安全基金。

（四）根據投資風險與收益的不同，可分為成長型基金、收入型基金和平衡型基金

1. 成長型基金

這是指把追求資本的長期成長作為其投資目的的投資基金。

2. 收入型基金

這是指以為投資者帶來高水準的當期收入為目的的投資基金。

3. 平衡型基金

這是指以支付當期收入和追求資本的長期成長為目的的投資基金。

三、基金投資分析

（一）基金價值

對投資基金進行價值評價旨在衡量投資基金的經營業績，為投資者選擇合適的基金作為投資對象提供參考。對投資基金進行評價所依據的信息來源主要是公開的基金財務報告信息。

1. 基金價值的確認

基金作為一種有價證券，從理論上來講與其他有價證券一樣存在著內涵價值，即投資在基金上所能帶來的未來的現金淨流量的現值。但基金內涵價值的具體確定方法與股票、債券等其他證券有很大區別。

從前面的分析我們知道：投資者對債券、股票的未來收益是可以預測的，因此，未來收取的利息或股利的現值可作為債券、股票的內在價值，也就是說，未來的而不是現在的現金流量決定著債券和股票的內在價值。

而投資基金的未來收益是難以預測的，因為投資基金不斷變換投資組合對象，再加上資本利得是投資收益的主要來源，變幻莫測的證券價格波動，使得對投資基金未來收益的預測不大現實，因此，基金價值以基金資產的現有市場價值表現更有意義，基金的價值取決於目前能給投資者帶來的現金流量——基金的淨資產價值（又稱基金資產淨值）來表達。

第六章　證券投資管理

2. 基金資產淨值

由於基金的價值取決於基金淨資產的現在價值，因此基金資產淨值是評價基金投資價值、基金業績最基本和最直觀的指標，基金資產淨值常常用基金單位資產淨值表示。

基金單位資產淨值（NAV）是在某一時點每一基金單位（或基金股份）所具有的市場價值。基金單位資產淨值是基金投資者能夠得到的最重要的基金信息之一，對於開放型基金投資者來說，基金單位資產淨值是其申購和贖回基金單位的價格，同時還是計算基金投資收益率的基礎數據，是絕大多數基金評價方法的評價基礎。

其計算公式為：

$$\text{基金資產淨值} = \text{基金資產總值} - \text{基金總負債} \qquad (6.12)$$

$$\text{基金單位資產淨值} = \text{基金資產淨值} / \text{已售出的基金份額總數} \qquad (6.13)$$

在基金資產淨值的計算中，應注意以下幾點：

（1）基金資產總值，是指一個基金所擁有的所有資產，包括：① 現金；② 股票、債券及其他有價證券等各項投資，對各項有價證券，需按當日交易收盤價（或均價）核算資產；③ 按權責發生制核算的應計利息、股息收入。基金總資產的價值並不是指資產總額的帳面價值，而是指資產總額的市場價值。

（2）基金的負債包括總債務與總費用。除了以基金名義對外的融資借款以外，還包括應付投資者的分紅、基金，應付給基金經理公司的首次認購費、經理費用等各項基金費用。

3. 基金的報價

對於開放型基金投資者來說，基金單位資產淨值是其申購和贖回基金單位的價格，開放型基金的櫃臺交易價格則完全以基金單位淨值為基礎；封閉型基金在二級市場上競價交易，其交易價格由供求關係和基金業績決定，圍繞基金單位淨值上下波動。

理論上說，基金的價值決定了基金的交易價，即基金的交易價是以基金單位淨值為基礎的，基金單位淨值高，其交易價格也高。而事實上，影響交易價格的因素還有許多，主要包括：基金單位資產淨值、基金管理公司的盈利能力與道德水準、市場供求力量對比、宏觀經濟環境、證券市場狀況等。

基金通常採用兩種報價形式：認購價（賣出價）和贖回價（買入價）。

$$\text{基金認購價} = \text{基金單位淨值} + \text{首次認購費} \qquad (6.14)$$

$$\text{基金贖回價} = \text{基金單位淨值} - \text{基金贖回費} \qquad (6.15)$$

基金認購價是基金經理公司的賣出價，首次認購費是支付給基金經理公司的發行佣金。基金贖回價是基金經理公司的買入價，贖回時一般要收取贖回費。

封閉型基金二級市場上的交易價格與股票和債券的市場價格一樣，受基金公司經營業績及市場供求關係變化的影響。

公司財務

(二) 基金收益率

基金收益率用以反應基金增值的情況。一般通過基金淨資產的價值變化來衡量，通常以年增值率來表示。其公式為：

$$基金收益率 = \frac{年末持有基金份數 \times 年末 NAV - 年初持有基金份數 \times 年初 NAV}{年初持有基金份數 \times 年初 NAV} \quad (6.16)$$

$$NAV = (總資產 - 總負債) / 股份總數或受益憑證單位數 \quad (6.17)$$

式中：NAV 表示基金單位資產淨值，「持有基金份數」是指基金單位的持有份數。

如果年末和年初基金單位的持有份數相同，基金收益率就簡化為基金單位淨值在本年內的變化幅度。

四、基金投資的優缺點

與股票、債券投資相比，基金投資的最大優點是能夠在不承擔太大風險的情況下獲得較高的收益。

(一) 基金投資的優點

(1) 基金投資具有專家理財優勢。投資基金的管理人擁有專業投資研究人員和強大的信息網絡，投資者能夠享受到專業化的投資管理服務，從而降低投資風險、提高投資收益。

(2) 基金投資具有集合投資的優勢，可通過組合投資實現分散風險。證券投資基金將眾多投資者的資金集中起來進行共同投資，有利於發揮資金的規模優勢，以降低投資成本。證券投資基金必須以組合投資的方式進行基金的投資運作，實現「組合投資、分散風險」。

(3) 投資操作與財產保管相分離，監管嚴格與透明。證券投資基金的管理人只負責基金的投資操作，本身並不經手基金財產的保管，基金財產的保管由獨立於基金管理人的基金托管人負責，監管部門對基金業實行嚴格的監管，強制基金進行較為充分的信息披露。這種監督制衡機制能較好地保護投資者的利益。

(二) 基金投資的缺點

(1) 與股票投資相比，基金投資無法獲得很高的投資收益。基金投資者在投資組合過程中，在降低風險的同時也喪失了獲得巨大收益的機會。

(2) 在大盤整體大幅度下跌的情況下，進行基金投資也可能會損失較多，投資者將承擔較大的風險。

本章小結

證券投資的對象有債券、股票、證券投資基金及金融衍生工具。證券投資具有

第六章　證券投資管理

流動性強、價值不穩定的特點，在進行證券投資中我們必須熟悉和重點掌握這些證券的特性、投資價值和投資風險。證券收益包括債券利息、股利及資本利得等。證券投資風險包括系統風險和非系統風險兩部分。

債券和股票屬於傳統的投資對象。債券投資具有風險較低、收益較穩定的特點；股票投資與債券投資相比具有投資收益率較高、投資風險較大的特點。債券和股票估價模型差異的原因主要在於：兩者未來的現金流量不同，兩者持續的時間不同。債券的未來現金流量是固定不變的，而普通股股票的現金流量往往是隨公司的經營狀況和股利制度的變化而變化的；債券持續的時間一般在債券發行時就已確定，而股票的持續時間很長，甚至趨向於無窮。

基金投資的最大優點是能夠在風險較小的情況下獲得較高的收益。證券投資基金主要有封閉型基金與開放型基金，兩種基金的風險和價格有所不同；基金的價值用基金資產淨值來表達。

思考題

1. 債券、股票投資風險主要有哪些類型？債券、股票投資各有何優缺點？
2. 債券的收益率有幾種類型？影響債券收益率的因素有哪些？
3. 簡述債券價值評估的主要模型和債券價值評估的基本步驟。
4. 股票價值有哪些類型？常見的股票估價模型有哪些？如何計算？
5. 投資基金按照不同的標準如何進行分類？各有什麼特點？

練習題

1. A 公司在 2018 年 1 月 1 日發行一張面值為 1,000 元的公司債券，其票面利率為 8%，當時市場利率為 10%，5 年後到期，每年 12 月 31 日付息 1 次，到期歸還本金。

要求：

（1）根據以上條件，計算 2018 年 1 月 1 日債券的價值；

（2）假定 2019 年 1 月 1 日的市場利率下降到 8%，那麼此時債券的價值是多少？

（3）假定 2020 年 1 月 1 日的市場利率為 12%，債券市場價為 950 元，你是否應購買該債券？

2. C 公司於 2018 年 7 月 15 日以每張 1,020 元的價格購買 B 公司發行的利隨本清的公司債券。該債券的面值為 1,000 元，期限為 3 年，票面年利率為 10%，不計複利。購買時市場年利率為 8%。不考慮所得稅。

要求：

（1）利用債券估價模型說明 C 公司購買此債券是否合算？

（2）如果 C 公司於 2019 年 7 月 15 日能將該債券以 1,120 元的市價出售，若考慮

時間價值，計算該債券的持有期收益率。

(3) 如果C公司於2020年7月15日能將該債券以1,240元的市價出售，若考慮時間價值，計算該債券的持有期收益率。

(4) C公司投資債券的到期收益率是多少？

(5) 根據上述計算結果判斷C公司應選擇債券的最佳的持有期限為幾年。

3. D公司的普通股基年股利為6元，估計年股利增長率為6%，期望收益率為15%，打算兩年後轉讓出去，估計轉讓價格為30元。求該股票的價值。

4. E公司要求最低投資報酬率為12%。現E公司擬購買A公司的股票進行投資。A公司最近支付的股利為每股2元，預期該股票未來4年每年股利將以10%的成長率增長，此後年增長率為8%。要求：計算A公司股票的價值。

第七章
營運資金管理

● 第一節 營運資金概述

公司對流動資產所進行的投資被稱作營運資金。在公司的資產中，流動資產的比重幾乎達到總資產的一半，因此，加強營運資金管理，合理配置營運資金，提高其使用效率是公司財務管理的重要內容。

一、營運資金的概念及組成

（一）營運資金的概念

營運資金的概念有廣義和狹義之分。廣義的營運資金也被稱為總營運資金，指公司流動資產總額。狹義的營運資金也被稱為淨營運資金，指流動資產減去流動負債後的餘額。

一般來說，財務人員關注淨營運資金概念，主要是從維持公司的短期償債能力的角度來考慮其資金的流動性問題。因為淨營運資金是一個被廣泛用於計量公司財務風險的指標，一個公司的淨營運資金的狀況會影響其負債籌資的能力。商業銀行以及其他金融機構的許多貸款協議都含有要求公司保持某一最低淨營運資金水準的限制性條款；同樣，債務契約也經常包括類似的條款。

而財務分析人員、財務經理則更注重總營運資本概念，因為在任何時候為公司提供適當數量的流動資產對財務管理來說至關重要，在本章主要運用總營運資金概念，重點討論流動資產的投資決策、管理以及流動負債管理問題。

公司財務

(二) 營運資金的組成

1. 流動資產

流動資產是指在一年或一個經營週期內變現或運用的資產，主要包括現金（含各種存款）、短期證券投資、應收及預付帳款及存貨等，是公司全部資產中最活躍的部分。與長期投資、固定資產、無形資產、遞延資產等各種非流動資產相比，流動資產具有週轉速度快、變現能力強、財務風險小的特點。

2. 流動負債

流動負債又稱短期融資，指在一年或一個經營週期內需要償還的負債，包括短期借款、應付票據、應付帳款、應付工資、應繳稅金及未交利潤等項目。流動負債具有成本低、償還期短的特點，若管理不當，將導致公司承擔較大的財務風險。

二、營運資金管理的意義

營運資金管理是公司財務人員日常財務管理工作的重點。

(1) 在公司資產總額中有相當數量的資產為流動資產，如典型的製造業公司，流動資產的比重幾乎達到總資產的一半，而銷售公司這一比例更高。當然，過高的流動資金占用很容易導致公司投資回報率較低，但公司流動資產比例過低又會給公司的平穩經營造成困難，甚至影響公司的短期償債能力。

(2) 營運資金管理工作直接涉及公司的短期償債能力，對於有效控制公司融資風險，改善公司在社會中的信譽狀況，進而增強公司的融資能力有著極為重要的意義。

由於上述原因，公司頻繁發生涉及營運資產管理的業務。公司財務人員每天都要處理大量與流動資產和流動負債相關的經濟業務，財務人員對此負直接責任，要持續不斷地對流動資產營運狀態和流動負債管理實施監管，必須關注營運資金決策對公司風險、收益的影響，盡可能實現公司價值最大化。

三、營運資金的管理原則

營運資金管理的內容既包括流動資產管理，又包括流動負債管理。營運資金的管理既要滿足公司經營對流動資金量的需要，也要通過合理籌劃，提高資金的收益能力，同時還要保證短期債務的償還。營運資金的管理應遵循以下原則：

(1) 合理確定營運資金需要量。公司營運資金的需要量取決於生產經營規模和營運資金的週轉速度，同時也受到市場及產、供、銷情況的影響。公司應綜合考慮各種因素，合理確定營運資金的需要量。

(2) 在保證生產經營需要的前提下，控制流動資金的占用，加速流動資金週轉速度，以提高公司資產收益能力。營運資金具有流動性強的特點，但是流動性越強的資產收益性就越差。如果公司的營運資金持有量過多，會導致公司的收益降低

第七章　營運資金管理

因此必須在保證生產經營需要的前提下，控制流動資金的占用。同時，在公司規模既定時，流動資產的週轉速度與流動資金的需要量成反向變化。適度加快存貨的週轉，縮短應收帳款的收款期，延長應付帳款的付款期，可以減少營運資金的需求量，從而提高資金的利用效率。

（3）合理安排流動資產與流動負債的比例關係，保障公司有足夠的短期償債能力。公司的流動負債主要是用流動資產來償付的，因此公司要安排好流動資產、流動負債的比例關係，從而保證有足夠的資金償還短期負債。

第二節　現金與有價證券管理

現金概念有廣義和狹義之分，廣義現金包括現金、現金等價物以及期限短、流動性強、易於轉化為確定金額的現金的投資，如短期有價證券。狹義現金指會計上的貨幣資金，包括庫存現金、銀行存款和其他貨幣資金。

一、現金管理的目標與內容

（一）現金管理的目標

現金是公司流動性最強的資產。一方面，現金具有直接的支付能力；另一方面，現金的收益性最弱，且很容易被挪用和侵吞。因此，現金管理的目標就是管理人員在現金的流動性與收益性之間進行權衡選擇，既要保持現金適度的流動性，又要盡可能提高其收益性。

短期有價證券是公司現金的一種轉化形式，其變現能力強，在公司需要時可隨時轉化為現金，而現金是一種非盈利資產，持有現金的機會成本太高。所以，當公司有了多餘現金的時候，常將現金轉換成有價證券，這樣在保持較高流動性的同時得到比現金高的收益；待現金流出量大於流入量，需要補充現金的不足時，再出讓有價證券，換回現金。在這種情況下，有價證券就成了現金的替代品。

綜上所述，現金管理的目標有兩個：

（1）確保現金持有量滿足公司業務往來的需要；

（2）將閒置資金降低到最低限度，提高資金收益率。

（二）公司現金管理的內容

公司現金管理主要包括以下四個方面的內容：

（1）根據國家規定和公司實際情況，建立完善的現金內部管理制度，保證現金安全。

（2）編製現金收支計劃和現金預算。公司在合理預計現金流量的基礎上，通過編製預算提高現金利用效率。

公司財務

(3) 確定現金最佳持有量。理論上現金存在最佳持有量，公司為了充分利用現金，降低現金成本，應根據情況確定現金目標持有量。

(4) 現金日常管理，主要是現金收支日常管理，盡可能加快應收款的收回，增加現金流入量；在合理情況下，盡量利用信用工具，延遲現金流出。

二、現金的持有動機

公司持有現金往往出於以下考慮：

(一) 交易動機

交易動機是公司持有現金的基本動機。在公司的日常經營中，為了維持正常的生產、銷售週轉，公司常常需要購買原材料和支付工資等現金支出。但每天的現金收入和現金支出很少同時等額發生，保留一定的現金餘額可使公司在現金支出大於現金收入時不至於中斷業務。這種基於公司購、產、銷等日常交易行為需要的現金，就是交易動機要求的現金持有。

交易動機所需現金的數量主要取決於公司的經營規模和銷售水準。正常營業活動所產生的現金收入、支出以及它們的差額，一般與銷售量成正比例變化。其他現金的收支，如買賣有價證券、購入機器設備、償還借款等，較難預測，但隨著銷售數量的增加，都有增加的傾向。另外，滿足公司交易的現金流量還受到競爭、產銷的季節性特點的影響。

(二) 預防動機

預防動機是指為應付意外事件對現金的需求而持有現金。例如，水災及火災等自然災害、主要顧客未能及時付款、意外發生的財務困難等，都會打亂公司的現金收支計劃，使現金收支出現不平衡。因此，公司需要在正常現金需要量基礎上，追加一定數量的現金以防不測。

持有預防性現金可以減少公司財務風險。預防性現金需求量取決於四個主要因素：

(1) 現金流入和現金流出的預測的準確度；
(2) 公司願意承擔風險的意願度；
(3) 公司發生不測時的臨時借款能力；
(4) 意外事件出現的概率。

一般來說，公司現金流量的可預測性越高，承擔風險的意願和臨時籌資能力越強，所需的預防性現金量就越小。

(三) 投機動機

投機動機是指公司出於投機目的而持有現金。如為了在證券價格劇烈波動時，從事投機活動並獲得收益、能隨時購買到偶然出現的廉價原材料或資產等目的而持有現金。

第七章　營運資金管理

投機目的是獲取收益，但同時也要承擔較大風險，因此公司應在正常的交易活動現金需要的基礎上追加現金持有量用於投機活動。投機性現金持有量取決於公司對投機的態度和市場上投機機會的多少。

三、現金收支計劃

現金收支計劃是對一定時期現金的收入、支出預算並進行平衡的計劃。現金收支計劃的內容包括預測銷售、估算現金收入、估算現金支出、比較現金收入與支出、填補現金流量缺口5個部分。

現金收支計劃的編製方法很多，採用的計劃表格形式各有不同，但其共同點都是作為其他計劃有關現金收支部分的匯總，以及收支差額平衡措施的具體計劃。現金收支計劃的編製要以其他各項計劃為基礎，現用現金收支金額法舉例說明現金收支計劃的編製過程。

【例1】ABC公司20××年前4個月的銷售額預測如表7－1所示：

表7－1

單位：萬元

月份	1月	2月	3月	4月
銷售額	100	110	90	150

根據以往經驗，公司回收應收帳款的比例為：40%於當週收回，30%於銷售後1個月收回，20%於銷售後2個月收回，10%於銷售後3個月收回。假定上述經驗可沿用於未來，前1年最後3個月的銷售額均為90萬元，各月其他現金收入均為10萬元。

假如ABC公司的製造成本中平均材料成本為銷售收入的50%，公司按預測銷量提前1個月購入原材料，供應商允許公司延期1個月支付貨款的60%，延期2個月支付貨款的40%。每月支付的工資和製造費用為銷售收入的15%，管理費用均為現金30萬元，另外每月支付12萬元的借款本息，其他現金支出均為2萬元。根據上述情況，公司現金收支計劃表如表7－2所示：

表7－2　　　　　　　　現金收支計劃表

單位：萬元

月份	1月	2月	3月	4月
(一) 現金收入				
1. 營業現金收入				
計劃銷售額	100	110	90	150
當月現銷收款額	40	44	36	60
前1月應收款本月收回(30%)	27	30	33	27

表7-2(續)

月份	1月	2月	3月	4月
前2月應收款本月收回(20%)	18	18	20	22
前3月應收款本月收回(10%)	9	9	9	10
營業現金收入合計	94	101	98	119
2. 其他現金收入	10	10	10	10
3. 當月現金收入合計	104	111	108	129
(二)現金支出				
1. 營業現金支出				
支付當月計劃購貨款(60%)	30	33	27	45
本月支付上月購貨款(40%)	18	20	22	18
本月支付購貨款總計	48	53	49	63
本月支付工資、製造費用	15	16.5	13.5	22.5
本月管理費用支出	30	30	30	30
營業現金支出合計	93	99.5	92.5	115.50
2. 其他現金支出	2	2	2	2
本月支付借款本息	12	12	12	12
3. 當月現金支出合計	107	113.5	106.5	129.5
(三)淨現金流量	-3	-2.5	1.5	-0.5
(四)現金餘缺				
期初現金餘額	60	57	54.5	56
期末現金餘額	57	54.5	56	55.5
最佳現金餘額	50	50	60	60
現金多餘及不足	7	4.5	-4	-4.5

從表7-2可以看出，按現金收支金額法編製的現金預算可以反應公司現金收支全貌，這對公司根據需要進行資金籌集、有效利用閒置資金都有指導意義。

四、確定最佳現金持有量

現金管理除了做好日常收支、加速現金週轉外，還需要控制現金規模，確定最佳現金持有量，以下是幾種常見的確定現金最佳持有量的方法。

(一)成本分析模式

成本分析模式是通過分析持有現金的成本，尋找使持有成本最低的現金持有量。

持有現金的成本包括資金成本、管理成本、轉換成本和短缺成本。

1. 資金成本

現金作為公司的一項資金占用，持有現金將導致喪失這部分資金用於其他投資機會可能帶來的投資收益，這種代價就是它的資金成本。資金成本是一種機會成

第七章　營運資金管理

本，屬於變動成本，它與現金持有量成正比例關係。

2. 管理成本

公司擁有現金會發生管理費用，如管理人員工資、安全措施費等，這些費用即現金的管理成本。管理成本是一種固定成本，與現金持有量之間無明顯的比例關係。

3. 轉換成本

轉換成本是公司用現金購買有價證券，以及轉讓有價證券換取現金時付出的交易費用。轉換成本即現金同有價證券之間相互轉換的成本。轉換成本中既有依據成交額計算的費用，也有基於證券變現次數計算的費用。

4. 短缺成本

短缺成本是因缺乏必要的現金，不能應付業務開支需要而使公司蒙受的損失或為此付出的代價。短缺成本包括直接損失和間接損失。現金的短缺成本與現金持有量成反向變動關係。

使上述四項成本之和最小的現金持有量，就是最佳現金持有量。如果把以上幾種成本線放在一個圖上（如圖7－1所示），就能表現出持有現金的總成本，並找出最佳現金持有量的點。總成本是一條拋物線，該拋物線的最低點即為持有現金的最低總成本。超過這一點，資金成本上升的代價會大於短缺成本下降的好處；該點之前，短缺成本上升的代價又會大於資金成本下降的好處。該點橫軸上的量，即是最佳現金持有量。

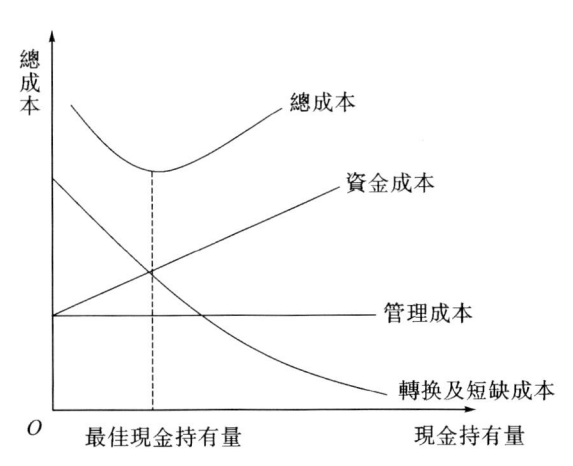

圖7－1　現金成本圖

（二）現金週轉模式

現金週轉模式是根據現金週轉期來確定最佳現金持有量的方法。現金週轉期是指從現金投入生產經營活動開始，經過生產經營過程後轉化為現金所需要的時間。在公司全年現金需求總量一定的情況下，現金週轉期越短，則公司現金持有量就越

小。現金週轉期如圖7-2所示。

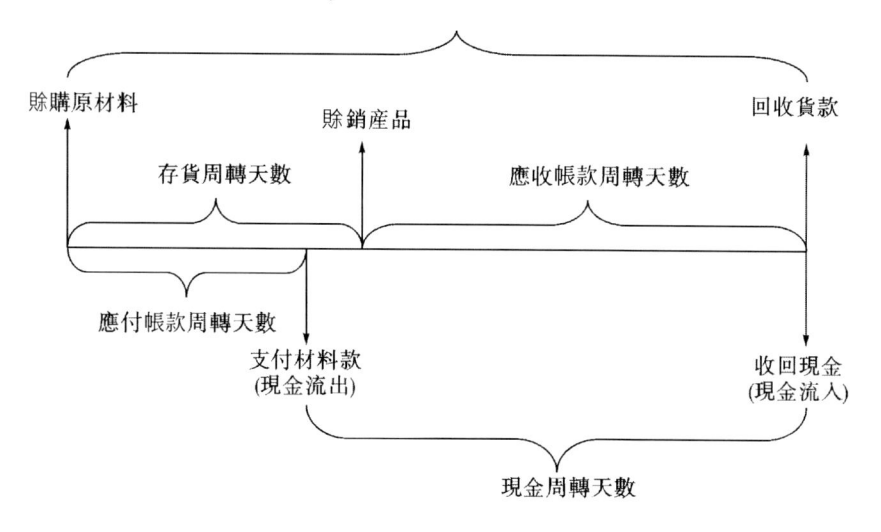

圖7-2　現金週轉圖

存貨週轉期指原材料轉化為產品並銷售出去的時間；
應收帳款週轉期指產品銷售形成應收帳款到收回現金的時間；
應付帳款週轉期指從賒購原材料到支付材料貨款的時間。
現金週轉期的計算公式為：

現金週轉期 = 應收帳款週轉期 - 應付帳款週轉期 + 存貨週轉期　　(7.1)

現金週轉率 = 360 ÷ 現金週轉期　　(7.2)

現金週轉率越高，說明現金週轉速度越快，在公司全年現金需求總量一定的情況下，公司現金持有量就越小。

在公司全年現金需求總量確定的情況下，最佳現金持有量可以按下列公式計算：

目標現金持有量 = 年現金需求總量 ÷ 現金週轉率　　(7.3)

【例2】ABC公司的材料採購和產品銷售都採用賒銷方式，應收帳款週轉期為40天，應付帳款週轉期為50天，存貨週轉天數為70天，20××年公司全年現金需求總量為150萬元，則當年公司目標現金持有量的計算情況如下：

現金週轉期 = 40 - 50 + 70 = 60(天)
現金週轉率 = 360 ÷ 60 = 6(次)
目標現金持有量 = 150 ÷ 6 = 25(萬元)

現金週轉模式要求公司的生產經營活動平穩、信用政策長期穩定，否則，計算出的現金持有量將不準確。

(三) 存貨模式

存貨模式又稱鮑莫爾存貨模式，是將存貨經濟訂貨批量模型原理用於確定目標

第七章　營運資金管理

現金持有量。這一模式最早由美國學者鮑莫爾於1952年提出，故又稱鮑莫爾模型。在此模型中，只考慮持有現金的機會成本與轉換成本。這一模型(如圖7-3所示)把公司現金看作存貨，當公司現金餘額降至某一水準之下時，將出售有價證券提高現金餘額。在該模型中，將發生兩種現金管理相關成本：持有現金的機會成本和現金與有價證券的轉換成本。這兩種成本與現金持有量之間的關係不同，因此在最佳現金持有量時現金管理總成本最低。

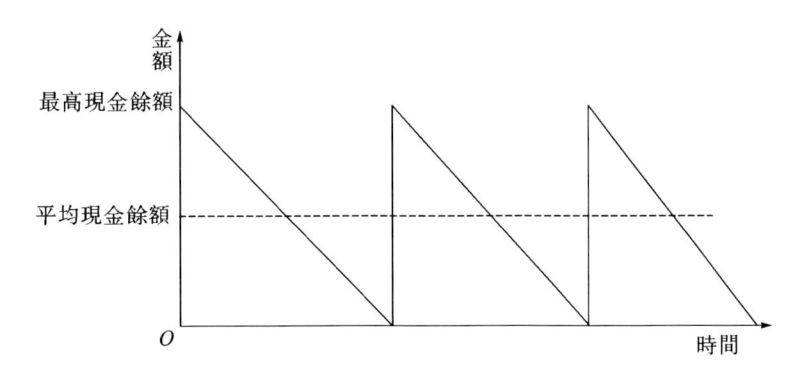

圖7-3　鮑莫爾現金模型

該模型的計算公式為：

$$現金總成本 = 機會成本 + 轉換成本 \tag{7.4}$$

$$T_c = K \times \frac{Q}{2} + P \times \frac{A}{Q} \tag{7.5}$$

式中：T_c代表現金管理相關總成本，Q代表最佳現金持有量，K代表單位現金持有的機會成本(等於放棄的有價證券的報酬率或從銀行貸款的利率)，P代表每次現金轉換的成本，A代表一個週期內現金總需求量。

根據這一公式可以得到現金最佳持有量的計算公式：

$$Q^* = \sqrt{\frac{2AP}{K}} \tag{7.6}$$

最低現金總成本：

$$T^* = \sqrt{2APK} \tag{7.7}$$

【例3】ABC公司現金收支狀況比較穩定，預計全年(按360天計算)需要現金10萬元，現金與有價證券的轉換成本為每次200元，有價證券的年利率為10%，則該公司的最佳現金持有量是多少？最低現金管理相關成本是多少？

$$Q^* = \sqrt{\frac{2AP}{K}} = \sqrt{\frac{2 \times 100,000 \times 200}{10\%}} = 20,000(元)$$

$$T^* = \sqrt{2APK} = \sqrt{2 \times 100,000 \times 200 \times 10\%} = 2,000(元)$$

所以，公司的最佳現金持有量為20,000元，最低現金總成本為2,000元。

五、現金日常管理策略

現金日常管理即現金收支管理的目標是提高現金使用效率。除了按國家現金管理制度的規定進行現金日常管理外，公司還可採用以下策略：

（一）現金流動同步化

公司的現金流入與流出一般來說是很難準確預測的，因此公司往往需要保留比最佳現金持有量多的現金餘額。在制定現金計劃時使現金流入和流出合理配合，實現同步化的理想效果，可以使公司的現金餘額減少到最小，提高公司的盈利水準。

（二）使用現金浮遊量

從付款人開出支票到收款人收到支票存入銀行，再由銀行劃出款項需要一定的時間，這期間付款人公司帳簿記錄的存款額小於銀行記錄，其差額被稱為現金浮遊量。公司可以在一定時間內利用現金浮遊量增加公司可使用資金額。對現金流量較大的公司而言，充分利用現金浮遊量，可以顯著降低現金餘額，從而提高公司的資金利用效率。但為了保證公司的安全運轉，財務人員必須對這個現金浮遊量有清楚的瞭解，以正確判斷公司的現金持有情況，避免出現高估或低估公司現金餘額的錯誤。

（三）加速收款

這主要指加快應收帳款的收回。應收帳款可以擴大公司銷售但又占用公司資金，其管理成本高，因此加強應收帳款管理，實施妥善的信用政策，既能利用應收帳款吸引顧客，又能縮短收款時間。

為加快收款，可採用集中銀行制度。公司往往在銷售當地建立多個收款中心，各中心一般都有一定存款餘額，公司可以將這些餘額轉移到總部建立的單一銀行，通過集中銀行加強現金的收支統籌管理，減少資金閒置和有效集中投資。

另外，公司還應利用電子商務系統和網上銀行加強商業信息交流和現金收付，實現資金快速轉移，減少資金收支時滯，提高現金預測和管理籌劃能力，提高現金管理效率。

（四）推遲應付款的支付

公司採購原材料時，供貨商為吸引客戶，通常都允許客戶延期付款，並且如果客戶提早付款可享受現金折扣，公司應在測算現金折扣成本的基礎上決定是否享受現金折扣，並應盡量在相應期限的最後一天付款，避免過早付款。當然公司應在不影響信譽的前提下選擇推遲支付應付款。

第七章　營運資金管理

第三節　應收帳款管理

應收帳款是指公司因對外銷售產品、材料和提供勞務等應向購貨單位或接受勞務的單位收取的款項，包括應收帳款、其他應收款、應收票據等。

應收帳款的產生最主要的原因是商業信用。在市場競爭壓力下，公司採取賒銷、分期付款等銷售方式對客戶提供商業信用，以求擴大銷售、增加利潤，由此導致應收帳款數額明顯增多。同時，市場拓展也造成商品銷售的數量和銷售空間的擴大，使商品發貨到貨款結算的時間拉長，這也是應收帳款產生的原因。

一、應收帳款的功能與成本

(一) 應收帳款的功能

應收帳款的功能指其在生產經營中的作用，主要有兩方面：

1. 增加銷售

在激烈的市場競爭中採取賒銷、分期付款等銷售方式對客戶提供商業信用，這些商業信用方式對客戶來說是在一定時間內得到了一筆無息貸款，這對客戶有很大的吸引力，可以擴大公司銷售。

2. 減少存貨

賒銷擴大了銷售也就減少了庫存商品的數量，加快了存貨的週轉速度，節約了存貨管理成本。一般來說，存貨的管理成本要遠遠高於應收帳款成本，因此，採用賒銷可以讓資產從存貨形態轉化為應收帳款形態，節約存貨管理費用開支。

(二) 應收帳款的成本

公司提供商業信用擴大了銷售，但增加了應收帳款，也會造成資金成本、壞帳損失等費用的增加。應收帳款管理的基本目標，就是在充分發揮應收帳款功能的基礎上，降低應收帳款投資的成本，使提供商業信用、擴大銷售所增加的收益大於有關的各項費用。

應收帳款的成本主要有以下三種：

1. 應收帳款的機會成本

應收帳款的機會成本指公司資金占用於應收帳款上而放棄的投資於其他項目可能得到的投資收益。例如，投資於有價證券的利息收入。應收帳款的機會成本率一般按有價證券的利息率或公司資產平均收益率計算。

$$應收帳款的機會成本 = 應收帳款投資額 \times 機會成本率 \quad (7.8)$$

$$應收帳款投資額 = 應收帳款平均占用餘額 \times 變動成本率 \quad (7.9)$$

$$應收帳款平均占用餘額 = 年平均賒銷收入的淨額 \div 應收帳款週轉率 \quad (7.10)$$

【例4】假設 ABC 公司預測的年度賒銷額為 300 萬元，應收帳款平均收款天數為

60天，變動成本率為60%，資金成本率為10%，應收帳款的機會成本為多少？

應收帳款的機會成本計算如下：

應收帳款週轉率 = 360 ÷ 60 = 6(次)

應收帳款平均占用餘額 = 300 ÷ 6 = 50(萬元)

應收帳款投資額 = 50 × 60% = 30(萬元)

應收帳款的機會成本 = 30 × 10% = 3(萬元)

2. 應收帳款的管理成本

應收帳款的管理成本主要包括調查客戶信用情況的費用、收集各種信息的費用、帳簿的記錄費用、收帳費用和其他費用等。

一般說來，應收帳款的管理成本在一定數額下是相對固定的，但當一定時期公司應收帳款有很大變化時，其管理成本也會隨之發生變化。

3. 應收帳款的壞帳成本

應收帳款因客戶財務狀況惡化等原因不能收回而發生的損失，就是壞帳成本。此項成本一般與應收帳款數量成正比，即應收帳款越多，壞帳成本也越多。

二、信用政策的制定

信用政策又稱為應收帳款政策，是公司財務政策的一個重要組成部分。信用政策主要包括信用標準、信用條件和收帳政策三部分。

(一) 信用標準

信用標準是指公司同意向客戶提供商業信用而提出的基本要求。如果信用標準較嚴，只對信譽很好、壞帳損失率很低的客戶給予賒銷，則會減少壞帳損失，減少應收帳款的機會成本，但這可能不利於擴大銷售量，甚至會使銷售量減少；反之，如果信用標準較寬，雖然會增加銷售，但會相應增加壞帳損失和應收帳款的機會成本，所以應根據具體情況進行信用標準權衡。

公司在設定信用標準時，主要考查客戶的付款能力。所以，信用標準常用壞帳損失率來表現。

【例5】ABC公司原來的信用標準較嚴格，只對壞帳損失率3%以下的客戶提供信用，其變動成本率為60%，銷售利潤率為20%，同期有價證券年收益率為10%。公司準備改變信用標準，有關資料如表7-3所示：

表7-3　　　　　　　　不同信用標準下各信用方案有關資料

項目	原方案	擬定方案
信用標準(預計壞帳準備率)	3%	5%
銷售收入	120萬元	180萬元
應收帳款平均收帳期	60天	90天
應收帳款管理成本	1萬元	1.2萬元

第七章　營運資金管理

從表7－4的分析可以看出，公司在改變信用標準後可以增加盈利，因此，公司應改變信用標準。

表7－4　　　　　　　不同信用標準下各信用方案淨收益分析

單位：萬元

項目	原方案	擬定方案	差額
銷售毛利	120×20％＝24	180×20％＝36	12
應收帳款機會成本	120×10％×60％×60÷360＝1.2	180×10％×60％×90÷360＝2.7	1.5
應收帳款管理成本	1	1.2	0.2
應收帳款壞帳成本	3.6	9	5.4
應收帳款總成本	5.8	12.9	7.1
淨收益	18.2	23.1	4.9

在制定信用標準時應該考慮以下因素的影響：

（1）同行業競爭對手的情況。若競爭對手實力較強，則採用較寬鬆的信用標準，以增強市場的競爭能力；反之，若對手實力較弱，則採用較嚴格的信用標準，以減少應收帳款成本的發生。

（2）公司承擔違約風險的能力。若公司具有較強的違約風險承擔能力，則採用較寬鬆的信用標準以爭取客戶，擴大銷售；反之則採用較嚴格的信用標準。

（3）客戶的資信程度。對客戶的資信度進行調查、分析，然後在此基礎上，判斷客戶的信用等級決定是否給予客戶信用優惠。客戶的資信度可以通過5C評估法來進行。所謂5C評估法，是指重點分析影響公司信用的信用品質、償付能力、資本、抵押或質押品以及環境條件等5個因素，以確定客戶的資信度。

（二）信用條件

公司在決定給予客戶信用優惠後，就需要考慮具體的信用條件。信用條件是指公司要求客戶支付賒銷款項的具體條件，包括信用期限、現金折扣和折扣期限。

1. 信用期限

信用期限是為客戶規定的最長付款時間。信用期過短，不足以吸引客戶，在競爭中會使銷售額下降；信用期延長，對銷售額增加有利，但應收帳款成本的增加可能導致所得的收益被增長的費用抵消，甚至造成淨收益減少。因此，公司必須分析改變現行信用期對收入和成本的影響，制定出恰當的信用期。

2. 現金折扣和折扣期限

現金折扣是指公司為了鼓勵客戶提前付款而給予提前付款的客戶在商品價款上的折扣優惠，折扣期限是指公司為客戶規定的可享受現金折扣的最長期限。例如：「2/10，N/30」，表示賒銷期限為30天，2％的現金折扣期限為10天。若客戶在10天內付款，則可享受2％的現金折扣。設置現金折扣的主要目的是吸引客戶為享受

公司財務

優惠而提前付款，縮短公司的平均收款期。另外，現金折扣也能招攬一些視折扣為減價出售的客戶前來購貨，以此擴大銷售量。

提供比較優惠的信用條件能增加銷售量，但也會帶來額外的負擔，如會增加應收帳款機會成本、壞帳成本和現金折扣成本等。公司決定是否提供以及提供多大程度的現金折扣，核定多長的現金折扣期限，必須將折扣後所得的收益與付出的成本結合起來考慮。

【例6】假設 ABC 公司準備改變信用條件，新增可供選擇的 A、B 兩種方案。其銷售利潤率為 20%，變動成本率為 60%，同期有價證券年收益率為 10%。公司現行信用政策及擬定政策的有關資料如表 7－5 所示：

表 7－5　　　　不同信用標準下的各信用方案有關資料

項目	現行方案	A 方案	B 方案
信用條件	50 天內付款，無現金折扣	80 天內付款，無現金折扣	2/30，N/60
銷售收入	120 萬元	180 萬元	200 萬元
全部銷售額平均壞帳損失率	3%	5%	2%
現金折扣銷售額占總銷售額的比例	0	0	60%
未享受折扣應收帳款的平均收帳期	60 天	90 天	90 天
應收帳款管理成本	1 萬元	1.2 萬元	1.1 萬元

從表 7－6 的分析可以看出，公司在選擇 B 方案信用條件後盈利較現行方案和 A 方案都有較大增長，因此，公司應選用 B 方案。

表 7－6　　　　不同信用標準下各信用方案淨收益分析

單位：萬元

項目	現行方案	A 方案	B 方案
銷售毛利	120 × 20% = 24	180 × 20% = 36	200 × 20% = 40
應收帳款機會成本	120 × 60% × 10% × 60 ÷ 360 = 1.2	180 × 60% × 10% × 90 ÷ 360 = 2.7	200 × 60% × 10% × (30 × 60% + 90 × 40%) ÷ 360 = 1.8
應收帳款折扣成本	0	0	200 × 60% × 2% = 2.4
應收帳款管理成本	1	1.2	1.1
應收帳款壞帳成本	3.6	9	4
應收帳款總成本	5.8	12.9	9.3
淨收益	18.20	23.1	30.7

（三）應收帳款的收帳政策

收帳政策指信用條件被違反時，公司採取的收帳策略。

第七章　營運資金管理

　　正常情況下，客戶應該按照信用條件中的規定及時付款，履行其購貨時承諾的責任。但是由於種種原因，有的客戶在期滿後仍不能付清貨款，因此，期滿之後，公司必須採取一些催收的措施，這樣就會發生收帳費用。

　　公司在向客戶提供商業信用時，應該考慮三個問題：
（1）客戶是否會拖欠或拒付帳款？程度怎樣？
（2）如何最大限度地防止客戶拖欠帳款？
（3）一旦帳款遭到拖欠甚至拒付，公司需採取怎樣的對策？

　　前兩個問題靠信用調查和信用審批制度控制，最後一個問題必須通過制定完善的收帳政策，採取有效的收帳措施予以解決。

　　在市場經濟條件下，客戶應該履行規定，到期及時付款。但由於某些原因可能出現拖欠貨款的情況，一般情況下公司也不一定立即通過法律手段來催收貨款。如客戶一時資金週轉不靈，出現暫時財務困難，公司可與之溝通協調收款問題，必要時可做適當的讓步，這樣既可避免耗時、耗力、耗費較高的法律訴訟，也可建立長遠的夥伴關係。當然，如果客戶是惡意拖欠款項，在催收無果時就需要訴諸法律。

　　公司的收帳政策可分為積極的收帳政策和消極的收帳政策。採用積極的收帳政策，可能會減少應收帳款的機會成本、減少壞帳損失，但要增加收帳費用；採用較消極的收帳政策，則可能會增加應收帳款的機會成本，增加壞帳損失，但會減少收帳費用。

　　一般而言，收帳費用支出越多，壞帳損失越少，但這兩者並不一定存在線性關係。通常情況是：開始收帳時花費一些收帳費用，應收帳款和壞帳損失有小部分降低；收帳費用繼續增加，應收帳款和壞帳損失明顯減少；當收帳費用達到某一限度以後，應收帳款和壞帳損失的減少就不再明顯了，這個限度稱為飽和點（如圖7－4所示）。在制定信用政策時，應權衡增加收帳費用與減少應收帳款機會成本和壞帳損失這兩方面的得失。

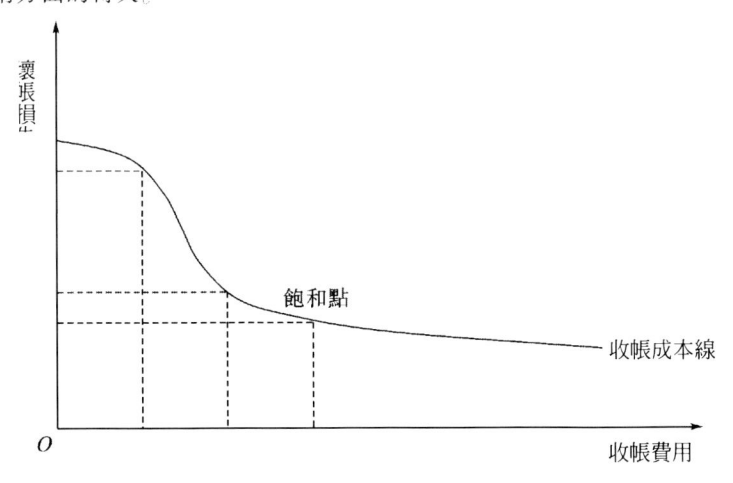

圖7－4　收帳費用圖

公司財務

【例7】假設 ABC 公司準備改變現行收帳政策。其銷售利潤率為20%，變動成本率為60%，同期有價證券年收益率為10%。公司現行信用政策及擬定政策的有關資料如表7-7所示：

表7-7　　　　　　　不同收帳政策下的信用方案有關資料

項目	現行方案	擬定方案
銷售收入	180 萬元	180 萬元
全部銷售額平均壞帳損失率	3%	2%
平均收帳期	60 天	30 天
應收帳款年收帳費用	1 萬元	1.2 萬元

從表7-8的分析可以看出，公司在選擇擬定方案後，較現行方案可獲得更多收益，因此，公司應選用擬定方案。

表7-8　　　　　　不同收帳政策下各信用方案淨收益分析

單位：萬元

項目	現行方案	擬定方案
銷售毛利	180 × 20% = 36	180 × 20% = 36
應收帳款機會成本	180 × 60% × 10% × 60 ÷ 360 = 1.8	180 × 60% × 10% × 30 ÷ 360 = 0.9
應收帳款壞帳成本	5.4	3.6
應收帳款收帳費用	1	1.2
應收帳款總成本	8.2	5.7
淨收益	27.8	30.3

三、應收帳款的日常管理

信用政策建立以後，公司要做好應收帳款的三項日常管理工作，即對客戶進行信用調查、信用評估和應收帳款收帳管理。

（一）信用調查

對客戶的信用進行評價是應收帳款的日常管理的重要內容。只有合理地評價客戶的信用狀況，才能正確地執行公司的信用政策。信用調查有兩類：

1. 直接調查

直接調查是指調查人員直接與被調查單位接觸，通過當面採訪、詢問、觀看、記錄等方式獲取信用資料的一種方法。直接調查能保證搜集資料的準確性和及時性，但是如果得不到被調查單位的合作，則會使調查資料不完整。

第七章　營運資金管理

2. 間接調查

間接調查是以被調查單位以及其他單位保存的有關原始記錄和核算資料為基礎，通過加工整理獲得被調查單位信用資料的一種方法。這些資料主要來自以下幾個方面：

（1）財務報表。通過財務報表分析，公司基本上能掌握一個客戶的財務狀況和贏利狀況。

（2）信用評估機構。許多國家都有信用評估的專門機構，定期發布有關公司的信用等級報告。中國的信用評估機構目前可分為三種形式：第一，獨立的社會評估機構，不受行政干預和集團利益的牽制，獨立自主地開辦信用評估業務；第二，中央銀行組織的評估結構；第三，由商業銀行組織的評估機構。

（3）銀行。客戶的開戶銀行是信用資料的一個重要來源。公司通過自己的開戶銀行向客戶開戶銀行瞭解客戶信用狀況是很有效的調查方法。

（4）其他。如財稅部門、工商管理部門、客戶的主管部門、證券交易機構等也可提供有關客戶的信用情況。

（二）信用評估

搜集好信用資料後，要對這些資料進行分析，並對客戶信用狀況進行評估。信用評估常用方法主要有兩種，即5C評估法和信用評分法。

1. 5C評估法

5C評估法評估決定客戶資信程度高低的五個重要方面，即信用品質、償付能力、資本、抵押或質押品以及環境條件。

（1）信用品質。信用品質（Character）是指借款人的償債意願（即客戶履約或賴帳的可能性），它反應在借款人過去的償債記錄上。債務人不論是個人、公司還是政府，都必須保持優良記錄；若曾因債務關係受到法院強制執行，將喪失信用的獲得。如果債務人能始終保持良好的記錄，則其將具有較高的資信，相應地較易獲得高的品質打分。

（2）償付能力。償付能力（Capacity）是指借款人償還貸款的能力。它主要取決於資產特別是流動資產的數量、變現能力及其與流動負債的比率關係。如果一個債務人在以往的歷史中具有較高的盈利能力，並且在獲利的同時能確保風險不是太高，則其在償付能力評分中將獲得較高的分數。

（3）資本。資本（Capital）反應了客戶經濟實力和財務狀況的優劣，是客戶償付債務的最終保證。應特別注重資產價值的穩定性和變現能力，債務人的資產越雄厚，則說明其到期償還債務的能力越強，貸款的收回可能性將越大。

（4）抵押或質押品。抵押或質押品（Collateral）是指客戶提供的可作為資信安全保證的資產。這種抵押品必須是價值穩定、市場廣泛、易於出售的資產。客戶提供的抵押或質押品越充足，信用安全保證就越大。

（5）環境條件。環境條件（Condition）是指公司自身的經營情況和其外部經營環

境，前者包括公司的經營特點、經營方法、技術狀況和勞資關係等，這些為公司自身能控制的內容；後者則是非公司自己所能控制的，其範圍包括政局變動、社會環境、商業週期、季節變動、一般經濟狀況、國民收入水準、行業發展、同業競爭程度等。如果經濟處在發展和上升階段，放款條件則可能相對寬鬆；如果是在經濟蕭條階段，則只能對信用好的債務人進行借款。

2. 信用評分法

信用評分法是先對一系列財務比率和信用情況指標進行評分，然後進行加權平均，得出客戶綜合的信用分數，並以此進行信用評估的一種方法。

$$\text{基本公式：} Y = \sum_{i=1}^{n} A_i X_i, \quad \sum_{i=1}^{n} A_i = 1 \qquad (7.11)$$

式中：Y為公司的信用評分，A_i為事先擬定出的對第i種財務比率和信用品質進行加權的權數，X_i為第i種財務比率或信用品質的評分。

在採用信用評估法進行信用評估時，首先需要根據以往的經驗確定不同信用狀況的相應分段，如：分數在80分以上者，信用良好；分數在60～80分者，信用一般；分數在60分以下者則信用較差。然後再通過客戶的信用評分比較判斷客戶的信用狀況。

在評估等級方面，可採用兩種方法。第一種採用三類九級制（即把公司的信用情況分為AAA、AA、A、BBB、BB、B、CCC、CC和C共九級）；第二種採用三級制（分成AAA、AA、A）。

專門的信用評估部門通常評估方法先進，評估調查細緻，評估程序合理，可信度高。

(三) 應收帳款回收管理

收帳是公司應收帳款管理中的一項重要工作。應收帳款發生後，公司應採取各種措施，盡量爭取按期收回款項，否則會因拖欠時間過長而發生壞帳，使公司遭受損失。收帳管理應包括如下內容：

1. 對應收帳款進行監控

公司已發生的應收帳款時間有長有短，有的尚未超過收款期，有的則超過了付款期。一般來講，拖欠時間越長，款項收回的可能性越小，形成壞帳的可能性越大，對此，公司應實施嚴密的監督，隨時掌握回收情況。實施對應收帳款回收情況的監督，可以通過編製帳齡分析表進行。帳齡分析表是一種能顯示應收帳款在外天數長短的報告（其格式如表7-9所示）。

【例8】假設ABC公司目前的信用政策為「2/30，N/60」，本月末應收帳款帳齡分析資料如表7-9所示：

第七章　營運資金管理

表 7-9　　　　　　　　　ABC 公司應收帳款帳齡分析表

應收帳款帳齡	客戶數量(戶)	全額(萬元)	占應收帳款比例
0～30 天	80	200	47%
31～60 天	45	120	28%
61～90 天	25	60	14%
91～180 天	20	30	7%
181～360 天	10	15	3.5%
超過一年	1	5	0.5%
合計	181	430	100%

註：表中 0.5% = 100% - 47% - 28% - 14% - 7% - 3.5%。

通過帳齡分析法，可以讓公司瞭解應收帳款的相關信息，並據此做出反應：

(1) 有多少欠款尚在信用期內？表 7-9 顯示，有 320 萬元的應收帳款在信用期內，約占全部應收帳款的 75%，其中 200 萬元在現金折扣期內。這些款項未到償付期，欠款是正常的，不宜就這部分欠款打擾客戶。

(2) 有多少欠款超過了信用期？超過時間長短的款項各占多少？有多少欠款會因拖欠時間太久而可能成為壞帳？表 7-9 顯示，有價值 110 萬元的應收帳款已超過了信用期限，約占全部應收帳款的 25%。其中拖欠時間較短的(90 天內)有 60 萬元，約占全部應收帳款的 14%，這部分欠款收回的可能性很大；拖欠時間較長的(90～180 天)有 30 萬元，約占全部應收帳款的 7%，這部分欠款的回收有一定難度；拖欠時間很長的(180 天以上)有 20 萬元，約占全部應收帳款的 4%，這部分欠款有可能成為壞帳。對不同拖欠時間的欠帳，公司應採取不同的收帳方法，制定出經濟可行的收帳政策；對可能發生的壞帳損失，則應提前做好準備，充分估計這一因素對損益的影響。

2. 確定合理的收帳程序

公司對欠款逾期較短的客戶，不宜過多地打擾，以免將來失去這些客戶；對欠款逾期稍長的客戶，可措辭婉轉地寫信催款；對欠款逾期較長的客戶要先發出一封有禮貌的通知信件，接著可寄出一封措辭較直率的信件，進一步可通過電話催收；對欠款逾期很長的客戶，公司的收帳員可在催款時措辭嚴厲，也可直接與客戶面談，協商解決，如果談判不成，就只好交給公司的律師採取法律行動。

第四節　存貨管理

在公司的流動資產中，存貨占的比重較大，一般約占流動資產的 40%～60%。存貨利用程度的好壞，對公司財務狀況的影響極大。

存貨是指公司在生產經營過程中為銷售或者耗用而儲備的物資，包括材料、燃

料、低值易耗品、在產品、自制半成品、產成品、商品等。

一、持有存貨的原因

公司持有存貨主要出於以下幾方面的原因：

1. 保證生產的正常進行

必要的原材料、在產品、半成品是製造業類公司生產的前提和保障。一旦出現原材料短缺，就可能導致公司停產和各生產環節不銜接，造成公司極大的經濟損失。在出現生產不均衡和商品供求波動時，存貨可起到緩和矛盾的作用。

2. 滿足市場銷售需求

為了保證銷售順利，公司需要儲備必要的存貨。這主要有幾個原因：

（1）客戶可能批量購貨或運輸部門要求批量運輸，公司就必須有庫存產成品準備；

（2）如果產品生產有季節性，公司需要在銷售旺季來臨之前增加原材料和產成品的儲備；

（3）市場的不穩定性要求公司儲備足夠的貨源，有一定量的商品儲備可以增強公司銷售的機動性，更加適應市場的變化，盡量避免因存貨不足而影響公司的銷售，坐失良機。

3. 保險儲備的需要

市場經濟存在許多的不確定性，如原材料供應緊張或持續上漲、通貨膨脹等。這些不確定性因素，增加了公司的經營風險。為了防止意外，公司應當在存貨儲備上留有餘地，建立一定數量的保險儲備，以備不時之需。

4. 降低成本的需要

一般來說，貨物的批量購買可以獲得不同程度的優惠。為了降低採購成本，獲得採購的批量折扣優惠，公司往往會一次或分次進行大批量採購，以儲備有一定量的存貨。

二、存貨管理的目標與存貨的成本

由於上述原因，公司需要儲備一定數量的存貨，而存貨的採購、儲存要發生各種費用支出，這些費用支出就構成了公司存貨的成本。存貨管理的目標，就是在保證正常生產經營需要的同時，實現存貨成本最低的要求。

存貨總成本由取得成本、儲存成本、缺貨成本三部分構成。

1. 取得成本

取得成本，是指為取得某種存貨而支出的成本，通常包括訂貨成本和購置成本兩部分。

（1）訂貨成本，是指公司為組織進貨所開支的費用，如專設採購機構辦公費、差旅費、郵資、通信費、運輸費、檢驗費、入庫搬運費等費用。訂貨成本中有一部

第七章　營運資金管理

分與訂貨次數是沒有關係的，如專設採購機構的基本開支等，這類固定性存貨費用與存貨採購數量和次數無直接聯繫，稱為固定性訂貨成本。訂貨成本中另一部分則與訂貨次數有關，如差旅費、郵資、搬運費等費用，這類費用與進貨次數成正比例變動，稱為變動性訂貨成本。

假設存貨年需要量為 A，每次訂貨批量為 Q，每次訂貨相關成本為 B，每次訂貨的固定成本為 F_1，則：

$$訂貨成本 = (A/Q)B + F_1 \tag{7.12}$$

（2）購置成本，又稱進價成本，是指存貨購置需要支付的價值。在一定時期進貨總量既定、物價不變且無採購數量折扣的條件下，無論採購次數如何變動，存貨的購置成本通常是保持相對穩定的，因而屬於決策無關成本。

假設存貨年需要量為 A，存貨採購單價為 P，則：

$$購置成本 = AP \tag{7.13}$$

2. 儲存成本

儲存成本，是指公司為持有存貨而發生的費用，主要包括存貨倉儲費、保管費、搬運費、保險費、存貨占用資金支付的利息費、存貨殘損和變質損失等。存貨的儲存成本也分為變動性儲存成本和固定性儲存成本。變動性儲存成本與儲存存貨的數量成正比，如存貨占用資金的利息費、存貨的保險費、存貨殘損和變質損失等；固定性儲存成本與存貨的儲存數量無關，如倉庫折舊費、倉庫保管人員的固定月工資等。

假設公司存貨的年單位儲存成本為 C，固定儲存成本為 F_2，由於年平均存貨數量為 $Q/2$，則：

$$儲存成本 = (Q/2)C + F_2 \tag{7.14}$$

3. 缺貨成本

缺貨成本是指由存貨儲備不足而給公司造成的損失，如原材料儲備不足造成的停工損失、商品儲備不足造成銷售中斷的損失等。存貨的短缺成本與存貨的儲備數量呈反向變化。缺貨成本一般憑管理人員的經驗加以估計。

缺貨成本是否成為決策相關成本取決於公司是否允許出現存貨短缺的不同情形，如果允許存在缺貨，則缺貨成本與存貨數量反向相關，屬於相關成本；如果不允許發生缺貨，則缺貨成本為不相關成本。

假設缺貨量為 S，單位缺貨成本為 R，T 代表持有存貨的總成本，則：

$$T = AP + (A/Q)B + (Q/2)C + F_1 + F_2 + SR \tag{7.15}$$

三、存貨經濟批量

（一）經濟批量基本模型

1. 經濟批量

這是指使公司存貨總成本最低的每批訂貨數量，也稱最佳訂貨量。

公司財務

從存貨成本分析可知，決定存貨經濟訂貨批量的成本主要包括變動性訂貨成本、變動性儲存成本以及由於缺貨而發生的缺貨成本。

不同成本項目對存貨總成本的影響隨著訂貨批量的不同而有不同。減少訂貨批量，增加訂貨次數，則可以降低儲存成本，但同時增加了訂貨成本和缺貨成本；反之，增加訂貨批量，減少提貨次數，雖然可以減低訂貨成本和缺貨成本，但將增加儲存成本，因此，必須確定適當的訂貨批量才能讓存貨總成本最低。各成本項目的關係如圖7－5所示：

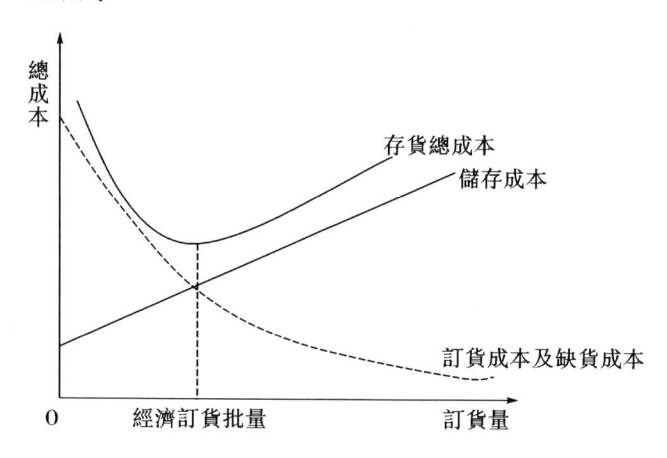

圖7－5　經濟訂貨批量

2. 經濟訂貨批量基本模型建立的假設條件

（1）公司能夠及時補充存貨，即需要訂貨時便可立即取得存貨；

（2）每批存貨均能集中到達；

（3）不允許缺貨，即缺貨成本為零，這是因為良好的存貨管理本來就不應該出現缺貨成本；

（4）需求量確定；

（5）存貨單價不變，不考慮現金折扣；

（6）公司現金充足，不會因現金短缺而影響進貨；

（7）所需存貨市場供應充足，不會因買不到需要的存貨而影響其他。

有了上述假設後，存貨總成本的公式可以簡化為：

$$T = \frac{Q}{2} \times C + \frac{A}{Q} \times B \qquad (7.16)$$

當A、B、C為常量時，T的大小取決於Q，為求T的最小值，對式(7.16)進行求導，可得出經濟訂購批量為：

$$Q^* = \sqrt{\frac{2AB}{C}} \qquad (7.17)$$

第七章　營運資金管理

最低年成本合計(T^*)的計算公式為：
$$T^* = \sqrt{2ABC} \tag{7.18}$$

【例9】ABC公司全年需要甲零件1,200件，採購價格為每件10元，每次訂貨成本為10元，每件年儲存成本為0.6元。要求確定該公司採購甲零件的經濟訂購批量，最低年總成本和年採購次數。

$$Q^* = \sqrt{\frac{2 \times 1,200 \times 10}{0.6}} = 200(件)$$
$$T^* = \sqrt{2 \times 1,200 \times 10 \times 0.6} = 120(元)$$
$$A/Q^* = 1,200/200 = 6(次)$$

(二) 經濟訂貨量的拓展

經濟訂貨量基本模型是在前述假設條件下建立的，但這些假設在現實中幾乎不存在。為了使模型更接近實際，需要逐漸放鬆假設，改進模型。常見的改進模型有：有數量折扣的經濟訂購批量模型、提前訂貨時的再訂貨點分析、陸續供應陸續使用時的經濟訂購批量模型、允許缺貨時的經濟訂購批量模型等。下面介紹前兩種拓展模型。

1. 有數量折扣的經濟訂購批量

有時，銷售公司為了鼓勵客戶更多地購買商品，會給客戶不同程度的數量折扣，即當客戶的一次採購批量達到一定數量時，給予其價格上的優惠。在這種情況下，存貨總成本由購置成本、訂貨成本和儲存成本構成，決策按下列步驟進行：

(1) 按照存貨經濟訂購批量的基本模型計算無數量折扣情況下的經濟訂購批量及其存貨總成本。

(2) 根據不同數量折扣的不同優惠價格，計算在不同批量下的存貨總成本。

(3) 比較經濟訂購批量與不同批量下的存貨總成本，總成本最低的批量就是最佳訂購批量。

【例10】ABC公司全年需要乙零件1,200件，每次訂貨成本為400元，每件年儲存成本為6元，採購價格為10元/件。供應商規定：每次購買數量達600件時，可給予2%的批量折扣，問應以多大批量訂貨？

首先，計算沒有數量折扣時的經濟訂貨批量：
$$Q^* = \sqrt{\frac{2 \times 1,200 \times 400}{6}} = 400(件)$$

其次，計算如果公司不接受數量折扣，總成本為：
$$T = \frac{1,200}{400} \times 400 + \frac{400}{2} \times 6 + 1,200 \times 10 = 14,400(元)$$

最後，計算接受折扣時(訂貨批量為600件)的總成本：
$$T = \frac{1,200}{600} \times 400 + \frac{600}{2} \times 6 + 1,200 \times 10 \times (1-2\%) = 14,360(元)$$

所以，公司應選擇每次 600 件的批量訂貨。

2. 再訂貨點及保險儲備

一般情況下，公司的存貨不能做到需要訂貨時便可立即取得存貨，所以，不能等存貨用完再去訂貨，而需要在還沒有用完時提前訂貨。在提前訂貨的情況下，公司再次發出訂單時的庫存量，被稱為再訂貨點，它的數量等於交貨時間（訂貨日到收貨日所需的時間）與每日平均存貨需要量的乘積。提前訂貨對經濟批量、訂貨次數和訂貨時間的間隔等都沒有影響，只是在達到訂貨點時就必須發出訂貨通知而已。

如例 9 中，假定公司交貨期為 6 天，由於年採購次數為 6 次，所以採購週期為 360 ÷ 6 = 60 天，再訂貨點 = 6 × (200 ÷ 60) = 20 件。那麼公司需要在倉庫中還有 20 件時就必須發出訂貨單。

有時公司為了應急之需，會多儲備一些存貨，這些多儲備的存貨稱為保險儲備。這時的再訂貨點，要在上述基礎上再加上保險儲備。例如，如果公司需要保險儲備 5 件，則它必須在倉庫還有 25 件時就發出訂貨單。

四、存貨日常管理

經濟採購批量模型主要針對存貨的採購和生產環節的控制進行分析。在日常存貨管理中還需要對銷售、儲存環節進行管理控制，下面介紹存貨儲存期控制法和 ABC 分類管理法。

（一）存貨儲存期控制法

由於存貨在公司持有期間將發生儲存費用和資金占用費，而市場的變化還會導致持有期過長商品的滯銷損失，因此公司必須通過縮短存貨儲存時間，加速存貨週轉，節約存貨資金占用，降低成本費用，以提高獲利水準。

公司的存貨成本按照與儲存時間的關係可分為固定性存儲費用和變動性存儲費用兩類。固定性存儲費用包括進貨成本、管理成本，其金額與存貨儲存期沒有直接聯繫；變動性存儲費用包括資金占用費、存儲管理費和倉儲損耗，其金額隨存貨儲存期正比例變動，採用量本利分析法可得到下列關係：

利潤 = 毛利 − 固定性儲存費用 − 銷售稅金及附加 − 每日變動儲存費用 × 儲存天數 (7.19)

在此基礎上可得：

存貨保本儲存期 = (毛利 − 固定性儲存費用 − 銷售稅金及附加) / 每日變動儲存費用 (7.20)

存貨保利儲存期 = (毛利 − 固定性儲存費用 − 銷售稅金及附加 − 目標利潤) / 每日變動儲存費用 (7.21)

【例 11】ABC 公司購進 A 商品 4,000 件，單位進價（不含增值稅）100 元，售價（不

第七章　營運資金管理

含增值稅)140元，貨款的年機會成本率為10.8%，每月存貨保管費用為3‰，經銷該商品的一次性費用為32,000元，銷售稅金及附加為27,200元。要求：計算該批存貨的保本存儲期和欲獲利80,000元的保利存儲期。

（1）計算保本存儲期。

每日變動儲存費用 = 4,000 × 100 ×（10.8%/360 + 3‰/30）= 160(元／天)

存貨保本儲存期 =〔(140 - 100) × 4,000 - 32,000 - 27,200〕/160 = 630(天)

（2）計算欲獲利80,000元的保利存儲期。

存貨保利儲存期 =〔(140 - 100) × 4,000 - 32,000 - 27,200 - 80,000〕/160 = 130(天)

（二）存貨ABC分類管理法

ABC分類管理法，是指按照一定的標準將公司的存貨劃分為A、B、C三類，分別實行分品種重點管理、分類別一般控制和按總額靈活掌握的一種存貨管理、控制的方法。

一般來說，公司存貨品種繁多，流動性很強，給管理帶來較大的困難。經過觀察分析發現，有的存貨品種數量很少，但單位價值很大，占存貨資金總額的比例較大，如果管理不善，將給公司造成極大的損失；相反，有的存貨雖然品種數量繁多，但單位價值較小，占存貨資金總額的比例較小，即使管理上出現一些問題，也不至於產生較大的影響。因此，無論是從能力上還是經濟上來看，公司均不可能也沒有必要對所有存貨都進行嚴格管理，在日常管理中則實行存貨分類管理，做到分清主次，突出重點，兼顧一般，提高存貨管理的整體效果。ABC分類管理就是建立在這一思路上的一種存貨管理、控制的方法。

1. ABC分類管理法的分類

ABC分類的主要標準有兩個：一是價值標準，二是品種數量標準。其中，價值標準是最基本的，品種數量標準僅作為參考。

一般地，A類存貨品種數量少，金額比較大；而C類存貨品種數量多，金額比較小；介於A類和C類之間的品種數量一般，金額也一般的即為B類。此種分類標準沒有嚴格的額度限制，但一般A、B、C三類存貨的控制金額比重分別為70%、20%、10%，品種數量比重分別為10%、20%、70%。

運用ABC分類法對存貨分類，其具體過程可按以下步驟進行：

（1）列示全部存貨的明細資料，包括材料名稱、耗用量、單價等以及存貨在一定時期的價值總額。

（2）計算每一存貨金額占全部存貨金額的百分比。

（3）按照金額從大到小的順序排列，並累加金額百分比，編製表格計算出每一類存貨在一定時期類的價值總和。

（4）當金額項的百分比累加到70%左右時，以上存貨視為A類。B類和C類亦可比照A類累加並確定。

177

公司財務

(5) 編製 ABC 分類表並繪製 ABC 分類圖(如圖 7－6 所示)。

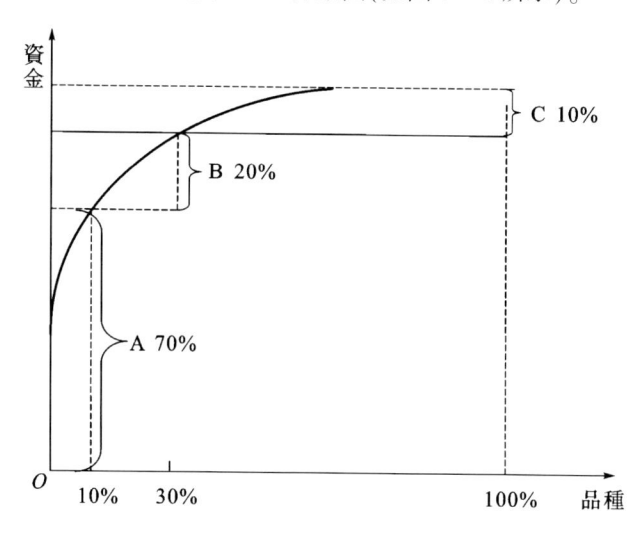

```
資
金
         ┌─────────────── C 10%
        ╱
       ╱  B 20%
      ╱
     │ A 70%
     │
    O  10% 30%        100%  品種
```

圖 7－6　ABC 控制法分類示意圖

2. ABC 分類管理法的分類管理

(1) 由於 A 類存貨金額大、數量少，所以對 A 類存貨應按品種重點管理和控制，實行嚴格的內部控制制度，逐項計算各種存貨的經濟訂貨批量，並經常檢查有關計劃和管理措施的執行情況，以便及時糾正各種偏差。

(2) 對 B 類存貨，由於金額相對較小，但品種數量遠多於 A 類存貨，因此，不必像 A 類存貨那樣嚴格管理，可通過分類的方式進行管理和控制。

(3) 對 C 類存貨，可採用較為簡化的方法管理，只要把握一個總金額就可以了。所以，對 C 類存貨只需進行一般控制和管理。

第五節　營運資金政策

營運資金政策包括營運資金持有政策和籌集政策兩部分，分別研究營運資金的持有量的確定和如何籌集營運資金兩個問題。其中，營運資金籌集政策是營運資金政策的重點與核心。

一、營運資金持有政策

營運資金包括流動資產和流動負債兩部分。其中，流動資產隨業務量的變化而變化，但由於受流動資產使用效率高低、規模經濟等因素影響，流動資金需用量往

第七章　營運資金管理

往與業務量呈非線性關係,這就產生了營運資金持有量決策問題。

營運資金持有量的高低,影響著公司的風險和收益。較高的營運資金持有量,意味著在長期資產和流動負債一定的情況下,公司擁有的流動資產相對較多,可以使公司有較大的把握按時支付到期債務,及時供應生產用材料和準時向客戶提供產品與服務,從而保證生產經營活動平穩有序地進行,風險較小。但由於流動資產的收益性一般低於長期資產,較高的流動資產比重會降低公司的收益率。與此相反,營運資金的持有量較低,會使公司的收益率較高,但是風險較大。因此,營運資金持有量的確定實際上就是對收益和風險進行權衡與選擇。

根據收益和風險之間的同向變動關係,通常把營運資金的持有政策分為三類:

(1) 寬鬆的營運資金政策 —— 營運資金的持有量較高,收益低,風險小;

(2) 緊縮的營運資金政策 —— 營運資金的持有量較低,收益高,風險大;

(3) 適中的營運資金政策 —— 營運資金的持有量既不過高又不過低,流入的現金恰恰滿足支付的需要,存貨也恰好滿足生產和銷售所用。

從理論上來講,適中的營運資金政策比較符合財務管理的總體目標 —— 公司價值最大化。然而,由於營運資金的占用水準是由公司的銷售水準、存貨與應收帳款的週轉速度等多種因素共同作用的結果,因此很難對適中的營運資金政策中的營運資金持有量加以量化。在財務管理的實際工作中,我們應當根據自身的具體情況和環境條件,確定一個較為適當的營運資金持有量。

二、營運資金的籌集政策

營運資金籌集政策,主要是研究流動資產和流動負債的匹配問題,特別是流動資產中的永久性流動資產的資金來源問題。在確定營運資金的籌集政策之前,我們先對營運資金的兩大要素 —— 流動資產和流動負債作進一步的分析。

(一) 流動資產和流動負債分析

流動資產按照其用途可分為永久性流動資產和臨時性流動資產:

(1) 永久性流動資產,是指公司營運週期中,跌至谷底時,公司依舊會持有的、用於滿足公司長期穩定需要的流動資產;

(2) 臨時性流動資產,是指公司營運週期中,隨著季節性或循環性波動而變動的流動資產,如季節性存貨、銷售和經營旺季的應收帳款。

與流動資產按照用途劃分的方法相對應,流動負債也可以進一步劃分為臨時性流動負債和自然性流動負債:

(1) 臨時性流動負債,是指為了滿足臨時性流動資產需要而發生的負債,如公司因季節性銷售需要,超量購買貨物、原材料而舉借的負債,這部分負債由財務人員根據公司短期資金的需求情況,通過人為安排形成,如短期銀行借款等。

(2) 自然性流動負債,是指產生於公司正常的持續經營活動中,不需要正式安

排，由於結算程序的原因自然形成的那部分流動負債。在公司生產經營過程中，由於法定結算程序的原因，一部分應付款項的支付時間晚於形成時間，這部分已經形成但尚未支付的款項便成為公司的流動負債，如商業信用、應付工資、應繳稅金等。

(二) 營運資金籌集政策的確定

營運資金籌集政策，主要是就如何安排臨時性流動資產和永久流動資產的資金來源而言的，通常可分為以下三類：

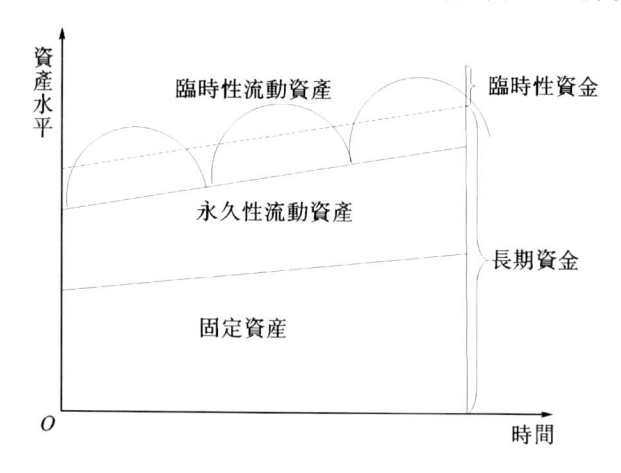

1. 穩健型籌資政策

穩健型籌資政策的特點是：臨時性流動負債只融通部分臨時性流動資產的資金需要，另一部分臨時性流動資產和永久性流動資產、固定資產的資金，則由長期負債、自然性負債和權益資本等長期資金作為資金來源。

這種政策克服了公司臨時性資金計劃的不嚴密性，給流動負債提供了一個行之有效的安全邊際。但是，採用這一策略，公司將在季節性波谷為多餘的債務籌集支付利息，故其總資產的投資回報率一般較低。所以，穩健型籌資政策是一種風險性和收益性都較低的營運資金籌集政策。穩健型籌資政策如圖7-7所示。

圖7-7 穩健型籌資政策

2. 激進型籌資政策

這是一種擴張型籌資政策。激進型籌集政策的特點是：臨時性流動負債不但融通臨時性流動資產的資金需要，還解決部分永久性流動資產的資金需要，即在激進型籌資政策下，臨時性流動負債在公司全部資金來源中所占比重大於穩健型和適中型籌資政策。

一方面，由於臨時性流動負債(如短期銀行借款)的資金成本一般低於長期負債和權益資本的資金成本，而激進型籌資策略下臨時性流動負債所占比重較大，所以該策略下公司的資金成本較低。但另一方面，為了滿足永久性資產的長期資金需

第七章　營運資金管理

要，公司必然要在臨時性流動負債到期後重新舉債或申請債務展期，這樣公司便會更為經常地舉債和還債，從而加大籌資困難和風險；還可能面臨出於短期負債利率的變動而增加公司資金成本的風險。所以，激進型籌資政策是一種收益性和風險性均較高的營運資金籌資政策。這種政策一般適合於長期資本來源不足或短期負債成本較低的公司。激進型籌資政策如圖7－8所示。

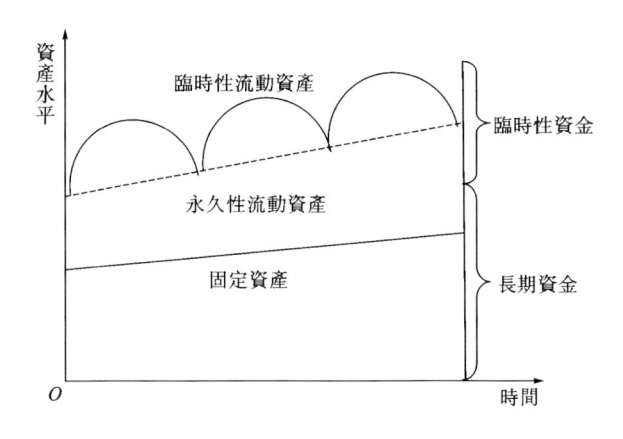

圖7－8　激進型籌資政策

3. 配合型籌資政策

配合型籌資政策的特點是：對於臨時性流動資產，運用臨時性流動負債籌集資金滿足其資金需要；對於永久性流動資產和長期資產(統稱為永久性資產)，則運用長期負債、自然性負債和權益資本來籌集資金滿足其資金需要。配合型籌資政策如圖7－9所示。

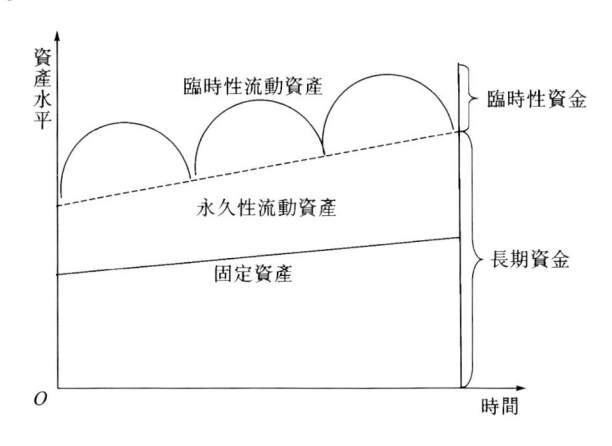

圖7－9　配合型籌資政策

配合型籌資政策要求公司的臨時性流動負債籌集計劃比較嚴密，實現現金流動與預期安排相一致。在經營性淡季和低谷階段，公司除了自然性負債外沒有其他流動負

債；只有在對臨時性流動資產的需求達到高峰時，公司才舉借各種臨時性債務。

配合型籌資政策的基本思想是：將資產與負債的期間相互配合，以降低公司不能償還到期債務的風險，並盡可能降低公司的資金成本。但是在公司的經濟活動中，由於各類資產使用壽命的不確定性，往往做不到資產與負債的完全配合。在公司的生產經營高峰期內，一旦公司的銷售和經營不理想，未能取得預期的現金收入，公司便會面臨償還臨時性流動負債的困難。因此，配合型籌資政策是一種理想的、對公司有著較高資金使用要求的營運資金籌集政策。

一般地說，如果公司對營運資金的使用能夠達到遊刃有餘的程度，則採用收益和風險相匹配的配合型籌資政策是最有利的。

本章小結

營運資金的概念分為狹義和廣義兩種。狹義的營運資金是指淨營運資金，即公司流動資產減去流動負債後的差額。廣義的營運資金是指總流動資產。

現金是營運資金中流動性最強的資金。公司出於交易、預防、投機等動機都會持有一定數量的現金，但持有現金存在成本。現金持有的成本受現金持有量的大小的影響，進而影響公司的盈利水準。因此，如何選擇最佳的現金持有量是公司管理者需考慮的一個重要問題。

應收帳款產生的原因主要是賒銷，賒銷既能促進銷售、減少存貨占用，也會付出一定的代價，即應收帳款的成本。因此，公司必須注重應收帳款的管理，特別是事前的信用標準、事中的信用條件以及事後的收帳政策等信用政策的制定和評價。

存貨占營運資金的比例較大，存貨的管理在整個投資決策中具有重要的地位。持有存貨將發生取得成本、儲存成本、缺貨成本。存貨管理的主要問題是如何確定公司存貨的經濟訂貨批量、ABC 分類管理法及存貨儲存期控制等問題。

營運資金政策包括營運資金持有政策和營運資金籌集政策。營運資金籌集政策主要研究流動資產和流動負債的匹配問題。公司在進行營運資金籌集政策制定時必須考慮償債風險、收益要求、成本約束因素。通常有穩健型、激進型和配合型三種具有代表性的營運資金籌集政策。

思考題

1. 公司持有現金的原因有哪些？現金管理的目標是什麼？
2. 如何確定最佳現金持有量？如何進行現金日常收支管理？
3. 應收帳款管理的目標是什麼？如何對信用進行評估？
4. 應收帳款的相關成本有哪些？應收帳款信用政策制定包括哪些內容？
5. 存貨成本主要包括哪幾項內容？經濟訂貨批量模型的基本內容是什麼？

第七章　營運資金管理

6. 簡述存貨儲存期控制法、存貨 ABC 分類管理法的內容。
7. 營運資金籌集的穩健型、激進型和配合型籌資政策的基本思想是什麼？

練習題

1. A 公司現金收支平衡，預計全年現金需要量為 240,000 元，應收帳款週轉期為 60 天，應付帳款週轉期為 50 天，存貨週轉天數為 80 天。

要求：計算公司最佳現金持有量。

2. B 公司預計全年需要現金 200 萬元，該公司的現金收支狀況比較穩定，當公司現金短缺時，公司準備通過將短期有價證券變現進行補充。假設現金與有價證券每次的轉換成本為 100 元，有價證券的年利率為 10%。

要求：利用存貨模式計算該公司的最佳現金持有量、最低現金持有成本和有價證券最佳交易次數。

3. C 公司目前信用政策為「n/30」，平均收帳期為 40 天，壞帳損失率為 2%，收帳費用為 40 萬元。產品賒銷收入為 5,000 萬元，總成本為 4,000 萬元，其中固定成本為 1,000 萬元。為擴大銷售，擬定了兩個備選方案：

（1）將信用條件放寬到「n/40」，預計年賒銷收入為 6,000 萬元，平均收帳期為 45 天，壞帳損失為賒銷額的 3%，收帳費用為 48 萬元。

（2）將信用條件改為「2/10, 1/30, n/60」。預計賒銷收入是 7,000 萬元，估計約有 60% 的客戶（按賒銷額計算）會利用 2% 的現金折扣，20% 的客戶會利用 1% 的現金折扣，其餘帳款的平均收帳期為 80 天，壞帳損失率為 5%，收帳費用為 20 萬元。

已知該公司的資金成本率為 10%。

要求：根據上述資料分析公司應選用的信用政策。

4. D 公司對甲材料的年需求量為 4,000,000 千克，材料的單價為 20 元/千克，單位存貨年存儲成本是存貨價值的 10%，訂貨成本為每次 400 元，提前訂貨期為 10 天，根據協議，公司每次訂貨的數量必須是 100 的整數倍。

要求：

（1）計算甲材料的經濟訂貨量；
（2）計算甲材料全年的訂貨次數；
（3）計算甲材料的再訂貨點。

5. E 公司乙材料的年需要量為 10,000 千克，每千克的市場零售價格為 800 元，供貨商規定：購買 1,000 千克以下，按照零售價結算；購買 1,000 ~ 3,000 千克（含 3,000 千克），價格優惠 5%；購買 3,000 千克以上的，價格優惠 10%。已知每批進貨費用為 400 元，單位材料的年儲存成本為 100 元。要求：計算最佳的經濟進貨批量（假設不存在缺貨成本）。

第八章
收益分配管理

第一節　收益分配概述

一、收益分配的基本原則

公司通過經營活動賺取收益,並將其在相關各方之間進行分配。公司的收益分配有廣義和狹義之分。廣義的收益分配是指對公司的收入和收益總額進行分配的過程;狹義的收益分配是指對公司淨收益的分配。本章主要介紹狹義的公司收益分配。

收益分配是一項十分重要的工作,它不僅影響公司的籌資和投資決策,而且直接涉及各利益集團的切身利益。收益的分配是否合理,直接影響公司的生存與發展。因此,為保證公司健康有序地發展,合理組織公司財務活動和正確處理好各方面的經濟關係,公司在進行收益分配時應遵循以下原則:

(一) 依法分配原則

公司收益分配必須依法進行。公司收益分配涉及國家、公司、股東、債權人、員工等多方面的利益。正確處理各方間的利益關係,協調各方的利益矛盾是非常重要的工作。為此,公司在進行收益分配時,必須按照國家相關法規和規定進行淨收益的分配,以維護相關者的利益。

(二) 資本保全原則

收益分配是對公司投資者(所有者)投入資本增值的分配,而不是投入本金的返還,所以公司必須在有可供分配留存收益的情況下進行收益分配,應確保資本的完整性,維護投資者的權益。

第八章　收益分配管理

（三）兼顧各方利益原則

公司收益分配直接關係到公司的投資者、債權人及員工等各方面的切身利益。因此，在進行收益分配時必須堅持全局觀念，兼顧各方的經濟利益。除依法納稅外，還應維護投資者、債權人和員工的利益。因為投資者是公司資產的所有者，依法享有淨收益的分配權；債權人在向公司投入資金的同時也承擔了一定的風險，公司的收益分配中應當體現出對債權人利益的保護；公司員工是公司淨收益的直接創造者，公司的收益分配應當考慮員工的長遠利益。

（四）分配與累積並重原則

公司進行收益分配應正確處理長遠利益和短期利益的辯證關係，將二者有機地結合起來，堅持分配和累積並重。從公司未來發展的角度考慮，公司除按規定提取法定盈餘公積以外，還應留存一部分的利潤作為累積。這部分利潤雖然暫時未分配給投資者，但所有權仍歸投資者。這部分利潤的累積，不但可為公司擴大再生產等籌措資金，增強公司抵抗風險的能力，而且還有利於加大對投資者的回報，在公司利潤波動時，達到以豐補歉的目的，從而起到穩定投資報酬率的效果。

（五）投資與收益對等原則

公司在提取了盈餘公積金以後，要向投資者分配利潤。公司在向投資者分配利潤時，必須做到誰投資誰受益，受益大小和投資比例相適應。公司在向投資者分配收益時，應本著平等一致的原則，按照各投資者的出資比例進行分配，不允許任何一方隨意多分多占，從根本上保證投資者利益的平等。

二、確定收益分配政策時應考慮的因素

公司收益分配政策的確定受到各方面因素的影響，一般來說，應對各方面因素進行綜合考慮，並結合自身實際情況，權衡得失。公司收益分配政策的影響因素有許多，主要表現在以下幾個方面：

（一）法律因素

為了保護公司債權人和股東的利益，防止公司管理層濫用手中的權力，中國《公司法》《證券法》等有關法律對公司收益的分配作了一定的限制。影響公司收益分配政策的法律因素主要有：

1. 資本保全約束

資本保全要求公司股利發放不能侵蝕資本，即公司發放的股利或投資分紅不得來源於原始投資（或股本），而只能來源於公司當期利潤或留存收益。其目的是保護債務人的權益，防止公司任意減少資本結構中所有者權益（股東權益）的比例。

2. 資本累積約束

資本累積約束要求公司必須按照一定比例和基數提取各種公積金，股利只能從公司的可供分配收益中支付。

3. 淨利潤約束

淨利潤約束要求公司帳面累計稅後利潤必須是正數才可以發放股利，以前年度的虧損必須足額彌補。也就是說，要求在具體的分配政策上，貫徹「無利不分」原則，即當公司出現年度虧損時，一般不得分配利潤。

4. 償債能力約束

償債能力是指公司按時足額償付各種到期債務的能力。相關法律規定公司如果要發放股利或投資分紅，就必須保證有充分的償債能力。也就是說，如果公司無力償付到期債務或因支付股利或投資分紅後會影響公司償還債務和正常經營，那麼為了保障債權人的利益，公司不能發放股利或投資分紅。

5. 超額累積利潤約束

超額累積利潤，是指公司的留存收益超過法律認可的水準。因為資本利得和股利收入的稅率不一致，公司通過保留利潤來提高其股票價格，則可使股東避稅。因此一些公司通過少發股利，累積利潤使股價上漲來幫助股東避稅。西方許多國家都注意到了這一點，並在法律上明確規定公司不得超額累積利潤，一旦公司留存收益超過法律認可的水準，將被加徵額外稅款。中國法律目前對此尚未做出規定。

(二) 股東因素

股東出於自身利益的考慮，在股權稀釋、稅負、穩定收入、規避風險等方面有著不同的要求，這些要求也會對公司的收益分配產生重要的影響，主要有以下幾個方面：

1. 控制權

公司的股利支付率高，必然導致保留盈餘減少，這就意味著將來有可能會通過發行新股為新的投資項目籌資，這時公司控制權就會被稀釋。因此，這些公司的股東往往限制股利的支付，而願意較多地保留盈餘，使公司用留存收益投資，以防止控制權旁落他人。

2. 稅負

一般來講，股利收入的稅率要高於資本利得的稅率，即使對這兩種收入課以相同的稅率，由於對股利收入課稅發生在股利分發時，而對資本利得課稅則可以遞延到實際出售股票時，考慮到資金的時間價值，其資本利得的實際稅負也小於股利收入的稅負。因此，很多股東會由於對稅負因素的考慮而偏好低股利政策，低股利政策會使他們獲得更多的納稅上的好處。

3. 穩定收入

有的股東依賴公司發放的現金股利維持生活，他們往往要求公司能夠支付穩定的股利，反對公司留存過多的收益。

4. 規避風險

一些股東認為通過留存收益使公司股票價格上升而獲得資本利得具有較大的不確定性，取得現實的股利比較可靠，因此，這些股東也會傾向於多分配股利。

第八章　收益分配管理

(三) 公司因素

公司出於長期發展與短期經營考慮，需要綜合考慮以下因素，來確定收益分配政策：

1. 籌資能力

不同的公司在資本市場上籌資的能力有一定的差別。若公司籌資能力強，能夠及時地從資金市場上籌措到所需的資金，則有可能採取較為寬鬆的收益分配政策，即多付股利少留存；而一個籌資能力較弱的公司，則宜保留較多的盈餘，因而往往採取較緊的收益分配政策。

2. 投資需求

收益分配政策要受到公司未來投資機會的影響。如果一個公司有較多的投資機會，那麼，它更適合採用低股利支付水準的分配政策。相反，如果一個公司的投資機會較少，那麼就有可能傾向於採用較高的股利支付水準的分配政策。

3. 盈餘穩定狀況

公司的收益分配政策在很大程度上會受其盈利能力的限制。盈利能力較強、相對穩定的公司可能支付較高的股利；而盈餘狀況不穩定的公司，由於對未來盈餘的把握小，往往會採取較低股利支付水準政策。

4. 資產流動狀況

保證有一定數量的現金和其他適當的流動資產，是維持公司正常經營的基礎和必備條件。較多地支付現金股利，會減少公司現金持有量，使資產的流動性降低。因此，如果公司的資產流動性差，即使收益可觀，也不宜分配過多的現金股利。

5. 籌資成本

與發行新股和舉債籌資相比，採用留存收益作為內部籌資的方式，不需支付籌資費用，其籌資成本較低。因此，很多公司在確定收益分配政策時，往往將公司的淨收益作為首選的籌資渠道，特別是在負債較多、資本結構欠佳的時期。

6. 償還債務的需要

公司的債務既可通過舉借新債或發行新股等方式籌集資金來償還，也可用經營累積的利潤償還。公司如果由於資本成本過高或其他限制性因素而難以進入資本市場的話，那麼它將採取低股利支付水準政策，用留存盈餘去償還債務。

7. 股利政策慣性

一般情況下，公司不宜經常改變其收益分配政策。公司在確定收益分配政策時，應當充分考慮股利政策調整有可能帶來的負面影響，如果公司歷年採取的股利政策具有一定的連續性和穩定性，那麼重大的股利政策調整有可能對公司的聲譽、股票價格、負債能力、信用等方面產生影響。另外，靠股利來生活和消費的股東不願意投資於股利波動頻繁的股票。

8. 其他因素

公司收益分配政策的確定還會受到公司一些其他因素的影響，如公司所處的行

業、生命週期、公司的資本結構、兼併或反收購等。

(四) 其他因素

1. 契約性約束

當公司以長期借款協議、債券契約、優先股協議以及租賃合約等形式向公司外部籌資時，常常應對方的要求，接受一些關於股利支付的限制性條款。這種限制常常包括：

(1) 未來股利只能用協議簽訂後的新收益支付(即限制動用以前的留存收益)；
(2) 流動資金低於一定標準時不得支付股利；
(3) 利息保障倍數低於一定標準時不得支付股利。

其目的在於促使公司把利潤的一部分按有關條款的要求，以某種形式(如償債基金)進行再投資，以保障債務如期歸還，維護債權人的利益。

2. 通貨膨脹

通貨膨脹會帶來貨幣購買力水準的下降，會導致公司沒有足夠的資金來源重置固定資產。此時公司往往不得不考慮留用一定的利潤，以便彌補貨幣購買力水準下降造成的固定資產重置成本缺口。因此，在通貨膨脹時期，公司一般採取偏緊的收益分配政策。

第二節　股利理論和股利政策

一、股利理論

關於股利與股票市價之間的關係，存在著不同的觀點，並形成了不同的股利理論。股利理論主要包括股利無關論、股利相關論。

(一) 股利無關論(又稱 MM 理論)

股利無關論觀點認為，在一定假設條件限定下，公司股票價格由公司投資方案和獲利能力所決定，股利政策不會對公司的股票價格或公司的價值產生影響。股東只關心公司收益的增長，至於支付多大比例的股利，股東並不關心。

股利無關論這一觀點是由美國經濟學家莫迪格萊尼(Modigliani)教授和財務學家米勒(Miller)教授(簡稱 MM)在 1961 年發表的學術論文《股利政策、增長與股票估價》中提出的，該文被學術界認為是對股利政策的性質和影響進行的第一次系統分析和研究。該理論是建立在完全市場理論之上的。其假定條件包括：

(1) 不存在個人所得稅或公司所得稅；
(2) 不存在任何籌資費用(包括發行費用和各種交易費用)；
(3) 公司制定的投資決策為投資者所瞭解，並與股利政策彼此獨立；
(4) 公司投資者可以和管理當局一樣獲取未來影響股票價格的任何信息，即投

第八章　收益分配管理

資者和管理當局的信息來源是對稱的。

由於上述假定實際上承認存在一種完整無缺的市場，所以股利無關論又稱為完全市場理論。

(二) 股利相關論

股利相關理論認為，公司的股利政策會影響股票價格。其主要包括以下四種：

1.「手中之鳥」理論

「手中之鳥」理論源於諺語「雙鳥在林不如一鳥在手」，所以又稱為「一鳥在手」理論，也稱為股利重要論。該理論是流行最廣泛和最持久的股利理論，主要代表人物是邁倫·戈登(M. Gordon)和約翰·林特納(J. Lintner)。該理論認為，用留存收益再投資給投資者帶來的收益具有較大的不確定性，並且投資的風險隨著時間的推移會進一步增大，因此，投資者會更喜歡現金股利，而不願意將收益留存在公司內部而去承擔未來的投資風險。又根據證券市場中收益與風險正相關的理論關係，當公司提高股利支付時，投資者由於需要承擔的投資風險較小，所要求的報酬率較低，所以會使公司股票價格上升；而當公司降低股利支付時，投資者相對承擔較高的投資風險，所要求的報酬率也較高，就會導致公司股票價格下降。因此，該理論認為公司的股利政策與公司的股票價格是密切相關的，即當公司支付較高的股利時，公司的股票價格會隨之上升，所以公司應採取較高支付水準的股利政策。

「手中之鳥」理論雖然流行時間最久、最廣泛，但它很難解釋投資者在收到現金後又購買公司新發行的普通股現象，它實際上混淆了投資者決策和股利政策對股票價格的影響。

2. 信號傳遞理論

信號傳遞理論認為，股利政策之所以會影響公司股票的價值，是因為在信息不對稱的情況下，股利能將公司的盈餘狀況、資金狀況和財務信息等提供給投資者，從而股利分配對股票價格有一定影響。一般而言，若一個公司的股利支付比率一直很穩定，那麼，投資者就可能對公司未來的盈利能力與現金流量抱有較為樂觀的預期；當公司突然大幅度地變動股利支付比率時，投資者會認為公司的財務狀況或盈餘情況有較大變動，因而股票價格也會發生變動。所以，在充滿風險的市場上，股利可以削減管理層與投資者之間信息水準的差異，可以提供明確的證據，證明公司創造現金的能力，進而影響股票價格。

3. 代理理論

股東作為公司的所有者，希望股東財富最大化，要求管理者盡最大的努力去實現權益資本滿意這一目標；但公司的管理者通常考慮自己利益，追求物質待遇，追求較少的勞動時間和較低的勞動強度，避免工作中的風險，不願為公司取得更高收益而付出較多的代價。從某種意義上說，管理者所得到的利益，正是股東所放棄的利益。公司的管理者與股東之間存在著代理衝突。股東為了保護自身利益，必須承擔一定的代理成本以減少這種衝突。但對於大型公司而言，如何有效做到這一點存

在許多困難，股東很難對管理者進行直接監控，這就需要第三者的介入。有學者發現，通過外部融資可以對解決代理衝突起到很好的作用。當公司向外發行股票或債券的時候，公司必須接受證券市場的審查和分析，包括銀行對公司信用的分析、證券評級機構的意見以及眾多分析專家的評價，不正當、不科學的管理行為必將暴露在證券市場上。新投資者接受那些力爭實現公司價值最大化的公司證券，這種公司能很好地解決代理衝突問題。在投資規模既定的前提下，股利支付率越高，公司需要發行的新股票就越多，接受的市場監管也就越多，同時，通過發放相當於閒置現金流量的股利，可以減少管理層浪費公司資金的機會。

因此，代理理論認為，股利政策就相當於協調股東與管理者之間代理關係的一種約束機制。高水準股利支付政策將有助於降低公司的代理成本，但同時也會增加公司的外部融資成本。最優的股利政策應使兩種成本之和最小化。

4. 所得稅差異理論

所得稅差異理論認為，由於普遍存在的稅率差及納稅時間差，資本利得收入比股利收入更有助於實現收益最大化目標，公司應當採用低股利政策。從現行的稅法規定看，股利的個人所得稅率一般高於資本利得稅率，即使資本利得稅率與股利的個人所得稅率相同，也由於股利所得稅的支付時間先於資本利得稅的支付時間而使低股利分配有利於股東，從而提升股票價值。

二、股利政策

股利政策是指在法律允許的範圍內，公司是否發放股利、發放多少股利以及何時發放股利的方針及對策。公司的淨收益可以支付給股東，也可以留存在公司內部，股利政策的關鍵問題是確定分配和留存的比例。股利政策不僅會影響股東的財富，而且會影響公司在資本市場上的形象及公司股票的價格，更會影響公司的長短期利益，因此，合理的股利政策對公司及股東來講是非常重要的。公司應當確定適當的股利政策，並使其保持連續性，以便股東據以判斷其發展的趨勢。在實際工作中，常用的股利政策主要有剩餘股利政策、固定或穩定增長股利政策、固定股利支付率政策和低正常股利加額外股利政策四種。

（一）剩餘股利政策

剩餘股利政策是指公司生產經營所獲得的淨收益首先應滿足公司的資金需求，如果還有剩餘，則派發股利；如果沒有剩餘，則不派發股利。剩餘股利政策的理論依據是 MM 股利無關論。

採用剩餘股利政策，應按照以下四個步驟進行：

（1）確定目標資本結構（最優資本結構），在此資本結構下，加權平均資本成本將達到最低水準。

（2）確立目標資本結構下投資所需的權益資本數額。

第八章　收益分配管理

新投資所需的權益資本數額 = 新投資所需的資金總額 × 目標權益比率　　（8.1）

（3）將投資所需的權益資本數額從盈餘中扣除。

（4）將扣除投資所需盈餘後的剩餘盈餘作為股利向股東分配。

發放股利總額 = 可供分配股利的稅後淨利潤 − 新投資所需的權益資本數額

（8.2）

【例1】假設ABC公司的資本中債務與權益的比例為4：6，流通在外的普通股為200萬股。公司2018年度可用於分配普通股股利的稅後淨利潤是800萬元。

（1）若2019年度投資所需資金為1,000萬元，則：

2019年投資所需的權益資本數額 = 1,000 × 60% = 600（萬元）

2019年發放股利總額 = 800 − 600 = 200（萬元）

每股股利 = 200 ÷ 200 = 1（元）

股利支付率 = 200 ÷ 800 = 25%

（2）若2019年度投資所需資金為1,330萬元，則：

2019年投資所需的權益資本數額 = 1,330 × 60% = 798（萬元）

2019年發放股利總額 = 800 − 798 = 2（萬元）

每股股利 = 2 ÷ 200 = 0.01（元）

股利支付率 = 2 ÷ 800 = 0.25%

（3）若2019年度沒有投資機會，則：

2019年投資所需的權益資本數額 = 0（萬元）

2019年發放股利總額 = 800（萬元）

每股股利 = 800 ÷ 200 = 4（元）

股利支付率 = 800 ÷ 800 = 100%

通過以上三種情況分析，可以看出，股利支付率決定於公司投資機會和當年的獲利情況。投資機會越多，用以支付現金股利的淨利潤越少；投資機會越少，滿足投資需求後可用以支付現金股利的資金越多。

剩餘股利政策的優點在於：有利於公司合理安排資金結構，使資本結構達到最佳狀態；充分利用較低成本的資金來源，以提高股票價格或使公司的價值達到最大；由於優先考慮未來投資所需的權益資金數額，可為公司未來盈利的穩定增長奠定良好基礎。

剩餘股利政策的缺點在於：由於投資機會和收益每年都有變化，而採用剩餘股利政策使每年的股利支付額受到公司未來投資機會和盈利水準的雙重制約，因此，可能造成各年股利支付額不穩定的現象，不利於樹立公司的良好形象，也不利於投資者安排收入和支出，從而不利於吸引追求穩定收入的股東投資。

剩餘股利政策比較適合於新成立的、處於初創期的公司。

（二）固定或穩定增長股利政策

固定或穩定增長股利政策是指公司將每年派發的股利額固定在某一特定水準或

是在此基礎上維持某一固定比率逐年穩定增長。只有在確信公司未來的盈利增長不會發生逆轉時，才會宣布實施固定或穩定增長的股利政策。在固定或穩定增長的股利政策下，首先應確定的是股利分配額，而且該分配一般不隨資金需求的波動而波動。不過近年來，受通貨膨脹的影響，許多公司開始實行穩定增長的股利政策，即公司在支付一定金額股利的基礎上，確定一個目標股利增長率，依據公司的盈利水準按目標股利增長率逐步提高公司股利支付水準，以抵消通貨膨脹的不利影響，最終達到吸引投資的目的。

固定股利政策的理論基礎是「手中之鳥」理論和「信號傳遞理論」。其主要優點是：

（1）通過固定或穩定增長的股利政策向投資者傳遞公司的盈利情況以及財務狀況穩定且逐步提高的信息，樹立公司的良好形象，增強投資者對公司的信心，從而穩定公司股票價格，吸引更多的投資者。

（2）有利於投資者安排股利收入和支出，特別是那些對股利有著很高依賴性的股東更是如此。而股利忽高忽低的股票，則不會受這些股東的歡迎，股票價格會因此而下降。

（3）可以避免股利支付的大幅度、無序性波動，有助於預測公司現金流出量，便於公司進行資金調度和財務安排。

該股利政策的缺點在於：

（1）股利的支付與盈餘脫節，使股利分配水準不能反應公司的績效水準。當盈餘較低時仍要支付固定的股利，這可能導致資金短缺、財務狀況惡化。

（2）它不能像剩餘股利政策那樣使公司保持較低的資本成本，可能會給公司造成較大的財務壓力，甚至可能侵蝕公司留存利潤和公司資本。

固定股利政策比較適合於經營比較穩定或正處於成長期、信譽一般的公司，但很難被長期採用。

（三）固定股利支付率政策

固定股利支付率政策是指公司確定一個固定的股利占盈餘的比例，並且每年按這一固定比例支付股利給股東。這種股利政策與剩餘股利政策順序相反，它是先考慮派發股利，後考慮留存收益。固定股利支付率越高，公司留存收益就越少。其計算公式如下：

發放股利總額 = 當年可用於分配普通股股利的稅後淨利潤 × 固定股利支付率

(8.3)

當年留存收益額 = 當年可用於分配普通股股利的稅後淨利潤 − 發放股利總額

(8.4)

【例2】ABC公司2018年實現稅後淨利潤為500萬元，該公司採取固定股利支付率政策分配股利，股利支付率為40%，則：

當年發放股利總額 = 500 × 40% = 200(萬元)

第八章　收益分配管理

若 2019 年投資所需資金 400 萬元，則：

稅後淨利潤中可用於投資的金額 = 500 － 200 = 300(萬元)

公司需對外籌資額 = 400 － 300 = 100(萬元)

固定股利支付率政策的主要優點是：

(1) 採用固定股利支付率政策，股利與公司盈餘緊密地配合，體現了多盈多分、少盈少分、無盈不分的股利分配原則。

(2) 保持了股利與淨利潤間的一定比例關係，體現了投資風險與投資收益的對稱性。

該股利政策的缺點在於：

(1) 傳遞的信息容易成為公司的不利因素。當公司盈餘在各個期間波動不定時，其支付的股利也將隨之波動，這就不利於樹立公司的良好形象，不利於穩定股票價格。

(2) 公司財務壓力較大，缺乏財務彈性。

(3) 確定合理的固定股利支付率難度很大。

固定股利支付率政策適合於穩定發展的公司和財務狀況處於較穩定階段的公司。

(四) 低正常股利加額外股利政策

低正常股利加額外股利政策，是指公司事先設定一個較低的正常股利額，每年除了按正常股利額向股東發放現金股利外，還在公司盈利情況好、資金較為充裕的年度向股東發放高於每年度正常股利的額外股利。它是介於固定股利政策和固定股利支付率政策之間的一種折中的股利政策。

【例3】ABC 公司發行在外的普通股股數為 200 萬股，2018 年的稅後利潤為 1,000 萬元，該公司採用低正常股利加額外股利政策，低正常股利為每股 1 元。2019 年該公司實現稅後利潤 1,500 萬元，打算加付額外股利給股東。額外股利以 2018 年的稅後利潤為基數，按照稅後淨利潤每增長 1 元，股利增長 0.3 的原則發放，則：

2018 年發放的股利額 = 1 × 200 = 200(萬元)

2019 年發放的股利額 = 1 × 200 + (1,500 － 1,000) × 0.3 = 350(萬元)

低正常股利加額外股利政策的優點是：

(1) 既能使那些高度依賴股利生活的股東獲得較低但卻很穩定的股利收入，又可以在公司盈餘較多時適當增加股利，使股東分享到經濟繁榮帶來的利益，對投資者具有較強吸引力。

(2) 能使公司具有較大的財務靈活性，即當公司盈餘較少或因有較好的投資機會而需大量投資時，可維持較低的正常股利，股東不會因此而失望。而當公司盈餘較多或無投資需求時，可適度增發股利，以增強投資者的持股或投資信心，提升股票價格。

該股利政策的缺點在於：

(1) 股利派發仍然缺乏穩定性，額外股利隨著盈利的變化而變化，時有時無，給人不穩定的印象。

(2) 如果公司較長時期一直發放額外股利，股東就會誤認為這是正常股利，一旦取消，極易造成公司「財務狀況」逆轉的負面影響，導致股價下跌。

低正常股利加額外股利政策適合於盈利經常波動的公司。

第三節　股利分配程序與方案

一、股利分配程序

根據中國《公司法》第一百六十六條、《公司財務通則》第四十五、四十六條以及《稅法》等法規的規定，股份有限公司當年實現的利潤總額，應按照國家稅法規定作相應調整後，依法交納所得稅，然後按下列順序進行分配：

(一) 彌補以前年度虧損

彌補以前年度虧損，是指彌補超過用所得稅稅前利潤抵補虧損的法定期限後仍未補足的虧損。

公司發生的年度虧損，可以用下年度的利潤彌補；下年度利潤不足彌補的，可以在五年內用所得稅稅前利潤延續彌補。延續五年未彌補的虧損，用稅後利潤彌補，或者經投資者審議後用盈餘公積彌補。公司在以前年度虧損未彌補之前，不得向投資者分配利潤。

(二) 提取法定盈餘公積金

公司分配當年稅後利潤時，應當提取利潤的10%列入法定公積金。法定公積金累計額為公司註冊資本的50%以上的，可以不再提取。法定盈餘公積金可用於彌補虧損、擴大公司生產經營或轉增資本，但公司用盈餘公積金轉增資本後，法定盈餘公積金的餘額不得低於轉增前公司註冊資本的25%。

(三) 提取任意盈餘公積金

按照公司章程或者投資者決議提取任意盈餘公積，其目的是控制向投資者分配利潤的水準以及調整各年利潤分配的波動，通過這種方法對投資者分配的利潤加以限制和調節。

(四) 向股東(投資者) 分配股利(利潤)

公司的稅後利潤在按照上述順序分配後，剩餘部分為公司可供投資者分配的利潤。公司應根據投資協議、合同或者法律的規定向投資者分配利潤。公司以前年度未分配的利潤，可以並入本年度向投資者分配。另外，如果公司當年無利潤，一般不得向投資者分配利潤，但若用公積金補虧後，經股東大會特別決議，可按照不超過股票面值6%的比率用公積金向股東分配股利，不過留存的法定公積金不得低於註冊資本的25%。

根據《公司法》相關規定，股東會、股東大會或者董事會違反相關規定，在公司

第八章　收益分配管理

彌補虧損和提取法定公積金之前向股東分配利潤的，股東必須將違反規定分配的利潤退還公司。另外，公司持有的本公司股份不得分配利潤。

二、股利分配方案的確定

公司應該根據自身盈利狀況以及投融資的需要，通過分析，權衡利弊，選擇合理的股利分配政策，制定出適合公司具體特點的股利分配方案。

確定股利分配方案需要考慮以下三個方面的內容。

（一）選擇股利政策

公司選擇股利政策通常需要考慮以下幾個因素：

（1）公司所處的成長與發展階段；

（2）公司支付能力的穩定情況；

（3）公司獲利能力的穩定情況；

（4）目前的投資機會；

（5）投資者的態度；

（6）公司的信譽狀況。

不同的股利政策都有其不同的適應範圍，也就是說，公司處於不同的歷史發展階段，所適用的股利分配政策是不一樣的。公司在不同成長與發展階段所採用的股利政策如表8－1所示：

表8－1　　　　　　　　　公司股利分配政策的選擇

公司發展階段	特點	適應的股利政策
公司初創階段	公司經營風險高，融資能力差	剩餘股利政策
公司高速發展階段	產品銷量急遽上升，需要進行大規模的投資	低正常股利加額外股利政策
公司穩定增長階段	銷售收入穩定增長，公司的市場競爭力增強，行業地位已經鞏固，公司擴張的投資需求減少，廣告開支比例下降，淨現金流量穩步增長，每股淨利呈上升態勢	固定股利政策或固定股利支付率政策
公司成熟階段	產品市場趨於飽和，銷售收入難以增長，但盈利水準穩定，公司通常已累積了相當的盈餘和資金	固定股利支付率政策或固定股利政策
公司衰退階段	產品銷售收入銳減，利潤嚴重下降，股利支付能力日降	剩餘股利政策

（二）確定股利支付水準

股利支付水準通常用股利支付率來衡量。股利支付率是當年發放股利與當年淨利潤之比，或每股股利與每股收益之比。股利支付率是股利政策的核心。股利支付率的制定往往使公司處於兩難的境地。低股利支付率政策雖然有利於公司對收益的

留存，有利於擴大投資規模和未來的持續發展，但顯然在資本市場上對投資者的吸引力會大大降低，進而影響公司未來的增資擴股；而高股利支付率有利於增強公司股票的吸引力，有助於公司在公開市場上籌措資金，但由於留存收益的減少，又會給公司資金週轉帶來影響，加重公司財務負擔。

是否對股東派發股利以及股利支付率高低的確定，主要取決於公司對下列因素的權衡：① 公司所處的成長週期及目前的投資機會；② 公司的再籌資能力及籌資成本；③ 公司的資本結構；④ 股利信號傳遞功能；⑤ 借款協議以及法律限制；⑥ 股東偏好；⑦ 通貨膨脹因素等。

（三）確定股利支付形式

股份有限公司支付股利的形式有現金股利、股票股利、財產股利和負債股利，其中最基本的是現金股利和股票股利。

1. 現金股利

現金股利，是指股份公司以現金的形式發放給股東的股利。發放現金股利將同時減少公司資產負債表上的留存收益和現金，所以公司選擇支付現金股利時，除了要有足夠的留存收益之外，還要有足夠的現金。而充足的現金往往會成為公司發放現金股利的主要制約因素。上市公司發放現金股利主要出於三個原因：投資者偏好、減少代理成本和傳遞公司的未來信息。

2. 股票股利

股票股利，是指公司以增發股票的方式發放的股利，即以股票作為股利的一種形式，按股東股份的比例發放。它不會引起公司資產的流出或負債的增加，而只涉及股東權益內部結構的調整。

發放股票股利的優點主要有：

（1）可將現金留存公司用於追加投資，同時減少籌資費用；

（2）股票變現能力強，易流通，股東樂於接受；

（3）可傳遞公司未來經營績效的信號，增強投資者對公司未來的信心；

（4）便於今後配股融通更多資金和刺激股價。

3. 財產股利

財產股利，是指公司用現金以外的其他資產分配股利。常用的形式是用公司持有的其他公司的股票、債券等有價證券來發放股利。由於有價證券的流動性和安全性僅次於現金，而獲利性卻高於現金，因而投資者比較樂於接受。從公司角度來講，以有價證券形式發放股利的好處在於可以使公司保持發放股利的良好記錄，同時又不會造成其現金的短缺。

4. 負債股利

負債股利，是指公司通過向股東負債的形式來代替股利發放。負債股利的具體形式有兩種：本公司發行的公司債券和本公司開出的帶息應付票據。對股東來說，負債股利儘管還不是貨幣收入，但是可通過債券或帶息票據的利息給予補償。對公司來說，如果

第八章　收益分配管理

近期現金不足，那麼支付負債股利往往較為理想，因為可以推遲現金支出的時間。

財產股利和負債股利實際上是現金股利的替代方式，這兩種股利支付方式在實務中很少使用，但並非法律所禁止。

三、股利的發放

公司在選擇了股利政策、確定了股利支付水準和方式後，應當進行股利的發放。公司分配股利必須遵循法定的程序，先由董事會提出分配預案，然後提交股東大會決議，股東大會決議通過分配預案之後，向股東宣布發放股利的方案，並確定股權登記日、除息日和股利支付日等。一般來說，股份有限公司應當每年向股東支付一次股利，有的公司半年甚至每個季度支付一次股利。一般情況下，股利的支付需要按照下列日程來進行：

（一）預案公布日

上市公司分派股利時，首先要由公司董事會制定分紅預案，包括本次分紅的數量、分紅的方式、股東大會召開的時間、地點及表決方式等，以上內容由公司董事會向社會公開發布。

（二）宣告日

股利宣告日，是指公司董事會將股利支付情況予以公告的日期。公告中將宣布每股支付的股利、股權登記期限、除去股息的日期和股利支付日期。

（三）股權登記日

股權登記日，是指有權領取股利的股東資格登記截止日期，只有在股權登記日這一天在公司股東名冊上有名的股東，才有權分享股利。

（四）除權日、除息日

如前面所述，公司向股東支付股利的主要形式有股票股利和現金股利。當公司發放股票股利時，流通在外的股數增多，但發放股票前後，公司整體價值不變，所以每股價值就會下降；當公司發放現金股利後，為使發放前後的價格一致，就必須將股票的價格，按照現金股利予以同等金額的下降。這種因發放股票股利而向下調整股價的行為就是除權，因發放現金股利而向下調整股價的行為就是除息。

除權日（或除息日），就是指領取股利的權利與股票相互分離的日期。在除權日（或除息日）之前的股票交易都是含股利的，從除權日（或除息日）起，股票交易將不再含有股利，賣者仍可享有股利。也就是說，在除權日（或除息日）之前買入股票的投資者將獲得當期股利，而在除權日（或除息日）當日或之後買入股票的投資者將不能獲得當期股利。通常除權日（或除息日）在股權登記日的第二天。

（五）股利支付日

股利支付日，是指公司向股東支付股利的日期。

【例4】假定ABC公司2018年4月10日發布公告：「本公司董事會在2018年4月

公司財務

10日的會議上通過決議,定於2018年5月10日向在2018年4月20日在冊的所有股東發放每股3元的股利。」

本例中,2018年4月10日為甲公司的股利宣告日;2018年4月20日為股權登記日;2018年4月21日為除息日;2018年5月10日為股利支付日。

◉ 第四節　股票股利與股票分割

一、股票股利

股票股利,是指公司用增發股票的方式代替現金發放股利,是按原股份的比例發給股東的新股。它通常以比例形式(配股率)來表示,如增發10%的股票股利,股東現在持有的每10股股票將能得到1股新股票。採用股票股利時,公司的資產和負債都保持不變,股東財富並沒有增加,只是所有者權益內部各項目的結構以及股票的市場價格發生了變化。若不考慮其他因素,在正常情況下,除權後股票價格的計算公式如下:

$$除權後的價格 = \frac{前一交易日該股票收盤價格}{1 + 配股率} \qquad (8.5)$$

【例5】ABC公司總股本為1,000股,決定發放股票股利500股(即配股率為50%),7月15日為除權日,已知7月14日的股票收盤價為15元。則:

$$7月15日的價格 = 15 \div (1 + 50\%) = 10(元)$$

可以用於發放股票股利的,除了當年的可供分配利潤外,還有公司的盈餘公積金和資本公積金。

【例6】ABC公司發行在外的普通股股數為800萬股,每股面值為10元,每股市價為15元。現決定發放10%的股票股利,即每10股派1股。該公司發放股票股利前後的股東權益結構如表8-2所示:

表8-2　　　　　　　　　　公司股東權益結構

項目	發放股票股利前	發放股票股利後
淨利潤(萬元)	1,600	1,600
股本(萬元)	8,000	8,800
股份數(萬股)	800	880
每股面值(元)	10	10
資本公積(萬元)	1,500	1,900
盈餘公積(萬元)	2,500	2,500
未分配利潤(萬元)	3,000	1,800
股東權益合計(萬元)	15,000	15,000
每股收益(元)	2	1.82
每股市價(元)	15	13.66
公司的市值(萬元)	12,000	12,000

第八章　收益分配管理

從表 8-2 中可以看出，由於公司發放 10% 的股票股利，則：
減少的未分配利潤 = 800 × 10% × 15 = 1,200(萬元)
由於每股市價 15 元，面值 10 元，每股股票溢價額 = 15 - 10 = 5(元)
增加股本額 = 800 × 10% × 10 = 800(萬元)
增加的資本公積金 = 800 × 10% × 5 = 400(萬元)
股東權益合計數不變。
發放股票股利前：
每股收益 = 1,600 ÷ 800 = 2(元)
公司的市值 = 800 × 15 = 12,000(萬元)
發放股票股利後：
每股收益 = 1,600 ÷ 880 ≈ 1.82(元)

每股股票價格 = $\dfrac{15}{1+10\%}$ ≈ 13.64(元)

公司的市值 = 880 × $\dfrac{15}{1+10\%}$ = 12,000(萬元)

公司的市值也不變。

可見，發放股票股利只是將公司的稅後利潤資本化，並不會導致公司現金支出的增加，也不會使股東權益和公司的價值發生變化，所以它是一種能有效地降低現金流出的股利支付方式。另外，一般來說，如果不考慮股票市價的波動，發放股票股利後的股票價格應當按發放的股票股利的比例而成比例下降(如上例從 15 元降到 13.64 元)，有助於公司把股票市價維持在希望的範圍內。

二、股票分割

(一) 股票分割的含義

股票分割(又稱拆股)，是指將高面額股票拆換為低面額股票的行為，例如將 1 股面值為 2 元的股票拆換為 2 股面值為 1 元的股票。股票分割對公司的資本結構不會產生任何影響，一般只會使發行在外的股票總數增加，資產負債表中股東權益各帳戶(股本、資本公積、留存收益)的餘額都保持不變，股東權益的總額也保持不變。因此，股票分割與股票股利非常相似，都是在不增加股東權益的情況下增加了股份的數量，所不同的是，股票股利雖不會引起股東權益總額的改變，但股東權益構成項目之間的比例會發生變化，而股票分割之後，股東權益總額及其構成項目的金額都不會發生任何變化，變化的只是股票的面值。

【例7】某公司原發行面額 10 元的普通股 800 萬股，本年淨利潤為 1,600 萬元。若按 1 股換成 2 股的比例進行股票分割，則分割前後的股東權益各項目如表 8-3 所示：

199

表 8－3　　　　　　　　　股票分割前後股東權益對照表

項目	股票分割前	股票分割後
淨利潤(萬元)	1,600	1,600
股份數(萬股)	800	1,600
每股面值(元)	10	5
股本金額(萬元)	8,000	8,000
資本公積(萬元)	1,500	1,500
盈餘公積(萬元)	2,500	2,500
未分配利潤(萬元)	3,000	3,000
股東權益合計(萬元)	15,000	15,000
每股收益(元)	2	1
每股市價(元)	15	7.5
公司的市值(萬元)	12,000	12,000

從表 8－3 可知，股票分割前後公司淨利潤均為 1,600 萬元，股票分割前的每股收益為 2 元，分割後的每股收益為 1 元；分割前每股市價為 15 元，分割後每股市價為 7.5 元[15/(1＋100％)]。而股東權益和公司的市值均沒有發生變化，均為15,000 萬元和 12,000 萬元。

對比表 8－2 和表 8－3，我們可以看出，股票分割與股票股利是非常相似的。在西方實踐中，一般根據有關證券管理部門的規定來加以區別。例如美國紐約股票交易所規定，公司發放 25％ 以上的股票股利都被認為是股票分割；而進行低於 25％ 的股利分派是股票股利。

對於公司而言，實行股票分割的主要目的在於通過增加股票股數降低每股市價，從而吸引更多的投資者。此外，股票分割往往是成長中公司的行為，所以宣布股票分割後容易給人一種「公司正處於發展之中」的印象，這種有利信息會對公司有所幫助。

對於股東而言，股票分割後各股東持有的股數增加，但持股比例不變，持有股票的總價值不變。不過，只要股票分割後每股現金股利的下降幅度小於股票分割幅度，股東仍能多獲現金股利。

【例8】假定某公司股票分割前每股現金股利為 2 元，A 股東持有 100 股，則可分得現金股利 ＝ 2 × 100 ＝ 200(元)，若公司按 1 換 2 的比例進行股票分割，則：

A 股東股數 ＝ 100 × 2 ＝ 200(股)

若現金股利降為每股 1.10 元，則：

A 股東可得現金股利 ＝ 1.1 × 200 ＝ 220(元)

可見，此時 A 股東獲得的現金股利大於其股票分割前所得的現金股利。只有當每股現金股利低於 1 元時，才會使其股利所得低於分割前的水準。

另外，股票分割向社會傳播的有利信息和降低了股價，可能導致購買該股票的

第八章　收益分配管理

人數增加,反使其價格上升,進而增加股東財富。

儘管股票分割與發放股票股利都能達到降低公司股價的目的,但一般來說,只有在公司股價劇烈上漲且預期難以下降時,才採用股票分割的辦法降低股價;而在公司股價上漲幅度不大時,往往通過發放股票股利的方法將股價維持在理想的範圍之內。

(二)股票分割的作用

(1)股票分割會使公司股票市價降低,買賣該股票所必需的資金量減少,易於增加該股票在投資者之間的換手,並且可以使更多的資金實力有限的潛在股東變成持股的股東。因此,股票分割可以促進股票的流通和交易。

(2)股票分割可以向投資者傳遞公司發展前景良好的信息,有助於提高投資者對公司的信心。

(3)股票分割可以為公司發行新股做準備。公司股票價格太高,會使許多潛在的投資者力不從心而不敢輕易對公司的股票進行投資。在新股發行之前,利用股票分割降低股票價格,可以促進新股的發行。

(4)股票分割有助於公司併購政策的實施,增加對被併購方的吸引力。

【例9】假設有A、B兩家公司,A公司股票每股市價為80元,B公司股票每股市價為8元,A公司準備通過股票交換的方式對B公司實施併購,如果A公司以1股股票換取B公司的10股股票,可能會使B公司的股東在心理上難以承受;相反如果A公司先進行股票分割,將原來的股票1股拆分為5股,然後再以1∶2的比例換取B公司股票,則B公司的股東在心理上可能會容易接受一些。因此,通過股票分割的辦法改變被併購公司股東的心理差異,更有利於公司併購方案的實施。

(5)股票分割帶來的股票流通性的提高和股東數量的增加,會在一定程度上加大對公司股票惡意收購的難度。

第五節　現金股利與股票回購

一、現金股利

現金股利,是指公司直接以現金支付的股利,是股利支付的主要方式。通常情況下,如未作特別說明,所謂股利均指現金股利。一般來說,公司支付現金股利除了要有足夠的累計留存盈餘外,還要有足夠的現金。現金股利的發放會對股票價格產生直接影響,在股票除息日之後股票價格會下跌。若不考慮其他因素,在正常情況下,除息後股票價格的計算公式如下:

$$除息後價格 = 股權登記日收盤價 - 每股所派現金 \qquad (8.6)$$

【例10】ABC公司決定於8月7日除息,發放現金股利3元。8月6日收盤價為50

元，那麼在 8 月 7 日的開盤參考價 = 50 − 3 = 47(元)。

當公司宣告發放現金股利後，即將發放的股利就形成了公司的一項流動負債，同時會引起公司未分配利潤的減少；當實際支付股利時，又會引起流動負債和現金的減少。因此，現金股利支付方式，不僅會引起公司資產總額的減少，還會引起股東權益總額的減少，並且兩者減少的數額相同。由於發放現金股利時，公司的現金流出量加大，因此，發放股利應保證不會影響公司正常的資金週轉。

二、股票回購

(一) 股票回購的含義與方式

股票回購，是指上市公司出資將其發行在外的股票以一定價格購買回來予以註銷或作為庫存股的一種資本運作方式。

中國《公司法》第一百四十二條規定，公司不得收購本公司股份。但是，有下列情形之一的除外：

(1) 減少公司註冊資本；

(2) 與持有本公司股份的其他公司合併；

(3) 將股份獎勵給本公司職工；

(4) 股東因對股東大會做出的公司合併、分立決議持異議，要求公司收購其股份的。

股票回購的方式主要有三種：一是在市場上直接購買；二是向全體股東按照相同比例發出購回要約；三是與少數大股東協商購買。

對於國有股，一般採用協商回購，因為它是特定的回購對象，而且持股比例相對較大，所以採取協商方式會較有利於回購的順利完成。

對於流通股(A、B、H 股) 所採用的回購方式較為靈活，可以在市場上直接購買，也可以用現金要約收購。在採用上述方式時應考慮到兩種方式對證券二級市場所產生的不同影響。原則上不採用協商性質的回購，因為所面對的是一群不特定的投資者，協商在這種情況下操作是有一定難度的。

(二) 股票回購的動機

公司回購股票的動機主要有：

1. 提高財務槓桿比例，改善公司的資本結構

當公司權益資金在資本結構中所占的比重過高時，公司可能用借債所得的資金回購股票，以改善資本結構。

2. 滿足公司兼併與收購的需要

公司可利用庫藏股票交換被併購公司的股票，減少或消除因公司併購而帶來的每股收益的稀釋效應和現金支出。

第八章　收益分配管理

3. 滿足認股權的行使

在公司發行可轉換債券、認股權證或實行高層經理人員股票期權計劃以及員工持股計劃的情況下，採用股票回購的方式既不會稀釋每股收益，又能滿足認股權的行使。

4. 鞏固既定控制權或轉移公司控制權

許多股份公司的大股東為了保證其所代表股份公司的控制權不被改變，往往採取直接或間接的方式回購股票，從而鞏固既有的控制權。另外，有些公司的法定代表人並不是公司大股東的代表，為了保證不改變在公司中的地位，也為了能在公司中實現自己的意志，往往也採取股票回購的方式分散或削弱原控股股東的控制權，以實現控制權的轉移。

5. 分配公司超額現金，代替現金股利

如果公司有多餘的現金，而又沒有更好的投資機會使用這筆現金時，公司可能通過回購股票將現金分配給股東，此時可將股票回購看作現金股利的替代。

6. 提高報告期的每股收益

由於財務上的每股收益指標是以流通在外的股份數作為計算基礎的，有些公司為了自身形象和投資人的需求等，採取股票回購的方式來減少實際支付股利的股份數，從而提高每股收益指標。

7. 傳遞公司的信息以穩定或提高公司的股價

由於信息不對稱和預期差異，證券市場上的公司股票價格可能被低估，而過低的股價將會對公司產生負面影響。因此，如果公司認為公司的股價被低估時，可以進行股票回購，以向市場和投資者傳遞公司真實的投資價值，穩定或提高公司的股價。這時，股票回購就是公司管理層向市場和投資者傳遞公司內部信息的一種手段。一般情況下，投資者會認為股票回購意味著公司認為其股票價值被低估而採取的應對措施。

8. 防止敵意收購

股票回購有助於公司管理層避開競爭對手企圖收購的威脅，因為它可以使公司流通在外的股份數變少，股價上升，從而使收購方要獲得控制公司的法定股份比例變得更為困難。而且，股票回購可能會使公司的流動資金大大減少、財務狀況惡化，這樣的結果也會減少收購公司的興趣。

(三) 股票回購應考慮的因素

公司回購股票應考慮的因素主要有：

(1) 股票回購的節稅效應。股票購回後股東得到的是資本利得，交納資本利得稅，而股東收到現金股利則交納股利所得稅。由於資本利得稅率往往低於股利所得稅率，因此與現金股利相比，股東可通過股票購回產生節稅效應，同時也由於股票購回，增強了公司支配現金的靈活性。

(2) 投資者對股票回購的反應。由於公司購回股票，投資者可能會認為公司沒

公司財務

有達到理想的增長率或者沒有可行的投資項目，從而導致投資者對公司失去信心，使股價下跌。

（3）股票回購對股票市場價值的影響。股票回購可減少流通在外的股票數量，相應提高每股收益，降低市盈率，從而推動股價上升或將股價維持在一個合理的水準上。

（4）股票回購對公司信用等級的影響。

（四）股票回購的負效應

股票回購可能對上市公司經營造成的負面影響有：

（1）股票回購需要大量資金支付回購的成本，易造成資金緊缺，資產流動性變差，影響公司發展後勁。因此，上市公司進行股票回購時，首先必須確保其資金實力足夠雄厚。

（2）股票回購可能使公司的發起人股東更注重創業利潤的兌現，而忽視公司長遠的發展，損害公司的根本利益。

（3）股票回購容易導致內部操縱股價。

本章小結

收益分配是財務管理的一項重要內容，它不僅影響公司的籌資和投資決策，也直接影響公司的生存與發展。因此，公司在進行收益分配時，應遵循股利分配的基本原則，在確定收益分配政策時，還應考慮到法律、股東以及公司自身的因素。

股利理論有股利無關論、股利相關論。在公司實際營運過程中，一般有剩餘股利政策、固定或穩定增長股利政策、固定股利支付率政策和低正常股利加額外股利政策四種可供選擇。這些政策分別適用於公司發展的各個階段，具體選用時將會受到很多方面因素的影響。因此，公司在確定自己的股利分配方案時，應借鑑各政策的基本決策思想，制定適合自己具體實際情況的股利政策，選擇現金股利、股票股利等適當的股利支付方式。現金股利是以現金的形式發放給股東的股利。股票股利是指公司以股票形式發放的股利。

思考題

1. 影響股利分配的主要因素有哪些？
2. 怎樣理解股利分配與公司價值的相關性？
3. 什麼是剩餘股利政策？它對股票價格有何影響？
4. 股利政策的採用對公司將產生什麼影響？
5. 股票股利相對於現金股利有何優點和缺陷？
6. 股利支付的一般程序是怎樣的？

第八章　收益分配管理

7. 股份有限公司通常採用的股利支付方式有哪幾種？
8. 試比較股票股利、股票分割和股票回購的異同。

練習題

1. 某公司 2018 年稅後利潤為 1,000 萬元，2019 年擬上的一個新項目需投資 900 萬元，公司的目標結構為資產負債率 40%，公司流通在外的普通股為 500 萬股，如果公司採用剩餘股利政策分配股利，試計算：
   (1) 公司本年可發放的股利額；
   (2) 股利支付率；
   (3) 每股股利。

2. 某公司現有發行在外的普通股 2,000,000 股，每股面值 1 元，資本公積 3,000,000 元，未分配利潤 8,000,000 元，股票市價 10 元，各按 10% 的比例發放股票股利並按市價折算，要求計算發放股票股利後公司資本公積帳戶的餘額。

3. 某公司 2017 年的稅後淨利為 800 萬元，分配現金股利 320 萬元。2018 年的稅後淨利為 500 萬元。已知該公司 2019 年沒有計劃投資項目。試計算：
   (1) 固定股利政策下，該公司 2018 年應分配的現金股利；
   (2) 固定股利支付率政策下，該公司 2018 年應分配的現金股利；
   (3) 低正常股利加額外股利政策下，該公司 2018 年應分配的現金股利。

4. 某公司年終利潤分配前的股東權益項目資料如下：

公司股東權益項目表

單位：萬元

項目	金額
普通股(每股面值 3 元，已發行 200 萬股)	600
資本公積	160
未分配利潤	840
股東權益合計	1,600

公司股票的每股現行市價為 30 元。

(1) 計劃按每 10 股送 1 股的方案發放股票股利，並按發放股票股利後的股數每股派發現金股利 0.2 元，股票股利的金額按現行市價計算。計算完成這一分配方案的股東權益各項目數額。

(2) 若按 1 股換 2 股的比例進行股票分割，計算股東權益各項目數額、普通股股數。若按股票分割後的股數每股派發現金股利 0.12 元，那麼股東權益各項目數額又是多少？

5. 某公司發行在外的普通股股數為 120 萬股，該公司 2017 年的稅後利潤為

公司財務

3,600萬元，共發放現金股利1,200萬元，該公司2018年實現稅後利潤4,000萬元，預計該公司在2019年有良好的投資機會，需要追加投資5,000萬元。該公司的資本結構為所有者權益資金占資產總額的60%，目前的資本結構為最佳的資本結構。

要求：

（1）如果該公司採用剩餘股利政策，則2018年將發放的股利是多少？如果追加投資需要資金10,000萬元，則2018年將發放的股利為多少？

（2）如果該公司實行正常股利加額外股利政策，低正常股利為每股1元，額外股利以2017年的稅後利潤為基數，按照稅後淨利潤每增長1元，股利增長0.5的原則發放，則公司2018年應發放的股利為多少萬元？

第九章
財務分析

第一節　財務分析概述

一、財務分析的定義

　　財務分析是公司的投資者、債權人、經營者及其他利益相關者以會計核算資料為主要依據，運用專門的方法和手段，對公司償債能力、營運能力、獲利能力和發展能力等進行分析與評價，旨在瞭解公司過去、評價公司現狀、預測公司未來，以做出正確決策的分析工作。財務分析是公司財務中的重要方法之一，它是對公司一定期間的財務活動的總結，為公司進行下一步的財務預算和財務控制提供依據。

二、財務分析的目的

　　(一) 從財務分析的內容來看其目的
　　1. 評價公司的償債能力
　　通過對公司的財務報告等會計資料進行分析，公司的經營管理者、投資者和債權人可以瞭解公司資產的流動性、負債水準以及償還債務的能力，從而評價公司的財務狀況和經營風險。
　　2. 評價公司的營運能力
　　公司營運能力反應了公司對資產的利用和管理的能力。公司的生產經營過程就是利用資產取得收益的過程。資產是公司生產經營活動的經濟資源，資產的利用和管理能力直接影響公司的收益，它體現了公司的整體素質。進行財務分析，可以瞭

解到公司資產的保值和增值情況，分析公司資產的利用效率、管理水準、資金週轉狀況、現金流量情況等，為評價公司的經營管理水準提供依據。

3. 評價公司的獲利能力

獲取利潤是公司的主要經營目標之一，它也反應了公司的綜合素質。公司要生存和發展，必須爭取獲得較高的利潤，這樣才能在競爭中立於不敗之地。投資人和債權人都十分關心公司的獲利能力，獲利能力強可以提高公司償還債務的能力，提高公司的信譽。對公司獲利能力的分析不能僅看其獲取利潤的絕對數，還應分析其相對指標，這些都可以通過財務分析來實現。

4. 評價公司的發展趨勢

無論是公司的經營管理者，還是投資者、債權人，都十分關注公司的發展趨勢，這關係到他們的切身利益。通過對公司進行財務分析，可以判斷出公司的發展趨勢，預測公司的經營前景，從而為公司經營管理者和投資人進行經營決策和投資決策提供重要的依據，避免決策失誤給其帶來重大的經濟損失。

(二) 從財務分析的主體來看其目的

公司財務分析主體構成的多元化導致了目標的多元化，從而構成財務分析的目標體系，分析目標的不同又導致了分析內容的不同。

1. 從公司投資者角度看財務分析的目的

公司的投資者包括公司的所有者和潛在的投資者。他們進行財務分析的最根本目的是看公司的獲利能力狀況，因為獲利能力是投資者保值和增值的關鍵。但是投資者只關心獲利能力還是不夠的，為了確保資本保值、增值，他們還應研究公司的權益結構、支付能力和營運狀況。只有投資者認為公司有著良好的發展前景，公司的所有者才會保持或增加投資，潛在投資者才會把資金投入該公司。

2. 從公司債權人角度看財務分析的目的

公司債權人包括公司借款的銀行及一些金融機構、購買公司債券的單位與個人等。債權人進行財務分析的目的與經營者和投資者都不一樣，銀行等債權人一方面從各自經營或收益目的出發願意將資金貸給某公司；另一方面又要非常小心地觀察和分析該公司有無違約或清算破產的可能性。一般地說，銀行、金融機構及其他債權人不僅要求本金能到時收回，而且要得到相應的報酬或收益，而這個收益的大小又與其承擔的風險程度相適應，通常償還期越長，風險越大。因此，從債權人角度進行財務分析的主要目的，一是看其對公司的借款或其他債權是否能及時、足額地收回，即研究公司償債能力的大小；二是看債權人的收益狀況與風險程度是否相適應，為此，還應將償債能力分析與獲利能力分析相結合。

3. 從公司經營者角度看財務分析的目的

公司經營者主要指公司的經理以及各分廠、部門、車間等的管理人員。他們進行財務分析的目的是綜合的和多方面的。從對公司所有者負責的角度，公司經營者也關心獲利能力。但是，在財務分析過程中，他們關心的不僅僅是獲利的結果，還

第九章　財務分析

有獲利的原因及過程。其目的是及時發現生產經營中存在的問題與不足並採取有效的措施來解決這些問題，使公司不僅用現有資源獲利更多，而且使公司的獲利能力持續增長。

4. 其他財務分析主體或服務對象的目的

其他財務分析的主體或服務對象主要指與公司經營有關的其他公司和國家行政管理與監督部門。與公司經營有關的公司單位主要指材料供應者、產品購買者等。這些公司單位出於保護自身利益的需要，也非常關心往來公司的財務狀況，進行財務分析。其主要目的在於搞清公司的信用狀況，包括商業上的信用和財務上的信用。

三、財務分析的信息基礎

財務分析是以公司的財務報告資料為基礎，通過對會計所提供的核算資料進行加工整理，得出一系列科學、系統的財務指標，以便進行比較、分析和評價。這些會計核算資料包括日常核算資料和財務報告，但財務分析主要以財務報告為基礎，日常核算資料只作為財務分析的一種補充資料。財務報告是公司對外提供的反應公司某一特定日期的財務狀況和某一會計期間的經營成果、現金流量等會計信息文件。提供財務報告的目的在於為報告使用者提供財務信息，為他們進行財務分析、經濟決策提供充足的依據。公司的財務報告主要包括資產負債表、利潤表、現金流量表、所有者權益變動表。這些報表及財務狀況說明書集中、概括地反應了公司的財務狀況、經營成果和現金流量情況等財務信息，對其進行財務分析，可以更加系統地揭示公司的償債能力、資金營運能力、獲利能力等財務狀況。下面主要介紹進行財務分析常用的四張基本會計報表：資產負債表、利潤表、現金流量表和所有者權益變動表。

（一）資產負債表

資產負債表是反應公司某一特定日期財務狀況的會計報表。它以「資產＝負債＋所有者權益」這一會計等式為依據，按照一定的分類標準和次序反應公司在某一個時間點上資產、負債及所有者權益的基本狀況。分析者通過對資產負債表的分析，可以瞭解公司的償債能力、資金營運能力等財務狀況，為債權人、投資者以及公司管理者提供決策依據。

資產負債表的基本格式詳見表9－1：

表9－1　　　　　　　　ABC公司資產負債表

編製單位：ABC公司　　　　2018年12月31日　　　　　　　　單位：元

項目	期末餘額	年初餘額	項目	期末餘額	年初餘額
流動資產：			**流動負債：**		
貨幣資金	93,685,248.83	162,273,231.16	短期借款	810,000,000.00	675,000,000.00

表9-1(續)

項目	期末餘額	年初餘額	項目	期末餘額	年初餘額
交易性金融資產			交易性金融負債		
衍生金融資產			衍生金融負債		
應收票據及應收帳款	21,986,225.77	28,613,739.23	應付票據及應付帳款	135,500,064.30	268,300,871.21
預付款項	13,241,084.58	12,035,997.39	預收款項	2,891,288.73	2,653,186.12
其他應收款	282,318,193.87	360,621,903.69	合同負債		
存貨	35,802,773.38	34,711,895.00	應付職工薪酬	2,264,816.85	2,072,070.78
合同資產			應交稅費	5,340,769.57	5,737,121.72
持有待售資產			其他應付款	19,554,171.60	72,826,844.90
一年內到期的非流動資產			持有待售負債		
其他流動資產			一年內到期的非流動負債		11,000,000.00
流動資產合計	447,033,526.43	598,256,766.47	其他流動負債		
非流動資產：			流動負債合計	975,551,111.05	1,037,590,094.73
債權投資			**非流動負債：**		
其他債權投資			長期借款	90,000,000.00	
長期應收款	514,500,000.00	289,000,000.00	應付債券		
長期股權投資	439,093,453.03	432,091,145.78	其中：優先股		
其他權益工具投資			永續債		
其他非流動金融資產			長期應付款	920,404.10	1,635,000.00
投資性房地產			預計負債		
固定資產	104,051,118.44	110,018,443.83	遞延收益		
在建工程	1,251,886.49	3,088,000.05	遞延所得稅負債		
生產性生物資產			其他非流動負債		
油氣資產			非流動負債合計	90,920,404.10	1,635,000.00
無形資產	6,365,528.00	6,496,776.00	負債合計	1,066,471,515.15	1,039,225,094.73
開發支出			**股東權益：**		
商譽			股本	127,150,000.00	127,150,000.00
長期待攤費用			其他權益工具		
遞延所得稅資產	5,282,597.61	8,250,495.96	其中：優先股		
其他非流動資產			永續債		
非流動資產合計	1,070,544,583.57	848,944,861.62	資本公積	235,522,077.04	235,522,077.04
			減：庫存股		
			其他綜合收益		

第九章 財務分析

表9-1(續)

項目	期末餘額	年初餘額	項目	期末餘額	年初餘額
			盈餘公積	23,333,930.75	17,622,274.60
			未分配利潤	65,100,587.06	27,682,181.72
			股東權益合計	451,106,594.85	407,976,533.36
資產總計	1,517,578,110.00	1,447,201,628.09	負債和股東權益合計	1,517,578,110.00	1,447,201,628.09

(二) 利潤表

利潤表是反應公司在一定期間生產經營成果的財務報表。利潤表是以「利潤 = 收入 - 費用」這一會計等式為依據編製而成的。通過利潤表可以考核公司利潤計劃的完成情況，分析公司的獲利能力以及利潤增減變化的原因，預測公司利潤的發展趨勢，為投資者及公司管理者等各方提供財務信息。

利潤表通常按照利潤的構成項目分別列示，基本格式詳見表9-2：

表9-2　　　　　　　　　　ABC公司利潤表

編製單位：ABC公司　　　　　　2018年　　　　　　單位：元

項目	本期金額	上期金額
一、營業收入	330,202,550.71	296,770,138.67
減：營業成本	236,431,743.72	215,264,622.71
營業稅金及附加	2,162,174.40	2,014,650.46
銷售費用	30,336,765.62	25,765,502.03
管理費用	23,399,072.97	19,853,649.08
研發費用		
財務費用	25,763,489.32	15,026,477.91
其中：利息費用		
利息收入		
資產減值損失	-1,073,542.48	973,945.81
信用減值損失		
加：其他收益		
投資收益(損失以「-」號填列)	46,479,050.73	26,510,715.59
其中：對聯營企業和合營企業的投資收益		
淨敞口套期收益(損失以「-」號填列)		
公允價值變動收益(損失以「-」號填列)		
資產處置收益(損失以「-」號填列)		

211

表9-2(續)

項目	本期金額	上期金額
二、**營業利潤**(虧損以「-」號填列)	59,661,897.89	44,382,006.26
加：營業外收入	5,931,149.53	19,085.00
減：營業外支出	1,161,844.47	1,554,102.13
三、**利潤總額**(虧損以「-」號填列)	64,431,202.95	42,846,989.13
減：所得稅費用	7,314,641.46	6,386,019.57
四、**淨利潤**(淨虧損以「-」號填列)	57,116,561.49	36,460,969.56
五、**每股收益**		
(一) 基本每股收益	0.45	0.29
(二) 稀釋每股收益		

(三) 現金流量表

現金流量表是以現金及現金等價物為基礎編製的財務狀況變動表，是反應公司在一定會計期間現金和現金等價物流入和流出的報表。它便於報表使用者瞭解和評價公司獲取現金和現金等價物的能力，並據以預測公司未來現金流量。

現金流量表的基本格式詳見表9-3：

表9-3　　　　　　　　ABC 公司現金流量表

編製單位：ABC 公司　　　　2018 年　　　　　　　　單位：元

項目	本期金額	上期金額
一、**經營活動產生的現金流量**		
銷售商品、提供勞務收到的現金	396,284,849.83	334,420,109.06
收到的稅費返還		
收到其他與經營活動有關的現金	108,025,361.22	110,923,099.94
經營活動現金流入小計	504,310,211.05	445,343,209.00
購買商品、接受勞務支付的現金	400,834,154.82	224,772,111.28
支付給職工以及為職工支付的現金	13,655,481.67	16,583,639.81
支付的各項稅費	29,372,416.72	24,854,065.25
支付其他與經營活動有關的現金	90,661,335.75	116,356,374.41
經營活動現金流出小計	534,523,388.96	382,566,190.75
經營活動產生的現金流量淨額	-30,213,177.91	62,777,018.25
二、**投資活動產生的現金流量**		
收回投資收到的現金		30,237,882.61

第九章 財務分析

表9-3(續)

項目	本期金額	上期金額
取得投資收益收到的現金	17,651,544.25	30,878,572.10
處置固定資產、無形資產和其他長期資產收回的現金淨額	90,034.42	161
處置子公司及其他營業單位收到的現金淨額		
收到其他與投資活動有關的現金		
投資活動現金流入小計	17,741,578.67	61,116,615.71
購建固定資產、無形資產和其他長期資產支付的現金	1,713,829.79	3,177,024.21
投資支付的現金	227,300,000.00	113,597,607.83
取得子公司及其他營業單位支付的現金淨額		
支付其他與投資活動有關的現金		
投資活動現金流出小計	229,013,829.79	116,774,632.04
投資活動產生的現金流量淨額	-211,272,251.12	-55,658,016.33
三、籌資活動產生的現金流量		
吸收投資收到的現金		
取得借款收到的現金	1,170,000,000.00	895,000,000.00
收到其他與籌資活動有關的現金		
籌資活動現金流入小計	1,170,000,000.00	895,000,000.00
償還債務支付的現金	956,000,000.00	820,000,000.00
分配股利、利潤或償付利息支付的現金	41,102,553.30	56,775,378.86
支付其他與籌資活動有關的現金		3,000,000.00
籌資活動現金流出小計	997,102,553.30	879,775,378.86
籌資活動產生的現金流量淨額	172,897,446.70	15,224,621.14
四、匯率變動對現金及現金等價物的影響		
五、現金及現金等價物淨增加額	-68,587,982.33	22,343,623.06

(四) 所有者權益變動表

所有者權益變動表是反應構成所有者權益的各個組成部分當期的增減變動情況的財務報表。在所有者權益變動表中，當期損益、直接計入所有者權益的利得和損失以及由所有者的資本交易導致的所有者權益的變動分別列示。(所有者權益變動表格式略)

四、財務分析的程序

無論公司的經營管理者，還是投資者、債權人，在做出財務評價和經濟決策時，都必須進行充分的財務分析。為了保證財務分析的有效進行，必須遵循科學的程序。財務分析的程序就是進行財務分析的步驟，一般包括以下幾步：

（一）搜集評價資料

搜集資料是實施財務分析的基本前提，是財務分析的首要步驟。由於公司財務分析所涉及的因素比較複雜，因而評價所需要的資料是多方面的。從時間看，既要有反應歷史及現狀的資料，又要有反應未來趨勢和前景的資料；從空間看，既要有所分析公司的財務資料，又要有國內外同行業其他公司的相關財務資料；從性質看，既要有會計核算資料，又要有其他相關資料；從形態看，既要有定量方面的資料，又要有定性方面的資料。須指出的是，分析資料的搜集並非多多益善，而是應在相關性的前提下體現系統性，也就是說，應當從特定視角的分析需要出發，充分搜集與該分析目的相關的評價資料。

（二）鑑別分析資料

財務分析結論的客觀性有賴於分析依據的真實性與可靠性。因此，在對所搜集資料進行分析利用之前，必須對資料的真實性與可靠性進行分析和鑑別。這種分析鑑別主要是分析人員憑藉其專業知識和經驗，通過對財務報表各項目數據的構成及其在不同期間變化情況的考察，查明有無異常情況，若發現異常情況，則應深入分析研究，以辨真偽，去偽存真。對於經過註冊會計師審計的會計報表，評價人員應對該註冊會計師及其所在會計師事務所的獨立性、執業道德及社會聲譽等情況予以充分瞭解，以便合理地確認審計結論的可靠性。

（三）選擇和計算相關財務比率

在對評價資料的真實性與可靠性進行分析與鑑別的基礎上，選擇並計算能從特定方面說明公司財務及經營情況的財務比率。財務比率的選擇和計算應注意以下兩個方面的問題：① 符合可比性原則要求，並與分析目的相配合；② 合理界定指標的內涵與外延，所界定指標的內涵及外延要與構成同一財務比率的其他指標具有內在關聯性。用於計算財務比率的某些指標具有多種不同的內涵和外延。例如，用於測算獲利能力比率的利潤指標，有非常項目前利潤和非常項目後利潤兩種概念。前者僅指公司正常經營活動實現的利潤，而不包括與正常經營無關的非常項目的損益；後者則不僅包括正常經營利潤，而且包括非常項目損益。再如用於計算應收帳款週轉率的銷售額指標，有賒銷淨額和銷售總額兩種概念。前者只包括賒銷收入，而不包括現銷收入；後者則既包括賒銷收入，又包括現銷收入。指標的內涵及外延不同，據以計算的財務比率值就不同。因此，在計算有關財務比率時應合理地界定指標的內涵及外延。

第九章　財務分析

(四) 進行比較分析和因素分析

孤立地考察某一公司在某一期間的財務比率，只能瞭解到本公司在本期間內的財務情況。股權投資者需要借助財務分析信息來預測各公司的股權投資價值及其變動趨勢，以便在不同公司之間選擇投資對象，信貸人則需要借助財務分析信息來評估各公司的信貸風險，以便合理做出信貸決策。因此，在計算出各項財務比率之後，應將這些比率在不同公司以及同一公司的不同期間進行比較，揭示橫向差異和縱向趨勢。在此基礎上，對差異的性質及形成原因進行深入分析，找出致使差異形成的各項因素，並確定是主觀因素還是客觀因素，是內部因素還是外部因素，以及這些因素對差異的影響程度。需要指出的是，公司財務比率的高低與其經營性質尤為相關，公司經營性質不同，客觀上存在著經營特點、經營風險及收益水準的差異，從而使財務比率的高低有別。例如，房地產經營相對於其他性質的經營具有生產週期長、資金週轉慢、產品增值潛力大、經營風險高等特點，反應在財務比率上，必將是資產週轉率相對較低，而利潤率較高。因此，在進行上述比較分析時，應注意不同公司以及同一公司在不同時期的經營性質的差異。

(五) 形成綜合評價結論

公司財務評價的最後一步就是根據上述比率分析、比較分析和因素分析的結果，做出綜合性的評價結論，包括對公司過去經營績效的評判與公司未來財務前景的評估兩個方面。對於各決策服務主體的財務評價來說，還需將這種評價結論以書面形式出具評價報告，以供各決策主體使用。

第二節　財務分析方法

財務分析方法是完成財務分析任務、實現財務分析目的的技術手段。財務分析常用的主要方法有比較分析法、比率分析法和因素分析法等。

一、比較分析法

比較分析法是指通過將公司相關財務指標與設定的標準進行對比分析，以確定分析指標與設定標準間的差異或趨勢，從中發現問題，為進一步分析原因、挖掘潛力指明方向的方法。其分析模式是：

$$絕對差異 = 實際數 - 基準數 \qquad (9.1)$$
$$相對差異 = 絕對差異 \div 基準數 \times 100\% \qquad (9.2)$$

在應用比較分析法時應注意以下方面：

公司財務

1. 正確選擇比較標準

設定標準是多樣的。財務分析目的不同，比較標準的選擇也不同。以公司歷史指標為比較標準，可以把握公司財務活動不同歷史時期的發展變化趨勢和管理水準的改善狀況；以計劃指標為比較標準，可以揭示公司計劃的完成程度；以行業平均值為比較標準，可以找到公司在行業中所處的地位；以同行業先進水準為比較標準，可以尋找與競爭對手的差距，以便更好地改善公司經營。

2. 比較指標可以是絕對數財務指標，也可以是相對數財務指標

絕對數指標的比較，揭示絕對數指標的數量差異。財務分析中應用的相對數指標主要包括相關比率、構成比率和動態比率等。公司可通過相關比率的比較分析，揭示財務指標的變化；運用結構比率的比較，判斷財務結構的合理性；採用動態比率比較，預測公司財務經營狀況變化的趨勢和規律。

3. 考慮比較指標的可比性

運用比較分析法對同一經濟指標進行數值比較時，要注意所用指標的可比性。比較雙方的指標在內容、時間、計算方法、計價標準上應當口徑一致。比較時，應先對比較指標間計算口徑、計算方法、指標涵蓋時間等主要可比性因素進行分析。必要時，要對所有指標按統一口徑進行調整或換算。

二、比率分析法

比率分析法是通過計算經濟指標的比率來考察、計量和評價經濟活動變動程度的一種分析方法。比率是相對數，因此比率分析法能夠把某些條件下的不可比指標變為可比指標，從確定的比率差異中發現問題。比率分析法是財務分析中應用最廣泛的一種方法。財務比率主要包括：

（一）構成比率

構成比率是反應某項經濟指標的各個組成部分與總體之間關係的財務比率。通過構成比率的分析，可以判斷各部分在總體中所占比重是否適當。財務分析中構成比率主要包括各資產項目占總資產的比率、各費用項目占總費用項目的比率、各利潤項目占利潤總額的比率、現金流量結構比率等。其計算公式為：

$$構成比率 = 某個組成部分數額 \div 總體數額 \qquad (9.3)$$

利用構成比率指標，可以考察總體中某個部分的形成和安排是否合理，某個部分在總體中的地位、作用，以便協調各項財務活動，突出重點。

（二）效率比率

效率比率，是反應某項經濟活動投入與產出之間關係的財務比率。利用效率比率指標，可以進行得失比較，從而考察經營成果，評價公司經營水準。如將利潤項目與銷售成本、銷售收入、資本等項目加以對比，可以分別計算出成本利潤率、銷售利潤率、資產利潤率等利潤率指標，它們從不同角度反應了公司獲利能力的高低

第九章　財務分析

及其增減變化情況，便於分析考察公司財務成果，評價公司經營狀況。

(三) 相關比率

相關比率是用來計算除部分與總體關係、投入與產出關係之外的具有相關關係的兩個或兩個以上相關項目數量關係的比率。利用相關比率指標，可以考察各項經濟活動之間的相互關係，以判斷相關業務安排是否合理，能否保障公司生產經營活動順暢運行。如將流動資產與流動負債相比，計算出流動比率，據以判斷公司的短期償債能力。

比率分析法的優點是計算簡便，計算結果容易判斷，而且可以使某些指標在不同規模的公司之間進行比較，甚至也能在一定程度上超越行業間的差別進行比較。但採用這一方法時，應注意以下幾點：

(1) 注意對比項目的相關性。計算比率的分子和分母必須具有相關性，把不相關的項目進行對比是沒有意義的。

(2) 注意對比口徑的一致性。計算比率的分子和分母必須在計算時間、範圍等方面保持口徑一致，這樣才具有可比性。

(3) 注意採用的比率指標要有對比的標準，以便對公司的財務狀況做出正確的評價。通常用作對比的標準有：目標標準、歷史標準、行業標準及公認標準等。

三、因素分析法

因素分析法是指為了深入分析某一指標，而依據分析指標及其影響因素的關係，將該指標進行拆解，分別測定各因素對該指標影響方向及影響程度的一種分析方法。採用這種方法的假設前提是，當有若干因素對分析對象發生影響作用時，假定其他各個因素都無變化，從而順序確定每一個因素單獨變化所產生的影響。常用的因素分析法主要有連環替代法和差額分析法兩種。由於差額替代法只是對連環替代法的簡化，本書主要介紹連環替代法。

連環替代法是將分析指標分解為各個可以計量的因素，順次用各因素的實際值替代基期值，最後，將每一次替代後的結果反向相減，據以測定各因素對分析指標的影響。

假定某指標 K 受 a、b、c 三個因素的共同影響，K 與三個影響因素的關係可以表示為：$K = a \times b \times c$，則

基期指標：$K_0 = a_0 \times b_0 \times c_0$

實際指標：$K_1 = a_1 \times b_1 \times c_1$

第一步，分解指標體系，確定分析對象。對總體指標的因素分析，一般是分析該指標用比較分析法計算出來的絕對差異，即分析對象為

$$\triangle K = K_1 - K_0$$

第二步，進行連環順序替代。所謂連環順序替代就是以基期指標體系為計算基

礎，然後用實際指標體系中的每一因素的實際值順序地替代其相應的基期值，每次替代一個因素，其替代後的因素被保留下來。則：

基期指標體系：$a_0 \times b_0 \times c_0 = K_0$

替代 a 因素：$a_1 \times b_0 \times c_0 = K_a$

替代 b 因素：$a_1 \times b_1 \times c_0 = K_b$

替代 c 因素：$a_1 \times b_1 \times c_1 = K_c$

第三步，比較各因素的替代結果，測定各因素對分析指標的影響程度。各因素變化後總體指標的數值與因素變化前總體指標的數值的差額，就是該因素變動對總指標的影響。則：

a 因素的影響 $= K_a - K_0 = (a_1 - a_0) \times b_0 \times c_0$

b 因素的影響 $= K_b - K_a = a_1 \times (b_1 - b_0) \times c_0$

c 因素的影響 $= K_c - K_b = a_1 \times b_1 \times (c_1 - c_0)$

第四步，檢驗分析結果。各因素對分析指標的影響數額相加，應等於指標的實際值與基準值的差額。

全部因素的影響 $= K_c - K_0 = K_1 - K_0 = \triangle K$

【例1】ABC 公司 2017 年和 2018 年材料費用總額分別為 11,520 元和 14,000 元，2018 年比 2017 年增加了 2,480 元的費用。根據表 9-4 中的資料，計算各因素變動對材料費用的影響程度。

表9-4　　　　　　　　　　公司材料費用有關資料表

項目	單位	2017 年	2018 年
產品產量	件	160	200
材料單耗	千克	8	7
材料單價	元／千克	9	10
材料費用	元	11,520	14,000

(1) 分解指標，確定對象。

材料費用 = 產量 × 材料單耗 × 材料單價

分析對象：14,000 - 11,520 = + 2,480

(2) 連環順序替代。

基期指標體系：160 × 8 × 9 = 11,520(元)　　　　　　　　　　①

第一次替代：200 × 8 × 9 = 14,400(元)　　　　　　　　　　②

第二次替代：200 × 7 × 9 = 12,600(元)　　　　　　　　　　③

第三次替代：200 × 7 × 10 = 14,000(元)　　　　　　　　　　④

(3) 因素測算。

產量增加的影響：② - ① = 14,400 - 11,520 = + 2,880(元)

材料節約的影響：③ − ② = 12,600 − 14,400 = − 1,800(元)
價格提高的影響：④ − ③ = 14,000 − 12,600 = + 1,400(元)

(4) 結果檢驗。

全部因素的影響：2,880 − 1,800 + 1,400 = + 2,480(元)

連環替代法作為因素分解法的主要形式，在財務分析中應用頗為廣泛。但在實際應用時，必須注意以下幾點：

第一，因素分解的相關性，即分析指標與其影響因素之間必須真正存在著客觀的因果關係。各影響因素的變動確實能說明分析指標差異產生的原因，具有經濟意義，而不僅僅是數學上的因素分解。

第二，分析前提的假定性，即分析某一因素對經濟指標差異的影響時，必須假定其他因素不變，否則就不能分清各單一因素對分析對象的影響程度。但實際上各因素之間往往存在著相互影響的關係，分解得過細，就會增加共同影響的因素，計算準確性會隨之降低。

第三，因素替代的順序性。由於替代順序在前的因素對總體指標的影響通常不受其他因素的影響或影響較小，因素排列不同，因素測定結果往往也會有所差異。為了分清責任，應將對總體指標影響較大的因素排在前面。實際工作中，往往是按照先數量後質量，先主要後次要，先分子後分母的順序替代，不可隨意加以顛倒。

第四，順序替代的連環性。在計算每一個因素變動的影響時，都是將某因素替代後的結果與該因素替代前的結果對比，連環進行，以保證各因素對分析對象影響結果的可分性，並便於檢驗分析結果的正確性。

第三節　財務能力分析

財務能力分析主要是對償債能力、營運能力、獲利能力和發展能力四個方面進行分析。其主要依據是財務會計報表及相關資料，為了便於說明，本節各項財務比率的計算分析以 ABC 公司 2018 年的財務數據為例。ABC 公司的資產負債表、利潤表、現金流量表以及所有者權益變動表如表 9 − 1 至表 9 − 3 所示。

一、償債能力分析

償債能力是公司償還各種到期債務(包括利息)的能力。償債能力分析按照分析要求，可分為短期償債能力分析和長期償債能力分析。

(一) 短期償債能力分析

短期償債能力是指公司對一年內到期債務的償還能力，是流動資產對流動負債及時足額償還的保障程度。它是衡量公司當前財務能力，特別是流動資產變現能力

的重要標誌。評價公司短期償債能力的財務指標主要有流動比率、速動比率和現金比率等。

1. 流動比率

流動比率是流動資產與流動負債的比率，表明公司每單位流動負債有多少流動資產作為償還的保證，反應公司流動資產償還到期流動負債的能力。

其計算公式如下：

$$\text{流動比率} = \text{流動資產} \div \text{流動負債} \quad (9.4)$$

該比率對債權人來說越高越好。比率越高，說明償還短期債務的能力越強；對所有者來說，此項比率不宜過高，比率高說明公司的資金大量積壓在流動資產上，流動資產的獲利能力相對較低，這會影響資金使用效率。通常認為，流動比率等於2時較為適宜，這樣才能既保證公司有較強的償債能力，又能保證公司生產經營的順利進行。它表明公司財務狀況穩定可靠，除了滿足日常生產經營的流動資金需要外，還有足夠的財務實力償付到期債務。

運用流動比率進行短期償債能力分析時，必須注意：① 流動比率高並不等於公司有足夠的現金用來償債；② 流動比率是否合理，不同的公司以及同一公司不同時期的評價標準是不同的，不應用統一的標準來評價。

【例2】根據表9-1中的資料，ABC公司2018年的流動比率為：

年末流動比率 = 447,033,526.43 ÷ 975,551,111.05 ≈ 0.458,2
年初流動比率 = 598,256,766.47 ÷ 1,037,590,094.73 ≈ 0.576,6

該公司2018年年初、年末流動比率都遠未達到公認標準，說明該公司短期償債能力很弱，極可能面臨不能及時足額償付流動負債的危險。

2. 速動比率

速動比率，又稱酸性測試比率，是指公司速動資產與流動負債的比值。所謂速動資產，是指流動資產減去變現能力較差且不穩定的存貨、預付帳款、一年內到期的非流動資產和其他流動資產等之後的餘額。

其計算公式如下：

$$\text{速動比率} = \text{速動資產} \div \text{流動負債} \quad (9.5)$$

其中：
$$\text{速動資產} = \text{流動資產} - \text{存貨}$$

有時公司流動比率雖高，但流動資產中易於變現、具有即刻支付能力的資產卻很少，公司的短期償債能力仍然較差。由於剔除了存貨等變現能力較弱且不穩定的資產，速動比率較流動比率更為嚴格，能夠更加準確、可靠地評價公司資產的流動性及其償還短期負債的能力。該指標能夠反應公司動用可在短期內迅速產生或轉換為現金的流動資產償還到期流動負債的能力，表明公司每單位流動負債有多少速動資產可作為償還的保證。利用速動比率進行評價時也同樣需在償債能力和資產利用效益之間進行權衡。一般認為，速動比率為1較為合適。

運用速動比率進行短期償債能力分析時應注意：① 並非速動比率較低的公司的

流動負債到期絕對不能償還。如果公司存貨流轉順暢，變現能力較強，即使速動比率較低，只要流動比率高，公司仍然能償還到期的債務本息。② 不同行業的速動比率會有一定的差別，應結合行業特性具體分析。

【例3】根據 表9-1中的資料，ABC公司2018年的速動比率為：

年末速動比率 = (447,033,526.43 - 35,802,773.38) ÷ 975,551,111.05
$$\approx 0.421,5$$

年初速動比率 = (598,256,766.47 - 34,711,895.00) ÷ 1,037,590,094.73
$$= 0.543,1$$

分析表明，該公司不僅流動比率很低，速動比率也遠低於一般公認標準，公司的短期償債能力很弱。同時，速動比率的期末值也比期初值有所降低，短期償債能力惡化。將該公司速動比率跟流動比率進行比較後發現，期初、期末值均未出現大幅差異，可見雖然總體看來公司短期償付能力欠佳，但既有流動資產中償付能力強的資產占比相對較大。

3. 現金比率

現金比率是現金及其等價物與流動負債的比率。現金及現金等價物包括公司擁有的貨幣資金和持有的有價證券，是速動資產扣除應收帳款後的餘額。

其計算公式如下：

$$現金比率 = (現金 + 有價證券) ÷ 流動負債 \qquad (9.6)$$

應收帳款存在到期無法全部收回的可能性，因此，從速動資產中扣除應收帳款後計算出的現金比率基本上能反應公司立即償債的能力。但現金比率過於嚴格，計算中包括的資產項目極為有限，所以通常僅在公司處於財務困境時採用。此外，對存貨及應收帳款週轉緩慢的公司和高度投機性的公司進行分析時也可採用現金比率。有人認為，該項比率保持在0.2左右較為適宜。

【例4】根據表9-1中的資料，ABC公司2018年的現金流動負債比率為：

年末現金比率 = 93,685,248.83 ÷ 975,551,111.05 ≈ 0.096

年初現金比率 = 162,273,231.16 ÷ 1,037,590,094.73 ≈ 0.156,4

數據顯示，該公司持有的現金及現金等價物在2018年下降較快，從而使得現金比率從年初的0.156,4下降到年末的0.096。這意味著流動負債中僅有不到0.1的部分公司可以馬上支付，其餘部分均需通過存貨、應收帳款等的變現予以清償。一般而言，該公司有較大的償付風險。

(二) 長期償債能力分析

長期償債能力是指公司償還長期負債的能力。它表明公司對債務負擔的承受能力和償還債務的擔保能力。長期償債能力的強弱，是反應公司財務狀況穩定和安全程度的重要標誌。

評價公司長期償債能力的指標主要有資產負債率、產權比率和已獲利息倍數等。

公司財務

1. 資產負債率

資產負債率，指公司負債總額與資產總額的比率。資產負債率反應在公司總資產中有多大比例是通過債權性籌資獲取的。

其計算公式如下：

$$資產負債率 = (負債總額 \div 資產總額) \times 100\% \qquad (9.7)$$

資產負債率是國際公認的衡量公司負債償還能力和經營風險的重要指標。運用資產負債率進行長期償債能力分析時，應注意的是，從不同的角度對該指標進行分析，有不同的含義。

從債權人的立場看，他們最關心的是資金的安全度，也即能否按期收回本金和利息。如果資產負債率過高，則表明公司的債務負擔重，公司的資金實力不強，償債缺乏保障。因此，他們希望資產負債率越低越好，以使公司償債有保證，減少償付風險。

從投資者的立場看，由於公司債權性資金與股權性資金在經營中發揮共同的作用，所以投資者關心的是全部資金利潤率是否超過債權性資金利率。在全部資本利潤率高於借入資金利息率時，負債比例越高，表明公司對財務槓桿利用越充分，越有利於投資者，否則反之。

從經營者的立場看，如果舉債過多，說明經營管理層敢於冒險，但如超出債權人心理承受能力，將難以再獲得債權性資金，公司的持續經營風險也較大。但如果公司選擇不舉債，或者負債的比率很低，則說明公司畏縮不前，對前途信心不足，利用債權人的資金從事經營活動的能力較差。

因此，公司應當權衡各方利益相關者的權益，充分估計收益和風險，保持適當的資產負債率。一般情況下，資產負債率越小，表明公司償債能力越強。

【例5】根據表9－1中的資料，ABC公司2018年的資產負債率為：
年末資產負債率 = 1,066,471,515.15 ÷ 1,517,578,110.00 × 100% ≈ 70.27%
年初資產負債率 = 1,039,225,094.73 ÷ 1,447,201,628.09 × 100% ≈ 71.81%

該公司2018年年初、年末的資產負債率均高於60%，說明公司長期償債能力較弱，但2018年末資產負債率較年初略有下降，能夠在一定程度上恢復債權人的信心。

2. 產權比率

產權比率是負債總額與所有者權益之間的比率。它反應投資者對債權人的保障程度，是公司財務結構穩健與否的重要標誌。

其計算公式如下：

$$產權比率 = (負債總額 \div 所有者權益總額) \times 100\% \qquad (9.8)$$

產權比率越高，通常表明公司的風險更多地由債權人承擔，公司的長期償債能力越低。反之，這一比率越低，表明公司的長期償債能力越強，債權人權益的保障程度越高，承擔的風險越小，但公司不能充分發揮負債的財務槓桿效應。

第九章 財務分析

產權比率是資產負債率的補充,兩者都反應公司的長期償債能力。但兩個指標的側重點有所不同:資產負債率側重揭示總資產中有多少是靠負債取得的,說明債權人權益的物質保障程度;產權比率側重於揭示資本結構的風險性以及自有資金對償債風險的承受能力。

【例6】根據表9-1中的資料,ABC公司2018年的產權比率為:
年末產權比率 = 1,066,471,515.15 ÷ 451,106,594.85 ≈ 2.361,4
年初產權比率 = 1,039,225,094.73 ÷ 407,976,533.36 ≈ 2.547,3

該公司2018年年初、年末的產權比率都較高,同資產負債率的計算結果相互印證,表明公司較多地利用了債權性資金,長期償債能力較弱,對債權人的保障不夠充分。

3. 已獲利息倍數

已獲利息倍數又稱利息保障倍數,是指息稅前利潤總額與利息支出的比率,反應了公司獲利能力對債務償付的保證程度。其中,息稅前利潤總額指利潤總額與利息支出的合計數,利息支出指實際支出的借款利息、債券利息等。

其計算公式如下:

$$已獲利息倍數 = 息稅前利潤 ÷ 利息費用 \qquad (9.9)$$

其中:息稅前利潤總額 = 利潤總額 + 利息支出 = 淨利潤 + 所得稅 + 利息支出

已獲利息倍數不僅反應了公司獲利能力的大小,也是衡量公司長期償債能力大小的重要指標。一般情況下,已獲利息倍數越高,表明公司長期償債能力越強。國際上通常認為,該指標為3時較為合適。從長期來看,若要維持正常償債能力,已獲利息倍數至少應當大於1。如果已獲利息倍數過小,公司將面臨虧損以及償債的安全性與穩定性下降的風險。

對已獲利息倍數的衡量,需要結合其他公司,特別是本行業的平均水準來進行比較。此外,在選擇本公司數據時,最好選擇連續幾年中該指標的最低值作為標準。這是因為,公司不僅在經營好的年份有償還義務,在經營狀況不佳的年份也需要償還大約等量的債務。採用指標最低年度的數據,可以保證最低的償債能力。

【例7】根據表9-2中的資料,同時假定表中財務費用全部為利息支出,ABC公司已獲利息倍數為:
2018年已獲利息倍數 = (64,431,202.95 + 25,763,489.32) ÷ 25,763,489.32 ≈ 3.50
2017年已獲利息倍數 = (42,846,989.13 + 15,026,477.91) ÷ 15,026,477.91 ≈ 3.85

從以上計算來看,該指標值相對較低的2018年已獲利息倍數都略高於3,可見公司的生產經營能夠滿足利息的償還,有較強的償付能力。不過,還需結合公司其他指標和行業的特點進行判斷。

二、營運能力分析

營運能力是指公司對其現有經濟資源的利用效率與效益。營運能力的強弱取決

於資產的週轉速度、資產運行情況、資產管理水準等多種因素。比如資產的週轉速度，一般說來，週轉速度越快，資產的使用效率越高，公司的營運能力越強。資產的週轉速度通常用週轉率和週轉期表示。計算公式如下：

$$週轉率(週轉次數) = 週轉額 \div 資產平均餘額 \qquad (9.10)$$

$$週轉期(週轉天數) = 計算期天數 \div 週轉次數$$

$$= 資產平均餘額 \times (計算期天數 \div 週轉額)$$

$$(9.11)$$

進行營運能力分析，不僅可以評價資產的流動性，為評價和改進資產的利用效率及公司經營管理水準提供依據，而且有助於深入地研究公司的獲利能力。營運能力分析通常包括流動資產週轉情況分析、固定資產週轉情況分析和總資產週轉情況分析。

(一) 流動資產週轉情況分析

反應流動資產週轉情況的指標主要有：應收帳款週轉率、存貨週轉率和流動資產週轉率等。

1. 應收帳款週轉率

應收帳款週轉率是反應應收帳款週轉速度和管理效率的指標，它是指公司在一定時期內的營業收入與平均應收帳款餘額之間的比率。

其計算公式如下：

$$應收帳款週轉率 = 營業收入淨額 \div 平均應收帳款餘額 \qquad (9.12)$$

其中：

營業收入淨額 = 營業收入 − 銷售退回與折讓

平均應收帳款餘額 = (期初應收帳款餘額 + 期末應收帳款餘額) ÷ 2

應收帳款週轉天數 = 360 ÷ 應收帳款週轉率

$$= 平均應收帳款餘額 \times 360 \div 營業收入淨額 \qquad (9.13)$$

應收帳款包括會計核算中「應收帳款」和「應收票據」等全部賒銷帳款。一般來說，應收帳款週轉率越高，平均收帳期越短，說明應收帳款回收速度越快，資產管理水準越高，不僅可以減少壞帳損失的風險，而且還能增強公司的償債能力；反之，公司的營運資金則較多地以應收帳款形式存在，影響資金的週轉速度。但過高的應收帳款週轉率可能是以公司過於嚴格的信用政策為基礎的，這會損失部分次優客戶，給產品的銷售帶來不利的影響。

如季節性經營等原因導致應收帳款餘額波動較大，應盡可能採用更詳盡的計算資料，如按每月的應收帳款餘額來計算其平均占用額。

【例8】根據表9 − 1、表9 − 2中的資料，同時假定ABC公司2016年年末的應收帳款為43,914,428.42元，該公司應收帳款週轉率計算如下：

2018年：

平均應收帳款餘額 = (21,986,225.77 + 28,613,739.23) ÷ 2

第九章　財務分析

$$= 25,299,982.50(元)$$

應收帳款週轉率 = 330,202,550.71 ÷ 25,299,982.50 ≈ 13.05(次)
應收帳款週轉期 = 25,299,982.50 × 360 ÷ 330,202,550.71 ≈ 27.58(天)

2017年：

平均應收帳款餘額 = (28,613,739.23 + 43,914,428.42) ÷ 2

$$= 36,264,083.83(元)$$

應收帳款週轉率 = 296,770,138.67 ÷ 36,264,083.83 ≈ 8.18(次)
應收帳款週轉期 = 36,264,083.83 × 360 ÷ 296,770,138.67 ≈ 43.99(天)

以上計算結果表明，2018年該公司應收帳款週轉率比2017年有所改善，週轉次數由8.18次提高為13.05次，週轉天數由43.99天縮短為27.58天。這不僅說明公司的應收帳款回收能力有所改善，而且對流動資產的變現能力和週轉速度也起到相應的拉動作用。雖然應收帳款回收期的合理天數也與所在行業有關，但該公司應收帳款收回時間為27.58天，表明該公司應收帳款的營運能力較好。

2. 存貨週轉率

存貨週轉率是指公司一定時期的營業成本與平均存貨餘額之間的比率。它是衡量公司從取得存貨、投入生產到銷售收回等環節中存貨營運效率的一個綜合性指標。

其計算公式如下：

$$存貨週轉率 = 營業成本 ÷ 平均存貨餘額 \quad (9.14)$$

其中：

平均存貨餘額 = (期初存貨餘額 + 期末存貨餘額) ÷ 2

存貨週轉天數 = 360 ÷ 存貨週轉率

$$= 平均存貨餘額 × 360 ÷ 營業成本 \quad (9.15)$$

存貨週轉率指標能夠反應出公司的存貨管理水準。一般來說，存貨週轉率越高，週轉天數越短，表明存貨週轉速度越快，資金佔用與存貨的時間越短，公司管理存貨的效率也越高。但過高的存貨週轉率可能導致存貨不足或發生缺貨現象，引發停工待料，會使公司喪失生產和銷售機會。因此，分析存貨週轉率的高低應結合同行業的存貨平均水準和公司過去的存貨週轉情況進行判斷。分析時，應注意存貨計價方法及計算口徑是否一致。

【例9】根據表9-1、表9-2中的資料，同時假定ABC公司2016年年末存貨餘額為33,715,984.57萬元，該公司存貨週轉率計算如下：

2018年：

平均存貨餘額 = (34,711,895.00 + 35,802,773.38) ÷ 2

$$= 35,257,334.19(元)$$

存貨週轉率 = 236,431,743.72 ÷ 35,257,334.19 ≈ 6.71(次)
存貨週轉期 = 35,257,334.19 × 360 ÷ 236,431,743.72 ≈ 53.68(天)

公司財務

2017 年:

平均存貨餘額 = (33,715,984.57 + 34,711,895.00) ÷ 2

　　　　　 ≈ 34,213,939.79(元)

存貨週轉率 = 215,264,622.71 ÷ 34,213,939.79 ≈ 6.29(次)

存貨週轉期 = 34,213,939.79 × 360 ÷ 215,264,622.71 ≈ 57.22(天)

計算結果表明,2018 年該公司存貨週轉率比 2017 年有所提高,次數由 6.29 次上升為 6.71 次,週轉期由 57.22 天降為 53.68 天。這反應出該公司 2018 年存貨管理效率比 2017 年有所提高,對比兩期數據後可以發現,這主要是由 2018 年營業成本的增長較大所引起的。

3. 流動資產週轉率

流動資產週轉率是營業收入與平均流動資產餘額之間的比率,它反應的是全部流動資產的利用效率。

其計算公式如下:

$$\text{流動資產週轉率} = \text{銷售收入淨額} \div \text{平均流動資產} \qquad (9.16)$$

其中:

平均流動資產 = (期初流動資產 + 期末流動資產) ÷ 2

流動資產週轉天數 = 360 ÷ 流動資產週轉率

$$= \text{平均流動資產總額} \times 360 \div \text{營業收入淨額} \qquad (9.17)$$

流動資產週轉率是從公司全部資產中流動性最強的流動資產角度對公司資產的利用效率進行分析。流動資產週轉迅速,會相對節約流動資產,等於相對擴大資產投入,增強公司獲利能力,說明資金利用效果較好;反之,需要補充流動資產參加週轉,會形成資金浪費,降低公司獲利能力。同樣,流動資產週轉率也應參照公司歷年的數據並結合行業特點進行分析評價。

【例10】根據表 9-1、表 9-2 中的資料,同時假定 ABC 公司 2016 年年末流動資產餘額為 594,194,311.56 元,該公司流動資產週轉率計算如下:

2018 年:

平均流動資產餘額 = (598,256,766.47 + 447,033,526.43) ÷ 2

　　　　　　　　 ≈ 522,645,146.5(元)

流動資產週轉率 = 330,202,550.71 ÷ 522,645,146.5 ≈ 0.63(次)

流動資產週轉期 = 522,645,146.5 × 360 ÷ 330,202,550.71 ≈ 570(天)

2017 年:

平均流動資產餘額 = (594,194,311.56 + 598,256,766.47) ÷ 2

　　　　　　　　 ≈ 596,225,539(元)

流動資產週轉率 = 296,770,138.67 ÷ 596,225,539 ≈ 0.5(次)

流動資產週轉期 = 596,225,539 × 360 ÷ 296,770,138.67 ≈ 723(天)

由此可見,2018 年該公司流動資產週轉期比 2017 年減少了 153 天,流動資金占

第九章 財務分析

用時間減少。

(二) 固定資產週轉情況分析

反應固定資產週轉情況的主要指標是固定資產週轉率。固定資產週轉率是公司一定時期營業收入與平均固定資產淨值的比率。

其計算公式如下：

$$固定資產週轉率 = 銷售收入淨額 \div 固定資產平均淨值 \quad (9.18)$$

其中：

固定資產平均淨值 = (期初固定資產淨值 + 期末固定資產淨值) ÷ 2

固定資產週轉期 = 360 ÷ 固定資產週轉率

$$= 平均固定資產淨值 \times 360 \div 營業收入淨額 \quad (9.19)$$

一般情況下，固定資產週轉率高，表明公司固定資產利用效率越高，固定資產投資得當，固定資產結構分佈合理，能夠充分發揮固定資產的使用效率；反之，則表明公司固定資產使用效率低，存在設備閒置，公司的營運能力差。固定資產週轉率的分析標準並無確定值，通常應參考行業或地區或全國的同期指標值。

應注意，公司所採取的固定資產折舊方法以及折舊年限、固定資產減值準備計算方法的不同會使固定資產淨值產生差異，導致固定資產週轉率缺乏可比性。

【例11】根據表9－1、表9－2中的資料，同時假定ABC公司2016年年末固定資產淨值為113,748,768.98元，該公司固定資產週轉率計算如下：

2018年：

平均固定資產淨值 = (110,018,443.83 + 104,051,118.44) ÷ 2
　　　　　　　　≈ 107,034,781.1(元)

固定資產週轉率 = 330,202,550.71 ÷ 107,034,781.1 ≈ 3.09(次)

固定資產週轉期 = 107,034,781.10 × 360 ÷ 330,202,550.71 ≈ 117(天)

2017年：

平均固定資產淨值 = (113,748,768.98 + 110,018,443.83) ÷ 2
　　　　　　　　≈ 111,883,606.4(元)

固定資產週轉率 = 296,770,138.67 ÷ 111,883,606.40 ≈ 2.65(次)

固定資產週轉期 = 111,883,606.40 × 360 ÷ 296,770,138.67 ≈ 136(天)

以上計算結果表明，2018年ABC公司固定資產週轉率比2017年有所加快，其主要原因是固定資產淨值減少同時營業收入增加共同引起的。這說明公司的營運能力有所提高。

(三) 總資產週轉情況分析

反應總資產週轉情況的主要指標是總資產週轉率。總資產週轉率是公司一定時期的營業收入與平均資產總額的比值，可以用來反應公司全部資產的利用效率。

其計算公式如下：

$$總資產週轉率 = 營業收入淨額 \div 平均資產總額 \quad (9.20)$$

其中：

平均資產總額＝（期初資產總額＋期末資產總額）÷2

總資產週轉期＝360÷總資產週轉率

＝平均資產總額÷營業收入淨額×360　　　　　　　　（9.21）

評價者可以將當期的總資產週轉率和上期的指標進行對比，也可將本公司指標與同行業平均水準對比。一般來說，總資產週轉率越高，說明同樣的資產取得的收益越多，則公司全部資產的使用效率越高；反之，如果該指標較低，則說明公司利用全部資產進行經營的效率較差，最終會影響公司的獲利能力。公司應採取各項措施來提高公司的資產利用程度。

【例12】根據表9-1、表9-2中的資料，同時假定ABC公司2016年年末總資產餘額為1,368,937,585.61元，該公司總資產週轉率計算如下：

2018年：

平均資產總額＝（1,447,201,628.09＋1,517,578,110.00）÷2

　　　　　　≈1,482,389,869.05（元）

總資產週轉率＝330,202,550.71÷1,482,389,869.05≈0.22（次）

總資產週轉期＝1,482,389,869.05×360÷330,202,550.71≈1,616（天）

2017年：

平均資產總額＝（1,368,937,585.61＋1,447,201,628.09）÷2

　　　　　　＝1,408,069,606.85（元）

總資產週轉率＝296,770,138.67÷1,408,069,606.85≈0.21（次）

總資產週轉期＝1,408,069,606.85×360÷296,770,138.67≈1,708（天）

以上計算結果表明，2018年ABC公司全部資產週轉比2017年有所加快，但全部資產要完成1次週轉需1,616天。結合前面所計算的其他指標，可以發現，流動資產和固定資產的週轉較快，全部資產週轉率低主要是由該公司長期應收款和長期股權投資占比過大導致的。

三、獲利能力分析

獲利能力是指公司在一定時期獲取利潤的能力。公司的經營活動是否具有較強的獲利能力，對公司的生存發展至關重要。這不僅關係到公司所有者的利益，也關係到公司債務是否能夠得到償還保障。因此，無論是投資人、債權人還是公司經營者，都日益重視和關心公司的獲利能力。對公司獲利能力進行分析的常用指標包括營業淨利率、資產報酬率、淨資產收益率。此外，針對上市公司，另設指標予以輔助評價。

（一）營業淨利率

營業淨利率是淨利潤與營業收入的百分比。該指標反應每一元營業收入帶來的

淨利潤的多少，表示營業收入的收益水準。

其計算公式如下：
$$營業淨利率 = 淨利潤 \div 營業收入淨額 \times 100\% \qquad (9.22)$$

公司的利潤包括營業利潤、利潤總額和淨利潤三種不同的計算口徑。其中，營業利潤來源於公司的主營業務和其他業務，與公司的生產經營能力關係最為密切。營業淨利率越高，表明公司市場競爭力越強，發展潛力越大，從而獲利能力越強。此外，通過考察營業利潤占整個利潤總額比重的升降，可以考察公司經營的穩定性。

【例13】根據表9-2中的資料，ABC公司營業淨利率為：

2018年營業淨利率 = 57,116,561.49 ÷ 330,202,550.71 × 100% ≈ 17.30%

2017年營業淨利率 = 36,460,969.56 ÷ 296,770,138.67 × 100% ≈ 12.29%

以上計算結果表明，2018年ABC公司的營業淨利率比2017年有所提高。進一步分析可以看到，這種上升趨勢主要是由於公司2018年淨利潤增長率超過了營業收入增長率。

（二）資產報酬率

資產報酬率是公司一定時期內獲得的息稅前利潤總額與平均資產總額的比率，能夠反應公司資產綜合利用效果。

其計算公式如下：
$$總資產報酬率 = 息稅前利潤總額 \div 平均資產總額 \times 100\% \qquad (9.23)$$

其中：息稅前利潤總額 = 利潤總額 + 利息支出 = 淨利潤 + 所得稅 + 利息支出

資產報酬率全面反應了公司全部資產的獲利水準，因此公司所有者和債權人都十分關心該指標。一般情況下，該指標越高，表明公司的資產利用效益越好，整個公司獲利能力越強，經營管理水準越高。公司還可以將該指標與市場利率進行比較，如果資產報酬率比市場利率更高，則說明公司可以適當增加負債，充分利用財務槓桿。

【例14】根據表9-1、表9-2中的資料，同時假定表中財務費用全部為利息支出，已計算得出平均資產總額2018年為1,482,389,869.05元，2017年為1,408,069,606.85元，ABC公司資產報酬率情況如下：

2018年資產報酬率
= (64,431,202.95 + 25,763,489.32) ÷ 1,482,389,869.05 × 100% ≈ 6.08%

2017年資產報酬率
= (42,846,989 - 13 + 15,026,477.91) ÷ 1,408,069,606.85 × 100% ≈ 4.11%

以上計算結果表明，2018年ABC公司資產報酬率比2017年有所提高，但從數值上看仍然不高，公司的資金綜合利用效率有待進一步提高，需要結合資金週轉情況等作進一步的分析，以便改進管理，提高效益。

（三）淨資產收益率

淨資產收益率也稱為所有者權益收益率、自有資金收益率，是淨利潤與平均淨

資產的比率。它是反應自有資金投資收益水準的指標，是公司獲利能力評價指標的核心。

其計算公式如下：

$$淨資產收益率 = 淨利潤 \div 平均淨資產 \times 100\% \qquad (9.24)$$

淨資產收益率反應公司所有者權益的投資報酬率，具有很強的綜合性。即使總資產報酬率水準相同，由於採用了不同的資本結構形式，也會產生不同的淨資產收益率。一般認為，該指標越高，公司自有資金獲取收益的能力越強，營運效益越好，對公司投資人、債權人的保證程度越高。

【例15】根據表9-1、表9-2中的資料，假定ABC公司2016年年末所有者權益合計為408,613,073.72元，該公司淨資產收益率為：

2018年：

平均淨資產 = (407,976,533.36 + 451,106,594.85) ÷ 2 ≈ 429,541,564.11(元)

淨資產收益率 = 57,116,561.49 ÷ 429,541,564.11 × 100% ≈ 13.30%

2017年：

平均淨資產 = (408,613,073.72 + 407,976,533.36) ÷ 2 = 408,294,803.54(元)

淨資產收益率 = 36,460,969.56 ÷ 408,294,803.54 × 100% ≈ 8.93%

以上計算結果表明，2018年ABC公司的淨資產收益率比2017年增長了4.37%，主要是由該公司淨利潤的增長程度高於所有者權益的增長程度引起的。

(四)上市公司獲利能力分析

要對上市公司的獲利能力進行評價，除了上述的幾個財務指標外，還有一些財務指標是上市公司所特有的。它們同樣具有經濟分析的意義。這些指標主要包括每股收益、市盈率、每股淨資產和市淨率等。

1. 每股收益

每股收益是歸屬於普通股股東的當期淨利潤與當期發行在外的普通股的加權平均數的比值，反應普通股股東持有每一份股份所能享有的公司利潤和承擔的公司虧損。該指標是衡量上市公司獲利能力時最常用的財務分析指標。

其計算公式如下：

$$每股收益 = \frac{歸屬於普通股股東的當期淨利潤}{當期發行在外的普通股的加權平均數} \qquad (9.25)$$

在分析時，可以進行公司間的比較，評價該公司相對的獲利能力；可以進行不同時期的比較，瞭解該公司獲利能力的變化趨勢；可以進行實際和計劃的比較，掌握該公司的管理能力。要注意，不同公司的股票以及同一公司在不同時期的股票，每一股在經濟上不一定相等，不能簡單以數值高低作為判斷標準。一般而言，該指標比值越大，表明上市公司的獲利能力越強，股東的投資收益越好，每一股份所得的利潤也越多；反之，越差。

【例16】根據表9-2中的資料，假定ABC公司2018年、2017年發行在外的普通

第九章　財務分析

股均為127,150,000股，未發行優先股，則該公司普通股每股收益情況為：

2018年每股收益 = 57,116,561.49 ÷ 127,150,000 ≈ 0.45(元／股)

2017年每股收益 = 36,460,969.56 ÷ 127,150,000 ≈ 0.29(元／股)

從以上數據可以看出，2018年與2017年相比，每股收益有較大提高，說明該公司股東的收益水準有了提升。

2. 市盈率

市盈率是指普通股每股市價相當於每股收益的倍數，反應了投資者對上市公司每單位收益所願支付的價格，可以衡量投資者及市場對公司的評價和對公司長遠發展的信心，是反應上市公司獲利能力的重要指標。

其計算公式如下：

$$市盈率 = 普通股每股市價 \div 普通股每股收益 \qquad (9.26)$$

一般來說，市盈率越高，說明投資者對公司的發展前景越看好，願意支付較高的價格購買公司股票。市盈率在行業間、資本市場間差異較大，充滿擴展機會的新興行業以及發展中國家的市盈率普遍較高，而成熟工業以及發達國家的市盈率普遍較低，因此，該指標主要適用同行業、同類資本市場間的比較。一般的期望報酬率為5%～20%，所以正常的市盈率為5～20倍。如果市盈率過高，也意味著投資者風險較大。

【例17】如前例，假定ABC公司的普通股每股市價為4.5元，則2018年該公司的市盈率為：

市盈率 = 4.5 ÷ 0.45 = 10

3. 每股淨資產

每股淨資產是上市公司年末淨資產(股東權益)與年末普通股總數的比值。

其計算公式如下：

$$每股淨資產 = 年末股東權益 \div 年末普通股總數 \qquad (9.27)$$

該比值越高，說明公司每股實際擁有的淨資產越大，公司的未來發展潛力越強。一般來說，該指標良好也會帶動公司股票價格上升。但由於該指標以帳面價值為依據進行計算，因此如果公司經營時間較長，該指標的評價結論與現實狀況難免存在誤差。

【例18】根據表9-1中的資料，假定ABC公司2018年、2017年發行在外的普通股均為127,150,000股，未發行優先股，則該公司普通股每股收益情況為：

2018年每股淨資產 = 451,106,594.85 ÷ 127,150,000 ≈ 3.55(元／股)

2017年每股淨資產 = 407,976,533.36 ÷ 127,150,000 ≈ 3.21(元／股)

4. 市淨率

市淨率是指普通股每股市價為每股淨資產的倍數。

其計算公式如下：

$$市淨率 = 普通股每股市價 \div 每股淨資產 \qquad (9.28)$$

該比值越大，通常說明公司的資產質量好，有發展潛力，市場對其評價良好，

公司財務

投資者對公司的未來發展有信心，但對投資者來講，潛在風險較大；反之，說明公司資產質量差，公司沒有發展前景。一般來說，市淨率達到 3 倍，可以樹立較好的公司形象。

【例 19】如前例，假定 ABC 公司的普通股每股市價為 4.5 元，則 2018 年該公司的市淨率為：

市淨率 = 4.5 ÷ 3.55 ≈ 1.27

四、發展能力分析

發展能力是公司在生存的基礎上擴大規模、壯大實力的潛在能力。評價發展能力的主要指標有：營業利潤增長率、資本累積率、總資產增長率等。

（一）營業利潤增長率

營業利潤增長率是公司本年營業利潤額與上年營業利潤額的比率。它反應公司營業利潤的增減變動情況，是評價公司成長狀況和發展能力的重要指標。

其計算公式如下：

營業利潤增長率 = 本年營業利潤增長額 ÷ 上年營業利潤額 × 100%　　(9.29)

其中：

本年營業利潤增長額 = 本年營業利潤額 − 上年營業利潤額

如果只有營業收入的增長，但利潤並未增長，從長遠看，對公司並無意義。同樣，如果只是利潤增長，但由於日常經營業務的營業利潤未增長，這樣的增長也是不可持續的。因此，在考察公司發展能力時有必要引入營業利潤增長率指標。當兩期營業利潤均為正數時，營業利潤增長率同時為正，說明公司本期營業利潤增加；營業利潤增長率越大，說明公司經營狀況越好。如果該指標為負數，說明公司營業利潤降低。

【例 20】根據表 9 − 2 中的資料，ABC 公司 2018 年的營業利潤增長率為：

營業利潤增長率 = (59,661,897.89 − 44,382,006.26) ÷ 44,382,006.26 × 100%
≈ 34.43%

計算結果表明，ABC 公司營業利潤增長速度較快，市場發展前景良好。

（二）資本累積率

資本累積率是公司本年所有者權益增長額與年初所有者權益的比率。它反應公司當年資本的保全性和增長性。

其計算公式如下：

　　資本累積率 = 本年所有者權益增長額 ÷ 年初所有者權益 × 100%　(9.30)

其中：

本年所有者權益增長額 = 所有者權益年末數 − 所有者權益年初數

該比值越高，表明公司資本保全性越強，應對風險、持續發展的能力越強；該

指標小於 0，表明公司資本受到侵蝕，所有者利益受到損害。資本累積的主要來源為股東追加的投資和公司淨利潤的留存，前者反應了股東對該公司的信心，但後者更能體現資本累積的本質，表現出公司良好的發展能力和發展後勁。

【例21】根據表9-1資料，ABC公司2018年的資本累積率為：

資本累積率 = $(451,106,594.85 - 407,976,533.36) \div 407,976,533.36 \times 100\%$
$\approx 10.57\%$

計算結果表明，ABC公司有一定的資本累積能力。進一步分析發現，股東權益的增加全部來自於公司經營形成的盈餘公積和未分配利潤，公司發展狀況良好。

(三) 總資產增長率

總資產增長率是公司本年資產增長額與年初資產總額的比率，它反應公司本期資產規模的增長情況。其計算公式如下：

$$總資產增長率 = 本年總資產增長額 \div 年初資產總額 \times 100\% \qquad (9.31)$$

其中：

$$本年總資產增長額 = 資產總額年末數 - 資產總額年初數$$

資產增長率是從公司資產總量擴展方面衡量公司的發展能力，表明公司規模增長水準對公司發展後勁的影響。該指標越高，表明公司一定時期內資產規模擴張越快。但在實際分析時，不能簡單地認為指標越高越好，應注意考慮資產規模擴張的質和量的關係以及公司的後續發展能力，避免資產盲目擴張。

【例22】根據表9-1中的資料，ABC公司2018年的總資產增長率為：

總資產增長率 = $(1,517,578,110.00 - 1,447,201,628.09) \div 1,447,201,628.09$
$\times 100\%$
$\approx 4.86\%$

計算結果表明，ABC公司的資產呈增長狀態，但是增長速度不快。

第四節　財務綜合分析

一、財務綜合分析的含義

財務分析的最終目的在於全面、準確、客觀地揭示與披露公司財務狀況和經營成果，並借以對公司經濟效益的優劣做出系統、合理的評價。而事實上，僅僅測算出幾項財務指標是很難全面評價公司的，有時會得出互相矛盾甚至是錯誤的結論。因此，要想對公司財務狀況和經營成果有一個總的評價，僅僅分析某些財務指標，或者將一些孤立的財務指標堆砌在一起，彼此毫無聯繫地觀察，是達不到理想的分析目的的。只有將公司償債能力、營運能力、獲利能力及發展能力等各項指標作為一個整體，系統、全面地對公司財務狀況和經營成果進行相互關聯的分析，採用適當的標準進行綜

合評價，才能得出正確的結論。

所謂財務綜合分析就是將償債能力、營運能力、獲利能力和發展能力等指標納入一個整體，系統、全面地對公司財務狀況和經營成果進行分析和評價。

二、財務綜合分析的方法

財務綜合分析的方法有很多，其中應用比較廣泛的有沃爾比重評分法和杜邦財務分析體系。

（一）沃爾比重評分法

在進行財務分析時，常遇到的一個主要問題是在計算出各項財務比率後無法判定其是偏高還是偏低。將所測算的比率與本公司的歷史水準或計劃、定額標準相比，也只能看出公司自身的變化，很難評價其在市場競爭中的優劣地位。為了彌補這些缺點，亞歷山大·沃爾在20世紀初出版的《信用晴雨表研究》和《財務報表比率分析》中提出了信用能力指數概念，他把選定的流動比率、產權比率、固定資產比率、存貨週轉率、應收帳款週轉率、固定資產週轉率、主權資本（即所有者權益）週轉率七項財務比率用線性關係結合起來，並分別給定各自的分數比重，總和為100分，然後通過與標準比率進行比較，確定各項指標的得分及總體指標的累計分數，從而對公司的信用水準做出綜合評價。

原始意義上的沃爾比重分析法存在兩個缺陷：一是不能證明為什麼要選擇這七項指標，而不是更多或更少些，或者選擇別的財務比率，以及不能證明每個指標所占比重的合理性；二是當某項指標嚴重異常時，會對總評分產生不合邏輯的重大影響。

（二）杜邦財務分析體系

杜邦財務分析體系是一種比較實用的財務比率綜合法分析體系，因最初由美國杜邦公司創立並成功運用而得名。這種分析方法以淨資產收益率為分析起點，層層分解，直到財務報表原始構成要素或項目。

杜邦體系各主要指標之間的關係如下：

$$\text{淨資產收益率} = \text{總資產淨利率} \times \text{權益乘數}$$
$$= \text{營業淨利率} \times \text{總資產週轉率} \times \text{權益乘數} \qquad (9.32)$$

其中：

總資產淨利率 = 營業淨利潤 × 總資產週轉率
營業淨利率 = 淨利潤 ÷ 營業收入淨額 × 100%
總資產週轉率 = 營業收入淨額 ÷ 平均資產總額

$$\text{權益乘數} = \text{所有者權益} \div \text{總資產} = 1 \div (1 - \text{資產負債率}) \qquad (9.33)$$

【例23】根據ABC公司財務指標的計算結果，製作杜邦財務分析圖，如圖9-1所示。

第九章　財務分析

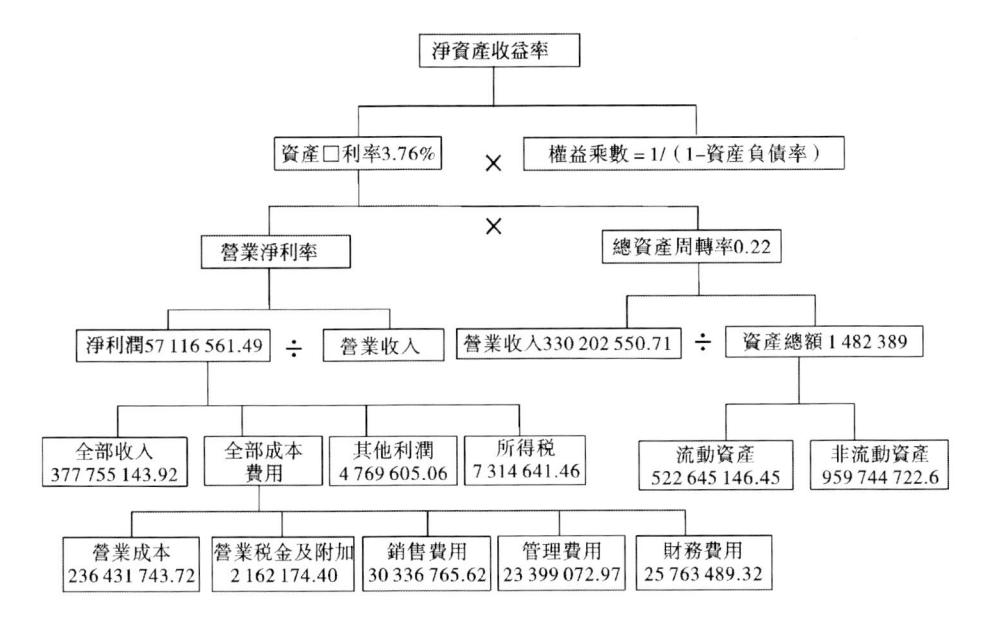

```
                          ┌──────────────┐
                          │ 淨資產收益率 │
                          └──────┬───────┘
                                 │
              ┌──────────────────┴──────────────────┐
              │                                     │
        ┌──────────┐                    ┌────────────────────────┐
        │資產□利率3.76%│        ×       │權益乘數＝1/（1-資產負債率）│
        └─────┬────┘                    └────────────────────────┘
              │ ×
    ┌─────────┴──────────┐
    │                    │
┌──────────┐      ┌──────────────┐
│ 營業淨利率│      │ 總資產周轉率0.22│
└─────┬────┘      └──────┬───────┘
      │                  │
┌─────┴─────┐      ┌─────┴──────┐
│淨利潤     │÷│營業│營業收入       │÷│資產總額│
│57 116 561.49│  │收入│330 202 550.71│  │1 482 389│
└─────┬─────┘      └─────┬──────┘
      │                  │
┌──┬──┼──┬──┐      ┌─────┴─────┐
│全部│全部│其他│所得│流動資產   │非流動資產│
│收入│成本│利潤│稅  │522 645 146.45│959 744 722.6│
│377 │費用│4 769│7 314│
│755 │    │605.06│641.46│
│143.92│  │      │      │
└────┴────┴────┴────┘
    │
┌───┬───┬───┬───┬───┐
│營業│營業│銷售│管理│財務│
│成本│稅金│費用│費用│費用│
│236 │及附│30 336│23 399│25 763│
│431 │加  │765.62│072.97│489.32│
│743.72│2 162│    │      │      │
│    │174.40│    │      │      │
└───┴───┴───┴───┴───┘
```

圖 9－1　杜邦財務分析圖

註：以上計算過程中，各時點性指標按期末值計算。

杜邦財務分析體系提供的主要信息包括：

（1）淨資產收益率是一個綜合性極強的財務比率，是杜邦財務體系的核心。該指標反應了所有者投入資本的獲利能力，它取決於公司的資產淨利率和權益乘數。資產淨利率反應公司在運用資產進行生產經營活動的效率高低，而權益乘數則主要反應公司的籌資情況，即公司資金來源結構。

（2）資產淨利率是影響淨資產收益率的最重要的財務比率，也是整個財務分析的十分重要的財務指標，綜合性也很強。它是營業淨利率和資產週轉率的乘積。

（3）營業淨利率反應了公司淨利潤與營業收入之間的關係，提高營業淨利率是提高公司獲利的關鍵。一般來說，營業收入增加，公司的淨利潤會隨之增加，但要想提高營業淨利率，必須一方面提高銷售收入，另一方面降低各種成本費用，這樣才能使淨利潤的增長高於營業收入的增長，從而使營業淨利率得到提高。

（4）資產週轉率揭示出公司運用資產實現銷售收入的綜合能力。對資產週轉率的分析，可以從資產的構成比例是否恰當、資產的使用效率是否正常、資產的運用效果是否理想等方面進行詳細分析。

（5）權益乘數主要受資產負債率的影響。負債比例越大，權益乘數就越高，說明公司有較高的負債，能給公司帶來較大的槓桿利益，同時也給公司帶來較大的風險。

由此可見，淨資產收益率與公司的經營規模、成本水準、資產營運、資本結構等有著密切的聯繫，這些相關因素構成一個相互依存的系統，只有將這個系統內的

235

公司財務

各相關因素安排、協調好，才能使淨資產收益率達到最大，才能實現股東財富最大化的理財目標。

本章小結

　　財務分析是公司的投資者、債權人、經營者及其他利益相關者以會計核算資料為主要依據，運用專門的方法和手段，對公司償債能力、營運能力、獲利能力和發展能力等進行分析與評價，旨在瞭解公司過去、評價公司現狀、預測公司未來，以做出正確決策的分析工作。財務分析的目的是多元化的。財務分析的信息基礎主要是財務報告，日常核算資料只作為財務分析的一種補充資料。財務分析的方法包括比較分析法、比率分析法和因素分析法等。財務分析遵循的分析步驟一般包括搜集評價資料、鑑別分析資料、選擇和計算相關財務比率、進行比較分析和因素分析以及形成綜合評價結論五個步驟。

　　財務分析的內容主要是對償債能力、營運能力、獲利能力和發展能力四個方面進行分析。另外，要對公司財務狀況和經營狀況作一個整體認識，就必須進行綜合分析。應用比較廣泛的財務綜合分析方法有沃爾比重評分法和杜邦財務分析體系。

思考題

1. 什麼是財務分析？公司為什麼要進行財務分析？
2. 公司投資者、債權人和經營者進行財務分析的目的分別是什麼？
3. 簡述財務分析的一般程序。
4. 常用的財務分析方法有哪些？運用時應注意什麼問題？
5. 因素分析法中各因素替代的順序是怎樣的？
6. 反應償債能力、營運能力、獲利能力和發展能力的指標有哪些？
7. 為什麼有的公司流動比率很高卻又無法償還到期債務？
8. 資產負債率的高低對公司的債權人、投資者和經營者分別有著怎樣的影響？
9. 應收帳款週轉率和存貨週轉率均是越高越好嗎？為什麼？
10. 提升公司淨資產收益率的途徑有哪些？
11. 計算分析每股收益應注意什麼問題？
12. 為什麼要進行財務綜合分析？
13. 簡述杜邦分析法的主要內容。

練習題

1. ABC 公司 2018 年度營業收入為 3,000 萬元，年初收帳款餘額為 200 萬元，年

第九章　財務分析

末應收帳款餘額為400萬元；年初應收票據餘額為11萬元，年末應收票據餘額為8萬元。則應收帳款週轉率為多少？

2. 某公司2018年稅後利潤為225萬元，所得稅稅率為25%，利息費用為40萬元，則該公司2018年已獲利息倍數為多少？

3. 某公司的全部流動資產為600,000元，流動比率為1.5。該公司剛完成以下兩項交易：

(1) 購入價值160,000元的商品以備銷售，其中的80,000元為賒購。

(2) 購置運輸車輛一部，價值50,000元，其中30,000元以銀行存款支付，其餘部分開出3個月期應付票據一張。

要求：計算每次交易後的流動比率。

4. 某股份公司2018年有關資料如下：

金額單位：萬元

項目	年初數	年末數	本年數或平均數
存貨	3,120	3,600	
流動負債	1,000	800	
總資產	12,000	14,000	
流動比率		550%	
速動比率	80%		
權益乘數			1.3
流動資產週轉次數			2.5
淨利潤			3,120
普通股股數(均發行在外)	800萬股	800萬股	

要求：

(1) 計算流動資產的平均餘額(假定流動資產由速動資產與存貨組成)；

(2) 計算本年營業收入和總資產週轉率；

(3) 計算營業淨利率、淨資產收益率；

(4) 計算每股收益和平均每股淨資產；

(5) 若2017年的營業淨利率、總資產週轉率、權益乘數和平均每股淨資產分別為24%、1.2次、2.5和10元，要求用連環替代法分析營業淨利率、總資產週轉率、權益乘數和平均每股淨資產對每股收益指標的影響。

5. 已知東方公司2018年年初所有者權益總額為1,200萬元，2018年的資本累積率為40%，本年增發新股20萬股，籌集權益資金344萬元。2018年年初、年末的權益乘數分別是2.5和2.2，負債的平均利率是10%，本年利潤總額為400萬元，優先股股利為60萬元，普通股現金股利總額為84萬元，財產股利為20萬元，普通股的加權平均數為200萬股，年末普通股股數為210萬股，所有的普通股均發行在外，年

公司財務

末股東權益中有95%屬於普通股股東，2018年的所得稅為100萬元。

要求計算：

(1) 2018年年末所有者權益總額；

(2) 2018年年初、年末的資產總額和負債總額；

(3) 2018年年末的產權比率；

(4) 2018年末的普通股每股淨資產（提示：應扣除屬於優先股股東的淨資產）；

(5) 2018年的資產報酬率；

(6) 2018年的已獲利息倍數；

(7) 2018年的每股收益，如果按照年末每股市價計算的市盈率為10，計算年末普通股每股市價；

(8) 假設該公司2017年年末的所有者權益總額為800萬元，資產總額為2,000萬元，計算該公司資本增長率。

第十章
財務預算

第一節 財務預算概述

一、財務預算的概念

　　財務預算是公司財務計劃的表現形式，屬於公司計劃體系的重要組成內容，是以貨幣表現的公司長期發展規劃和近期經濟活動計劃。財務預算必須服從公司財務目標的要求，使財務目標具體化、系統化、定量化。

　　財務預算由一系列反應公司未來一定預算時期內預計財務狀況和經營成果，以及現金收支等價值指標的各種預算組成，具體包括現金預算、財務費用預算、預計利潤表和預計資產負債表等內容。

　　同時，財務預算又是公司全面預算的一個重要方面，它與特種決策預算、日常業務預算(即產、銷、存預算)相互聯繫、相輔相成，共同構成公司完整的全面預算體系。

二、財務預算與財務預測

　　財務預算與財務預測不同。財務預測是指利用公司過去的財務活動資料，結合市場變動情況，對公司未來財務活動的發展趨勢做出科學的預計和測量。

　　財務預測的任務是：通過測算公司財務活動的數據指標，為公司決策提供科學依據；通過測算公司財務收支變動情況確定公司未來的經營目標；通過測算各項定額和標準，為編製計劃、分解計劃指標提供依據。

因此，財務預測是進行財務預算的前提條件，而財務預算是將公司財務預測結果具體化、系統化、指標化的過程。財務預算的編製需要以財務預測的結果為根據，並受到財務預測質量的制約。

財務預測的內容涉及公司資本運作活動的全過程，一般包括流動資產需要量的預測、固定資產需要量的預測、成本費用預測、銷售收入預測、利潤總額與分配預測以及有關長短期投資預測等。

三、財務預算的特徵

財務預算具有綜合性、導向性的特徵。

(一) 綜合性

財務預算的綜合性是相對於公司日常業務預算而言的。

對於日常業務預算而言，無論是生產預算還是銷售預算，無論是流量預算還是存量預算，除涉及成本、價格等價值指標外，更主要的是產、銷、存的數量、結構等實物性指標的預算。由於這些實物性指標的一個重要特徵就是不能直接加總，而必須按不同產品分別計量，因而決定了公司日常業務預算具有相對具體性的特徵。不僅如此，就成本、價格等價值性指標來說，它們也是一些分項目、分品種的具體性指標。如生產成本既要按品種編製單位成本計劃，又要按成本項目編製直接材料預算、直接人工預算和製造費用預算；再如產品銷售價格，不僅要按品種進行計劃，而且還應按不同質量等級、不同銷售渠道(是內部轉移還是對外銷售)等分別予以制定。

相比之下，財務預算中，無論是利潤預算還是現金流量預算，均是以貨幣為計量單位的價值預算。價值的抽象性特徵，決定了不同產品、不同經營項目以及不同財務事項的數量方面能夠直接匯總成為綜合性的財務指標。不僅如此，就財務預算指標的設置而言，為便於其與實際指標的對比分析，通常要求與財務報表項目的口徑保持一致。而我們知道，財務報表的每一個項目均是公司經營及財務活動某一特定方面數量狀況的綜合反應。所以，據此設置的財務預算指標無疑具有綜合性的特徵。

(二) 導向性

公司財務管理是以公司財務目標為導向的，而公司財務預算是財務目標的具體化，因此財務預算具有導向性的特徵。這裡所說的以財務目標為導向，是指公司的一切經濟活動均從公司的財務目標出發，以實現公司財務目標為最終目的。以財務目標為起點進行層層分解所形成的控制指標體系中，財務預算的利潤預算指標就是財務目標中收益目標的具體化，現金流量預算及資本結構預算則是財務目標中風險控制目標的具體化。這兩個方面綜合起來，就體現了收益與風險的最佳組合——公司價值最大化的目標要求。財務預算的這一屬性決定了其對公司經濟活動的導向作

第十章　財務預算

用,是財務目標導向作用的具體實現程序。如果說財務目標屬於總體上的觀念導向,那麼財務預算則是具體層次上的行為導向。這種行為導向主要體現為公司的一切經濟活動均應以預算指標為控制依據,以實現預算指標為最終目的。

四、財務預算的意義和作用

(一) 財務預算的意義

財務預算是公司全面預算體系中的重要組成部分,它對於使公司決策目標具體化、系統化和定量化具有重要意義。在現代公司財務管理中,財務預算能夠全面、綜合地協調、規劃公司內部各部門、各層次的經濟關係與職能,使之統一服從於未來經營總體目標的要求;同時,財務預算又能使決策目標具體化、系統化和定量化,能夠明確規定公司有關生產經營人員各自職責及相應的奮鬥目標,做到人人事先心中有數。財務預算作為全面預算體系中的最後環節,可以從價值方面總括地反應經營期特種決策預算與業務預算的結果,使預算執行情況一目了然。

財務預算對於順利實現公司財務目標具有重要意義。通過財務預算,可以建立評價公司財務狀況的標準。將實際數與預算數對比,可及時發現問題和調整偏差,使公司的經濟活動按預定的目標進行,從而實現公司的財務目標。

(二) 財務預算的作用

財務預算的作用主要表現在以下五個方面:

1. 明確工作目標

財務預算作為一種以價值尺度編製的計劃,規定了公司一定時期內的總目標以及各級各部門的具體財務目標。這樣就可使各個部門從價值上瞭解本單位的經濟活動與整個公司經營目標之間的關係,明確各自的職責及其努力方向,從各自的角度去完成公司總的戰略目標。

2. 協調部門關係

財務預算可以將公司各方面的工作納入統一計劃,促使公司內部各部門的預算相互協調,環環緊扣,達到平衡,在保證公司總體目標最優的前提下,組織各自的生產經營活動。例如,多數日常公司業務預算需要在反應具體業務的同時,反應現金收支情況。

3. 提高資源分配效率

任何公司不論規模大小,它所擁有的人力、物力和財力等資源都是相對有限的,因此公司總是希望能以較少的資源投入獲取較大的產出。為了達到這一目的,公司可以通過帳務預算來將資源有效地分配給獲利能力相對較高的部門、項目或產品,提高效率,避免浪費。

4. 控制日常活動

編製預算是公司經營管理的起點,也是控制日常經濟活動的依據。在預算的執

行過程中，各部門應通過計量、對比，及時揭露實際脫離預算的差異並分析其原因，以便採取必要措施，消除薄弱環節，保證預算目標的順利完成。

5. 作為業績考核標準

公司財務預算確定的各項指標，也是考核各部門工作成績的基本尺度。在評定各部門工作業績時，要根據財務預算的完成情況，分析偏離預算的程度和原因，劃清責任，獎罰分明，促使各部門為完成預算規定的目標努力工作。

五、全面預算體系

（一）全面預算的概念

全面預算是根據公司目標所編製的經營、資本、財務等年度收支計劃，即以貨幣及其他數量形式反應的有關公司未來一段時期內全部經營活動各項目標的行動計劃和相應措施的數量說明。全面預算由各種具體預算組成，形成一個完整的預算體系。

（二）全面預算的內容

全面預算具體包括特種決策預算、日常業務預算與財務預算。

特種決策預算是指公司不經常發生的、需要根據特定決策臨時編製的一次性預算。特種決策預算包括經營決策預算和投資決策預算兩種類型。

日常業務預算是指與公司日常經營活動直接相關的經營業務的各種預算，主要包括銷售預算、生產預算、直接材料耗用量及採購預算、應交增值稅、銷售稅金及附加預算、直接人工預算、製造費用預算、產品成本預算、期末存貨預算、銷售費用預算、管理費用預算等內容。

財務預算以價值形式綜合反應公司特種決策預算和日常業務預算的結果，也稱為總預算，包括現金預算、預計利潤表預算、預計資產負債表預算、預計現金流量表預算和資本支出預算等。

全面預算體系以銷售預算為起點，以預計財務報表預算為終點。

（三）財務預算在全面預算體系中的地位與作用

財務預算作為全面預算體系中的最後環節，可以從價值方面總括地反應經營期間的決策預算與業務預算的結果，亦可稱為主要預算，其餘預算則相應稱為輔助預算。因此，它在全面預算體系中佔有舉足輕重的地位。

（四）財務預算與日常業務預算的聯繫

財務預算儘管具有不同於公司日常業務預算的特徵，但它與公司日常業務預算又具有不可分割的聯繫。這種聯繫從總體上說，就是財務預算的編製應以公司日常業務預算為基礎，其具體表現在：

（1）在編製資本支出預算時，首先需要根據公司日常業務預算中的長期銷售預算制定公司的生產經營能力規劃，再根據生產經營能力規劃來制定資本支出預算。

第十章 財務預算

(2) 在編製現金預算時，首先需要編製銷售量及銷售收入、生產量及生產成本、銷售費用及管理費用等方面的公司日常業務預算，在此基礎上，再結合公司的收付結算方式以及期初現金存量等編製公司的現金收支預算。

(3) 在編製財務預算報表時，首先需要根據公司日常業務預算中的收入預算和成本、費用預算編製預計利潤表和現金預算表，再根據預計利潤表和現金預算表編製預計資產負債表。上述財務預算與公司日常業務預算的關係可以用圖 10 - 1 表示。

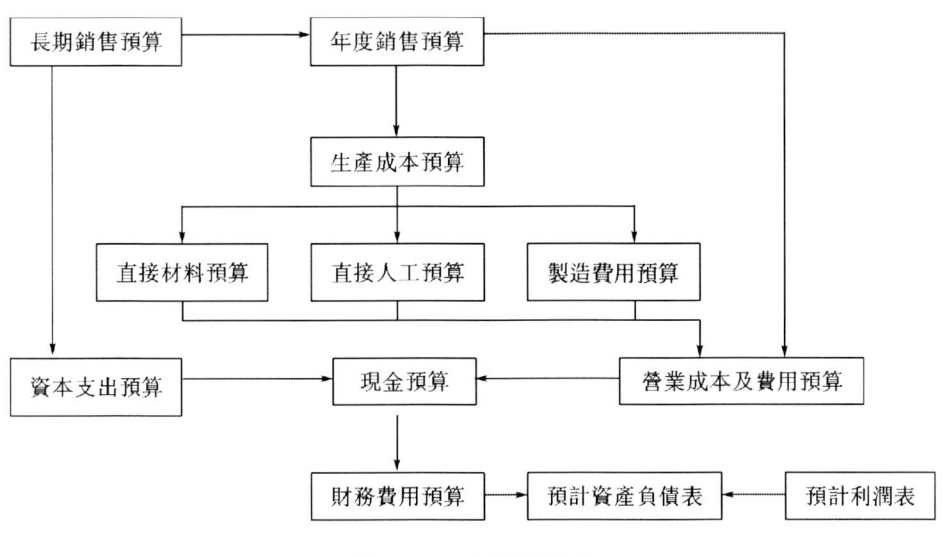

圖 10 - 1　全面預算體系

六、財務預算體系

財務預算既是全面預算的構成內容，同時它本身又是由若干專門預算所構成的一套預算體系。這些專門預算主要有財務規劃、資本預算、現金預算等。

(一) 財務規劃

財務規劃是有關公司未來發展的財務戰略或政策，它一般包括兩個基本要素：一是公司財務目標；二是實現財務目標的行為方案。這裡的財務目標不僅指公司價值最大化之類的抽象的總體目標，而且包括在總體目標約束下的若干具體目標，如績效增長率目標、資本結構優化目標等。行為方案則是指與特定財務目標相適應，並符合相關法律規範的行為計劃，如為實現績效增長率目標的資產經營行為計劃，為實現資本結構優化目標的籌資及股利分配行為計劃等。由此可見，公司制定財務規劃的主要作用一方面在於為公司財務活動指明具體的努力方向，另一方面在於通過將財務規劃具體化為短期財務計劃，為公司的財務活動過程提供控制依據，以實

現財務行為的合理化。

相對於其他專項預算而言，公司財務規劃具有以下兩項特徵：

1. 戰略性

即公司財務規劃作為對公司重大財務問題所確立的目標及相應的行為方案，其對公司的指導和約束既具有全局性，又具有長期性。進一步說，財務規劃合理與否，不僅影響公司內部能力利用能否平衡、利益關係能否協調，而且決定著公司的發展方向和發展速度。

2. 綜合性

財務規劃作為具有戰略性的長期發展計劃，其每一項內容均綜合地反應了公司財務或經營的某一方面，甚至是所有方面。例如長期銷售規劃綜合反應了公司對市場未來趨勢的預測、生產能力及其利用的評估，以及經營結構的安排和調整等。資本結構規劃則綜合地反應了公司財務及經營的所有方面，包括資本的籌集與使用、收益的形成與分配以及現金流量的狀況與趨勢等。

(二) 資本預算

資本預算就是對資本性支出 (即項目投資支出) 及其預期效益進行預計和測算。它是公司財務預算體系的又一項重要構成內容，其作用在於為項目支出的控制和項目效益的評價提供依據。資本預算方法可劃分為貼現法和非貼現法兩大類，其中貼現法有淨現值法、內含報酬率法以及獲利能力指數法等，非貼現法則主要有回收期法、投資收益率法等。

資本預算儘管是以項目的現金流量預測為基礎的一項專門預算，但與一般意義上的現金預算 (即以經營為基礎的現金預算) 比較，卻具有以下幾個方面的特徵：

1. 涉及時間相對較長

資本預算作為對項目投資的支出與預期效益的測算，所涉及的時間不僅包括項目的建設期或開發期，而且還包括項目的整個壽命週期。

2. 經濟意義相對重大

資本預算作為為項目投資決策提供依據的一項專門預算，其是否準確、可靠，直接影響投資項目的預期效益。由於項目投資具有投資額大的特點，因此若資本預算不準確，就可能導致投資決策失誤而使公司為此付出昂貴的代價，甚至可能導致公司因投資失敗而陷入清算。

3. 運用方法相對特殊

由於資本預算涉及的時間較長，因此在進行預算時通常需要考慮資金的時間價值因素，具體體現在預算方法的選擇上，應更多地考慮選用能夠反應資金價值可比性要求的貼現法，如淨現值法、內含報酬率法等。

(三) 現金預算

現金預算就是對公司一定期間經營現金收支以及現金餘缺所進行的預計和安排。其具體內容包括現金收支的測算、現金餘缺的計算、現金餘缺的籌集與運用。

第十章　財務預算

相對於上述兩項預算，現金預算的特點在於：

1. 以業務預算為編製基礎

公司在編製現金預算之前，應當先編製同一期間的銷售預算和生產預算，分別確定銷售的預計現金流入和成本、費用的預計現金流出，在此基礎上，再結合籌資、投資、稅收繳納及股利分配等方面的計劃匯總編製現金預算。

2. 以會計期間為時間單位

現金預算作為日常現金收支控制和考核的依據，一方面要求其數據相對準確、可靠，另一方面則要求其涵蓋時間與考核期間保持一致。而要確保預算數據準確、可靠，其前提是預算所依據的環境可以預測，並具有相對確定性，這就要求預測的外推時間應限定在短期範圍內（財務上的短期通常指不超過一年的一定期間），否則就可能因時間長、不確定因素增多而影響預算的可靠性。再從考核時間看，公司一般也是以會計報告期（年度）為時間單位，即將會計報告期內現金收支的實際核算資料與預算比較，對現金收支的控制績效進行評價和考核。這就進一步說明了以會計期間作為現金預算的時間單位是一種相對合理的選擇。

七、財務預算的日常管理

財務預算制度包含預算政策的制定、預算編製、日常管理及檢討改進四個部分，而其中又以日常管理最為重要，因為它是整個財務預算制度成功的關鍵。

財務預算的日常管理，通常是指日常管理報表的設計及應用，它的基本要求如下：

（1）日常管理報表應配合預算項目而設計。一張日常管理報表應該包含多個相關財務預算項目，並且每一個預算項目應有獨立的字段，並有小計與合計，以方便進行比較。例如銷貨收入與銷貨成本應設計在一張表上，但兩者都應有獨立字段，並有小計與合計。

（2）日常管理報表應按時間順序逐筆填寫。通常每筆經濟業務均應根據有效憑證順序填列，資料量太大時可在日統計後填入，但應與明細資料相配合以方便查詢。

（3）日常管理報表應該有相對應的預算字段。

（4）日常管理報表另需設計異常說明字段。在管理過程中常常會出現一些意想不到的情況，因此需要設計異常說明字段，並規定在何種差異的情形下，必須作異常說明。例如規定差異率在10%以上或差異金額在5,000元以上必須說明異常原因及具體對策。

（5）日常管理報表應有合理的審核流程。為確保各部門在遇到困難時能夠被發覺並給予協助，日常管理報表不宜從責任部門直接送給上層管理者，最好先送交預算管理部門審查，在簽署意見後，再呈送上層管理者作必要的處理。

公司財務

(6) 重要的日常管理報表可作為公司經營會議的討論事項，由責任主管提出報告再由相關人員提出意見。總之，日常管理報表是財務預算制度中的控制機制，合理進行日常管理有利於隨時發現預算執行時的問題並及時提供協助，以提高預算達成的可能性。

● 第二節　財務預算的編製方法

財務預算的編製方法按照不同的標準可以分為不同的類型，以下是常見的三組財務預算的編製方法。

一、固定預算與彈性預算

按照業務量基礎的數量特徵的不同，可以把財務預算的編製方法分為固定預算和彈性預算兩大類。

固定預算又稱靜態預算，是指在編製財務預算時，把公司預算期的業務量固定在某一預計水準上，並以此為基礎來確定其他項目預計數的預算編製方法。由於固定預算只是針對某一特定業務量編製的，因此預算範圍窄，存在適應性差和可比性差的特點。一旦出現實際業務量與預算業務量差異較大的情況，由於固定預算存在不調整業務量的原因，通常導致以不同業務量為基礎計算出來的預算與實際數據不具有可比性的結果，難以準確地說明公司預算的執行情況。

彈性預算是為克服固定預算的缺點而設計的，又稱變動預算，是指以業務量、成本和利潤之間的依存關係為依據，按照預算期可預見的各種業務量水準為基礎，編製能夠適應多種情況的財務預算方法。彈性預算把所有的成本按其性態分為變動成本與固定成本進行計算，針對一系列可能達到的預計業務量水準編製預算。與固定預算相比，彈性預算具有預算範圍寬、可比性強和便於考核的優點。

編製彈性預算所依據的業務量基礎可以是產量、銷售量、機器工時、材料消耗量、直接人工工時或直接人工工資等。理論上，這一方法適用於編製全面預算中所有與業務量有關的預算，但實務中則常用於編製彈性成本費用預算和彈性利潤預算。

(一) 彈性成本預算的編製

1. 彈性成本預算的計算公式

在編製彈性成本預算時，首先按成本性態區分變動成本和固定成本，其中變動成本以單位業務量預算進行控制，而固定成本以總額預算進行控制。預算成本的計算公式如下：

第十章 財務預算

彈性成本預算 = 固定成本總額預算 + $\sum$ (單位變動成本預算 × 預計業務量)

(10.1)

設：Y——彈性成本預算

X——預計業務量

a——固定成本總額預算

b——單位變動成本預算

則上述公式可簡化為：

$$Y = a + \sum bX \qquad (10.2)$$

2. 業務量的選擇

要計算彈性成本預算，選擇適當的業務量是十分重要的。選擇時應首先確定業務量計量單位，再明確業務量的變動範圍。業務量計量單位應根據預算部門的具體情況來選擇，例如：只生產單一產品的車間應該選用該產品產量，而生產多種產品的車間則應選擇工時，以人力為主的用人工工時，機械化程度高的用機器工時。業務量變動範圍是指彈性預算所適用的業務量變動區間，也應根據公司具體情況確定，一般可定在正常生產能力的70% ~ 120%，也可用歷史最高點和最低點為上下限確定。

3. 彈性成本預算的編製方法

彈性成本預算的具體編製方法有兩種，一種是公式法，另一種是列表法。

（1）公式法。這是指直接通過基本公式計算不同業務量下成本預算數字的編製方法。在公式法下，只要確定了a和b兩個參數，就可以很容易地計算出在業務量變動範圍內任何水準上的各項預算成本。

【例1】ABC 公司以直接人工工時為業務量單位，確定業務量變動範圍為500 ~ 800 小時，使用公式法計算不同製造費用項目的彈性預算成本。

成本項目分解如表10 - 1所示：

表 10 - 1　　　　　　　ABC 公司製造費用彈性成本預算表

單位：元

成本項目	a	b
管理人員工資	20,000	
固定資產保險費用	3,000	
固定資產日常維修費用	3,000	0.5
水電費	1,000	0.2
檢驗人員工資		0.6
合計	27,000	1.3

製造費用預算總額公式：$Y = 27,000 + 1.3X$
固定資產維修費用預算公式：$Y = 3,000 + 0.5X$
水電費預算公式：$Y = 1,000 + 0.2X$
檢驗人員工資預算公式：$Y = 0.6X$

將業務量變動範圍500～800中任意數字帶入公式，即可計算出在這一業務量水準下的製造費用總額預算和各成本項目預算。例如，業務量為600小時，則製造費用總額預算為：$Y = 27,000 + 1.3 \times 600 = 27,000 + 780 = 27,780$（元），以此類推。

這種方法的優點是在選定業務量區間內，預算不受業務量波動的影響，有效地減少了編製的工作量。缺點是在進行預算控制和考核時，不能直接查出某一業務量水準下的預算數字；分解成本項目比較麻煩，有一定誤差存在。

在實際工作中，可以結合列表法克服以上缺點。

（2）列表法。這是指通過列表的方式，在選定的業務量變動範圍內，每間隔特定業務量就計算出各成本項目的預算數字，以此形成彈性成本預算的編製方法。

沿用上例，以100小時為間隔列表如表10－2所示：

表10－2　　　　ABC公司製造費用彈性成本預算表

單位：元

直接人工小時	500小時	600小時	700小時	800小時
管理人員工資	20,000	20,000	20,000	20,000
固定資產保險費用	3,000	3,000	3,000	3,000
固定資產日常維修費用	3,250	3,300	3,350	3,400
水電費	1,100	1,120	1,140	1,160
檢驗人員工資	300	360	420	480
製造費用合計	27,650	27,780	27,910	28,040

顯然，業務量的間隔越小，實際業務量水準出現在預算表中的可能性越大，同時預算工作量也越大。因此，列表法的優點是：可以直接從表中查出不同業務量水準下成本預算數字，便於比較和考核，在一定程度上彌補了公式法的不足。其缺點是：在成本項目較多、業務量間隔較小的情況下，預算工作量較大，且並不能包含所有的業務量水準，適用範圍較小。

（二）彈性利潤預算的編製方法

彈性利潤預算是指為適應多種業務量的變化，根據業務量、成本和利潤之間的相互關係進行的利潤預算的編製。其編製基礎是彈性成本預算，主要預算項目包括銷售量、價格、單位變動成本、邊際貢獻和固定成本。彈性利潤預算的編製方法有因素法和百分比法兩種。

第十章　財務預算

1. 因素法

這一方法類似於上述內容中的列表法，在確定業務量間隔的前提下，計算出不同業務量水準下的收入、成本、邊際貢獻等因素，列表反應不同的利潤預算數字。

【例2】ABC 公司預計 2019 年 A 產品的銷售量在 200～300 件，產品單價為 1,000 元，單位變動成本為 500 元，固定成本總額為 50,000 元。以 50 件為間隔編製該產品的彈性利潤預算。

依題意編製的彈性利潤預算表如表 10－3 所示：

表 10－3　　　　　　　ABC 公司彈性利潤預算表

單位：元

銷售量	200 件	250 件	300 件
產品單價	1,000	1,000	1,000
單位變動成本	500	500	500
銷售收入	200,000	250,000	300,000
減：變動成本	100,000	125,000	150,000
邊際貢獻	100,000	125,000	150,000
減：固定成本	50,000	50,000	50,000
營業利潤	50,000	75,000	100,000

參照上表，可分別編製不同產品單價、單位變動成本或固定成本水準下的彈性利潤預算表，從而形成一個完整的利潤預算體系。

因素法具有直觀、便於查找數據和進行比較與控制的優點，缺點是預算工作量較大，適用於經營產品品種單一的公司。

2. 百分比法

百分比法又稱銷售額百分比法，是按公司預算年度可能實現的總銷售額的不同百分比來編製彈性利潤預算表的方法。在真實的市場環境中，大多數公司都經營多種產品品種，分別按品種逐一編製彈性利潤預算是不現實的，工作量太大。因此針對多品種經營的公司，可以採用百分比法對所有產品的總銷售額或幾個產品大類的銷售額編製彈性利潤預算。

【例3】ABC 公司是一家多品種經營的公司，預計 2019 年度總銷售額達到 100% 時的銷售收入為 1,000,000 元，變動成本總額為 500,000 元，固定成本為 200,000 元。預計總銷售額百分比變動的範圍為 90%～110%，以 10% 為間隔為公司編製彈性利潤預算。

依題意編製的彈性利潤預算表如表 10－4 所示：

表 10 - 4　　　　　　　　ABC 公司彈性利潤預算表

單位：元

總銷售額百分比	90%	100%	110%
銷售收入	900,000	1,000,000	1,100,000
減：變動成本	450,000	500,000	550,000
邊際貢獻	450,000	500,000	550,000
減：固定成本	200,000	200,000	200,000
營業利潤	250,000	300,000	350,000

在預計公司總銷售額變動的範圍時要注意變動的幅度，不能影響公司正常的成本水準，包括單位變動成本和固定成本總額，一旦變動幅度過大，成本水準發生變化，預算就會產生較大的誤差。這一方法具有綜合性的優點，主要適用於多品種經營的公司，適用範圍較大。

二、增量預算和零基預算

增量預算和零基預算都是編製成本費用預算的方法，其主要區別在於編製預算的出發點的特徵不同。增量預算是以基期成本費用水準為基礎，零基預算是一切從零開始。

（一）增量預算

增量預算又稱調整預算，是指在以往會計期間成本費用水準的基礎上，結合預算期業務量水準及有關影響成本因素的未來變動情況，通過調整原有關成本費用項目來編製預算的方法。

增量預算必須在以下假設的基礎上使用：

（1）現有的業務活動對公司必不可少，只有保留所有現有業務，公司的生產經營才能得到正常發展。

（2）以往會計期間的各項成本費用開支都是合理的，必須予以保留。

（3）預算期的成本費用項目沒有大的變動，成本費用數額的變化可以在現有項目的基礎上調整得到。

由以上假設可以看出，增量預算的局限性較大，具有明顯的缺點，不適應快速變化的公司內部環境和外部環境。

增量預算法的主要缺點是：第一，受現有成本費用項目的限制，預算結果可能保守落後；第二，滋長預算中的「平均主義」和「簡單化」，無法體現公司的發展變化對預算的影響；第三，長期使用將不利於公司未來的發展。

（二）零基預算

零基預算，又稱零底預算，是指在編製成本費用預算時，不考慮以往會計期間

第十章　財務預算

的情況如何,將所有的預算支出均以零為出發點,從實際需要與可能出發,逐項研究分析預算期內各項成本費用項目的內容及開支標準是否合理,在綜合平衡的基礎上編製成本費用預算的一種方法。

零基預算與傳統的增量預算不同,提出了新的預算編製觀念,不再以歷史數據為基礎進行調整,而是一切從零開始,破而後立。編製預算時不再照搬現有成本費用項目,而是重新研究分析,確定各個成本費用項目是否應該存在,然後按項目的輕重緩急重新排列,重新編製公司的成本費用預算。

零基預算的編製程序是:第一步,公司全體討論現有成本費用項目,初步選定新的項目;第二步,在新項目中區分必要項目和不必要項目,極力壓縮不必要項目的支出;第三步,將留存下來的項目按輕重緩急進行排序,形成新的成本費用項目列表。

零基預算的優點是:第一,不受現有成本費用開支水準的限制,可以根據公司的實際情況增減成本費用開支項目;第二,通過全體討論,能夠調動公司各部門所有員工降低成本費用的積極性,有助於公司的長期發展。

當然,零基預算的工作量大,編製預算所需的時間較長,對於規模較小的公司,實施難度較大。公司應該結合自身的實際情況和發展階段,量力而行,不一定完全採用零基預算,變化不大的業務項目可以採用增量預算,可能發生重大變化的業務應進行零基預算以保證預算的合理性。

零基預算特別適用於業務變化較大、投入產出較難分辨的服務業公司進行成本費用預算的編製。

【例4】ABC公司以往年度均採用增量預算法編製費用預算表,今年通過與行業平均水準比較,發現歷年來公司的費用開支情況嚴重超標,其中業務招待費、辦公費、廣告費、保險費尤其嚴重。公司決定使用零基預算法對上述項目編製2019年度費用預算表。經相關人員討論確定上述費用在預算年度的開支水準如表10-5所示:

表10-5　　　　ABC公司2019年度預計費用開支表(部分)

單位:元

費用項目	開支金額
業務招待費	180,000
辦公費	120,000
廣告費	400,000
保險費	200,000
合計	900,000

經過相關人員充分討論後明確以下情況:第一,以上四項費用開支均必不可

少，是公司生產經營必需的費用項目；第二，其中的辦公費和保險費開支必須得到全額保證，而業務招待費和廣告費還有一定的壓縮空間。根據成本－效益分析得出業務招待費的成本－效益比是1∶4(投入1元成本可以得到4元收益)，廣告費的成本－效益比是1∶2。由此，可以排出四個項目的輕重緩急順序：辦公費和保險費在預算期是必要的，且需要全額保證，屬於必要的固定成本支出，列第一個層次；業務招待費和廣告費均可壓縮，可以根據預算期公司資金狀況調整，屬於必要可變支出，其中業務招待費的成本－效益比較高，更重要，列第二層次；廣告費的成本－效益比較低，列第三層次。

假設公司預算年度對四項費用開支的預計投入資金為500,000元，根據排序分配資金，最終計算得出的費用預算金額如下：

(1) 確定必要的固定成本支出的預算金額：

120,000 + 200,000 = 320,000(元)

(2) 確定剩餘可分配預算金額：

500,000 - 320,000 = 180,000(元)

(3) 按成本－效益比將剩餘金額在業務招待費和廣告費之間進行分配：

業務招待費預算金額：180,000 × 4 ÷ (4 + 2) = 120,000(元)

廣告費預算金額：180,000 × 2 ÷ (4 + 2) = 60,000(元)

在實務中，一些成本費用項目的成本－效益關係並不容易確定，無法得出明確的數據，公司應根據需要和可能合理地進行估計。在使用零基預算時，不可機械地平均分配預算資金，而應依據公司的生產經營目標，有重點、有選擇地確定預算項目，分配預算資金，保證重要項目的資金需要。

三、定期預算和滾動預算

按預算期時間特徵的不同，編製預算的方法可分為定期預算和滾動預算兩大類。

(一) 定期預算

定期預算，是一種以不變的會計期間(如自然年度)作為預算期編製預算的方法，因此以會計年度為單位編製的各類預算都是定期預算。

定期預算的主要優點是能夠使預算期與會計年度相符合，便於公司考核和評價預算的執行結果。

定期預算的缺點是：第一，以不變的會計期間為預算期，一般最長為年度預算，因此預算期無法覆蓋多個自然年度，不具備戰略性和長期指導性；第二，預算期固定可能導致公司不能隨情況的變化及時調整預算，缺乏靈活性；第三，每一會計期間結束才重新制定新的預算，如果會計期間較長(如以年度為預算期)可能使預算的連續性變差。

第十章　財務預算

(二) 滾動預算

滾動預算又稱永續預算，是指在編製預算時，將預算期與會計年度脫離，隨著預算的執行不斷延伸，同時調整補充預算，逐期向後滾動，使預算期永遠保持為一個固定期間的預算編製方法。其主要特點在於：不將預算期與會計年度掛勾，而是始終保持十二個月，每過去一個月，就根據新的情況調整和修訂後一個月或幾個月的預算，並在原預算基礎上增加下一個月的預算，從而逐期向後滾動，連續不斷地以規劃公司未來的生產經營活動。

滾動預算與定期預算的主要區別是：滾動預算不將預算期與會計年度掛勾，而是連續不斷向後滾動，始終保持十二個月；而定期預算一般是以會計年度為單位定期編製預算。

與傳統的定期預算相比，採用滾動預算法編製的預算具有透明度高、及時性強、連續性好、完整、穩定等突出的優點。其缺點則是預算工作量大，每一個月都要調整修訂原預算，並在此基礎上增加新的預算。

滾動預算按其編製預算和逐期滾動的時間間隔不同，可以分為逐月滾動預算、逐季滾動預算和混合滾動預算三種。

1. 逐月滾動預算

逐月滾動預算是在編製預算的過程中，以月份為預算期和滾動期，每一個月調整修訂一次預算的編製方法。

假設某公司使用逐月滾動預算法編製預算，則在 2018 年 1 月末就需要根據當月的預算執行情況調整和修訂 2 月至 12 月的預算，同時補充增加 2019 年 1 月份的預算；2018 年 2 月末，則根據當月預算執行情況，調整 3 月份至 2019 年 1 月的預算，同時增加 2019 年 2 月份的預算；以此類推。

逐月滾動預算的預算結果比較精確，但預算工作量較大，公司應視情況採用。

2. 逐季滾動預算

逐季滾動預算是在編製預算的過程中，以季度為預算期和滾動期，每季度調整修訂一次預算的編製方法。

假設某公司使用逐季滾動預算法編製預算，在 2018 年第 1 季度末就需要根據當季的預算執行情況調整和修訂第 2 季度至第 4 季度的預算，同時補充增加 2019 年第 1 季度的預算；2018 年第 2 季度末，則根據當季預算執行情況，調整第 3 季度至 2019 年第 1 季度的預算，同時增加 2019 年第 2 季度的預算；以此類推。

逐季滾動預算與逐月滾動預算相比，預算期和滾動期更長，因此編製預算的工作量大大減少，但同時，預算結果的精確度也下降了。

3. 混合滾動預算

混合滾動預算是在編製預算的過程中，同時使用月份和季度作為預算期和滾動期的預算編製方法，是一種變通的方式。

混合滾動預算法的理論依據是：人們對未來的預測通常具有對近期事項預測較

準、對遠期事項預測不準的特徵，公司管理層及員工也不例外。為了一方面保證預算的相對精確度，另一方面合理地減少預算工作量，保證預算工作的效率，在實際編製預算時不妨「遠略近詳」。對近期預算採用逐月滾動提高精確度，使預算內容相對詳細；對遠期預算則採用逐季滾動，降低預算精確度，使預算內容相對簡單，同時大大減少預算工作量，提高工作效率。

假設某公司使用混合滾動預算法編製預算，對2018年度1月份至3月份逐月編製詳細預算，4月份至12月份則按季度編製粗略預算；3月末根據第1季度的預算執行情況，編製4月份至6月份的詳細預算，並調整和修訂第3季度至第4季度的預算，同時補充增加2019年第1季度的預算；以此類推。

在實務中，公司具體採用哪一種滾動預算法應由公司管理層根據公司的實力、目標和需要確定，在選擇時一定要注意結合成本－效益原則綜合考慮。

第三節　財務預算的編製

公司財務預算的編製具體包括現金預算和財務費用預算的編製、預計財務報表的編製，其中預計財務報表主要由預計利潤表和預計資產負債表組成。

一、現金預算和財務費用預算的編製

（一）現金預算

現金預算亦稱現金收支預算，或現金收支計劃，是反應公司現金收支情況的預算，需要以日常業務預算和特種決策預算為依據編製。

（二）現金預算的意義

1. 提高公司規避財務風險的能力

在市場經濟條件下，公司面臨各種各樣的風險，而其中對公司影響最大的則屬財務風險。財務風險最主要的表現形式就是支付風險，這種風險是由公司未來現金流量的不確定性與債務到期日之間的矛盾引起的。許多公司正是沒有處理好二者之間的關係，影響公司的正常生產經營活動，甚至破產。

現金預算可以預測未來時期公司對到期債務的直接償付能力，直接揭示出公司現金短缺的時期，使財務管理部門能夠在短缺時期來臨之前安排籌資，避免在債務到期時因無法償還而影響公司的信譽，有效地降低了公司的財務風險。

2. 促進公司內部各部門間的合作與交流，減少部門間的衝突與矛盾

現金預算是以銷售預算、生產預算、直接材料預算等各項日常經營預算為基礎的，這就需要公司加強內部各部門之間的溝通交流，相互之間提出改進建議，明確各部門的責任，調動各部門的積極性，為公司搞好現金預算奠定基礎。

第十章 財務預算

3. 提供公司績效評價標準，便於考核、強化內部控制

在組織規模增大、結構日趨複雜的大型公司管理中，由於現金流量與公司的生存、發展、壯大息息相關，所以公司越來越關注現金流量信息。實踐證明公司對現金流量的管理與控制已成為財務管理的關鍵。

（三）編製現金預算的步驟

1. 確定現金收入

現金收入包括期初現金餘額和預算期現金收入。預算期現金收入的主要來源是銷貨收入。期初現金餘額是在編製預算時預計的；銷貨現金收入的數據來自銷售預算；可供使用現金是期初現金餘額與預算期現金收入之和。

2. 計劃現金支出

現金支出包括預算的各項現金支出。其中直接材料、直接人工、製造費用、銷售費用和管理費用的數據，分別來自有關日常業務預算；所得稅、購置設備、股利分配等現金支出的數據分別來自另行編製的專門預算。

3. 編製現金預算表

現金預算表由現金收入、現金支出、現金多餘或不足、資金的籌集和運用四個部分組成。現金收入和現金支出部分的內容已經在前面進行了說明，下面具體介紹現金多餘或不足、資金籌集和運用的內容。

現金多餘或不足是現金收入合計與現金支出合計的差額。

資金籌集和運用是指在現金有多餘的情況下，可將多餘現金用於償還借款或用於短期投資；在現金不足的情況下，需要向銀行取得新的借款來補足現金。

將四個部分的內容按項目順序列示即可編製出現金預算表。現金預算表的編製舉例如下：

【例5】ABC公司準備編製2019年12月份的現金預算表。預計2019年12月月初的現金餘額為8,000元；月初應收帳款為4,000元，預計月內可收回80%；本月銷貨50,000元，預計月內收款比例為50%；本月採購材料8,000元，預計月內付款70%；月內以現金支付工資8,400元；本月支付製造費用4,000元、管理費用4,000元、銷售費用8,000元；支付流轉環節稅金1,900元；購買設備支付現金10,000元；支付短期借款利息150元，長期借款利息400元。公司現金不足時，可向銀行借款，借款金額為1,000元的倍數；現金多餘時可購買有價證券。要保證月末預計現金餘額不低於5,000元。要求：編製ABC公司2019年12月份的現金預算表。

ABC公司2019年12月份的現金預算表如表10-6所示：

表 10 - 6　　　　ABC 公司 2019 年 12 月份現金預算表

單位：元

項目	金額
期初現金餘額	8,000
加：銷貨現金收入	28,200
可供使用現金	36,200
減：現金支出	
直接材料	5,600
直接人工	8,400
製造費用	4,000
管理費用	4,000
銷售費用	8,000
流轉環節稅金	900
所得稅	0
設備購置	10,000
股利	0
支出合計	41,900
現金多餘或不足	-5,700
資金籌集和運用	
加：向銀行借款	12,000
減：歸還借款	0
支付利息	550
期末現金餘額	5,750

（四）編製財務費用預算

財務費用預算是指反應預算期內因籌措使用資金而發生財務費用水準的一種預算。就其本質而言該預算屬於日常業務預算，但由於該預算必須根據現金預算中的資金籌集和運用的相關數據來編製，故將其納入財務預算的範疇。

沿用上例，編製 ABC 公司 2019 年 12 月份財務費用預算表，如表 10 - 7 所示：

表 10 - 7　　　　ABC 公司 2019 年 12 月份財務費用預算表

單位：元

項目	金額
支付短期借款利息	150
支付長期借款利息	400
支付公司債券利息	0
支付利息合計	550
減：資本化利息	0
預計財務費用	550

第十章 財務預算

二、預計財務報表的編製

（一）編製預計利潤表

預計利潤表是以貨幣形式綜合反應預算期內公司生產經營活動成果（包括利潤總額、淨利潤）預計水準的一種財務預算報表。

預計利潤表需要在銷售預算、產品成本預算、應交稅費及附加預算、銷售費用預算、管理費用預算和財務費用預算等日常業務預算的基礎上編製。

（二）編製預計資產負債表

預計資產負債表是用於總括反應公司預算期末財務狀況的一種財務預算報表。

預計資產負債表中除上年期末數已知外，其餘項目均應在各項日常業務預算和特種決策預算的基礎上分析填列。

（三）預計財務報表編製舉例

【例6】ABC公司2018年利潤表和資產負債表如表10-8和表10-9所示：

表10-8　　　　　　　　　　利潤表

編製單位：ABC公司　　　　　2018年度　　　　　　　　　單位：元

項目	金額
營業收入	20,000,000
減：營業成本	12,000,000
流轉環節稅金（稅率5%）	1,500,000
銷售費用	900,000
管理費用	600,000
財務費用	200,000
營業利潤	4,800,000
減：所得稅費用（稅率25%）	1,200,000
淨利潤	3,600,000

表10-9　　　　　　　　　　資產負債表

編製單位：ABC公司　　　　2018年12月31日　　　　　　　單位：元

資產	金額	負債及所有者權益	金額
貨幣資金	1,500,000	短期借款	1,000,000
應收帳款	3,600,000	應付帳款	1,100,000
存貨	3,000,000	長期借款	6,000,000
流動資產合計	8,100,000	負債合計	8,100,000
固定資產原值	15,200,000	實收資本	7,600,000

表10-9(續)

資產	金額	負債及所有者權益	金額
減：累計折舊	5,800,000	資本公積	800,000
固定資產淨值	9,400,000	留存收益	1,600,000
無形資產	600,000	所有者權益合計	10,000,000
資產合計	18,100,000	負債及所有者權益合計	18,100,000

其他數據資料如下：

（1）公司2019年度銷售收入的預計增長率為10%。

（2）公司為擴大生產規模，計劃於2019年6月投資3,500,000元購置設備。

（3）公司擬通過有效措施，在2018年的基礎上，將營業成本率（營業成本÷營業收入）降低5%，銷售費用率（銷售費用÷營業收入）降低10%，管理費用降低5%。

（4）公司根據經營的季節性特點，預計營業收入在第四季度實現全年的30%，銷售的收現比率為60%，收帳期限為90天。

（5）公司全年材料採購總額為7,000,000元，第四季度採購占全年的30%，賒帳比率為60%，付帳期限為90天。預計2019年度生產耗用原材料7,500,000元。

（6）費用除折舊費用和無形資產攤銷費用外，均在當年全額付現。全年折舊費預計為2,500,000元（其中，生產用固定資產折舊費為1,600,000元，管理用固定資產折舊費為900,000元），無形資產攤銷為30,000元。

（7）假定公司期初存貨中，除在當期耗用材料外，其他項目的數額年度內保持不變，當期生產產品全部銷售，沒有留存。

（8）所得稅按利潤總額的25%計提。

（9）公司按稅後淨利的60%對外分配現金股利。

（10）假定公司短期借款的規模持續保持現有水準，2019年12月31日報表所列長期借款期限在一年以上，並未借入新的長期借款。

（11）公司按2018年12月31日負債規模與結構測算的年利息支出額為380,000元。

根據以上數據資料，編製公司2019年度預計利潤表和2019年12月31日的預計資產負債表（如表10-10和表10-11所示）。

預計利潤表中：

（1）營業收入 = 20,000,000 × (1 + 10%) = 22,000,000(元)

（2）營業成本 = 12,000,000 ÷ 20,000,000 × (1 - 5%) × 22,000,000 = 12,540,000(元)

（3）流轉環節稅金 = 22,000,000 × 5% = 1,100,000(元)

第十章 財務預算

(4) 管理費用 = 600,000 × (1 - 5%) = 570,000(元)

(5) 銷售費用 = 900,000 ÷ 20,000,000 × (1 - 10%) × 22,000,000 = 891,000(元)

(6) 財務費用為按 2018 年末負債規模及結構測算的數據，即 380,000 元。

表 10 - 10　　　　　　　　　　預計利潤表

編製單位：ABC 公司　　　　　　2019 年度　　　　　　　　　　單位：元

項目	金額
營業收入	22,000,000
減：營業成本	12,540,000
流轉環節稅金(稅率5%)	1,100,000
銷售費用	891,000
管理費用	570,000
財務費用	380,000
營業利潤	6,519,000
減：所得稅費用(稅率25%)	1,629,750
淨利潤	4,889,250

預計資產負債表中：

(1) 應收帳款 = 22,000,000 × 30% × 60% = 3,960,000(元)

(2) 存貨 = 3,000,000 + 7,000,000 - 7,500,000 = 2,500,000(元)

(3) 固定資產原值 = 15,200,000 + 3,500,000 = 18,700,000(元)

(4) 累計折舊 = 5,800,000 + 2,500,000 = 8,300,000(元)

(5) 無形資產 = 600,000 - 30,000 = 570,000(元)

(6) 應付帳款 = 7,000,000 × 30% × 60% = 1,260,000(元)

(7) 新增留存收益 = 4,889,250 × (1 - 60%) = 1,955,700(元)

(8) 貨幣資金採用倒擠法，在預計出其他項目數值後，用資產合計數減去其他資產項目即可得到貨幣資金的數值。

　　貨幣資金 = 20,215,700 - 570,000 - 10,400,000 - (2,500,000 + 3,960,000)
　　　　　　 = 2,785,700(元)

表 10 - 11　　　　　　　　　　預計資產負債表

編製單位：ABC 公司　　　　　2019 年 12 月 31 日　　　　　　　單位：元

資產	金額	負債及所有者權益	金額
貨幣資金	2,785,700	短期借款	1,000,000
應收帳款	3,960,000	應付帳款	1,260,000
存貨	2,500,000	長期借款	6,000,000

公司財務

表10-11(續)

資產	金額	負債及所有者權益	金額
流動資產合計	9,245,700	負債合計	8,260,000
固定資產原值	18,700,000	實收資本	7,600,000
減:累計折舊	8,300,000	資本公積	800,000
固定資產淨值	10,400,000	留存收益	3,555,700
無形資產	570,000	所有者權益合計	11,955,700
資產合計	20,215,700	負債及所有者權益合計	20,215,700

本章小結

財務預算是公司財務計劃的表現形式,屬於公司計劃體系的重要組成內容,是以貨幣表現的公司長期發展規劃和近期經濟活動計劃。財務預算由一系列反應公司未來一定預算時期內預計財務狀況和經營成果,以及現金收支等價值指標的各種預算組成,具體包括現金預算、財務費用預算、預計利潤表和預計資產負債表等內容。

財務預算具有綜合性、導向性的特徵。財務預算具有明確的工作目標:協調部門關係,提高資源分配效率,控制日常活動,提供考核業績標準等。

全面預算是以貨幣及其他數量形式反應的有關公司未來一段時期內全部經營活動各項目標的行動計劃和相應措施的數量說明。全面預算具體包括特種決策預算、日常業務預算與財務預算。全面預算體系以銷售預算為起點,以預計財務報表為終點。財務預算作為全面預算體系中的最後環節,可以從價值方面總括地反應經營期間的決策預算與業務預算的結果,亦可稱為主要預算,其餘預算則相應稱為輔助預算。

思考題

1. 財務預算具有哪些特徵?
2. 簡述財務預算的意義和作用。
3. 簡述全面預算體系的概念和內容。
4. 財務預算在全面預算體系中處於何種地位?有何作用?
5. 財務預算與日常業務預算有何聯繫?
6. 增量預算和零基預算各自有哪些優缺點?

第十章　財務預算

練習題

紅景公司需要編製 2019 年第二季度的現金預算，有關資料如下：

（1）該公司 2～7 月份的含稅銷售收入分別為 300,000 元、400,000 元、500,000 元、600,000 元、700,000 元和 800,000 元。每月的含稅銷售收入中，當月收到現金 60%，下月收到現金 30%，下下月收到現金 10%。

（2）該公司 4～6 月份的製造費用分別為 40,000 元、45,000 元和 70,000 元，其中包括非付現費用每月 10,000 元。4～6 月份的銷售費用分別為 25,000 元、30,000 元和 35,000 元，每月的非付現銷售費用均為 5,000 元。4～6 月份的管理費用均為 50,000 元，其中包括非付現費用每月 20,000 元。4～6 月支付的增值稅、銷售稅金及附加佔當月含稅銷售收入的 10%。

（3）各月直接材料採購金額按下一個月含稅銷售收入的 60% 計算。所購材料款於當月支付現金 50%，下月支付現金 50%。

（4）該公司 4 月份購置固定資產需要現金 20,000 元。

（5）該公司在現金不足時，向銀行借款（借款為 1,000 元的倍數）；在現金有多餘時，歸還銀行借款（還款也為 1,000 元的倍數）。借款在期初，還款在期末，借款年利率為 12%，每季度支付利息。

（6）該公司月末現金金額範圍為 8,000～10,000 元。其他資料見下表。

要求：根據以上資料，完成該公司 2019 年第二季度現金預算表的編製。

紅景公司 2019 年 4～6 月份現金預算表

單位：元

項目	4 月	5 月	6 月
期初現金餘額	6,300		
加：銷貨現金收入			
可供使用現金			
減：現金支出			
直接材料			
直接人工	20,000	35,000	39,000
製造費用			
管理費用			
銷售費用			
營業稅金			
所得稅	8,000	8,000	8,000
設備購置			
股利	5,000	5,000	5,000
支出合計			

公司財務

表(續)

項目	4月	5月	6月
現金多餘或不足			
資金籌集和運用 加：向銀行借款 減：歸還借款 支付利息			
期末現金餘額			

第十一章
財務控制

第一節　財務控制概述

一、財務控制的含義、特徵及作用

（一）財務控制的含義

財務控制就是依據財務預算目標，按照一定的程序和方式，對公司的資金投入及收益過程和結果進行比較，發現實際偏差與糾正偏差，確保公司及其內部機構和人員全面實現財務預算目標的過程。在公司經濟控制系統中，財務控制是連續性、系統性和綜合性最強的控制，也是公司財務管理工作的重要組成部分。

財務控制的總體目標是在符合國家法律法規和相關規章制度的基礎上，優化公司整體資源綜合配置效益。擬定資本保值和增值的委託責任目標與其他各項績效考核標準來制定財務控制目標，是公司理財活動的關鍵環節，也是確保實現理財目標的根本保證，所以財務控制將服務於公司的理財目標。從發達國家的經濟發展經驗來看，公司的財務控制存在著宏觀和微觀兩種不同模式。其中財務的宏觀控制主要借助於金融、證券或資本市場對被投資公司直接實施影響來完成，或者通過委託註冊會計師對公司實施審計來進行，前者主要反應公司治理制度、資本結構以及市場競爭等對公司的影響，後者實際是外部審計控制。而財務的微觀控制則是通過單個公司在內部以財務預算為目標，制訂財務控制制度，實施財務控制方法來實現的。

（二）財務控制的特徵及作用

財務控制具有以下特徵：

（1）財務控制以價值形式為控制手段；

(2) 財務控制的對象是不同崗位、部門和層次的不同經濟業務；

(3) 財務控制的主要內容是控制日常現金流量。

財務控制是公司內部控制的一個重要組成部分，是內部控制在資金和價值方面的體現，因此可以說是內部控制制度的核心。

財務控制以確保單位經營的效率性和效果性、資產的安全性、經濟信息和財務報告的可靠性為目的。其作用主要有以下三方面：

(1) 有助於實現公司經營方針和目標，既是工作中的即時監控手段，也是評價標準；

(2) 保護公司各項資產的安全和完整，防止資產流失；

(3) 保證業務經營信息和財務會計資料的真實性和完整性。

但是，財務控制也有其局限性，受成本效益原則的局限，公司不能脫離自身的實際情況和管理水準來進行財務控制；財務人員的素質會影響財務控制的效果，如果財務控制人員判斷錯誤、忽略控制程序或人為作假，都會導致財務控制失靈；由於財務控制獨立性的限制，如果不能有效杜絕管理人員的行政干預，即使建立了財務控制制度也可能形同虛設。為此必須對這些局限性加以研究和預防。

二、財務控制的原則

財務控制的基本原則包括：

(一) 目的性原則

目的性原則要求財務控制必須有明確的目的性，是為公司的理財目標服務，為保證公司財務預算的實施服務。

(二) 充分必要性原則

充分必要性原則要求財務控制的手段相對於目標而言是足夠充分的，能夠滿足目標實現的需要；同時，這些手段又是必要的，沒有多餘。總體來說，財務控制所獲得的效益必須大於其投入。

(三) 及時準確性原則

財務控制的及時準確性原則要求控制人員能夠客觀準確地實施控制手段，及時發現目標與實際效果之間的偏差，並能及時採用正確的措施加以糾正。

(四) 靈活適應性原則

財務控制制度應當具有足夠的彈性，能夠適應公司內部、外部環境的變化，採取靈活多變的手段保持對公司生產經營過程的有效控制。

(五) 協調性原則

一個公司的財務控制方法在功能、作用和範圍方面要能夠相互配合，在內部產生協同效應，而不是相互矛盾、相互削弱。

(六) 簡單明確性原則

財務控制制度的表述應當簡明易懂，採取的手段、措施應當簡單明確，容易被

第十一章　財務控制

執行人員所理解和實施。

三、財務控制的體系

財務控制有一套完整的體系，由財務控制環境、會計系統和控制程序三部分組成。

(一) 財務控制環境

財務控制環境是指建立或實施財務控制的各種因素，是財務控制的環境基礎。其主要因素為管理者和相關人員對財務控制的態度、認識和行為，具體包括：公司組織結構、管理者的經營思想和經營作風、管理者的職能和對這些職能的制約、確定職權和責任的方法、管理者監控和檢查工作時所採用的控制措施、人事工作方針及其實施、影響公司經濟業務的各種外部關係等。

(二) 會計系統

會計系統是指公司建立的會計核算和會計監督的方法和程序，是實施財務控制的信息基礎。有效的會計系統應當做到：確認並記錄所有真實的經濟業務，及時並充分詳細地描述經濟業務，在財務會計報告中對經濟業務做出適當的分類；計量經濟業務的價值，在財務會計報告中記錄其適當的貨幣價值；確定經濟業務發生的時間，將經濟業務記錄在適當的會計期間；在財務會計報告中反應經濟業務、披露會計信息。

(三) 控制程序

控制程序是指管理者所制定的財務控制方法和程序，它是財務控制體系的核心部分。其具體包括：明確經濟業務和經濟活動批准權；明確人員的職責分工，有效防止舞弊；設置和使用憑證和帳單，準確通過會計帳簿反應經濟業務；管好用好財產物資；對已登記的業務及其計價進行復核等。

四、財務控制的方法

(一) 組織規劃控制

根據財務控制的要求，公司在確定和完善組織結構的過程中，應當遵循不相容職務相分離的原則，也就是指一個人不能兼任同一部門財務活動中的不同職務。公司的經濟活動通常劃分為五個步驟：授權、簽發、核准、執行和記錄。如果上述每一步驟都由相對獨立的人員或部門去實施，就能夠保證不相容職務的分離，便於財務控製作用的發揮。

(二) 授權批准控制

授權批准控制指對公司各部門或職員處理經濟業務的權限控制。公司內部某個部門或某個職員在處理經濟業務時，必須經過授權批准才能進行，否則就無權審批。授權批准控制可以保證公司既定方針得到執行並限制濫用職權。授權批准的基

本要求是：① 明確一般授權與特定授權的界限和責任；② 明確每類經濟業務的授權批准程序；③ 建立必要的檢查制度，以保證經授權後所處理的經濟業務的工作質量。

（三）預算控制

預算控制是財務控制的一個重要方面，涵蓋了籌資、融資、採購、生產、銷售、投資、管理等經營活動的全過程。其基本要求是：① 所編製預算必須體現公司的經營管理目標，並明確責任；② 預算在執行中，應當允許經過授權批准對預算進行調整，以便預算更加切合實際；③ 應當及時或定期反饋預算的執行情況。

（四）實物資產控制

實物資產控制主要包括限制接近控制和定期清查控制兩種。限制接近控制是控制對實物資產及與實物資產有關的文件的接觸，如現金、銀行存款、有價證券和存貨等，除出納人員和倉庫保管人員外，其他人員則限制接觸，以保證資產的安全；定期清查控制是指定期進行實物資產清查，保證實物資產實有數量與帳面記載相符，如帳實不符，應查明原因，及時處理。

（五）成本控制

成本控制分粗放型成本控制和集約型成本控制兩種。粗放型成本控制是對從原材料採購到產品的最終出售這一過程進行控制的方法，具體包括原材料採購成本控制、材料使用成本控制和產品銷售成本控制三個方面；集約型成本控制則是通過改善生產技術或產品工藝來降低成本的方法。

（六）風險控制

風險控制的目的就是盡可能地防止和避免不利於公司經營目標實現的各種風險。在這些風險中，經營風險和財務風險最為重要。經營風險是指因生產經營方面的原因給公司盈利帶來的不確定；而財務風險又稱籌資風險，是指由於舉債而給公司財務帶來的不確定性。由於經營風險和財務風險對公司的發展具有很大的影響，所以公司在進行各種決策時，必須盡力規避這兩種風險。

（七）審計控制

審計控制主要是指內部審計，它是對會計的控制和再監督。內部審計是在一個組織內部對各種經營活動與控制系統的獨立評價，以確定既定政策的程序是否貫徹，建立的標準是否有利於資源的合理利用，以及公司的目標是否達到。內部審計的內容十分廣泛，一般包括內部財務審計和內部經營管理審計。內部審計對會計資料的監督、審查，不僅是財務控制的有效手段，也是保證會計資料真實、完整的重要措施。

第十一章　財務控制

五、財務控制的種類及程序

(一) 財務控制的種類

帳務控制按照不同的標準有不同的分類。

1. 按控制的時間分為事前控制、事中控制和事後控制

事前控制是指在財務活動發生前所進行的控制，如事前的申報審批制度；事中控制是指在財務活動過程中所進行的控制，如按財務計劃的要求監督計劃的執行過程；事後控制是指對財務活動過程的結果進行考核和獎懲。

2. 按控制的依據不同分為預算控制和制度控制

預算控制是以財務預算為依據對預算執行主體的財務收支活動所進行的控制；制度控制是以公司內部規章制度為依據進行的控制。前者具有激勵性，後者具有防護性。

3. 按控制的對象不同分為收支控制和現金控制

收支控制是對公司和各責任單位的財務收支活動所進行的控制，控制的目的是增加收入，降低成本，實現利潤最大化；現金控制是對公司和各責任單位的現金流入和現金流出活動所進行的控制。由於會計採用權責發生制，利潤不等於現金淨流入，所以有必要對現金實施單獨控制。

4. 按控制的手段不同分為絕對數控制和相對數控制

採用絕對數控制時，對激勵性指標規定最低控制標準，對約束性指標規定最高控制限額；採用相對數控制時，要求做到投入與產出對比、開源與節流並重。

(二) 財務控制的程序

財務控制的一般程序包括確定財務控制目標、建立財務控制系統、控制信息的傳遞與反饋、發現並糾正實際偏差四個步驟。

1. 確定財務控制目標

確定控制目標是財務控制工作的第一步。財務控制目標一般可以按財務預算指標確定，對於一些綜合性的財務控制目標應當按照責任單位或個人進行分解，使之能夠成為可以具體掌握的可控目標。

2. 建立財務控制體系

建立財務控制體系就是按照責任制度的要求，落實財務控制目標的責任單位和個人，形成從上到下、從左到右的縱橫交錯的控制組織。

3. 控制信息的傳遞與反饋

控制信息的傳遞與反饋系統是一個雙向流動的信息系統，它不僅能夠自下而上地反饋財務預算的執行情況，也能夠自上而下地傳遞調整財務預算偏差的要求和實施辦法，做到上情下達，下情上報。

4. 發現並糾正實際偏差

發現並糾正實際偏差的過程就是根據信息反饋，及時發現實際脫離預算的情況，分析原因，採取適當措施加以糾正，以確保財務預算的完成的過程。

六、財務控制的基礎

財務控制的基礎是進行財務控制所必須具備的基本條件，主要包括六個方面。

（一）組織保證

控制必然涉及控制主體和被控制對象。就控制主體而言，應圍繞財務控制建立有效的組織保證。如為了確定財務預算，應建立相應的決策和預算編製機構；為了組織和實施日常財務控制應建立相應的監督、協調仲裁機構；等等。就被控制的對象而言，應本著有利於將財務預算分解落實到公司內各部門、各層次和各崗位的原則，建立各種執行預算的責任中心，使各責任中心對分解的預算指標既能控制，又能承擔完成責任。

（二）制度保證

健全、完善公司財務和會計制度是公司財務活動能夠正常進行的基本保證，公司的資金只有在各個運行環節上得到合理控制，才能防止被惡意占用或無意濫用，從而為資金的有效使用提供制度條件。所以，建立健全公司的財務會計制度是進行財務控制的首要工作。

內部控制制度包括組織機構的設計和公司內部採取的所有相互協調的方法和措施。這些方法和措施用於保護公司的財產，檢查公司會計信息的準確性和可靠性，提高經營效率，促使有關人員遵循既定的管理方針。因此，內部控制制度的建立和完善也是公司實施財務控制的制度保證。

（三）預算目標

財務控制應以公司的財務預算為依據，面向各個公司的財務預算是控制公司經濟活動的依據。財務預算應分解落實到各責任中心，使之成為控制各責任中心經濟活動的依據。若財務預算所確定的目標嚴重偏離實際，財務控制就無法達到預算的目的。公司的財務預算不僅為公司財務控制提供目標，而且還為考核控制效果提供標準。

（四）會計信息

無論什麼控制都離不開真實、準確的信息，財務控制也必須以會計信息為前提。它包括兩個方面的內容：

（1）財務預算總目標的執行情況必須通過公司的匯總會計核算資料予以反應，透過這些會計數據可以瞭解分析公司財務預算總目標的執行情況，存在的差異及其原因，並提出相應的糾正措施。

（2）各責任中心以及各崗位預算目標的執行情況必須通過各自的會計核算資料

第十一章 財務控制

予以反應，透過這些會計數據可以瞭解、分析各責任中心以至各崗位預算目標的完成情況，將其作為各責任中心以及各崗位改進工作的依據和考核工作業績的依據。

(五) 信息反饋系統

財務控制是一個動態的控制過程，要確保財務預算的貫徹實施，必須對各責任中心執行預算的情況進行跟蹤監控，不斷調整執行偏差。這就需要建立一個信息反饋系統。沒有信息反饋系統，就不能做到上情下達、下情上報，也就無法實現財務控制監督、調整和考核的作用。該系統應具備以下特徵：一是不僅能自下而上地反饋財務預算的執行情況，也能自上而下地傳遞調整預算偏差的要求；二是信息傳遞及時、快捷，信息真實、可靠，並配備相應的信息審查機構，制定相應的責任制。

(六) 獎罰制度

財務控制的最終效果取決於是否有切實可行的獎罰制度，以及是否嚴格執行這一制度，否則，即使有符合實際的財務預算，也會因為財務控制方面的激勵機制不夠有效而得不到真正的貫徹落實。獎罰制度的執行依賴於考核機制，考核的正確與否直接影響獎罰制度的效果。嚴格的考核機制，包括建立考核機構，確定考核程序，審查考核數據，依據制度考核和執行考核結果等一系列事務。獎罰的目的是實現有效的財務控制，因此，獎罰的方式、方法不能太單一，可以是及時獎罰，也可以是期間獎罰，也可以是兩者的有機結合。及時獎罰就是在財務控制過程中隨時考核責任目標完成情況，並根據考核結果當即獎罰；而期間獎罰則是在一個時期（如一個季度、一個年度）終了時，全面考核評比，並根據考核結果進行相應的獎罰。

第二節 成本控制

一、成本控制的原則

成本控制是成本管理的一個環節。所謂成本控制，是指事前科學地制定成本控制標準，在日常的成本發生過程中，嚴格按照事先確定的標準把關，及時提示實際與標準的差異及其原因，用以調整和指導當前的行為，從而保證成本目標實現。成本控制是公司增加盈利的根本途徑之一，是公司抵抗內外壓力、求得生存的主要保障，也是公司發展的重要基礎。

公司的成本控制系統是由組織系統、信息系統、考核系統和獎勵系統所構成。這就要求公司劃分管理層次，劃小核算單位，建立責任中心的權責利，下達各責任中心的成本控制指標，考核各責任中心的可控成本的成本指標完成情況，並兌現獎懲辦法。

在成本控制中應遵循的原則有四個。

公司財務

(一) 經濟原則

經濟原則,是指因推行成本控制而發生的成本不應超過因缺少控制而喪失的收益。通常,增加控制環節而發生的成本比較容易計量,而控制所帶來的收益卻難以計量,但並不能因此否定這條原則。在一般情況下,控制的收益會明顯大於成本,人們可以做出定性的判斷。

經濟原則要求在成本控制中貫徹「例外管理」思想。對正常的成本開支可以從簡控制,而特別關注各種例外情況。「例外」差異的主要特徵是一般具備重要性、一貫性、可控性等,依照這些標準可以對脫離標準的重大差異展開調查和處理。

(二) 因地制宜原則

因地制宜原則,是指成本控制系統必須個別設計,適合特定公司、部門、崗位和成本項目的實際情況,不可完全照搬別的公司的做法。比如,大型公司和小型公司、老公司和新公司、朝陽公司與夕陽公司,以及同一公司不同發展階段,其管理重點、組織結構、管理風格、成本控制方法和獎勵形式都應該有區別。

(三) 領導重視與全員參與原則

成本控制並非是財務部門一家的事,而是全體職工的共同任務,只不過成本控制對領導者、員工、財務部門的要求不同。對領導者來說,他們必須重視並全力支持成本控制,必須具有完成成本目標的決心和信心,必須具有實事求是的精神,切忌好高騖遠、急功近利、操之過急,更要以身作則,嚴格控制自身的責任成本,對領導者完不成任務的懲罰應嚴於員工,而完成的獎勵要低於員工。為了調動全體員工降低成本的積極性,應重獎有突出貢獻的成本控制者和成本控制方面的合理化建議者。對員工來說,要有強烈的成本控制願望和成本意識,要具有合作精神,能夠理解和使用成本控制信息,並據以改進工作,降低成本。對財務部門來說,要做好組織工作,建立控制標準,劃分責任中心,明確各責任中心的權責利,傳遞成本控制信息等。

(四) 權責利相結合原則

要使成本控制真正收到成效,必須嚴格按照經濟責任制的要求,貫徹權力、責任、利益相結合的原則。也就是說,既要為每個責任中心甚至個人規定應承擔的經濟責任,同時,又要賦予其相應的管理權限,並且要聯繫經濟利益定期對他們的工作成績進行評價與考核。

二、標準成本控制

(一) 標準成本的概念

所謂標準成本,是事先制定的一種預定的目標成本。它是根據公司目前的生產技術水準,在有效的經營條件下可能達到的成本。

(二) 標準成本的作用

標準成本的作用主要體現在六個方面。

第十一章　　財務控制

（1）便於公司編製預算。因為標準成本是一種預計成本，可以作為編製預算的依據，以明確公司在預算期的目標。

（2）可用於控制日常發生的經濟業務，揭示實際成本同標準成本之間的差異，並分析發生差異的原因，保證公司預定目標的實現。

（3）可以作為評價和考核工作質量和效果的重要依據。通過對實際成本偏離標準成本的差異分析，可以評價各有關部門和人員的成績，分清他們的管理責任，確定經濟管理活動的效果，並進一步採取相應的改進措施。

（4）可以為經營決策提供有用的數據。評價不同經濟效果要用到差別成本，而標準成本為差別成本提供了現成的資料。

（5）為原材料、在產品、產成品等存貨的計價提供客觀合理的基礎。

（6）促進和簡化了產品成本的計算。在標準成本系統中，將標準成本和差異分別列示，原材料、在產品、產成品、銷售成本等平時均可以按照標準成本入帳，這就大大簡化了日常帳務處理工作。

（三）標準成本的種類

1. 基本的標準成本

它是以實施標準成本的第一年度或選定某一基本年度的實際成本作為標準，用以衡量一個年度的成本高低，據以觀察成本升降的趨勢。這種標準成本在實際工作中較少採用。

2. 理想的標準成本

它是以現有的技術、設備在最好的經營管理條件下所發生的成本水準作為成本標準。這種標準成本由於過於嚴格，在實際工作中較難達到，所以採用也較少。

3. 正常的標準成本

它是根據公司的正常生產能力，以有效經營條件為基礎而制定的標準成本。可以採用公司過去較長時期內實際數據的平均值，並要考慮到未來的變動趨勢。由於在制定這種標準成本時，把那些現實條件難以完全避免的超額耗費也計算在內，所以，它既不是輕而易舉就可以達到的，但也不是高不可攀的。因此正常的標準成本在成本管理工作中能充分發揮其應有的積極作用，在實際工作中也得到了廣泛的應用。

（四）標準成本的制定

產品成本是由直接材料、直接人工和製造費用三個成本項目組成的。應該按照這些項目的特點分別制定其標準成本。其基本形式表現為數量標準乘以價格標準進而得到各有關項目的標準成本。數量標準主要由工程技術部門制定，價格標準則由會計部門會同有關責任部門，如採購部門、勞動部門等研究制定。

1. 直接材料的標準成本。

$$\text{直接材料標準成本} = \text{單位產品的用料標準} \times \text{材料的標準單價} \quad (11.1)$$

其中，單位產品的用料標準主要根據已經達到的生產技術水準，以正常經營條

件為基礎，考慮在目前技術條件下再生產中不可避免的損耗綜合制定。如果一種產品需要耗用多種原材料，則應分別制定標準。材料的標準單價則相當於材料的計劃單價，包括材料的買價和運費等，要按照各種材料分別計算。

2. 直接人工的標準成本。

$$直接人工標準成本 = 單位產品的標準工時 \times 小時標準工資率 \quad (11.2)$$

其中，單位產品的標準工時，相當於單位產品的工時定額，通常是在現有條件下生產單位產品需用的人工時間，包括對產品直接加工的時間、必要的間歇和停工時間、不可避免的廢品生產所用的時間。小時標準工資率就是每一個標準工時應該分配的工資，其計算公式如下：

$$小時標準工資率 = 預計直接人工工資總額 \div 標準總工時 \quad (11.3)$$

3. 製造費用的標準成本

製造費用是指除了直接材料、直接人工以外的生產過程中發生的一切費用。由於製造費用分為變動製造費用和固定製造費用兩部分，製造費用的標準成本也需要從這兩個方面分別確定。

(1) 變動製造費用的標準成本。

$$變動製造費用標準分配率 = 變動製造費用預算總額 \div 標準總工時 \quad (11.4)$$

$$變動製造費用的標準成本 = 單位產品標準工時 \times 變動製造費用標準分配率$$

$$(11.5)$$

(2) 固定製造費用的標準成本。

固定製造費用主要包括廠房、設備的折舊、維修費、保險費等，它通常根據事先編制的固定預算來控制其費用總額。只有在採用完全成本法的情況下才需要計算固定製造費用的標準成本。

$$固定製造費用標準分配率 = 固定製造費用預算總額 \div 標準總工時 \quad (11.6)$$

$$固定製造費用的標準成本 = 單位產品標準工時 \times 固定製造費用標準分配率$$

$$(11.7)$$

根據上述方法計算出的直接材料、直接人工和製造費用的標準成本按產品品種加以匯總，就可以確定各類產品的標準成本。

(五) 成本差異的分析

分析成本差異，對於管理者來說，是進行成本控制的一項重要措施。管理者通過分析成本差異，可以掌握差異形成的具體原因和責任，進而採取相應的措施，消除不利差異，發展有利差異，以實現對成本的有效控制，不斷降低成本，提高經濟效益。

產品的標準成本是一種預定的目標成本，是用來控制實際成本的。在成本發生的具體過程中，由於種種原因，產品的實際成本與預定的標準成本會發生偏差，這種差額稱為成本差異。如果實際成本超過標準成本，所形成的差異稱為不利差異，反之，則是有利差異。

第十一章　財務控制

由於標準成本是根據標準用量和標準價格計算的,而實際成本是根據實際用量和實際價格計算的,成本的總差異就是由「量差」和「價差」共同構成的。

由於標準成本是分別按直接材料、直接人工和製造費用制定的,所以,差異的分析和計算也應該從這三個方面進行。

1. 直接材料成本差異分析

生產過程中耗用直接材料的成本是由單位產品耗用材料的數量乘上材料單價組成的,所以直接材料成本差異包括直接材料的消耗數量差異和價格差異兩部分。其計算公式是:

直接材料成本總差異 = 直接材料實際成本 − 直接材料標準成本　　　(11.8)

直接材料用量差異 = (直接材料實際用量 − 直接材料標準用量) × 直接材料標準單價　　　(11.9)

直接材料價格差異 = (直接材料實際單價 − 直接材料標準單價) × 直接材料實際用量　　　(11.10)

【例1】ABC公司本月生產產品400件,使用材料2,500千克,材料單價為55元/千克;單位產品的直接材料標準成本為300元,每件產品直接材料標準用量6千克,每千克材料的標準價格為50元/千克,則:

直接材料成本總差異 = 2,500 × 55 − 400 × 6 × 50 = 137,500 − 120,000 = 17,500(元)

直接材料用量差異 = (2,500 − 400 × 6) × 50 = 100 × 50 = 5,000(元)

直接材料價格差異 = (55 − 50) × 2,500 = 5 × 2,500 = 12,500(元)

影響直接材料用量的因素是多種多樣的:合理下料、修舊利廢和綜合利用等,都是降低材料消耗的重要途徑。影響材料價格變動的因素也是多方面的,除了國家及供應單位調整價格外,採購的數量、運輸方法、數量折扣、材料的質量等,只要其中任何一個因素脫離了制定標準成本時的預定要求,都會影響價格差異。直接材料價格差異一般應該由採購部門負責。

2. 直接人工成本差異分析

直接人工的標準成本是受人工效率和工資率這兩個因素影響的,因此,直接人工成本差異的分析包括人工效率差異的分析和工資率差異的分析,計算公式如下:

直接人工成本總差異 = 直接人工實際成本 − 直接人工標準成本　(11.11)

人工效率差異 = (實耗工時 − 標準工時) × 標準工資率　(11.12)

工資率差異 = (實際工資率 − 標準工資率) × 實耗工時　(11.13)

式(11.12)中,人工效率差異就是人工數量差異。這是因為,完成一定的生產工作,用的工時少,說明生產效率高;反之,說明生產效率低。所以,為了完成一定的生產工作,所用的工時數量正是其生產效率高低的具體表現;而工資率差異就是人工價格差異。

【例2】ABC公司本月生產產品400件,實耗工時890小時,支付工資4,500元,

直接人工標準成本為10元／件，生產每件產品的標準工時為2小時，標準工資率為5元／小時，則：

直接人工成本總差異 = 4,500 − 400 × 10 = 500(元)

人工效率差異 = (890 − 400 × 2) × 5 = 90 × 5 = 450(元)

工資率差異 = (4,500 ÷ 890 − 5) × 890 = 50(元)

影響工資成本中人工效率和工資率變動的因素是多方面的，應該區分不同情況，分清責任。如果是生產部門安排不周，把技術不熟練的工人安排去做複雜的工作，必然會造成實際工時超過標準工時，這當然應該由生產部門負責；但如果是採購了不便使用的材料，加工時花了較多的工時，或者由於生產工藝過程的改變，需延長或縮短加工時間等，這些都不是生產部門所能控制的因素，所以應由相關部門承擔責任。

3. 製造費用差異分析

製造費用分為變動製造費用和固定製造費用兩部分，製造費用差異的分析也需要從這兩個方面分別進行。

(1) 變動製造費用差異分析。

變動製造費用差異包括變動製造費用耗用差異和效率差異，其計算公式如下：

變動製造費用耗用差異 = 實際工時 × (實際分配率 − 標準分配率)　(11.14)

變動製造費用效率差異 = 標準分配率 × (實際工時 − 標準工時)　(11.15)

【例3】ABC公司本月生產產品400件，實耗工時890小時，實際發生變動製造費用1,900元，變動製造費用標準成本為4元／件，生產每件產品的標準工時為2小時，標準的變動製造費用分配率為2元／小時，則：

變動製造費用總差異 = 1,900 − 400 × 4 = 300(元)

變動製造費用耗用差異 = 890 × (1,900 ÷ 890 − 2) = 120(元)

變動製造費用效率差異 = 2 × (890 − 400 × 2) = 180(元)

對變動製造費用耗用差異進行控制是部門經理的責任，他們有責任將變動費用控制在預算範圍內。而變動製造費用效率差異，系實耗工時脫離標準，多用工時造成費用增加所致，其形成原因與人工效率差異相同。

(2) 固定製造費用差異分析。

固定製造費用主要是同生產能力的形成及其正常維護費用相聯繫的，生產活動水準在一定範圍內變動，並不會對它產生直接影響，因此，對於固定製造費用，主要是按一定期間編製預算，在一定的相關範圍內採用固定預算而不是彈性預算，根據固定製造費用的特點，其差異包括耗費差異、效率差異和生產能力利用差異，計算公式如下：

固定製造費用耗費差異 = 實際固定製造費用 − 固定製造費用預算數

(11.16)

第十一章　財務控制

固定製造費用效率差異 = 固定製造費用標準分配率 × (實際工時 − 標準工時)
(11.17)

生產能力利用差異 = 固定製造費用標準分配率 × (預計應完成的總工時 − 實際工時)
(11.18)

【例4】ABC公司本月生產產品400件，發生固定製造費用1,500元，實際工時為890小時，每件產品的標準工時為2小時，公司生產能力為500件，需總工時1,000小時，固定製造成本預算金額1,600元，標準分配率為1.6元/小時，每件產品的固定製造費用標準成本為3元/件，則：

固定製造費用耗費差異 = 1,500 − 1,600 = − 100(元)
固定製造費用效率差異 = 3 × (890 − 400 × 2) = 270(元)
生產能力利用差異 = 1.6 × (1,000 − 890) = 176(元)

第三節　責任中心業績控制

一、責任中心的含義與特徵

建立責任中心，編製和執行責任預算，考核和評價責任中心業績是公司實施財務控制的一種有效手段，也稱為責任中心業績控制。

責任中心是指公司內部具有明確的經濟責任，在一定程度上能夠獨立核算、評價經濟責任履行情況和績效完成情況，並據以享有一定權利或接受一定懲罰的公司內部層次、部門、單位和個人的活動範圍。責任中心管理制度通過將公司組織分成擁有獨自產品或市場的幾個績效責任單位，然後將總和的管理責任授權給這些單位之後，將他們置於市場競爭環境之下，依據客觀的財務數據，實施必要的業績衡量與獎懲，以期達成公司設定的經營目標。因此，責任中心是責權利相結合的，能夠激勵員工工作積極性和評價其業績的組織機構。設置責任中心的目的是使公司各層次、部門、單位和個人在其規定的責任範圍內有責有權，積極工作，保證各責任中心財務預算目標的實現。

(一)責任中心的特徵

1. 責任中心是一個責權利相結合的實體

每一個責任中心都要對一定的財務預算指標承擔完成的責任，相應地，也被賦予與其所承擔的責任範圍和大小相適應的權力，在預算期間根據責任完成情況，參照既定的業績考核標準和獎罰標準給予相應的獎勵和懲罰。

2. 責任中心具有承擔經濟責任的條件

這一特徵有兩層含義：一方面是指責任中心要有履行責任的行為能力；另一方面是指責任中心在未能完成責任的情況下，有能力為其後果承擔責任。

3. 責任中心承擔的責任和享受的權力都是它可以控制的

每一個責任中心只能對其責權範圍內的可控成本、利潤和投資負責，責任預算和業績考評也只能針對責任中心能夠控制的項目。可控是相對於不可控而言的，責任中心的類型不同，其可控的範圍也不一樣，一般來說，責任中心的責權利越大，其可控範圍就越廣。

4. 責任中心必須具有相對獨立的經營業務和財務收支活動

公司中某一個層次、部門、單位或個人沒有相對獨立的經營業務和財務收支活動，也就無法承擔相對獨立的經濟責任，無法取得相對獨立的經營業績，當然也就不能稱為責任中心。所以，這一特徵是責任中心成立的前提條件。

5. 責任中心必須能夠進行單獨核算

責任中心在會計上必須要能夠進行單獨核算，單獨核算是考評責任中心業績的基本保證，沒有單獨核算就無法正確地確定責任的責權利。

(二) 責任中心的劃分原則

公司內部按業務、職能的不同，可以劃分多個責任中心，如採購、生產、銷售、管理、研發等公司職能部門。劃分責任中心的原則有：

1. 滿足管理需要的原則

責任中心的劃分、責任管理制度的建立不是對公司原有生產經營管理組織的廢棄，而是盡可能地在原有的基礎上調整組合，並賦予相應的責任和權利而形成。由於各個公司在組織規模和行業特點方面存在較大的差異，為了滿足不同的管理需要，不可能建立統一的責任中心劃分標準和責任制度，因此，只能由公司根據自身的實際情況、發展階段和管理水準來自行劃分。

2. 全面性原則

公司責任中心的劃分應包括公司各部門、各單位價值管理的全部內容，涵蓋公司生產經營過程的各個方面，既有成本中心，也有利潤中心，還有投資中心，層次完整、類型全面。

3. 可控性原則

責任中心能夠相對獨立地承擔的由公司規定的經濟責任就是責任中心可控範圍，根據其可控範圍的不同，可以將責任中心劃分為不同類型。可控範圍越大的責任中心，其承擔的經濟責任越大，權力和收益也越大。

4. 系統性原則

公司的所有責任中心應該形成一個完整的體系，共同構成責任管理系統，每一個責任中心又是一個相對獨立的子系統。因此劃分責任中心要符合系統優化的原則，講求系統的協調性。

5. 責任明確原則

責任中心首先要承擔經濟責任，沒有責任也就不叫責任中心了。所以，任何一個責任中心都必須有明確的責任主體、確切的責任對象、相應的責任職權以及合理

第十一章　財務控制

的責任績效。

二、責任中心的基本類型

責任中心按照所承擔經濟責任的不同，可以分為成本中心、利潤中心和投資中心。

(一) 成本中心

1. 成本中心的概念

成本中心是公司內部能夠提供一定的產品或勞務，並對其進行價值計算，考核其責任成本，只對成本或費用負責的責任中心。成本中心的範圍最廣，只要有成本費用發生的地方，都可以建立成本中心，從而在公司形成逐級控制、層層負責的成本中心體系。

2. 成本中心的類型

成本中心可分為標準成本中心和費用中心兩種類型。標準成本中心是指那些生產的產品穩定而明確，並且能夠比較容易地計算出單位產品成本的責任中心。標準成本中心的典型代表是製造業工廠、車間、工段或班組。費用中心是指那些產品或勞務的投入和產出之間沒有直接聯繫，或其成本不能直接計算的責任中心。公司的行政管理部門、研發部門和銷售部門通常都屬於費用中心。

3. 成本中心的特點

(1) 成本中心一般沒有收入，或僅有無規律的少量收入。

(2) 成本中心責任人不能控制收入和投資，所以不對利潤情況和投資效果承擔責任。

(3) 成本中心責任人只對可控成本承擔責任。對於責任人來說，可控成本具備以下四個條件：① 可以預計；② 可以計量；③ 可以施加影響；④ 可以落實責任。

(4) 成本中心只對責任成本進行考核和控制。

成本中心對需要控制的成本費用必須確定主要責任人，由責任人控制其責任範圍內的可控成本，對難以確定責任歸屬的費用，則不宜硬性歸屬到某個成本中心，可以由公司財務部門直接控制。

(二) 利潤中心

1. 利潤中心的概念

利潤中心是指那些既對成本負責又對收入和利潤負責的責任中心，它有獨立或相對獨立的收入和生產經營決策權。利潤中心屬於公司中較高的層次，同時具有生產和銷售的職能，有獨立的、經常性的收入來源，可以決定產品或勞務的銷售價格、銷售策略，比成本中心擁有更大的自主經營權。

2. 利潤中心的類型

利潤中心可以分為自然利潤中心和人為利潤中心兩種類型。自然利潤中心是指

公司財務

那些能夠直接向外部市場提供產品或勞務，具有全面的產品銷售權、價格制定權、材料採購權及生產決策權，可以獲得利潤的責任中心。具有生產經營自主權的分廠、銷售機構和獨立事業部等都是自然利潤中心。人為利潤中心是指那些只能按照公司規定的內部轉移價格在公司內部向其他責任中心「出售」產品或勞務，從而取得收入的責任中心。人為利潤中心也有部分的經營權，能自主決定產品品種(含勞務)、產品產量、作業方法、人員調配、資金使用等。一般來說，只要能夠制定出合理的內部轉移價格，就可以將公司大多數生產半成品或提供勞務的成本中心改造成人為利潤中心。

(三) 投資中心

投資中心是指那些既對成本、收入和利潤負責，又對投資效果負責的責任中心。投資中心是最高層次的責任中心，它擁有最大的決策權，也承擔最大的責任。投資中心一定是利潤中心，但利潤中心並不一定都是投資中心。利潤中心沒有投資決策權，而且在考核利潤時也不考慮所占用的資產。而投資中心具備獨立的經營決策權和投資決策權，在核算中將投資過程中占用的資金單獨列示，在考核時不僅對成本、收入、利潤負責，還對與目標投資利潤率或資產利潤率相關的資本預算負責，具有擴大生產規模、開發新產品等方面的投資決策權。

通常將一個獨立經營的公司視為一個投資中心。投資中心作為公司內部最高管理層，具有對資金使用和調配的權力，在調配資金餘缺時，應研究如何投放才最有利的問題。投資中心的責任人應該是以廠長、經理為代表的公司最高決策層，投資中心的預算目標就是公司的預算總目標。

三、責任中心業績控制

責任中心業績控制體系由三個部分組成，分別是責任預算、責任報告和業績考核，通過編製責任預算明確各責任中心的責任目標，在預算執行後上報責任報告反應各責任中心的預算執行情況，通過業績評價和考核過程確定各責任中心的工作成果，實施獎罰，促使各責任中心積極糾正行為偏差，完成責任預算。

(一) 責任預算

責任預算是指以責任中心為主體，以可控成本、收入、利潤和投資等為對象編製的預算。它是公司總預算的補充和具體化。責任預算指標包括主要責任指標(即各個責任中心的考核指標)和其他責任指標(如勞動生產率、設備完好率、出勤率、材料消耗率、職工培訓等)。責任預算編製程序有兩種：一種是以責任中心為主體，自上而下地將公司總預算在各責任中心之間層層分解；另一種則是由各責任中心自行列示各自的預算指標，由下而上、層層匯總，最後由公司專門機構或人員進行匯總和調整。實際工作中，責任預算最終確定前，需要上下結合，反覆溝通。在集權組織結構(縱向組織)下，通常採用第一種程序；在分權組織結構(橫向組織)

第十一章　財務控制

形式下，多採用後一種程序。

(二) 責任報告

責任報告是指根據責任會計記錄編製的反應責任預算實際執行情況，或者揭示責任預算與實際執行情況的差異的內部會計報告。通過編製責任報告，可完成責任中心的業績評價和考核。責任報告是自下而上逐級編報的，隨著責任中心的層次由低到高，其報告的詳略程度從詳細到總括。

(三) 業績考核

業績考核是指以責任報告為依據，分析、評價各責任中心責任預算的實際執行情況，找出差距，查明原因，借以考核各責任中心工作成果，實施獎罰，促使各責任中心積極糾正行為偏差、完成責任預算的過程。

業績考核應根據不同責任中心的特點進行。成本中心只考核其權責範圍內的責任成本（各項可控成本）；利潤中心只考核其權責範圍內的收入和成本，重點在於考核銷售收入、邊際貢獻和稅前利潤；投資中心除了要考核其權責範圍內的成本、收入和利潤外，還應重點考核投資利潤率和剩餘收益。

1. 成本中心的業績考核

成本中心主要考核責任成本。責任成本是以責任中心為對象歸依的可控成本，不包括車間耗用的由供應部門、其他車間和輔助生產車間提供的材料、半成品和勞務的成本。責任成本是按責任中心計算的，其計算原則是誰負責誰承擔。對於成本中心來說，變動成本大多是可控成本，固定成本大多是不可控成本，但也不是絕對的，還要結合實際情況按成本習性做具體分析。

成本中心的業績考核一般按以下步驟進行：

(1) 進行責任成本預測，編製責任成本預算。

(2) 分解責任成本指標體系。以廠部一級的責任中心為例，首先預測全部產品費用標準；其次，將全部成本區分為可控成本和不可控成本；最後，按責任中心實行成本的歸口管理。

(3) 建立責任成本指標控制體系。該體系包括原材料採購成本控制、原材料耗用控制、燃料及動力控制、生產工人工資及福利費控制、製造費用控制、廢品損失控制等。

(4) 計算責任成本考核指標。

成本中心的考核指標包括成本（費用）變動額和成本（費用）變動率兩項指標。

$$\text{成本（費用）變動額} = \text{實際責任成本（費用）} - \text{預算責任成本（費用）} \quad (11.19)$$

$$\text{成本（費用）變動率} = \text{成本（費用）變動額} \div \text{預算責任成本（費用）} \times 100\% \quad (11.20)$$

(5) 編製責任成本報告，分析評價成本中心業績。

2. 利潤中心的業績考核

利潤中心對利潤負責，必然要考核和計算成本，以便正確計算利潤，作為利潤

中心業績評價和考核的重要依據。對利潤中心成本的計算，通常有兩種方式：

(1) 利潤中心只計算可控成本，不分攤共同成本或不可控成本。這種方式主要適用於共同成本難以合理分攤或不必進行共同成本分攤的利潤中心。利潤中心的利潤總額並非真正意義上的利潤總額，而是沒有分攤共同成本的邊際貢獻。人為利潤中心適合採用這種方式計算利潤。其考核指標是利潤中心邊際貢獻總額：

利潤中心邊際貢獻總額 = 利潤中心銷售收入總額 − 可控成本總額(或變動成本總額)   (11.21)

(2) 利潤中心不僅計算可控成本，也計算分攤共同成本或不可控成本。這種方式適用於共同成本易於合理分攤或不存在共同成本分攤的利潤中心。這種利潤中心在計算利潤時，如果採用變動成本法，先計算出邊際貢獻，再減去固定成本得到稅前利潤；如果採用完全成本法，則直接計算出稅前利潤。自然利潤中心適合採用這種方式。計算成本時，其考核指標包括：

利潤中心邊際貢獻總額 = 利潤中心銷售收入總額 − 可控成本總額(或變動成本總額)   (11.22)

利潤中心負責人可控利潤總額 = 利潤中心邊際貢獻總額 − 利潤中心負責人可控固定成本   (11.23)

利潤中心可控利潤總額 = 利潤中心負責人可控利潤總額 − 利潤中心負責人不可控固定成本   (11.24)

利潤中心稅前利潤 = 利潤中心可控利潤總額 − 共同成本分攤   (11.25)

為了考核利潤中心負責人的經營業績，應針對廠長或經理的可控成本進行評價和考核。因此需要將利潤中心的固定成本劃分為可控成本和不可控成本。這裡主要考慮那些可以劃歸、分攤到相關利潤中心，但卻不能為利潤中心負責人所控制的廣告費、保險費等成本費用。在考核利潤中心負責人業績時，應將其不可控的固定成本剔除。

利潤中心的業績考核過程類似於成本中心，只是所使用的考核指標有所不同。利潤中心的考核指標為利潤，通過比較一定期間實際實現的利潤與責任預算利潤的差異來評價和考核責任中心的業績。

【例5】某廠一車間是一個自然利潤中心，本期實現銷售收入50,000元，銷售變動成本為20,000元，車間負責人可控固定成本為8,000元，不可控固定成本為10,000元，中心分攤全廠管理費用2,000元。

則該中心的實際考核指標計算如下：

利潤中心邊際貢獻總額 = 50,000 − 20,000 = 30,000(元)

利潤中心負責人可控利潤總額 = 30,000 − 8,000 = 22,000(元)

利潤中心可控利潤總額 = 22,000 − 10,000 = 12,000(元)

利潤中心稅前利潤 = 12,000 − 2,000 = 10,000(元)

第十一章　財務控制

3. 投資中心的業績考核

投資中心的負責人既要對利潤負責，又要對投資負責。為了準確地計算投資中心的經濟效益，應該對各投資中心共同使用的資產劃定界限；對共同發生的成本按適當的標準進行分配；各投資中心之間相互調劑使用的現金、存貨、固定資產等均應計算清償，實行有償使用。投資中心的業績考核過程類似於成本中心，只是採用的考核指標不同。對投資中心的業績考核，除考核利潤指標外，還要考核能集中反應利潤與投資額之間關係的指標，主要包括投資利潤率和剩餘收益。

（1）投資利潤率。投資利潤率又稱投資收益率，是指投資中心所獲得的利潤與投資額之間的比率，可用於評價和考核由投資中心掌握、使用的全部淨資產的盈利能力。其計算公式為：

$$投資利潤率 = 利潤 \div 投資額 \times 100\%$$
$$= 資本週轉率 \times 銷售成本率 \times 成本費用利潤率 \quad (11.26)$$

其中：資本週轉率 = 銷售收入 ÷ 投資額

銷售成本率 = 成本費用 ÷ 銷售收入

成本費用利潤率 = 利潤 ÷ 成本費用

其中的投資額是指投資中心的總資產扣除對外負債後的餘額，即投資中心的淨資產。因此，投資利潤率也可稱為淨資產利潤率，主要說明投資中心運用公司所有權提供的每一元資產對整體利潤的貢獻的大小，即投資中心對所有者權益的貢獻程度。

為了評價和考核由投資中心掌握、使用的全部資產的總體盈利能力，還可以使用總資產稅前利潤率指標。其計算公式為：

$$總資產稅前利潤率 = 稅前利潤 \div 總資產占用額 \times 100\% \quad (11.27)$$

需要注意的是，由於利潤或稅前利潤是期間性指標，所以上述公式中投資額和總資產占用額均應該按平均投資額或平均占用額計算。

投資利潤率指標是考核投資中心廣泛採用的評價指標，它的優點是：第一，能反應投資中心的綜合盈利能力。從分解公式可以看出，投資利潤率的高低與收入、成本、投資額和週轉能力都有關係，可以通過多種方式實現投資利潤率的增長。第二，投資利潤率具有橫向可比性，作為相對數指標剔除了因投資額不同而導致利潤差異的不可比因素，有利於各投資中心經營業績的比較。第三，可以作為選擇投資機會的依據。第四，可以正確引導投資中心的經營管理行為，使其行為戰略化、長期化。該指標通過反應投資中心運用資產並使資產增值的能力，促使各投資中心負責人盤活閒置資產，減少不合理資產占用，及時處理過時、變質、毀損資產，提高了資產的使用效率。

但投資利潤率指標也有其局限性，主要表現在：第一，受到通貨膨脹的影響，使公司資產帳面價值失真，產生折舊少計、利潤多計，投資利潤率失實的情況。第二，對於不止一個投資中心的公司集團，以該指標為考核標準往往會使各投資中心

公司財務

只顧自身利益而放棄對整個集團有利的投資機會,導致投資中心短期目標與公司集團長期目標的不一致。第三,從控制角度看,一些共同費用無法為投資中心所控制,造成投資利潤率的計算內容不全是投資中心所能控制的,不夠準確。為了克服投資利潤率的局限性,可以採用剩餘收益指標進行補充。

(2)剩餘收益。剩餘收益是一個絕對數指標,是指投資中心獲得的利潤,扣減其投資額(淨資產占用額)按規定(預期)的最低收益率計算的投資收益後的餘額。其計算公式為:

剩餘收益 = 利潤 - 投資額(淨資產占用額) × 規定(預期)的最低投資收益率

(11.28)

或者:

剩餘收益 = 稅前利潤 - 總資產占用額 × 規定(預期)的總資產稅前利潤率

(11.29)

這裡所說的規定(預期)的最低投資收益率或總資產稅前利潤率通常是指公司為保證其生產經營正常、持續進行所必須達到的最低報酬水準。

以剩餘收益作為投資中心業績考核指標時,只要投資中心的某項投資的投資利潤率大於規定或預期的最低投資收益率,那麼該項投資便是可行的。

剩餘收益指標能夠反應投入產出的關係,因此和投資利潤率一樣,也可以用於全面評價和考核投資中心的業績;同時該指標作為絕對數指標,還能避免本位主義,避免投資中心為了單純追求投資利潤率而放棄一些對公司整體有利的投資機會,促使投資中心盡量增加剩餘收益的絕對額而不是相對額,使各投資中心的利益與整個公司集團的利益統一起來。

但是,該指標不便於各投資中心之間的業績比較,因為規模大的投資中心在投資利潤率不高的情況下,仍然很容易獲得較大的剩餘收益。所以,在對投資中心進行業績考核時,應該綜合運用兩個指標進行評價。

投資利潤率指標和剩餘收益指標舉例如下:

【例6】ABC公司有A、B兩個獨立經營的子公司,各投資中心的投資利潤率及剩餘收益如表11-1所示:

表11-1　　　　　　　ABC公司各投資中心相關數據表

金額單位:萬元

投資中心	利潤	投資額	投資利潤率	剩餘收益
子公司A	150	1,000	15%	30
子公司B	100	1,000	10%	-20
ABC公司	250	2,000	12.5%	10

目前子公司A面臨一個投資機會,其投資額為1,000萬元,投資成功可獲得利

第十一章　財務控制

潤 130 萬元。假設 ABC 公司預期最低投資收益率為 12%。請分別使用投資利潤率指標和剩餘收益指標評價子公司 A 的這個投資機會。

計算投資利潤率指標如下：

投資後子公司 A 的投資利潤率 = (150 + 130) ÷ (1,000 + 1,000) × 100% = 14%

投資後 ABC 公司的投資利潤率 = (250 + 130) ÷ (2,000 + 1,000) × 100% ≈ 12.67%

計算剩餘收益指標如下：

投資後子公司 A 的剩餘收益 = (150 + 130) - 2,000 × 12% = 40(萬元)

投資後 ABC 公司的剩餘收益 = (250 + 130) - 3,000 × 12% = 20(萬元)

表 11 - 1 更新為表 11 - 2：

表 11 - 2　　　　　ABC 公司各投資中心相關數據表(更新)

金額單位：萬元

投資中心	利潤	投資額	投資利潤率	剩餘收益
子公司 A	280	2,000	14%	40
子公司 B	100	1,000	10%	-20
ABC 公司	380	3,000	12.67%	20

從上面可以看出，如果僅採用投資利潤率來考核業績，則子公司 A 在進行新的投資後，其投資利潤率反而下降了，該投資中心可能不會進行投資——雖然從全公司的角度計算，總的投資利潤率是上升的。

如果結合剩餘收益指標來考核業績，則子公司 A 在進行新的投資後可以明顯得出剩餘收益增加的計算結果，應該進行投資。

第四節　內部轉移價格和責任結算

一、內部轉移價格

(一) 內部轉移價格的概念

內部轉移價格是指在實行經濟責任制的公司內部，各責任中心之間轉移中間產品或相互提供勞務，進行內部結算和責任結轉時所採用的內部價格標準。

建立責任制度，實行財務管理，必然要分清經濟責任。在各責任中心之間要充分利用價值規律，實行商品經濟的管理辦法，必然要實行內部責任結算。要實行內部責任結算，就需要制定內部轉移價格。在製造業公司，其也可稱為「廠內轉移價格」，在商業等其他行業公司中一般稱為「內部轉移價格」。

(二) 內部轉移價格的意義

1. 劃分經濟責任

內部轉移價格是各責任中心之間分清經濟責任、實行責任管理的必然。內部轉移價格作為一種計量工具，可以確定中間轉移產品或提供勞務的價值量，這種價值量既可以用來評價轉移產品或提供勞務的各責任中心的經營成果，又可以反應接受方的成本費用，是各責任中心發生業務往來時劃分經濟責任最重要的指標數據。

2. 便於業績考核

有了科學合理的內部轉移價格，就能有一個客觀的標準對各責任中心的生產經營業績進行綜合評價，使考核和獎懲建立在公正、合理的基礎上。

3. 協助經營決策

在責任制度下，各責任中心對發生的每一筆經濟業務都會考慮是否有利於本中心。有了內部轉移價格，各責任中心就可以及時按內部轉移價格進行計算，做出適合本中心的決策方案。同時，公司最高管理層也可以根據建立在內部轉移價格基礎上的業績報告，從全局出發進行決策，實現公司整體利益的最大化。

(三) 內部轉移價格的制定原則

1. 價格與價值相符原則

價格是商品價值的貨幣表現，制定的內部轉移價格必須符合價值。

2. 全局性原則

各責任中心實行單獨核算後，總會要求制定對自己有利的內部轉移價格。然而局部利益最大化並不代表整體利益最大化，因此，公司制定內部轉移價格，要從全局出發，保證局部利益和整體利益協調統一。

3. 公平性原則

內部轉移價格的制定應該公平合理，防止某些責任中心因價格上的缺陷而獲得額外的利益或遭受不必要的損失。

4. 協調性原則

內部轉移價格的制定要注意協調好各責任中心之間的關係，合理定價，利用價格槓桿作用給各責任中心提供一個同等的競爭環境。

5. 重要性原則

公司制定內部轉移價格時應注意重要性原則，對那些價值高、數量大、耗用頻繁的產品或勞務，要盡可能科學地計算，從嚴定價；而對那些價值低、數量小、不常耗用的對象，則可從簡定價。

6. 激勵性原則

制定內部轉移價格應該有利於激勵各責任中心最大限度地調動生產積極性。

7. 穩定與靈活相結合原則

內部轉移價格一旦制定，在考核期內就要保持穩定，不可頻繁調整而引起混亂。但也不能長期不調整，當原價格遠遠脫離價值，不能做到等價交換，不能有效

第十一章　財務控制

調節公司內部資源配置，影響成本信息準確性時，就必須對其進行調整。

(四) 內部轉移價格的制定方法

制定內部轉移價格的方法依據責任中心的不同有所差異。成本中心只考核成本指標，因此通常採用成本型內部轉移價格，如以標準成本作價；利潤中心之間則常常以市場價格為主要依據來制定內部轉移價格。

內部轉移價格制定方法主要包括以市場價格作價、以協商價格作價、以雙重價格作價和以成本作價等。

1. 以市場價格作價

這種制定內部轉移價格的方法完全以市場價格作為內部轉移價格，各責任中心可以自由在公司內部和外部進行購銷，比較適用於分權程度較高的公司，公司內部各責任中心均為獨立經營的機構。只有按市場價格進行交易，才能真實地反應其經營管理水準，同時促使其不斷提高產品質量、降低生產成本，增強市場競爭力。

2. 以協商價格作價

這種方法是指內部發生交易的雙方，在充分協商的基礎上，以市場價格為參考，共同確定內部轉移價格的方法。如果責任中心的產品或勞務存在非完全競爭的外部市場，就可採用以協商作價的方法。這種方法容易引起爭執，不利於內部團結，過多的談判也會造成浪費，因此需要最高管理層的必要干預。一般情況下，協商得出的內部轉移價格要低於市場價格，可以直接通過單位變動成本加上產品或勞務對外銷售可獲得的單位邊際貢獻來計算制定。

3. 以雙重價格作價

這種方法是指在責任中心的各個方面分別採用不同的內部轉移價格的定價方法。例如產品的供應方可按協商價格計價，而使用方則按單位成本計價，其差額最後由公司財務會計部門進行統一調整。這種方法允許各責任中心分別選用對自己最有利的價格作為內部轉移價格，可以較好地滿足公司各責任中心的不同需要，激勵交易雙方在生產經營上充分發揮主動性和積極性。

4. 以成本作價

這種方法是指直接以產品或勞務的成本為基礎制定內部轉移價格的方法。以成本作價的方法有四種：一是以實際成本作價，二是以實際成本加成作價，三是以標準成本作價，四是以標準成本加成作價。以實際成本作價的方法把供應方的長處和短處都包含在實際成本中轉移給了使用方，不利於雙方分清責任，因此很少採用。以實際成本加成作價的方法不僅有實際成本作價法的缺點，而且因為加成的比率主觀性太強，會影響責任中心的成本計算，不利於對其做出正確的評價。以標準成本作價的方法簡便易行，促使供應方責任中心產生收支的概念，調動其降低成本的積極性，但對除成本中心以外的其他責任中心則沒有太大的作用。因此，對於成本中心之間的內部結算，以標準成本作價是一種較好的制定內部轉移價格的方法。以標準成本加成作價的方法具有以標準成本作價法的優點，但也具有加成法主觀性的缺

點，會影響各責任中心業績的評價和考核，因此也比較少用。

二、內部結算

內部結算是指公司各責任中心清償因相互提供產品或勞務所發生的、按內部轉移價格計算的債權、債務。按照內部結算的手段不同，可分別採取內部支票結算、轉帳通知單和內部貨幣結算等方式。這些結算方式都與內部銀行有關，所謂內部銀行是指將商業銀行的基本職能與管理方法引入公司內部管理而建立的一種內部資金管理機構。它主要處理公司日常的往來結算和資金調撥、運籌，旨在強化公司的資金管理，更加明確各責任中心的經濟責任。

三、責任成本的內部結轉

責任成本的內部結轉(責任轉帳)是指在生產經營過程中，對於因不同原因造成的各種經濟損失，由承擔損失的責任中心對實際發生或發現損失的責任中心進行損失賠償的帳務處理過程。

公司內部各責任中心在生產經營過程中，常常有這樣的情況：發生責任成本的中心與應承擔責任的中心不是同一個責任中心，為了劃清責任，合理獎罰，就需要將這種責任成本進行結轉。例如公司生產車間因供應部門購入不合格材料導致原材料的過多耗用，那麼多耗的材料成本應從生產車間轉到供應部門，由其承擔責任。

責任轉帳的目的是劃定各責任中心的成本責任，使不應承擔損失的責任中心在經濟上得到合理補償。進行責任轉帳的依據是各種準確的原始記錄和合理的費用定額，在計算出轉帳金額後，應編製責任成本轉帳表。責任轉帳的方式可採取內部貨幣結算方式和內部銀行轉帳方式。前者是以內部貨幣直接支付，後者則是在內部銀行所設立的帳戶之間劃轉。

本章小結

財務控制就是依據財務預算目標，按照一定的程序和方式，對公司的資金投入及收益過程和結果進行比較，發現實際偏差與糾正偏差，確保公司及其內部機構和人員全面實現財務預算目標的過程。

成本控制，是指事前科學地制定成本控制標準，在日常的成本發生過程中，嚴格按照事先確定的標準把關，及時提示實際與標準的差異及其原因，用以調整和指導當前的行為，從而保證成本目標實現。

標準成本，是事先制定的一種預定的目標成本。它是根據公司目前的生產技術水準，在有效的經營條件下可能達到的成本。在成本發生的具體過程中，由於種種原因，產品的實際成本與預定的標準成本會發生偏差，這種差額稱為成本差異。如

第十一章　財務控制

果實際成本超過標準成本，所形成的差異稱為不利差異，反之，則是有利差異。

責任中心是指公司內部具有明確的經濟責任，在一定程度上能夠獨立核算、評價經濟責任履行情況和績效完成情況，並據以享有一定權利或接受一定懲罰的公司內部層次、部門、單位和個人的活動範圍。責任中心按照所承擔經濟責任的不同，可以分為成本中心、利潤中心和投資中心。

內部轉移價格是指在實行經濟責任制的公司內部，各責任中心之間轉移中間產品或相互提供勞務，進行內部結算和責任結轉時所採用的內部價格標準。

思考題

1. 財務控制有哪些方法？
2. 簡述財務控制的控制基礎。
3. 簡述全成本控制的原則。
4. 責任中心的含義是什麼？有何特徵？
5. 成本中心、利潤中心和投資中心各自有何特點？
6. 內部轉移價格的制定原則有哪些？

練習題

宏遠公司 2018 年 10 月的基本資料如下：

（1）生產產品 600 件，使用材料 5,900 千克，材料單價為 30 元／千克；單位產品的直接材料標準成本為 300 元，每件產品直接材料標準用量 10 千克，每千克材料的標準價格為 28 元／千克。

（2）實耗工時 3,050 小時，支付工資 24,500 元，直接人工標準成本為 40 元／件，生產每件產品的標準工時為 5 小時，標準工資率為 8 元／小時。

（3）實際發生變動製造費用 12,900 元，變動製造費用標準成本為 20 元／件，標準的變動製造費用分配率為 4 元／小時。

（4）發生固定製造費用 7,500 元，公司生產能力為 800 件，需總工時 4,000 小時，固定製造成本預算金額為 7,800 元，標準分配率為 1.95 元／小時，每件產品的固定製造費用標準成本為 3 元／件。

要求：計算直接材料、直接人工、製造費用的相關差異指標，進行成本差異分析。

第十二章
公司併購財務

第一節　公司併購概述

一、公司併購的概念

（一）併購的一般解釋

併購一詞源於英文的「M&A」即 Merger and Acquisition，一般是指兼併（Merger）和收購（Acquisition），是公司進行資本擴張的主要方式。兼併通常是指一家公司以現金、證券或其他形式購買取得其他公司的產權，使其他公司喪失法人資格或改變法人實體，並取得對該公司控制權的經濟行為；收購是指一個公司以現金、債務或股票等方式在產權市場上購買另一家公司全部或部分股票（股票收購）或資產（資產收購）以獲得對該公司的全部或部分所有權的控制的經濟活動，收購後，被收購公司依然存續而不消失。

併購的實質是在公司權利主體不斷變換的過程中，各權利主體依據公司產權做出的制度安排而進行的一種權利讓渡行為。

（二）兼併與收購的聯繫與區別

1. 聯繫

兼併與收購的聯繫表現在：① 兼併與收購的基本動因相似，都是增強公司實力的外部擴張策略或途徑；② 兼併與收購都以公司產權為交易對象，都是通過產權流通來實現公司之間的重新組合；③ 兼併與收購都是通過公司控制權的轉移和集中來實現公司對外擴張和市場佔有。

第十二章　　公司併購財務

2. 區別

兼併與收購的區別表現在：① 法律行為的主體不同。兼併的行為主體是兼併公司和被兼併公司，兼併後兼併公司成為被兼併公司新的所有者和債權債務的承擔者，是資產、債權、債務的一同轉換；而收購的行為主體為收購公司和被收購公司股東，收購公司以收購出資的股本為限承擔被收購公司的風險。② 適用的法律範圍不同。兼併屬重大經營行為，《公司法》有特殊規定，須經股東大會批准；收購行為無須經股東大會批准，但受《證券法》有關規定的限制。③ 發生時公司所處狀態不同。兼併多發生在被兼併公司財務狀況不佳、生產經營停滯或半停滯之時，兼併後一般需調整其生產經營、重新組合其資產；而收購時產權流動相對平和，一般發生在公司正常生產經營狀態下。④ 兼併後的法律效果不同。兼併的法律後果是被兼併公司的法人主體消亡；收購的法律後果是兩公司的法人主體繼續存在，只是收購公司獲得被收購公司的控制權。

(三) 合併

合併是指兩家或更多的公司合併為一家公司，通常由一家占優勢的公司吸收一家或更多公司。根據2006年修訂頒布的《企業會計準則第20號——企業合併》，「企業合併，是指將兩個或兩個以上單獨的企業合併形成一個報告主體的交易或事項。」一般來說，合併主要有三種形式：吸收合併、新設合併和控股合併。

1. 吸收合併

這是指兩家或兩家以上的公司合併成一家公司，其中一家公司將另一家公司吸收進自己的公司，並以自己的名義繼續經營，而被吸收的公司則解散消失。這種合併形式用公式表示為：

$$A 公司 + B 公司 = A 公司 \quad (12.1)$$

2. 新設合併

這是指兩家或多家公司合併設立一家新公司。合併完成後，合併各方解散。新設合併後，原公司所有者將各自公司的全部淨資產投入新公司，成為新公司的股東，原有公司不再作為單獨的法律主體而存在，只是作為新公司的分部進行經營活動。這種合併形式用公式表示為：

$$A 公司 + B 公司 + C 公司 = D 公司 \quad (12.2)$$

3. 控股合併

這是指一個公司通過支付現金、轉讓非現金資產、承擔債務或發行權益性證券取得其他公司的全部或足以控制該公司的部分有表決權的股份而實現的公司合併。控股合併後，合併各方仍然作為單獨的法律主體而存在，控股公司和被控股公司形成母子公司的關係。這種合併形式用公式表示為：

$$A 公司 + B 公司 = A 公司 + B 公司 \quad (12.3)$$

在以上三種合併形式中，吸收合併和新設合併後存在的是單一的公司，而控股合併後存在的是兩個或兩個以上的公司主體。有觀點認為，兼併即為中國《公司法》

中的合併，但是，從上文的表述我們可以看出，兼併和收購更貼近吸收合併和控股合併。

二、公司併購的類型

（一）按行業相互關係劃分

1. 橫向併購（Horizontal Acquisition）

橫向併購是指同一行業的兩個或多個公司所進行的併購。橫向併購通常具有以下兩個目的：一是通過公司規模的擴展來擴大經營規模，提高產品的市場佔有率，從而降低管理成本與費用，增強競爭優勢，獲取規模效益；二是拓展行業專屬管理資源，使自身的管理能力得到充分有效的發揮。值得注意的是，通過橫向併購獲取競爭優勢和規模效益會受到諸多因素的限制。

2. 縱向併購（Vertical Acquisition）

縱向併購是指同類產品不同產銷階段的兩個或多個公司所進行的併購。縱向併購是發生在同一產業的上下游之間的併購，縱向併購的公司之間不是直接的競爭關係，而是供應商和需求商之間的關係。因此，縱向併購的基本特徵是公司在市場整體範圍內的縱向一體化。縱向併購的初衷是通過併購將不同公司的交易轉為同一公司內部或同一集團內部的交易，從而減少價格資料的收集、簽約、收取貨款、廣告等方面的支出並降低生產協調成本。

3. 混合併購（Conglomerate Acquisition）

混合併購是指不相關行業的公司之間的併購。從理論上看，混合併購的基本目的在於通過多元化分散風險，尋求範圍經濟。從混合併購的歷史來看，英美等西方國家的混合併購緣於以下兩點：一是通過混合併購來從事多元化經營以達到優化投資組合、分散投資風險的目的；二是因法律禁止寡頭壟斷公司在本產業部門擴大市場份額，在反壟斷法的制衡下無法實現橫向併購和縱向併購，從而迫使公司轉為混合併購。中國從20世紀80年代中期開始出現混合併購，但由於缺少被併購公司的行業技術和管理知識，混合併購未能產生預期的經濟效果。

（二）按併購的實現方式劃分

1. 承擔債務式併購

這是指在被併購公司資不抵債或資產債務相等的情況下，併購公司以承擔被併購公司全部或部分債務為條件，取得被併購公司的資產所有權和經營權。按照權利義務對等原則，併購公司沒有理由取得被併購公司的財產而拒絕承擔其債務。

這種併購的特點是：併購公司將被併購公司的債務及整體產權一併吸收，以承擔被併購公司的債務來實現併購，被併購公司所有資產整體歸入併購公司，法人主體消失，喪失經濟實體資格。併購行為的交易不是以價格為標準，而是以債務和整體產權價值之比決定。通常目標公司還具有潛力或還有可利用的資源。

第十二章　公司併購財務

2. 購買式併購

這是指併購公司出資購買目標公司的資產。這種形式一般是以現金為購買條件，這種購買只計算目標公司的資產價值，依其價值而確定購買價格。併購公司不與被併購公司協商債務如何處理，公司在完成併購的同時，對其債務進行清償，併購公司的購買價格實際上是被併購公司償還債務以後的出價。因此，併購公司即使承擔目標公司的債務，目標公司的資產仍大於債務，而使併購公司獲得實際利益。

購買式併購包括併購公司用現金購買被併購公司的資產或購買被併購公司的股票或股權兩種情況。

3. 吸收股份式併購

這是指將被併購公司的淨資產作為股金投入併購公司、被併購公司由此成為併購公司的一個股東的方式，包括資產入股式和股票交換式等形式。吸收入股式併購發生在被併購公司資大於債的情況下，通過併購，被併購公司的整體財產並入併購公司，被併購公司作為法人實體不復存在，被併購公司原來的所有者與併購公司的所有者一起享有按股分紅和承擔負債的義務。在市場經濟比較完善的國家，這種併購形式為數較多。

4. 控股式併購

這是指一個公司通過購買其他公司的股票達到控股，從而實現併購。被併購公司作為經濟實體仍然存在，具有法人資格，其不過是被改造成了股份制公司。併購公司作為被併購公司的新股東，對被併購公司原有債務不負連帶責任，其風險責任僅以控股出資的股金為限。因此，被併購公司債務由自己以其所有經營管理的財產為限清償，日後破產了照此處理，與併購公司無關。

這種併購不再是以現金或債務作為必要的交易條件，而是以所佔公司股票的份額為主要特徵，以達到控股條件為依據，實現對被併購公司的產權佔有。控股式併購一般都是在公司運行之中發生的併購行為，而不是以公司的停產實現轉移。這是一種平和的併購形式。控股式併購操作靈活，節約資金，越來越被各公司自覺使用。

5. 換股併購

換股併購是指收購公司將目標公司的股權按一定比例換成本公司的股權，目標公司被終止，或成為收購公司的子公司的購並方式，換股視具體情況可分為增資換股、庫存股換股、母子公司交叉換股等。增資換股即併購公司採用發行新股的方式來替代目標公司的股票；庫存股換股即併購公司可將其庫存的那部分股票用來替換目標公司的股票；母子公司交叉換股是併購公司、其母公司和目標公司之間都存在換股的交叉關係，通常在換股之後，目標公司或消亡，或成為併購公司的子公司，或成為其母公司的子公司。

6. 槓桿收購

槓桿收購是以少量的自有資金，以被收購公司的資產和將來的收益能力作抵

押，籌集部分資金用於收購的一種併購活動。在這種方式下，收購公司不必擁有巨額資金，只需準備少量現金（用以支付收購過程中必需的律師、會計師等費用），加上以目標公司的資產及營運所得作為融資擔保、還款來源所貸得的金額，即可兼併任何規模的公司。

(三) 其他類型

1. 按併購是否友好方式劃分

(1) 善意併購。善意併購是指併購公司與被併購公司通過友好協商確定相關事宜的併購。

(2) 敵意併購。敵意併購是指併購公司不顧被併購公司的意願而採取非協商性併購的手段，強行併購被併購公司。

2. 按涉及被併購公司的範圍劃分

(1) 整體併購。整體併購是指資產和產權的整體轉讓，是產權的權益體系或資產不可分割的併購行為。

(2) 部分併購。部分併購是將被併購公司的資產和產權分割為若幹部分進行交易而實現公司併購的行為。

3. 按併購是否通過仲介機構進行劃分

(1) 直接併購。這是指由併購公司直接向目標公司提出所有權要求，雙方通過一定的程序進行磋商，共同商定完成併購的各種條件，在協議的條件下達到併購的目標。直接併購分為向前和反向兩種。

(2) 間接併購。這是指併購公司首先設立一個子公司或控股公司，然後再以子公司名義併購目標公司。其分為三角併購和反三角併購兩種方式。

三、公司併購理論

(一) 協同效應理論

協同效應理論認為，併購交易的支持者通常會以達成某種協同效應作為支付特定併購價格的理由。併購產生的協同效應包括管理協同效應、經營協同效應和財務協同效應。

1. 管理協同效應理論

管理協同效應主要指的是併購給公司管理活動在效率方面帶來的變化及效率的提高所產生的效益，主要表現在節省管理費用、提高公司的營運效率、充分利用過剩的管理資源方面。

2. 經營協同效應理論

經營協同效應主要指的是併購給公司生產經營活動在效率方面帶來的變化及效率的提高所產生的效益，主要表現在規模經濟效應、縱向一體化效應、市場力或壟斷權，以及資源互補方面。

第十二章　公司併購財務

3. 財務協同效應理論

財務協同效應是指兼併給公司在財務方面帶來的種種效益，這種效益的取得不是由效率的提高引起的，而是由於稅法、會計處理慣例以及證券交易內在規律而產生的。其主要表現在節稅利益、自由現金流量的充分利用、資本需求量的減少、融資成本的降低和舉債能力的提高以及每股收益的「自展」效應上。

（二）經營多樣化理論

經營多樣化理論認為分散經營本身之所以有價值是基於許多原因，其中包括管理者和其他雇員分散風險的需要、組織資本和聲譽資本的保護等。

1. 分散雇員風險

經營多樣化理論作為併購活動的一種理論，與股東證券組合的分散化不同，股東可以有效地在各個行業間分散其投資和風險，因此公司沒有必要為了股東而進行分散經營，但公司所經營的單項產業失敗的話，管理者和其他雇員就面臨著很大的風險；他們專屬於公司的人力資本，是無法轉移的，因此，公司可以通過分散化經營來鼓勵雇員進行專屬於公司的人力資本投資，而這種投資可以使其更有價值和有更高的勞動生產率。

2. 組織資本的保護

在現代公司理論中，公司中有關雇員的信息隨著時間的推移而逐漸累積，這些信息在某種程度上是公司專屬的，因此除非有大的舉動，否則將其向外部的公司或市場轉移是行不通的。這些信息可以用來將雇員與工作崗位進行有效的匹配，或者在特定的工作中對雇員進行有效搭配。這意味著在公司形成了管理者組合和其他雇員組合，當公司被清償時，這些組合被破壞，該組織機構的價值也隨之失去，如果公司進行分散經營，這些隊伍便可以從沒有利潤的商業活動中轉移到正在發展和盈利的業務活動中去，分散經營可以保證公司業務活動的平穩有效過渡以及公司團隊和組織的延續。

3. 聲譽資本的保護

公司一般都擁有聲譽資本，顧客、供應商和雇員將利用這一資本與公司建立聯繫，聲譽資本是長期通過公司所特有的對廣告、研究與開發、固定資產、人員培訓以及機構發展等方面的投資而獲得的，分散經營有助於保護公司的聲譽資本，但其在公司被清償時便不復存在。

（三）價值低估理論

價值低估理論認為當目標公司股票的市場價格因為某種原因而沒能反應其真實價值或潛在價值，或者沒有反應出其在其他管理者手中的價值時，併購活動就會發生，價值低估理論有若干方面，每一方面的性質和內涵都有些不同。

1. 短視理論

該理論認為問題所在是市場參與者，特別是機構投資者強調短期的經營成果，其結果將導致有長期投資方案的公司價值被低估；當公司價值被低估時，它們就成

公司財務

為對其他有大量可自由支配資源的公司或個人投資者(進攻者)而言有吸引力的目標。

2.「托賓 Q」理論

經濟學家托賓於1969年提出了一個著名的系數,即「托賓 Q 系數」(也稱 Q 比率)。該系數為公司股票市值對股票所代表的資產重置成本的比值。在西方國家,Q 比率多在0.5和0.6之間波動。因此,許多希望擴張生產能力的公司會發現,通過收購其他公司來獲得額外生產能力的成本比自己從頭做起的代價要低得多。例如,如果平均 Q 比率在0.6左右,而超過市場價值的平均收購溢價是50%,最後的購買價格將是0.6乘以1.5,相當於公司重置成本的90%。因此,平均資產收購價格仍然比當時的重置成本低十個百分點。

3. 信息不對稱理論

大量的研究表明,即使在歐美國家那樣發達的資本市場上,股票市價能反應所有公開的信息,但未必能反應所有未公開的「內幕信息」。一些實力雄厚的大機構或大公司通常具有相當的信息優勢,它們比一般投資者更容易獲取關於某個公司競爭地位或未來發展前景的「內幕信息」。知情者若發現該公司的股票市價低於其真實價值,就可能乘機收購其股票。

(四) 代理成本理論

該理論認為,由於公司管理者只擁有公司小部分所有權,所以管理者會傾向於進行額外的消費(如豪華辦公室、專用轎車等),擴大代理成本,而這些支出則由公司其他所有者共同負擔,這一理論對公司併購的解釋可歸納為以下三點:

1. 控制機制論

控制機制論認為,當內部控制機制、股票市場和管理者市場無法解決代理問題時,併購市場為這一問題的解決提供了最後一個外部控制手段。併購通過要約收購或代理權之爭,可以使外部管理者戰勝現有的管理者和董事會,從而取得對目標公司的決策控制權。如果公司的管理層因為無效率或代理問題以致經營管理滯後,公司就可能會被接管,從而面臨著被收購的威脅,因此,併購是代理問題的一種解決方法。

2. 管理主義

管理主義理論將併購視為代理問題的一種表現形式,而不是問題的解決辦法。該理論表明利己的管理者進行不良企圖的合併,其目的僅僅是為了擴大公司的規模和提高自身的報酬。管理主義理論建立在穆勒的動機理論基礎之上,它認為管理者控制著公司,由於管理者的報酬取決於公司規模、銷售額或總資產,因此管理者往往以公司發展為借口尋求併購。

3. 自大假設

自大假設是代理成本理論的另一種變形。該理論認為收購公司的管理者在對目標公司進行競價時犯了過分樂觀的錯誤。在收購過程中,競價公司認定一個潛在的

第十二章 公司併購財務

目標公司並對其價值(主要是股票價值)進行評估,當估價結果低於(股票的)市價時,便不會提出報價,只有當估價超過當前的市場價值時公司才提出報價並作為競價公司進行收購嘗試,如果市場是有效的,且沒有協同效應或其他接管收益,估價的平均值應等於當前市場價值,因此,收購溢價只是一種誤差,是競價者在估價中所犯的錯誤。這一理論不要求管理者有意識地追求自身利益,管理者可以有良好的意圖,但在判斷中會犯錯誤。

(五) 信息與信號理論

信息與信號理論力圖解釋為什麼無論收購成功與否,目標公司的股票價值在要約收購中總要被永久性地提高。這一理論可分為兩種:

1. 信息理論

信息理論認為新的信息是作為要約收購的結果而產生的,且重新估價是永久性的,該信息假說可以分為兩種形式:一種形式認為收購活動會散布關於目標公司股票被低估的信息並且促使市場對這些股票進行重新估價,目標公司和其他各方不用採取特別的行動來促進價值的重估,即所謂的「坐在金礦上」的解釋;該假說的另一種形式是認為要約會將信息傳遞給目標公司的管理者,從而激勵其依靠自身的力量貫徹更有效的戰略,即所謂的「背後鞭策」的解釋。

2. 信號理論

信息理論的一個重要變形是信號理論。信號傳遞理論認為,併購活動會散布關於目標公司股票被低估的信息並促使市場對其重新估價,同時也會激勵目標公司管理層自身貫徹更有效的戰略。因此,併購活動實際上是一種市場傳遞信號的機制。例如,公司收到收購要約這一事實可能會傳遞給市場這樣的信息:該公司擁有迄今為止尚未被認識到的額外價值,或者公司未來的現金流量將會增長。當併購公司用普通股來購買其他公司時,可能被目標公司或其他各方視作併購公司的普通股價值被高估的信號;而當公司重新購回他們的股票時,市場又會將其視為這樣一種信號,即管理層有其自身公司股票價值被低估的信息,且該公司將會獲得有利的新的成長機會。

關於公司併購動機的理論還有戰略發展和調整理論、再分配理論等。

四、公司併購動機分析

產生併購行為最基本的動機是尋求公司的發展。尋求擴張的公司有內部擴張和通過併購發展兩種選擇。內部擴張可能是一個緩慢而不確定的過程,通過併購發展則要迅速得多,儘管它會帶來自身的不確定性。在具體實務中,併購的動因,歸納起來主要有以下幾類:

(一) 擴大生產經營規模,降低成本費用

通過併購,公司規模得到擴大,能夠形成有效的規模效應。規模效應能夠帶來

資源的充分利用、資源的充分整合，降低管理、原料、生產等各個環節的成本，從而降低總成本。

（二）提高市場份額，提升行業戰略地位

規模大的公司，伴隨生產力的提高、銷售網絡的完善，市場份額將會有比較大的提高，從而可以確立公司在行業中的領導地位。

（三）改善公司財務狀況

併購以後，公司經營規模擴大了，能夠籌措到更多的資金。另外，併購一個現金充裕或負債對產權比率較低的公司，不僅可以改變併購公司的財務狀況，而且可以提高公司的舉債能力。

（四）取得充足廉價的生產原料和勞動力，增強公司的競爭力

通過併購實現公司的規模擴大，成為原料的主要客戶，能夠大大增強公司的談判能力，從而為公司獲得廉價的生產資料提供可能。同時，高效的管理、人力資源的充分利用和公司的知名度提升都有助於公司降低勞動力成本，從而可以提高公司的整體競爭力。

（五）獲得特殊資產

特殊資產是一些對公司發展至關重要的專門資產，如土地、目標公司擁有的有效管理隊伍、優秀研究人員、專門人才以及專有技術、商標、品牌等無形資產。

（六）實施品牌經營戰略，提高公司的知名度，以獲取超額利潤

品牌是價值的動力，同樣的產品，甚至是同樣的質量，名牌產品的價值遠遠高於普通產品。併購能夠有效提高品牌知名度，提高公司產品的附加值，公司由此可以獲得更多的利潤。

（七）通過收購跨入新的行業，實施多元化戰略，分散投資風險

這種情況出現在混合併購模式中。隨著行業競爭的加劇，公司通過對其他行業的投資，不僅能有效擴充公司的經營範圍，獲取更廣泛的市場和利潤，而且能夠分散本行業競爭帶來的風險。

第二節　目標公司價值評估

在公司併購中，雙方談判的焦點是目標公司的併購價格，如何對目標公司進行合理定價，以成功地達到收購目的，成為併購中首要的財務決策問題，因此目標公司價值的評估對併購決策具有十分重要的意義。

在併購實踐中，有的併購不是以生產經營為目的而是為了獲取股權或資產讓渡溢價的短期投機行為，有的併購則是以產生協同效應為目的，創造大於各自獨立價值之和的新增價值的併購行為。對於前者而言，併購公司重點關注目標公司的未來

第十二章　　公司併購財務

現金流量現值與收購成本的大小關係，這決定了併購中價值評估的重點將是公司未來現金流量或公司的現實價值；對於後者，協同作用的價值等於目標公司由於協同而新增的現金流的現值，由於協同效應的產生過程涉及眾多不確定因素，如市場的反應、併購後的整合等，評估併購中的協同價值是以對將來的預測為基礎，含有主觀和不確定因素，因此在實際中很難估算，需要更為豐富和完善的輔助方法。

下面介紹幾種常用的目標公司價值評估模型。

一、收益現值法

收益現值法是在目標公司持續經營的前提下，通過對目標公司的預期獲利能力的預測和適當的折現率的選擇，計算出公司的現值，並以此收益現值作為目標公司價值參考。收益現值法中最具有代表性的模型是由美國西北大學經濟系教授阿爾弗雷德·拉波特構建的拉巴波特估價模型，該模型又稱貼現現金流量模型。

（一）貼現現金流量的評價模型

所謂貼現現金流量方法，就是用未來一段時期內目標公司的一系列預期現金流量以某一折現率的現值與該公司的初期現金投資(即併購支出)相比較，如果該現值大於投資額，即淨現值等於或大於零，可以認為這一定價對併購公司是可以接受的或有利的；如果淨現值小於零，對併購公司來說，常常被認為是不可接受的。

根據上述原理，在運用貼現現金流量分析併購活動時，目標公司價值等於目標公司加權平均資本成本為折現率對目標公司自由現金流量進行貼現所得的價值。目標公司價值可以用以下一般模型計算：

$$V_0 = \sum_{t=1}^{n} \frac{CF_t}{(1+K)^t} \tag{12.4}$$

式中：V_0 為公司價值，CF 為現金流量，K 為折現率，t 為預測期(或稱折現期)。

根據目標公司具體情況的不同，公司自由現金流量($FCFF$) 增長情況不同，因此貼現現金流量的一般模型具體應用也有不同的類型。

（1）在目標公司持續經營的條件下，$FCFF$ 零增長而呈現永續年金特徵：

$$V_0 = \frac{FCFF}{WACC} \tag{12.5}$$

式中：$FCFF$ 為自由現金流量，$WACC$ 為加權平均資本成本。

（2）在目標公司持續經營的條件下，$FCFF$ 按固定增長率 g_n 增長：

$$V_0 = \frac{FCFF_1}{WACC - g_n} \tag{12.6}$$

式中：$FCFF_1$ 為下一年度預計現金流量，g_n 為未來時期 $FCFF$ 的增長率。

【例1】如果下一年度自由現金流量為 100 萬元，假設加權平均資本成本率為 10%，自由現金增長率為 2%，則目標公司的價值為：

$$100/(10\% - 2\%) = 1,250(萬元)$$

(3) 當目標公司在 n 年之後達到穩定狀態並開始以固定的增長率 g_n 增長, 則公司價值為:

$$V_0 = \sum_{t=1}^{n} \frac{FCFF_t}{(1+WACC)^2} + \frac{FCFF_{n+1}}{(WACC-g_n)(1+WACC)^n} \quad (12.7)$$

(二) 三個重要因素

根據公式(12.4), 目標公司價值的評估主要應該考察三個重要因素: 現金流量、折現率和預測期。

1. 現金流量

考慮目標公司的現金流量首先要確定未來的現金流量包括什麼內容, 這種現金流量最一般的形式為公司的「自由現金流量」。

(1) 公司自由現金流量的概念。公司自由現金流量是公司經營活動所創造的、可供管理當局自主支配運用的那一部分現金流量。自由現金流量的所謂「自由」體現在管理當局可以在不影響公司持續增長的前提下, 將這部分現金流量自由地分派給公司的所有索償權持有人, 包括短期、長期債權人以及股權持有人等。從現金流量的角度來講, 股東與債權人沒有性質上的差異, 存在的只是索償權支付的順序上的差異。因此, 公司自由現金流量應當由股權資本(普通股)現金流量、債權人現金流量和優先股股東現金流量構成。

(2) 公司自由現金流量的計算。

公司自由現金流量($FCFF$) = 息稅前利潤 × (1 - 所得稅稅率) + 折舊費用 - 資本支出 - 營運資本變動數額 　　　　　　　　　　　　　　　　　　　　(12.8)

【例2】公司的息稅前利潤為600萬元, 折舊額為110萬元, 資本支出為142萬元, 營運資本變動額為86萬元, 假設公司的所得稅率為25%, 則公司自由現金流量為:

$$600 \times (1-25\%) + 110 - 142 - 86 = 332(萬元)$$

2. 折現率

由於估算現金流量的現值所採用的折現率增加一個百分點都可能對併購決策起到決定性的作用, 所以應慎重選擇。從理論上說, 折現率應該是籌資者的資本成本或投資者要求達到的最低收益率, 當併購不會影響併購公司的風險, 未來目標公司認為與併購公司總的風險相同, 則目標公司現金流量的折現率即為併購公司投資於目標公司資本的邊際成本, 在決定折現率時, 應考慮每個未來的併購對象的具體風險, 投資風險越大, 折現率越高。

在上述計算中, 我們選用的折現率包括了目標公司全部資本的構成, 即目標公司的加權平均資本成本($WACC$)作為折現率。在實際操作中, 有四種確定折現率的方法: ①選擇目標公司現在的加權平均資本(負債與權益)成本作為基準折現率, 然後調高幾個百分點(因為新的項目應當比已有的運作有更高的收益率要求); ②選擇

第十二章 公司併購財務

目標公司歷史上的資產收益率作為基準折現率，然後像上面那樣將它調高幾個百分點；③ 利用對未來預期利率的估計作為基準折現率，然後根據行業、公司及財務結構等相關的風險因素將它調高；④ 根據公開數據，將對同行業公司的加權資本成本的估計值作為基準折現率，然後根據風險因素調高。

3. 預測期（公司存續期）

公司存續期的預測一般有以下兩種觀點：公司存續期預測往往受公司未來現金流量模式的影響；公司存續期預測應一直持續到增量投資的預期收益率（R）等於資本成本（K）為止。在預測期內 $R > K$；在預測期之後 $R = K$。當 $R = K$ 時，公司無論採取何種盈餘分配政策（追加投資或發放股利）均不會影響公司價值。

一般來說，預測期越長，預測的準確性越差，同時由於折現率的存在，隨著預測期的推移，對價值評估的影響就越小，所以，預測期一般為五年至十年。

雖然貼現現金流量模型通常被認為是最有效的方法而在公司估價中被普遍應用，但這種方法由於折現率的估值的不確定性，需要根據公司併購所具有的特點進行修正。

二、市盈率法

市盈率（PER）也稱為市盈乘數，即價值與收益的比率，它所反應的是公司股票收益和股票市場價值之間的關係，或者說反應的是投資者將為公司的盈利能力支付多少資金。市盈率法則是通過標準市盈率折算出目標公司價值的一種方法。

根據市盈率評估目標公司價值的公式為：

目標公司價值 = 目標公司利稅前收益或稅後利潤 × 市盈率　　（12.9）

一般來說，市盈率的高低主要取決於公司的預期增長率。在一個成熟的資本市場氛圍裡，一個具有增長前景的公司，其市盈率一定較高；反之，一個前途暗淡的公司，其市盈率必定較低。具體選擇市盈率時，可以是併購時目標公司的市盈率，也可以是與目標公司有可比性的公司的市盈率或目標公司所處行業的平均市盈率。

傳統的市盈率法中的收益運用的是歷史收益情況，數據從公司的損益表中獲得，其中息稅前利潤是不考慮融資和財務結構時公司的營運盈利能力，而稅後淨利包括融資和財務結構在內的所有流動因素。但是很顯然，這樣缺乏對目標公司長期性發展的考慮，忽略了目標公司未來的風險或低估目標公司價值，因此在實際操作中，通常都採用未來預期收益。實際上，國外比較大的公司一般都有自己的預測技術和系統，可以依靠它們來比較準確地預測 5 年期甚至更長時期的利潤變動趨勢。

使用市盈率法對目標公司進行估價，其優點是簡單易懂，市盈率能夠作為公司風險性、成長性、資產盈利水準等特徵的代表，可以比較直觀地反應公司盈利狀況或所屬行業的整體發展狀況，結論有一定的科學性和可靠性，因而適用於股票市場較完善的市場經濟環境中經營比較穩健的公司。但是，該方法的收益指標和市盈率

的確定有很大的主觀性，在實踐中對標準市盈率的選擇和確定也非常困難。此外，該方法在適用範圍上也存在一些問題，比如說對於存在虧損的目標公司的價值評估，對於週期性公司的價值評估，對於新興的互聯網公司、信息技術公司等的價值評估等，市盈率法常常會出現較大的偏差，尤其在中國目前股市尚不夠完善、市盈率不夠真實的情況下，應用此法風險很大。

三、資產價值基礎法

資產價值基礎法是指通過對目標公司的資產進行估價的方式來評估公司的價值。

（一）帳面價值法

帳面價值方法是利用傳統的會計方式確定淨資產來決定併購價格的方法。會計意義上的帳面價值是一個反應特定時點公司的會計核算價值的確定的數字。它的優點在於，帳面價值是由獨立的第三方提供的按通用會計原則計算得出的。但這同時也存在著巨大的欺騙性。因為帳面價值往往與它的實際價格相差甚巨：一方面，由於公司的歷史、商譽等因素，它的帳面價值大大低於它的市場價格；另一方面，公司由於害怕帳面價值損失太大，往往去維持破舊的工廠和毫無價值的存貨，在這種情況下，帳面價值則大大高於真實價值。

（二）財產清算價值法

財產清算價值方法是通過估算目標公司的淨清算收入來估算併購價格的方法。而公司的淨清算收入是通過估算出售公司所有的部門和全部固定資產（通常是在多項交易中）所得到的收入，再扣除公司的應付債務後得到的。這一估算的基礎是對公司的不動產價值進行估算，這些不動產包括工廠、財產和設備、各種自然資源或儲備等。估算所得到的是目標公司變現價格，構成併購價格的底價，可以用於收購陷於困境的公司，也可以用於根據特定的目的所購買的一些特定的公司。

四、市場比較法

市場比較法通常是將股票市場上與目標公司經營業績相似的公司最近平均實際交易價格作為估算公司價值的參照物的一種方法。在實際使用市場比較法來評估目標公司的價值時，一般先在同行業中找出產品、規模、財務結構、市場、目前獲利能力、未來業績成長趨勢等方面與目標公司類似的公司，將這些公司的淨利等各種經營績效與股價的比率作為參考數據，計算目標公司大約的市場價值。實際操作時可選定5～10家與目標公司類似的公司，先將其股價分別與每股淨利及每股息稅前利潤之比的倍數進行加權平均，所得的兩個倍數再分別乘上目標公司的每股淨利及每股息稅前利潤即可得出兩個股價，作為估算目標公司價值的「上下」限。

目標公司的估價一直是個難題，在實際中雖然有很多的估價方法，但是卻沒有

第十二章　公司併購財務

一種方法能夠做到非常準確地對目標公司的價值進行估價。因此無論是買方還是賣方，在決定公司的最佳價格時，都必須進行一個範圍廣泛的富有創造性的分析，應該將多種方法相結合，盡可能多地考慮各種影響因素，在合理的、綜合的、充分的分析基礎上確定最終買賣雙方都認可的併購價格，避免得出簡單的或具有欺騙性的結論。

第三節　公司併購的財務規劃

一、公司併購的成本效益分析

成本效益原則是任何財務管理活動都必須堅持的原則，否則就會背離公司的理財目標。公司併購同樣存在著成本和收益，在做出是否進行併購的決策前，公司要認真分析比較，只有併購的收益大於成本時，併購才具有可行性。

（一）公司併購成本

公司併購的成本主要包括併購完成成本、併購整合成本、併購退出成本和併購機會成本等。

1. 併購完成成本

併購完成成本也稱作併購購買成本，是指併購行為本身所發生的直接成本和間接成本。直接成本是指併購過程中直接支付的費用，如被併購公司的購並價格等。間接成本是指併購過程中發生的除直接成本以外的其他支出，具體包括債務成本、交易成本、更名成本等。

2. 併購整合成本

併購整合成本也稱作併購協調成本，是併購後使被併購公司健康發展而需要支付的長期營運成本。當併購完成後，由於併購公司與被併購公司作為兩個不同的公司，在業務經營、管理模式、公司文化等方面都會存在顯著的差異。要使它們成為一家公司，就必須進行整合，實現公司一體化運作。整合成本包括整合改制成本、注入資金成本等。

3. 併購退出成本

一個公司在通過併購實施外部擴張時，還必須考慮一旦擴張不成功如何以最低代價撤退的成本問題。併購退出成本主要是指公司通過併購實施擴張而出現擴張不成功必須退出，或當公司所處的競爭環境出現了不利變化，需要部分或全部解除併購所發生的成本。一般來說，併購力度越大，可能發生的退出成本就越高。這項成本是一種或有成本，並不一定發生，但公司應該考慮到這項成本，以便在併購過程中對併購策略做出更合適的安排或調整。

4. 併購機會成本

併購活動的機會成本是指併購的實際支出(尤其是資本性支出)相對於其他投資的未來收益損失或放棄。充分考慮這一項成本，可以對併購戰略做出科學的判斷。

公司併購的成本是多樣的，其中併購完成成本和整合成本屬於顯性成本，絕大部分實施併購的公司都非常關注完成成本的高低，實際上，在公司併購失敗的諸多案例中，導致其失敗的原因主要還是由於對併購後的整合成本認識不足。此外，併購退出成本和機會成本這樣的隱性成本也同樣需要考慮。

(二) 公司併購的效益

公司併購作為一項重要的資本經營活動，其收益主要有以下幾個方面：

1. 規模經濟的收益

公司的規模經濟是由生產規模經濟和管理規模經濟兩個層次組成的。生產規模經濟是指公司通過併購，對生產資本進行補充和調整，達到規模化生產的要求；在保持整體產業結構不變的情況下在各分廠實現單一化生產，達到專業化的要求。管理規模經濟主要表現在：管理費用可以在更大範圍內分攤，使單位產品的管理費用大大減少。

2. 合理避稅的收益

由於對不同類型的收益所徵收的稅率不同，因此公司可以利用併購來合理避稅。例如，公司可以利用稅法中虧損遞延條款來獲得合理避稅的收益。如果公司在一年中出現了嚴重虧損，或者公司連續幾年不盈利，公司擁有相當數量的累計虧損時，這家公司往往會被考慮為併購對象，或者該公司考慮併購盈利公司，以充分利用它在納稅方面的優勢。

3. 尋找機會和分散風險的收益

在跨行業併購中，一些併購公司的主要目的不在於追求高收益，而在於通過併購其他行業的公司，尋求投資新領域和未來的發展空間，同時分散經營單一產品的風險。這種跨行業併購一定要以成功的專業化為基礎，不可盲目多元化經營。

4. 融資渠道的收益

一些公司之所以併購上市公司或金融公司，主要是為了尋求一條比較方便的融資渠道，「買殼上市」就是這種方式。非上市公司通過證券市場收購已掛牌上市的公司，再以反向收購的方法注入自己的有關業務和資產，達到間接上市的目的。優勢公司通過「買殼上市」可以利用「殼」公司的配股和增發新股較為便利地募集資金。

5. 降低交易成本

公司實施縱向併購戰略的目的是以公司內部的管理協調替代部分市場協調，從而有效地解決專業化分工引起的生產流程的分離，減少生產過程中各種損耗和時間浪費，降低交易成本，實現縱向整合效應。

第十二章　公司併購財務

二、併購中的融資工具及資金的籌措

融資問題是決定公司併購成功與否的關鍵因素之一。如果併購公司根據自身的資本結構採用多種融資方式確定一種合理的融資方式，可以達到事半功倍的效果，即以最低的資本成本產生足夠大的控制力；如果併購公司選擇不當，就有可能背上沉重的財務負擔，甚至可能會影響併購公司正常的生產經營活動。在成熟的資本市場上，融資工具品種豐富、應用廣泛，主要包括以下三類。

(一) 債務性融資工具

負債融資是一種最為古老的融資方法。併購中運用債務融資一般適用於以下條件：首先，由於債務融資併購後會加重公司的債務負擔，因此要求收購方必須具備較高的債務承受能力和安全還債的能力；其次，通過債務融資籌措資金實現併購，需要有可行的融資渠道和工具；最後，併購的債務融資適用於公司在保持獨立、避免原股東股權被稀釋的情況下超常規擴張。為了通過債務來實現併購融資，公司可以選擇向商業貸款人或其他貸款人申請貸款，或是發行債券或票據，或是通過拍賣、售後回租等方式進行。

(二) 權益性融資工具

隨著資本市場的逐步成熟以及併購交易規模的日益擴大，權益性融資在併購交易中的比重日益提升。它主要包括公開發行融資、換股併購和以權益為基礎的融資。

1. 公開發行融資

公開發行融資即公司以發行新股或向原股東配售新股所得的價款為併購支付交易價款。選用此種方式，主要應考慮股東認購資金來源的資金成本，增資擴股對其控股權的影響，增資擴股對每股收益、淨資產收益率、每股淨資產等財務指標產生的不利影響等。

2. 換股併購

換股併購即以公司股票本身作為併購的支付手段付給被併購公司。通常根據換股方式的不同又可以分為增資換股、庫藏股換股、母公司與子公司交叉換股等。換股併購相對於現金併購而言具有其自身的優勢；換購併購使得收購不受併購規模的限制；通常會改變併購雙方的股權結構；可避免大量現金短期流出的壓力，降低了收購風險；可以取得稅收方面的好處。但換股併購的運用也有其弊端，這是換股併購在中國上市公司收購中運用尚不廣泛的主要原因之一。

3. 以權益為基礎的融資

以權益為基礎的融資主要包括反向回購、股權劃出、員工持股計劃等。反向回購與股權劃出在中國現階段都有一定的法律法規限制。

(三) 混合性融資工具

混合性融資在併購中的應用分為混合性融資安排和混合性融資工具的應用。前

者指在一項併購交易中，既有銀行貸款資金、發行股票、債券籌集的資金，也包括併購公司與目標公司之間的股票互換，發行可轉換債券、優先股、認股權證等多種融資工具的綜合運用，其中主要以槓桿收購為代表；後者是指兼具債務和權益兩者特徵的融資工具，包括可轉換債券、認股權證等。

1. 槓桿收購籌資

槓桿收購是以少量的自有資金，以被收購公司的資產和將來的收益能力作抵押，籌集部分資金用於收購的一種併購活動。當公司全部資產收益率大於借入資本的平均成本時，公司淨收益和普通股收益都會增加。這其實是一種混合融資形式，其特徵有：可利用的融資方式有銀行信用額度、抵押貸款、長期貸款、商業票據、可轉換債券、認股權證等多種形式；參與融資的機構有商業銀行、保險公司、投資銀行等多家部門；投入少量資金就可獲得大量銀行貸款，財務風險高。

2. 可轉換債券

用可轉換債券為併購進行融資不像直接債券那麼普遍。利用可轉換債券籌集資金具有明顯的優勢：① 可以降低債券融資的資本成本；② 由於可轉換債券規定的轉換價格要高於發行時的公司普通股市價，它實際上相當於為公司提供了一種以高於當期股價的價格發行普通股的融資；③ 當可轉換債券轉化為普通股後，債券本金就不需償還，免除了還本的負擔。

3. 認股權證

對併購方而言，發行認股權證的好處是，可以因此而延期支付股利，從而為公司提供額外的股本基礎。但由於認股權證的行使會涉及公司控股權的改變，因此，為保障現行公司股東的利益，公司在發行認股權證時，一般要按控股比例派送給股東。股東可用這種證券行使優先低價認購公司新股的權利，也可以在市場上隨意將認股權證出售，購入者則成為認股權證的持有人，獲得相同的認購權利。

三、併購價格支付方式

在公司併購的財務規劃中很重要的一環是確定支付方式。併購支付方式與籌資方式密切相關，影響併購公司與目標公司的控制權關係及法律地位關係，影響併購組織安排及組織結構，關係併購雙方的切身利益。

(一) 現金支付方式

現金支付方式即併購公司按照所確定的被併購公司的併購價格，向被併購公司所有者一次或分期償付現金的方式。一般認為，凡不涉及新股票發行的併購都可以被視為現金併購，即使是由併購者直接發行某種形式的票據完成併購，也是現金併購。無論從歷史還是現實看，現金支付都是最常用的方式，在決定是否採用現金併購的方式時，併購公司主要考慮如下幾個問題：① 短期的流動性。現金出價要求購買者在確定的日期支付一定數量的貨幣，立即付現必然會在資產負債表上產生現金

第十二章　公司併購財務

虧空，於是有無足夠的付現能力是公司首先要考慮的問題。② 中期或長期的流動性。主要以較長期的觀點看待支付的可能性，有些公司可能在很長時間內難以從大量的現金流出中復甦過來，所以併購公司必須認真考慮現金回收率，或者是回收年限。③ 貨幣的流動性。併購者還需要考慮的問題是自己擁有的現金是否是可以直接支付的貨幣或是可自由兌換的貨幣，公司回收的是否是可自由兌換的貨幣。

現金併購中涉及的一個重要問題是稅務管理問題。由於公司股票的出售變化是一項潛在應稅的事件，它涉及投資者的資本損益，在實際取得資本損益的情況下，則需交納資本收益稅。因此，如果被併購的風險公司原有股東接受現金形態的出資，就需要交納資本收益稅；在推遲支付的情況下，股東滯後得到現金支付，一般也推遲了資本收益稅的負擔，直到實際得到支付的現金，方才承擔資本收益稅。

(二) 股票支付方式

如果併購公司不是以現金為媒介對目標公司進行併購，而是增加發行本公司的股票，以新發行的股票替換被併購的風險公司的股票，則被稱為股票支付方式併購。在股票支付方式下，併購公司可以從中得到許多好處：一是在假定滿足了某些條件的情況下併購公司可以使用併購會計來對這一交易進行會計處理；二是併購公司可以避免支付大量現金，因而不會影響併購公司的現金狀況；三是併購公司的股票可以不以折價發行。就被併購公司股東而言，接受股票的好處是：可以將資本收入稅一直遞延到這些股票出售時為止，避免了使用現金支付中在領取現金時就必須交納稅收的情況。

在實際應用中，一般採取固定比率股票交換方式，例如，併購公司用固定比率的本公司普通股股票交換出售方的股票。其交換比率在最初談判時就已確立，並且不論兩種股票的市場價格發生何種變化，這個比率都不變。為了防止併購公司的股票價格下跌，雙方經常確定一個價格波動的範圍，在範圍內的價格變動不影響原定的交換比率，按原定協議執行；如果價格變動超過了協定價格範圍，就要提供對被併購的風險公司的保護措施，如重新商談協議或終止交易，或者預先商定一個固定的最低/最高支付價格的協議。

(三) 綜合證券併購

綜合證券併購也稱混合證券併購，是指併購公司對目標公司或被併購公司提出併購要約時，其出價不僅僅有現金、股票，而且還有認股權證、可轉換債券等多種形式的混合。被併購公司願意接受綜合證券，主要是對併購公司的前景看好，認為併購公司具有投資價值，而對於風險公司的投資者而言這一般是不成立的。對於併購公司，採取綜合證券的方法，一是可以避免支出更多的現金從而造成本公司的資本結構惡化，二是可以防止控股權的轉移。

(四) 賣方融資支付

所謂賣方融資支付是指併購公司暫不全部償付價款，而是承諾在未來一定時期內分期分批償還價款給目標公司的支付方式。

公司財務

對於支付方式的選擇，無論是現金支付方式、股票支付方式，還是其他方式，都各有利弊，公司應該充分考慮稅收、對收益衝減、對併購會計核算政策的選擇、併購公司的流動性狀況，以及金融風險的影響等因素，並在這些相互對抗的因素中求取相對的平衡，選擇適當的方式。

第四節　反併購

一、反併購成本效益分析

（一）敵意併購與反併購

從眾多的併購案例來看，成為敵意併購的目標公司往往具有資產價值被低估、公司具有尚未發現的潛質、公司具有大量的剩餘現金、公司具有大量有價值的證券投資組合以及大量未使用的負債能力，具有出售後不損害現金流量的附屬公司或其他財產、現管理層持股比例較小的特點。對於敵意併購對這些公司將產生什麼樣的影響，目前有兩種相互對立的觀點。第一種觀點是，通過公司併購，特別是通過惡意併購對經營者進行限制可提高公司的效率。從這種觀點來看，真正的反併購策略就是通過努力經營實現公司最大價值，而引進反併購策略則是經營者自我保護的表現，或者說是在遷就那些低效率的公司。第二種觀點認為，敵意併購會破壞公司價值，有可能削弱公司的競爭力，甚至降低公司的價值。從這種思路出發，針對破壞公司價值的敵意併購實施的反收購對策就是「正當防衛」。

公司反併購的原因是多方面的：可能是目標公司的管理人員認為他們掌握了許多公司未公開的、有利於公司價值的信息，這些信息的價值未被市場所反應，公司的價值被低估了；或者他們相信反併購行動能提高併購者的出價；也可能是因為管理人員擔心併購會導致現有職位的喪失。無論是何種原因，為了防止公司控制權轉移，目標公司都將採取預防性措施及主動性措施構築防禦壁壘，實施反併購策略。

（二）反併購成本收益分析

1. 反併購的成本

併購防禦並不是沒有代價的，相反其往往會耗費公司大量資金，因此目標公司在做出併購防禦決策前，必須對反併購的成本予以足夠的重視。

（1）直接成本和間接成本。直接成本是付給專業顧問的費用及其他成本，包括商業銀行費用、股票經紀人費用、會計師費用、律師費用、公共關係費用、印刷費用等；間接成本是專用於防禦的管理時間與公司資源的價值或機會成本。簡單地說，在反併購中直接制約目標公司的成本是支付給仲介機構的巨額開支。

（2）隱性成本。隱性成本首先反應在反併購策略引起的財務風險上，部分反併購策略可有效阻止外來敵意收購的「入侵」，但也可能給目標公司帶來不可估量的損

第十二章　　公司併購財務

失。其次，反併購的隱性成本還體現在併購防禦中各方當事人之間的利益衝突中，其中股東和管理層之間的利益衝突尤為突出。

2. 反併購的收益

（1）微觀收益。從微觀角度看，反併購的收益直接體現在對目標公司及其股東利益的保護，利益驅動是目標公司反併購的根本動機。股東權益假說指出，當管理者採取行動防止控制權的變化時，股票持有者的財富會增加；延伸該假說可以認為，反併購措施可以通過出價程序最大化股東的利益。

（2）宏觀收益。宏觀收益主要體現在社會性價值和國家性價值方面。從社會價值角度來看，敵意收購作為對公司不良經營狀況的事後矯正機制，對於改善公司治理的作用毋庸置疑；國家性價值則主要是針對外資併購而言。

二、反併購策略

反併購的措施很多，歸納起來，目標公司主要通過建立合理的持股結構、提高併購公司的併購成本、降低併購公司的併購收益和適時修改公司章程等方式達到設置併購障礙、增加併購難度或削弱併購意圖，甚至迫使併購公司放棄併購計劃的目的。

（一）建立和保持合理的持股結構

1. 環形持股

為了防止上市公司的股權過於分散，穩定持股結構，公司可採取交叉持股的股權分佈形式，也稱相互持股。即關聯公司或關係較密切的公司之間相互持有部分股權，一旦其中一家公司遭遇收購，相互持股公司間易形成「連環船」效果，從而大大增強反收購一方的實力；同時，相互持股也可以減少流通在外的股份，從而減少被收購的機會。這種方法的缺點是相互持股往往要耗費較多的資金，從而影響公司的現金流量狀況。

2. 管理者收購

管理者收購是指為了避免公司落入他人手中，目標公司的管理層將目標公司收購為己有的防禦方法。其主要方式有兩種：一是管理層槓桿收購，即公司管理層以公司的資產或未來收益作擔保向銀行借貸從而融資買入自己所管理的公司，以此保持對公司的控制權。二是資本重組方式，即將公司的資本總額降低，相對地提高管理層對公司的持股比例。由於公司總股本的減少，管理層持股在絕對量不變的情況下相對量增加，從而實現對目標公司的控制權。

3. 雙重資本重組

這種反併購策略是將公司股票按投票權劃分為高級和低級兩等。低級股票每股擁有一票的投票權，高級股票每一股擁有十票的投票權，但高級股票派發的股息較低、市場流動性較差，低級股票的股息較高，市場流動性較好，高級股票可以轉換

為低級股票。如果經過雙重資本重組，公司管理層掌握了足夠的高級股票，公司的投票權就會發生轉移，即使敵意收購者獲得了大量的低級股票，也難以取得公司的控制權。

4. 員工持股計劃

這是指目標公司將本公司股票出售給公司的員工，以使他們持有大量的股份。發生敵意收購時，員工為自己的工作及前途考慮，不會輕易出讓自己手中握有的本公司股票，這無疑加大了併購公司對目標公司股份的收購難度，為阻止併購公司獲得足夠比例的控制權構築了一道防線。如果員工持股數額足夠大，在敵意收購發生時，目標公司是比較安全的。

(二) 提高併購公司的併購成本

1. 直接刺激股價漲升

公司股價偏低是誘發收購襲擊的最重要因素，在公司股價低於公司資產價值或公司潛在收益價值的時候尤其如此。提高股價一方面可以消除或弱化收購誘因，穩定原有股東持股的信心；另一方面則可加大收購成本，迫使併購公司考慮放棄收購企圖。刺激股價漲升的方法很多，如發布盈利預測，表明公司未來盈利好轉；增加股利分配；發表保密狀態下的開發研究成果等對股價有利的消息等。此外，在實行歷史成本會計制度的情況下，通過資產重估提高淨資產的帳面價值，也是刺激股價漲升的方法之一。

2. 股份回購

股份回購是指目標公司或其董事、監事大規模買回本公司發行在外的股份。股份回購的基本形式有兩種；一是目標公司將可用的現金或公積金分配給股東以換回其所持股票；二是公司通過發售債券，用募得的款項來購回它自己的股票。股份回購的反收購效果主要表現在三方面：① 減少在外流通的股份，增加買方收購到足額股份的難度；② 假設回購不影響公司的收益，那麼剩餘股票的每股收益率會上升，迫使收購公司提高其收購價格，從而使得其難度增加；③ 回購股份也可增強目標公司或其董事、監事的說話權。

回購股份在實戰中往往是作為輔助戰術來實施的，如果單純通過股份回購來達到反收購的效果，其往往會使目標公司庫存股票過多，一方面不利於公司籌資，另一方面也會影響公司資金的流動性。運用股份回購策略時，還要防止假借併購套取價差收益，即所謂「綠色勒索」。

3. 「白衣騎士」策略

該策略是指當遭到敵意收購時，目標公司邀請一個友好公司 (即所謂的「白衣騎士」) 作為另一個收購者，以更高的價格來對付敵意收購，從而使自己被「白衣騎士」收購。通過「白衣騎士」策略，目標公司可以引進併購競爭者，使併購公司的併購成本增加；還可以通過「鎖定選擇權」方式給予一些優惠條件以便於充當「白衣騎士」的公司購買目標公司的資產或股份。

第十二章　公司併購財務

通常，當「白衣騎士」和併購公司屬同一行業時，「白衣騎士」出於對自身利益的擔憂，往往樂於參與競價，發起溢價收購。如果敵意收購者的收購出價不是很高，目標公司被得到管理層支持和鼓勵的「白衣騎士」拯救的可能性就大；如果敵意收購者提出的收購出價很高，那麼「白衣騎士」的成本也會相應提高，目標公司獲得拯救的可能性就減少。

4.「降落傘」策略

為瞭解除公司管理人員及員工因併購導致被解職、解雇的後顧之憂，加大收購成本或增加目標公司現金支出從而阻礙併購，許多公司採用了「降落傘」策略，該策略根據對象的不同又分為「金色降落傘」「銀色降落傘」和「錫降落傘」策略。

(1)「金色降落傘」策略。這是指目標公司董事會通過決議，由公司董事及高層管理者與目標公司簽訂合同，規定當目標公司被併購接管、其董事及高層管理者被解職的時候，可一次性領到巨額的退休金(解職費)、股票選擇權收入或額外津貼。其中「金色」意味著補償是豐厚的，「降落傘」則意味著高層管理者可以在併購的變動中平穩過渡。由於這種策略勢必讓收購者「大出血」，因此也被看作是反收購的利器之一。然而隨著商業的發展，「金色降落傘」的弊端開始暴露出來：對高管層的巨額補償反而可能成為高管層急於出售公司的動機，從而對股東的利益造成極大的損害。

(2)「灰色降落傘」策略：主要是指向高層管理者下面幾級的管理人員提供同類保證，根據工齡長短領取數週至數月的工資。

(3)「錫降落傘」策略：指目標公司的員工若在公司被收購後兩年內被解雇的話，則可領取員工遣散費。

5.「死亡」換股

「死亡」換股是指目標公司發行公司債、特別股或它們的組合，以交換發行在外的本公司普通股，通過減少流通在外的普通股以抬高股價，並迫使併購公司提高其股份支付的收購價，增加其併購成本。這種防禦手段對目標公司有一定的危險性。

(三) 降低併購公司的併購收益

1.「毒丸」計劃

「毒丸」計劃是目標公司為反收購而制定的對其控制極為不利的規定，甚至採取嚴重傷害自己的行動，猶如一劑「毒藥」，收購方若想收購則必須承諾吞下「毒丸」。

(1) 負債「毒丸」計劃。負債「毒丸」計劃是指，目標公司在併購威脅下大量增加自身負債，降低公司被併購的吸引力。負債「毒丸」計劃主要通過公司在發行債券或借貸時訂立的「毒藥條款」來實現。依據該條款，在公司遭到併購時，債權人有權要求提前贖回債券、清償借貸或將債券轉換成股票，從而稀釋併購者的持股比例，加大併購資金量和併購成本，或者耗竭公司現金，惡化公司財務結構，造成財務困難，令併購者在接收目標公司後立即面臨巨額現金支出，直至拖累併購者自身，被迫放棄併購計劃。

(2) 優先股權「毒丸」計劃。優先股權「毒丸」計劃是一種購股權計劃，指目標公司向普通股股東發行優先股（通常發行給老股東），一旦公司被併購，股東持有的優先股就可以轉換為一定數額的併購公司股票。優先股權「毒丸」計劃一般分為「彈出」計劃和「彈入」計劃。「彈出」計劃通常指履行購股權，購買優先股；在「彈入」計劃中，目標公司以很高的溢價購回其發行的購股權，通常溢價高達100%，而敵意併購者或者觸發這一事件的大股東則不在回購之列，這樣就稀釋了併購者在目標公司的權益。「彈入」計劃經常包括在一個有效的「彈出」計劃中。

(3) 人員「毒丸」計劃。人員「毒丸」計劃是指公司的絕大部分高級管理人員共同簽署協議，在公司被以不公平價格併購，並且這些人中有一人在併購後被降職或解聘時，全部管理人員將集體辭職。這一策略不僅保護了目標公司股東的利益，而且會使併購公司慎重考慮併購後更換管理層對公司帶來的巨大影響。公司的管理層陣容越強大、越精幹，實施這一策略的效果將越明顯；當目標公司管理層的價值對併購公司無足輕重時，人員「毒丸」計劃也就作用有限。

2.「焦土戰術」

焦土戰術是目標公司在遇到收購襲擊而無力反擊時所採取的一種兩敗俱傷的反併購策略。這種對策的目的在於減少目標公司在收購者心中的吸引力，並提高收購者為此要付出的代價。

(1) 出售、抵押「皇冠上的珍珠」。一個公司裡富有吸引力和併購價值的部分可能是某個子公司、分公司或某個部門，可能是某項資產，可能是一種營業許可或業務，可能是一種技術秘密、專利權或關鍵人才，也可能是這些項目的組合，通常被稱為「皇冠上的珍珠」，是併購者併購該公司的真正用意所在。將「皇冠上的珍珠」售賣或抵押出去，可以消除併購的誘因，粉碎併購者的初衷。

(2)「虛胖」戰術。一個公司如果財務狀況好，資產質量高，業務結構又合理，往往誘發併購。在這種情況下，公司一旦遭到併購襲擊，可以採用「虛胖」戰術。其做法有多種：購置大量與經營無關或盈利能力差的資產，令公司包袱沉重，資產質量下降；大量增加公司負債，惡化財務狀況，加大經營風險；故意進行一些長時間才能見效的投資，使公司在短時間內資產收益率下減。通過這些措施導致目標公司嚴重的負債問題，迫使敵意併購者不得不放棄併購。

(四) 適時修改公司章程

1. 董事輪換制

董事輪換制（Staggered Board Election）是指在公司章程中規定，每年只能更換三分之一的董事，這意味著即使收購者擁有公司絕對多數的股權，也難以獲得目標公司董事會的控制權。目前，美國標準普爾指數的500家公司中的一半以上公司採用這種反收購對策。由於這種反收購方法阻止了收購者在兩年內獲得公司的控制權，從而使收購者不可能馬上改組目標公司，這樣就降低了收購者的收購意向，並提高了收購者獲得財務支持的難度。

第十二章　　公司併購財務

2. 絕對多數條款

絕對多數條款（Super-majority Provision）是指在公司章程中規定，公司的合併需要獲得絕對多數的股東贊成票，這個比例通常為80%，同時，對這一反收購條款的修改也需要絕對多數的股東同意才能生效。這樣，敵意收購者如果要獲得具有絕對多數條款公司的控制權，通常需要持有公司很大比例的股權，這在一定程度上增加了收購的成本和收購難度。儘管這種反收購對策對股價可能有一定的影響，但絕對多數條款仍然被認為是一種溫和的反收購對策。

（五）反併購中的抗拒策略

1. 訴諸法律

最普通的反併購對策就是與併購者打官司。法律訴訟有兩個目的：第一，拖延併購，從而鼓勵其他競爭者參與併購；第二，通過法律訴訟迫使併購者提高其併購價格。

2.「帕克曼」防禦

「帕克曼」（Pac-man）原是20世紀80年代初流行的一部電子游戲的名稱，運用到反併購中，是指當目標公司獲悉併購公司試圖啟動併購目標公司的計劃時，目標公司針鋒相對，搶先併購對方公司的股票，或策動與目標公司關係密切的友好公司出面併購原併購公司，從而迫使其轉入防禦，或至少贏得一定的時間以重新制定防禦措施。帕克曼防禦的特點是以攻為守，使攻守雙方角色顛倒，致對方於被動局面。從反併購效果來看，帕克曼防禦能使反併購公司進退自如：進可併購併購公司，使併購公司迫於自衛放棄原先的襲擊企圖；退可因本公司擁有併購者（併購公司）的股權，即便目標公司被併購，也能因持有對方股份而分享併購成功帶來的好處。

運用「帕克曼」防禦必須具備一定的條件：①併購公司本身應是一家公眾公司，否則談不上收購併購公司的股份；②併購公司本身有懈可擊，存在被併購的可能性；③目標公司需要擁有較強的資金實力和外部融資能力，否則「帕克曼」防禦的運用風險很大。實踐表明，如果併購戰的雙方實力相當，「帕克曼」防禦的結果很可能是兩敗俱傷。

公司的反併購策略多種多樣且各有利弊，這些策略在市場經濟成熟的西方國家得到了廣泛使用，但由於政治、經濟和法律環境存在差異，這些策略有的適用於中國，如董事輪換制度、「白衣騎士」策略等；有的則並不適用，如「金色降落傘」計劃、「毒丸」術等；有的策略甚至是有害的。因此，中國的公司在具體使用反併購策略時要結合公司的自身特點和國家法律法規的要求，注意選擇適合國情和時代的對策機制。

本章小結

併購的實質是在公司權利主體不斷變換的過程中，各權利主體依據公司產權做出的制度安排而進行的一種權利讓渡行為。按照不同的分類標準，公司併購可以劃分為不同的類型。按行業相互關係可以劃分為橫向併購、縱向併購和混合併購；按併購的實現方式可以分為承擔債務式併購、購買式併購、吸收股份式併購、控股式併購、換股併購和槓桿收購等。

公司併購的動機主要有擴大生產經營規模，降低成本費用；提高市場份額，提升行業戰略地位；改善公司財務狀況；取得充足廉價的生產原料和勞動力，增強公司的競爭力；獲得特殊資產；實施品牌經營戰略，提高公司的知名度，以獲取超額利潤；通過收購跨入新的行業，實施多元化戰略，分散投資風險等。

併購中目標公司價值評估可採用收益現值法、市盈率法、資產價值基礎法和市場比較法等方法。公司併購必須進行成本效益分析。公司併購成本包括併購完成成本、併購整合成本、併購退出成本和併購機會成本。公司併購的效益包括規模經濟的收益、合理避稅的收益、尋找機會和分散風險的收益、融資渠道的收益和降低交易成本等。

目標公司可以採取建立和保持合理的持股結構、提高併購公司的併購成本、降低併購公司的併購收益、適時修改公司章程等反併購策略。

思考題

1. 兼併與收購之間的聯繫與區別是什麼？
2. 公司併購中的協同效應理論指的是什麼？
3. 公司併購的動機有哪些？
4. 簡述市盈率法。
5. 公司併購與反併購的成本和效益各包括哪些？
6. 併購中有哪些可供選擇的融資工具？
7. 簡述反併購策略中的「毒丸」計劃和「白衣騎士」策略。

練習題

假定 A 公司擬在 2019 年初併購目標公司 B，經測算併購後有 6 年的自由現金流量分別是：1,880 萬元、1,990 萬元、2,200 萬元、2,400 萬元、2,500 萬元和 6,000 萬元。加權平均資本成本為 10%，請採用貼現現金流量法對目標公司進行價值評估。

附表1

複利終值系數表

n\i	1	2	3	4	5	6	7	8	9	10	11	12	13	14	15	16	17	18	19	20
1%	1.01000	1.02010	1.03030	1.04060	1.05101	1.06152	1.07214	1.08286	1.09369	1.10462	1.11567	1.12683	1.13809	1.14947	1.16097	1.17258	1.18430	1.19615	1.20811	1.22019
2%	1.02000	1.04040	1.06121	1.08243	1.10408	1.12616	1.14869	1.17166	1.19509	1.21899	1.24337	1.26824	1.29361	1.31948	1.34587	1.37279	1.40024	1.42825	1.45681	1.48595
3%	1.03000	1.06090	1.09273	1.12551	1.15927	1.19405	1.22987	1.26677	1.30477	1.34392	1.38423	1.42576	1.46853	1.51259	1.55797	1.60471	1.65285	1.70243	1.75351	1.80611
4%	1.04000	1.08160	1.12486	1.16986	1.21665	1.26532	1.31593	1.36857	1.42331	1.48024	1.53945	1.60103	1.66507	1.73168	1.80094	1.87298	1.94790	2.02582	2.10685	2.19112
5%	1.05000	1.10250	1.15763	1.21551	1.27628	1.34010	1.40710	1.47746	1.55133	1.62889	1.71034	1.79586	1.88565	1.97993	2.07893	2.18287	2.29202	2.40662	2.52695	2.65330
6%	1.06000	1.12360	1.19102	1.26248	1.33823	1.41852	1.50363	1.59385	1.68948	1.79085	1.89830	2.01220	2.13293	2.26090	2.39656	2.54035	2.69277	2.85434	3.02560	3.20714
7%	1.07000	1.14490	1.22504	1.31080	1.40255	1.50073	1.60578	1.71819	1.83846	1.96715	2.10485	2.25219	2.40985	2.57853	2.75903	2.95216	3.15882	3.37993	3.61653	3.86968
8%	1.08000	1.16640	1.25971	1.36049	1.46933	1.58687	1.71382	1.85093	1.99900	2.15892	2.33164	2.51817	2.71962	2.93719	3.17217	3.42594	3.70002	3.99602	4.31570	4.66096
9%	1.09000	1.18810	1.29503	1.41158	1.53862	1.67710	1.82804	1.99256	2.17189	2.36736	2.58043	2.81266	3.06580	3.34173	3.64248	3.97031	4.32763	4.71712	5.14166	5.60441
10%	1.10000	1.21000	1.33100	1.46410	1.61051	1.77156	1.94872	2.14359	2.35795	2.59374	2.85312	3.13843	3.45227	3.79750	4.17725	4.59497	5.05447	5.55992	6.11591	6.72750
11%	1.11000	1.23210	1.36763	1.51807	1.68506	1.87041	2.07616	2.30454	2.55804	2.83942	3.15176	3.49845	3.88328	4.31044	4.78459	5.31089	5.89509	6.54355	7.26334	8.06231
12%	1.12000	1.25440	1.40493	1.57352	1.76234	1.97382	2.21068	2.47596	2.77308	3.10585	3.47855	3.89598	4.36349	4.88711	5.47357	6.13039	6.86604	7.68997	8.61276	9.64629
13%	1.13000	1.27690	1.44290	1.63047	1.84244	2.08195	2.35261	2.65844	3.00404	3.39457	3.83586	4.33452	4.89801	5.53475	6.25427	7.06733	7.98608	9.02427	10.19742	11.52309
14%	1.14000	1.29960	1.48154	1.68896	1.92541	2.19497	2.50227	2.85259	3.25195	3.70722	4.22623	4.81790	5.49241	6.26135	7.13794	8.13725	9.27646	10.57517	12.05569	13.74349
15%	1.15000	1.32250	1.52088	1.74901	2.01136	2.31306	2.66002	3.05902	3.51788	4.04556	4.65239	5.35025	6.15279	7.07571	8.13706	9.35762	10.76126	12.37545	14.23177	16.36654
16%	1.16000	1.34560	1.56090	1.81064	2.10034	2.43640	2.82622	3.27841	3.80296	4.41144	5.11726	5.93603	6.88579	7.98752	9.26552	10.74800	12.46786	14.46251	16.77652	19.46076
17%	1.17000	1.36890	1.60161	1.87389	2.19245	2.56516	3.00124	3.51145	4.10840	4.80683	5.62399	6.58007	7.69868	9.00745	10.53872	12.33030	14.42646	16.87895	19.74838	23.10560
18%	1.18000	1.39240	1.64303	1.93878	2.28776	2.69955	3.18547	3.75886	4.43545	5.23384	6.17593	7.28759	8.59936	10.14724	11.97375	14.12902	16.67225	19.67325	23.21444	27.39303
19%	1.19000	1.41610	1.68516	2.00534	2.38635	2.83976	3.37932	4.02139	4.78545	5.69468	6.77667	8.06424	9.59645	11.41977	13.58953	16.17154	19.24413	22.90052	27.25162	32.42942
20%	1.20000	1.44000	1.72800	2.07360	2.48832	2.98598	3.58318	4.29982	5.15978	6.19174	7.43008	8.91610	10.69932	12.83916	15.40702	18.48843	22.18611	26.62333	31.94800	38.33760
21%	1.21000	1.46410	1.77156	2.14359	2.59374	3.13843	3.79750	4.59497	5.55992	6.72750	8.14027	9.84973	11.91818	14.42099	17.44940	21.11378	25.54767	30.91268	37.40434	45.25926
22%	1.22000	1.48840	1.81585	2.21533	2.70271	3.29730	4.02271	4.90771	5.98740	7.30463	8.91165	10.87221	13.26410	16.18220	19.74229	24.08559	29.38442	35.84899	43.73577	53.35764
23%	1.23000	1.51290	1.86087	2.28887	2.81531	3.46283	4.25928	5.23891	6.44386	7.92595	9.74891	11.99116	14.74913	18.14143	22.31396	27.44617	33.75879	41.52331	51.07368	62.82062
24%	1.24000	1.53760	1.90662	2.36421	2.93163	3.63522	4.50767	5.58951	6.93099	8.59443	10.65709	13.21479	16.38634	20.31906	25.19563	31.24259	38.74081	48.03860	59.56786	73.86415

公司財務

附表 1（續）

i \ n	1	2	3	4	5	6	7	8	9	10	11	12	13	14	15	16	17	18	19	20
25%	1.25000	1.56250	1.95313	2.44141	3.05176	3.81470	4.76837	5.96046	7.45058	9.31323	11.64153	14.55192	18.18989	22.73737	28.42171	35.52714	44.40892	55.51115	69.38894	86.73617
26%	1.26000	1.58760	2.00038	2.52047	3.17580	4.00150	5.04190	6.35279	8.00451	10.08569	12.70796	16.01204	20.17516	25.42071	32.03009	40.35792	50.85097	64.07223	80.73100	101.72107
27%	1.27000	1.61290	2.04838	2.60145	3.30384	4.19587	5.32876	6.76752	8.59475	10.91534	13.86248	17.60535	22.35879	28.39567	36.06250	45.79937	58.16520	73.86981	93.81466	119.14462
28%	1.28000	1.63840	2.09715	2.68435	3.43597	4.39805	5.62950	7.20576	9.22337	11.80592	15.11157	19.34281	24.75880	31.69127	40.56482	51.92297	66.46140	85.07059	108.89036	139.37966
29%	1.29000	1.66410	2.14669	2.76923	3.57231	4.60827	5.94467	7.66863	9.89253	12.76136	16.46216	21.23619	27.39468	35.33914	45.58749	58.80786	75.86214	97.86214	126.24218	162.85242
30%	1.30000	1.69000	2.19700	2.85610	3.71293	4.82681	6.27485	8.15731	10.60450	13.78585	17.92160	23.29800	30.28751	39.37376	51.18589	66.54166	86.50416	112.45541	146.19203	190.04964
31%	1.31000	1.71610	2.24809	2.94500	3.85795	5.05391	6.62063	8.67302	11.36166	14.88377	19.49774	25.54204	33.46007	43.83269	57.42083	75.22128	98.53988	129.08724	169.10429	221.52662
32%	1.32000	1.74240	2.29997	3.03596	4.00746	5.28985	6.98261	9.21704	12.16649	16.05977	21.19890	27.98254	36.93696	48.75678	64.35895	84.95382	112.13904	148.02353	195.39106	257.91620
33%	1.33000	1.76890	2.35264	3.12901	4.16158	5.53490	7.36142	9.79069	13.02161	17.31874	23.03393	30.63513	40.74472	54.19048	72.07333	95.85753	127.49052	169.56239	225.51798	299.93892
34%	1.34000	1.79560	2.40610	3.22418	4.32040	5.78934	7.75571	10.39533	13.92975	18.66586	25.01225	33.51642	44.91200	60.18208	80.64398	108.06294	144.80434	194.03781	260.01067	348.41430
35%	1.35000	1.82250	2.46038	3.32151	4.48403	6.05345	8.17215	11.03240	14.89375	20.10656	27.14385	36.64420	49.46967	66.78405	90.15847	121.71393	164.31381	221.82364	299.46192	404.27359
36%	1.36000	1.84960	2.51546	3.42102	4.65259	6.32752	8.60543	11.70338	15.91660	21.64657	29.43933	40.03750	54.45099	74.05335	100.71256	136.96908	186.27795	253.33801	344.53969	468.57398
37%	1.37000	1.87690	2.57135	3.52275	4.82617	6.61186	9.05824	12.40979	17.00142	23.29194	31.90996	43.71664	59.89180	82.05177	112.41092	154.00296	210.98406	289.04816	395.99598	542.51449
38%	1.38000	1.90440	2.62807	3.62674	5.00490	6.90676	9.53133	13.15324	18.15147	25.04903	34.56766	47.70337	65.83065	90.84629	125.36788	173.00768	238.75060	329.47583	454.67664	627.45376
39%	1.39000	1.93210	2.68562	3.73301	5.18888	7.21255	10.02544	13.93537	19.37016	26.92452	37.42509	52.02087	72.30901	100.50952	139.70823	194.19445	269.93028	375.20309	521.53229	724.92989
40%	1.40000	1.96000	2.74400	3.84160	5.37824	7.52954	10.54135	14.75789	20.66105	28.92547	40.49565	56.69391	79.37148	111.12007	155.56810	217.79553	304.91347	426.87885	597.63040	836.68255
41%	1.41000	1.98810	2.80322	3.95254	5.57308	7.85805	11.07985	15.62259	22.02785	31.05926	43.79356	61.74892	87.06597	122.76302	173.09586	244.06517	344.13189	485.22596	684.16860	964.67773
42%	1.42000	2.01640	2.86329	4.06587	5.77353	8.19842	11.64175	16.53129	23.47443	33.33369	47.33385	67.21406	95.44397	135.53043	192.45321	273.28356	388.06266	551.04897	782.48954	1111.13515
43%	1.43000	2.04490	2.92421	4.18162	5.97971	8.55099	12.22791	17.48591	25.00485	35.75694	51.13243	73.11937	104.56070	149.52180	213.81618	305.75713	437.23270	625.24276	894.09715	1278.55893
44%	1.44000	2.07360	2.98598	4.29982	6.19174	8.91610	12.83918	18.48843	26.62333	38.33760	55.20614	79.49685	114.47546	164.84466	237.37631	341.82189	492.22352	708.80187	1020.67470	1469.77157
45%	1.45000	2.10250	3.04863	4.42051	6.40973	9.29411	13.47647	19.54088	28.33427	41.08469	59.57280	86.38056	125.25182	181.61513	263.34194	381.84582	553.67643	802.83083	1164.10470	1687.95181
46%	1.46000	2.13160	3.11214	4.54372	6.63383	9.68539	14.14067	20.64538	30.14225	44.00769	64.25123	93.80679	136.95791	199.95855	291.93948	426.23165	622.29821	908.55538	1326.49085	1936.67665
47%	1.47000	2.16090	3.17652	4.66949	6.86415	10.09030	14.83274	21.80413	32.05206	47.11654	69.26131	101.81412	149.66676	220.01013	323.41490	475.41990	698.86725	1027.33486	1510.18225	2219.96790
48%	1.48000	2.19040	3.24179	4.79785	7.10082	10.50922	15.55364	23.01939	34.06869	50.42166	74.62406	110.44361	163.45654	241.91568	358.03520	529.89210	784.24031	1160.67566	1717.79998	2542.34397

附表

附表 2　複利現值系數表

n \ i	1	2	3	4	5	6	7	8	9	10	11	12	13	14	15	16	17	18	19	20
1%	0.99010	0.98030	0.97059	0.96098	0.95147	0.94205	0.93272	0.92348	0.91434	0.90529	0.89632	0.88745	0.87866	0.86996	0.86135	0.85282	0.84438	0.83602	0.82774	0.81954
2%	0.98039	0.96117	0.94232	0.92385	0.90573	0.88797	0.87056	0.85349	0.83676	0.82035	0.80426	0.78849	0.77303	0.75788	0.74301	0.72845	0.71416	0.70016	0.68643	0.67297
3%	0.97087	0.94260	0.91514	0.88849	0.86261	0.83748	0.81309	0.78941	0.76642	0.74409	0.72242	0.70138	0.68095	0.66112	0.64186	0.62317	0.60502	0.58739	0.57029	0.55368
4%	0.96154	0.92456	0.88900	0.85480	0.82193	0.79031	0.75992	0.73069	0.70259	0.67556	0.64958	0.62460	0.60057	0.57748	0.55526	0.53391	0.51337	0.49363	0.47464	0.45639
5%	0.95238	0.90703	0.86384	0.82270	0.78353	0.74622	0.71068	0.67684	0.64461	0.61391	0.58468	0.55684	0.53032	0.50507	0.48102	0.45811	0.43630	0.41552	0.39573	0.37689
6%	0.94340	0.89000	0.83962	0.79209	0.74726	0.70496	0.66506	0.62741	0.59190	0.55839	0.52679	0.49697	0.46884	0.44230	0.41727	0.39365	0.37136	0.35034	0.33051	0.31180
7%	0.93458	0.87344	0.81630	0.76290	0.71299	0.66634	0.62275	0.58201	0.54393	0.50835	0.47509	0.44401	0.41496	0.38782	0.36245	0.33873	0.31657	0.29586	0.27651	0.25842
8%	0.92593	0.85734	0.79383	0.73503	0.68058	0.63017	0.58349	0.54027	0.50025	0.46319	0.42888	0.39711	0.36770	0.34046	0.31524	0.29189	0.27027	0.25025	0.23171	0.21455
9%	0.91743	0.84168	0.77218	0.70843	0.64993	0.59627	0.54703	0.50187	0.46043	0.42241	0.38753	0.35553	0.32618	0.29925	0.27454	0.25187	0.23107	0.21199	0.19449	0.17843
10%	0.90909	0.82645	0.75131	0.68301	0.62092	0.56447	0.51316	0.46651	0.42410	0.38554	0.35049	0.31863	0.28966	0.26333	0.23939	0.21763	0.19784	0.17986	0.16351	0.14864
11%	0.90090	0.81162	0.73119	0.65873	0.59345	0.53464	0.48166	0.43393	0.39092	0.35218	0.31728	0.28584	0.25751	0.23199	0.20900	0.18829	0.16963	0.15282	0.13768	0.12403
12%	0.89286	0.79719	0.71178	0.63552	0.56743	0.50663	0.45235	0.40388	0.36061	0.32197	0.28748	0.25668	0.22917	0.20462	0.18270	0.16312	0.14564	0.13004	0.11611	0.10367
13%	0.88496	0.78315	0.69305	0.61332	0.54276	0.48032	0.42506	0.37616	0.33288	0.29459	0.26070	0.23071	0.20416	0.18068	0.15989	0.14150	0.12522	0.11081	0.09806	0.08678
14%	0.87719	0.76947	0.67497	0.59208	0.51937	0.45559	0.39964	0.35056	0.30751	0.26974	0.23662	0.20756	0.18207	0.15971	0.14010	0.12289	0.10780	0.09456	0.08295	0.07276
15%	0.86957	0.75614	0.65752	0.57175	0.49718	0.43233	0.37594	0.32690	0.28426	0.24718	0.21494	0.18691	0.16253	0.14133	0.12289	0.10686	0.09293	0.08081	0.07027	0.06110
16%	0.86207	0.74316	0.64066	0.55229	0.47611	0.41044	0.35383	0.30503	0.26295	0.22668	0.19542	0.16846	0.14523	0.12520	0.10793	0.09304	0.08021	0.06914	0.05961	0.05139
17%	0.85470	0.73051	0.62437	0.53365	0.45611	0.38984	0.33320	0.28478	0.24340	0.20804	0.17781	0.15197	0.12989	0.11102	0.09489	0.08110	0.06932	0.05925	0.05064	0.04328
18%	0.84746	0.71818	0.60863	0.51579	0.43711	0.37043	0.31393	0.26604	0.22546	0.19106	0.16192	0.13722	0.11629	0.09855	0.08352	0.07078	0.05998	0.05083	0.04308	0.03651
19%	0.84034	0.70616	0.59342	0.49867	0.41905	0.35214	0.29592	0.24867	0.20897	0.17560	0.14757	0.12400	0.10421	0.08757	0.07359	0.06184	0.05196	0.04367	0.03670	0.03084
20%	0.83333	0.69444	0.57870	0.48225	0.40188	0.33490	0.27908	0.23257	0.19381	0.16151	0.13459	0.11216	0.09346	0.07789	0.06491	0.05409	0.04507	0.03756	0.03130	0.02608
21%	0.82645	0.68301	0.56447	0.46651	0.38554	0.31863	0.26333	0.21763	0.17986	0.14864	0.12285	0.10153	0.08391	0.06934	0.05731	0.04736	0.03914	0.03235	0.02673	0.02209
22%	0.81967	0.67186	0.55071	0.45140	0.37000	0.30328	0.24859	0.20376	0.16702	0.13690	0.11221	0.09198	0.07539	0.06180	0.05065	0.04152	0.03403	0.02789	0.02286	0.01874
23%	0.81301	0.66098	0.53738	0.43690	0.35520	0.28878	0.23478	0.19088	0.15519	0.12617	0.10258	0.08339	0.06780	0.05512	0.04481	0.03643	0.02962	0.02408	0.01958	0.01592
24%	0.80645	0.65036	0.52449	0.42297	0.34111	0.27509	0.22184	0.17891	0.14428	0.11635	0.09383	0.07567	0.06103	0.04921	0.03969	0.03201	0.02581	0.02082	0.01679	0.01354

附表 2（续）

n / i	1	2	3	4	5	6	7	8	9	10	11	12	13	14	15	16	17	18	19	20
25%	0.80000	0.64000	0.51200	0.40960	0.32768	0.26214	0.20972	0.16777	0.13422	0.10737	0.08590	0.06872	0.05498	0.04398	0.03518	0.02815	0.02252	0.01801	0.01441	0.01153
26%	0.79365	0.62988	0.49991	0.39675	0.31488	0.24991	0.19834	0.15741	0.12493	0.09915	0.07869	0.06245	0.04957	0.03934	0.03122	0.02478	0.01967	0.01561	0.01239	0.00983
27%	0.78740	0.62000	0.48819	0.38440	0.30268	0.23833	0.18766	0.14776	0.11635	0.09161	0.07214	0.05680	0.04473	0.03522	0.02773	0.02183	0.01719	0.01354	0.01066	0.00839
28%	0.78125	0.61035	0.47684	0.37253	0.29104	0.22737	0.17764	0.13878	0.10842	0.08470	0.06617	0.05170	0.04039	0.03155	0.02465	0.01926	0.01505	0.01175	0.00918	0.00717
29%	0.77519	0.60093	0.46583	0.36111	0.27993	0.21700	0.16822	0.13040	0.10109	0.07836	0.06075	0.04709	0.03650	0.02830	0.02194	0.01700	0.01318	0.01022	0.00792	0.00614
30%	0.76923	0.59172	0.45517	0.35013	0.26933	0.20718	0.15937	0.12259	0.09430	0.07254	0.05580	0.04292	0.03302	0.02540	0.01954	0.01503	0.01156	0.00889	0.00684	0.00526
31%	0.76336	0.58272	0.44482	0.33956	0.25921	0.19787	0.15104	0.11530	0.08802	0.06719	0.05129	0.03915	0.02989	0.02281	0.01742	0.01329	0.01015	0.00775	0.00591	0.00451
32%	0.75758	0.57392	0.43479	0.32939	0.24953	0.18904	0.14321	0.10849	0.08219	0.06227	0.04717	0.03574	0.02707	0.02051	0.01554	0.01177	0.00892	0.00676	0.00512	0.00388
33%	0.75188	0.56532	0.42505	0.31959	0.24029	0.18067	0.13584	0.10214	0.07680	0.05774	0.04341	0.03264	0.02454	0.01845	0.01387	0.01043	0.00784	0.00590	0.00443	0.00333
34%	0.74627	0.55692	0.41561	0.31016	0.23146	0.17273	0.12890	0.09620	0.07179	0.05357	0.03998	0.02984	0.02227	0.01662	0.01240	0.00925	0.00691	0.00515	0.00385	0.00287
35%	0.74074	0.54870	0.40644	0.30107	0.22301	0.16520	0.12237	0.09064	0.06714	0.04974	0.03684	0.02729	0.02021	0.01497	0.01109	0.00822	0.00609	0.00451	0.00334	0.00247
36%	0.73529	0.54066	0.39754	0.29231	0.21493	0.15804	0.11621	0.08545	0.06283	0.04620	0.03397	0.02498	0.01837	0.01350	0.00993	0.00730	0.00537	0.00395	0.00290	0.00213
37%	0.72993	0.53279	0.38890	0.28387	0.20720	0.15124	0.11040	0.08058	0.05882	0.04293	0.03134	0.02287	0.01670	0.01219	0.00890	0.00649	0.00474	0.00346	0.00253	0.00184
38%	0.72464	0.52510	0.38051	0.27573	0.19980	0.14479	0.10492	0.07603	0.05509	0.03992	0.02893	0.02096	0.01519	0.01101	0.00798	0.00578	0.00419	0.00304	0.00220	0.00159
39%	0.71942	0.51757	0.37235	0.26788	0.19272	0.13865	0.09975	0.07176	0.05163	0.03714	0.02672	0.01922	0.01383	0.00995	0.00716	0.00515	0.00370	0.00267	0.00192	0.00138
40%	0.71429	0.51020	0.36443	0.26031	0.18593	0.13281	0.09486	0.06776	0.04840	0.03457	0.02469	0.01764	0.01260	0.00900	0.00643	0.00459	0.00328	0.00234	0.00167	0.00120
41%	0.70922	0.50299	0.35673	0.25300	0.17943	0.12726	0.09025	0.06401	0.04540	0.03220	0.02283	0.01619	0.01149	0.00815	0.00578	0.00410	0.00291	0.00206	0.00146	0.00104
42%	0.70423	0.49593	0.34925	0.24595	0.17320	0.12197	0.08590	0.06049	0.04260	0.03000	0.02113	0.01488	0.01048	0.00738	0.00520	0.00366	0.00258	0.00181	0.00128	0.00090
43%	0.69930	0.48902	0.34197	0.23914	0.16723	0.11695	0.08178	0.05719	0.03999	0.02797	0.01956	0.01368	0.00956	0.00669	0.00468	0.00327	0.00229	0.00160	0.00112	0.00078
44%	0.69444	0.48225	0.33490	0.23257	0.16151	0.11216	0.07789	0.05409	0.03756	0.02608	0.01811	0.01258	0.00874	0.00607	0.00421	0.00293	0.00203	0.00141	0.00098	0.00068
45%	0.68966	0.47562	0.32802	0.22622	0.15601	0.10759	0.07420	0.05117	0.03529	0.02434	0.01679	0.01158	0.00798	0.00551	0.00380	0.00262	0.00181	0.00125	0.00086	0.00059
46%	0.68493	0.46913	0.32132	0.22008	0.15074	0.10325	0.07072	0.04844	0.03318	0.02272	0.01556	0.01066	0.00730	0.00500	0.00343	0.00235	0.00161	0.00110	0.00075	0.00052
47%	0.68027	0.46277	0.31481	0.21416	0.14568	0.09911	0.06742	0.04586	0.03120	0.02122	0.01444	0.00982	0.00668	0.00455	0.00309	0.00210	0.00143	0.00097	0.00066	0.00045
48%	0.67568	0.45654	0.30847	0.20843	0.14083	0.09515	0.06429	0.04344	0.02935	0.01983	0.01340	0.00905	0.00612	0.00413	0.00279	0.00189	0.00128	0.00086	0.00058	0.00039

附表

附表 3 普通年金终值系数表

n\i	1	2	3	4	5	6	7	8	9	10	11	12	13	14	15	16	17	18	19	20
1%	1.00000	2.01000	3.03010	4.06040	5.10101	6.15202	7.21354	8.28567	9.36853	10.46221	11.56683	12.68250	13.80933	14.94742	16.09690	17.25786	18.43044	19.61475	20.81090	22.01900
2%	1.00000	2.02000	3.06040	4.12161	5.20404	6.30812	7.43428	8.58297	9.75463	10.94972	12.16872	13.41209	14.68033	15.97394	17.29342	18.63929	20.01207	21.41231	22.84056	24.29737
3%	1.00000	2.03000	3.09090	4.18363	5.30914	6.46841	7.66246	8.89234	10.15911	11.46388	12.80780	14.19203	15.61779	17.08632	18.59891	20.15688	21.76159	23.41444	25.11687	26.87037
4%	1.00000	2.04000	3.12160	4.24646	5.41632	6.63298	7.89829	9.21423	10.58280	12.00611	13.48635	15.02581	16.62684	18.29191	20.02359	21.82453	23.69751	25.64541	27.67123	29.77808
5%	1.00000	2.05000	3.15250	4.31013	5.52563	6.80191	8.14201	9.54911	11.02656	12.57789	14.20679	15.91713	17.71298	19.59863	21.57856	23.65749	25.84037	28.13238	30.53900	33.06595
6%	1.00000	2.06000	3.18360	4.37462	5.63709	6.97532	8.39384	9.89747	11.49132	13.18079	14.97164	16.86994	18.88214	21.01507	23.27597	25.67253	28.21288	30.90565	33.75999	36.78559
7%	1.00000	2.07000	3.21490	4.43994	5.75074	7.15329	8.65402	10.25980	11.97799	13.81645	15.78360	17.88845	20.14064	22.55049	25.12902	27.88805	30.84022	33.99903	37.37896	40.99549
8%	1.00000	2.08000	3.24640	4.50611	5.86660	7.33593	8.92280	10.63663	12.48756	14.48656	16.64549	18.97713	21.49530	24.21492	27.15211	30.32428	33.75023	37.45024	41.44626	45.76196
9%	1.00000	2.09000	3.27810	4.57313	5.98471	7.52333	9.20043	11.02847	13.02104	15.19293	17.56029	20.14072	22.95338	26.01919	29.36092	33.00340	36.97370	41.30134	46.01846	51.16012
10%	1.00000	2.10000	3.31000	4.64100	6.10510	7.71561	9.48717	11.43589	13.57948	15.93743	18.53117	21.38428	24.52271	27.97498	31.77248	35.94973	40.54470	45.59917	51.15909	57.27500
11%	1.00000	2.11000	3.34210	4.70973	6.22780	7.91286	9.78327	11.85943	14.16397	16.72201	19.56143	22.71319	26.21164	30.09492	34.40536	39.18995	44.50084	50.39594	56.93949	64.20283
12%	1.00000	2.12000	3.37440	4.77933	6.35285	8.11519	10.08901	12.29969	14.77566	17.54874	20.65458	24.13313	28.02911	32.39260	37.27971	42.75328	48.88367	55.74971	63.43968	72.05244
13%	1.00000	2.13000	3.40690	4.84980	6.48027	8.32271	10.40466	12.75726	15.41571	18.41975	21.81432	25.65018	29.98470	34.88271	40.41746	46.67173	53.73906	61.72514	70.74941	80.94683
14%	1.00000	2.14000	3.43960	4.92114	6.61010	8.53552	10.73049	13.23276	16.08535	19.33730	23.04452	27.27075	32.08865	37.58107	43.84241	50.98035	59.11760	68.39407	78.96923	91.02493
15%	1.00000	2.15000	3.47250	4.99338	6.74238	8.75374	11.06680	13.72682	16.78584	20.30372	24.34928	29.00167	34.35192	40.50471	47.58041	55.71747	65.07509	75.83636	88.21181	102.44358
16%	1.00000	2.16000	3.50560	5.06650	6.87714	8.97748	11.41387	14.24009	17.51851	21.32147	25.73290	30.85017	36.78620	43.67199	51.65951	60.92503	71.67303	84.14072	98.60323	115.37975
17%	1.00000	2.17000	3.53890	5.14051	7.01440	9.20685	11.77201	14.77325	18.28471	22.39311	27.19994	32.82393	39.40399	47.10267	56.11013	66.64885	78.97915	93.40561	110.28456	130.03294
18%	1.00000	2.18000	3.57240	5.21541	7.15421	9.44197	12.14152	15.32700	19.08585	23.52131	28.75514	34.93107	42.21866	50.81802	60.96527	72.93901	87.06804	103.74028	123.41353	146.62797
19%	1.00000	2.19000	3.60610	5.29126	7.29660	9.68295	12.52271	15.90203	19.92341	24.70886	30.40355	37.18022	45.24446	54.84091	66.26068	79.85021	96.02175	115.26588	138.16640	165.41802
20%	1.00000	2.20000	3.64000	5.36800	7.44160	9.92992	12.91590	16.49908	20.79890	25.95868	32.15042	39.58050	48.49660	59.19592	72.03511	87.44213	105.93056	128.11667	154.74000	186.68800
21%	1.00000	2.21000	3.67410	5.44566	7.58925	10.18299	13.32142	17.11892	21.71389	27.27381	34.00131	42.14158	51.99132	63.90949	78.33049	95.77989	116.89367	142.44134	173.35402	210.75836
22%	1.00000	2.22000	3.70840	5.52425	7.73958	10.44229	13.73959	17.76231	22.67001	28.65742	35.96205	44.87370	55.74591	69.01001	85.19221	104.93450	129.02009	158.40451	194.25350	237.98927
23%	1.00000	2.23000	3.74290	5.60377	7.89263	10.70794	14.17077	18.43004	23.66895	30.11281	38.03876	47.78767	59.77883	74.52796	92.66940	114.98336	142.42953	176.18832	217.71163	268.78531
24%	1.00000	2.24000	3.77760	5.68422	8.04844	10.98006	14.61528	19.12294	24.71245	31.64344	40.23787	50.89495	64.10974	80.49608	100.81514	126.01077	157.25336	195.99416	244.03276	303.60062

公司財務

附表 3（續）

n\i	1	2	3	4	5	6	7	8	9	10	11	12	13	14	15	16	17	18	19	20
25%	1.00000	2.25000	3.81250	5.76563	8.20703	11.25879	15.07349	19.84186	25.80232	33.25290	42.56613	54.20766	68.75958	86.94947	109.68684	138.10855	173.63568	218.04460	273.55576	342.94470
26%	1.00000	2.26000	3.84760	5.84798	8.36845	11.54425	15.54575	20.58765	26.94043	34.94495	45.03063	57.73860	73.75063	93.92580	119.34651	151.37660	191.73451	242.58548	306.65771	387.38872
27%	1.00000	2.27000	3.88290	5.93128	8.53273	11.83657	16.03244	21.36120	28.12872	36.72348	47.63881	61.50129	79.10664	101.46544	129.86111	165.92360	211.72298	269.88818	343.75799	437.57265
28%	1.00000	2.28000	3.91840	6.01555	8.69991	12.13588	16.53393	22.16343	29.36919	38.59256	50.39847	65.51005	84.85286	109.61166	141.30293	181.86774	233.79071	300.25211	385.32271	494.21306
29%	1.00000	2.29000	3.95410	6.10079	8.87002	12.44232	17.05060	22.99527	30.66390	40.55643	53.31779	69.77995	91.01614	118.41082	153.74996	199.33744	258.14530	334.00744	431.86960	558.11178
30%	1.00000	2.30000	3.99000	6.18700	9.04310	12.75603	17.58284	23.85769	32.01500	42.61950	56.40535	74.32695	97.62504	127.91255	167.28631	218.47220	285.01386	371.51802	483.97343	630.16546
31%	1.00000	2.31000	4.02610	6.27419	9.21919	13.07714	18.13105	24.75168	33.42470	44.78636	59.67013	79.16786	104.70990	138.16997	182.00266	239.42349	314.64477	413.18465	542.27189	711.37618
32%	1.00000	2.32000	4.06240	6.36237	9.39833	13.40579	18.69564	25.67825	34.89529	47.06178	63.21555	84.32045	112.30299	149.23994	197.99673	262.35568	347.30950	459.44854	607.47207	802.86313
33%	1.00000	2.33000	4.09890	6.45154	9.58054	13.74212	19.27702	26.63844	36.42913	49.45074	66.76949	89.80342	120.43854	161.18326	215.37374	287.44707	383.30461	510.79513	680.35752	905.87551
34%	1.00000	2.34000	4.13560	6.54170	9.76588	14.08628	19.87562	27.63333	38.02866	51.95841	70.62427	95.63652	129.15294	174.06493	234.24701	314.89100	422.95393	567.75827	761.79609	1021.80675
35%	1.00000	2.35000	4.17250	6.63288	9.95438	14.43841	20.49186	28.66401	39.69641	54.59016	74.69672	101.84057	138.48476	187.95443	254.73848	344.89695	466.61088	630.92469	852.74834	1152.21025
36%	1.00000	2.36000	4.20960	6.72506	10.14608	14.79866	21.12618	29.73161	41.43499	57.35158	78.99815	108.43749	148.47498	202.92598	276.97933	377.69188	514.66096	700.93891	954.27692	1298.81661
37%	1.00000	2.37000	4.24690	6.81825	10.34101	15.16718	21.77904	30.83728	43.24707	60.24849	83.54043	115.45039	159.16703	219.05883	301.11060	413.52152	567.52448	778.50854	1067.55670	1463.55268
38%	1.00000	2.38000	4.28440	6.91247	10.53921	15.54411	22.45087	31.98221	45.13544	63.28691	88.33594	122.90360	170.60697	236.43761	327.28391	452.65179	625.65947	864.41007	1193.88589	1648.56253
39%	1.00000	2.39000	4.32210	7.00772	10.74073	15.92961	23.14216	33.16761	47.10297	66.47313	93.39766	130.82274	182.84361	255.15262	355.66214	495.37037	689.56482	959.49510	1334.69819	1856.23048
40%	1.00000	2.40000	4.36000	7.10400	10.94560	16.32384	23.85338	34.39473	49.15262	69.81366	98.73913	139.23478	195.92869	275.30017	386.42024	541.98833	759.78367	1064.69714	1491.57599	2089.20639
41%	1.00000	2.41000	4.39810	7.20132	11.15386	16.72695	24.58499	35.66484	51.28743	73.31527	104.37453	148.16809	209.91701	296.98298	419.74601	592.84187	836.90704	1181.03893	1666.26489	2350.43349
42%	1.00000	2.42000	4.43640	7.29969	11.36556	17.13909	25.33751	36.97926	53.51055	76.98499	110.31868	157.65253	224.86659	320.31055	455.84098	648.29420	921.57776	1309.64042	1860.68939	2643.17894
43%	1.00000	2.43000	4.47490	7.39911	11.58072	17.56043	26.11142	38.33933	55.82524	80.83010	116.58704	167.71947	240.83884	345.39954	494.92134	708.73752	1014.49466	1451.72736	2076.97012	2971.06728
44%	1.00000	2.44000	4.51360	7.49558	11.79940	17.99114	26.90724	39.74642	58.23485	84.85818	123.19578	178.40193	257.89877	372.37423	537.21889	774.59521	1116.41710	1608.64062	2317.44250	3338.11720
45%	1.00000	2.45000	4.55250	7.60113	12.02163	18.43137	27.72548	41.20195	60.74282	89.07709	130.16178	189.73458	276.11515	401.36996	582.98209	846.32403	1228.16985	1781.84628	2584.67711	3748.78181
46%	1.00000	2.46000	4.59160	7.70374	12.24745	18.88128	28.56667	42.70734	63.35272	93.49497	137.50266	201.75389	295.56068	432.51859	632.47714	924.41662	1350.64827	1972.94648	2881.50186	4207.99271
47%	1.00000	2.47000	4.63090	7.80742	12.47691	19.34106	29.43136	44.26410	66.06822	98.12029	145.23682	214.49813	316.31225	465.97901	685.98914	1009.40404	1484.82394	2183.69119	3211.02605	4721.20830
48%	1.00000	2.48000	4.67040	7.91219	12.71004	19.81087	30.32008	45.87372	68.89310	102.96180	153.38346	228.00752	338.45112	501.90766	743.82334	1101.85855	1631.75065	2415.99096	3576.66662	5294.46659

附表

附表 4　普通年金现值系数表

n \ i	1	2	3	4	5	6	7	8	9	10	11	12	13	14	15	16	17	18	19	20
1%	0.99010	1.97040	2.94099	3.90197	4.85343	5.79548	6.72819	7.65168	8.56602	9.47130	10.36763	11.25508	12.13374	13.00370	13.86505	14.71787	15.56225	16.39827	17.22601	18.04555
2%	0.98039	1.94156	2.88388	3.80773	4.71346	5.60143	6.47199	7.32548	8.16224	8.98259	9.78685	10.57534	11.34837	12.10625	12.84926	13.57771	14.29187	14.99203	15.67846	16.35143
3%	0.97087	1.91347	2.82861	3.71710	4.57971	5.41719	6.23028	7.01969	7.78611	8.53020	9.25262	9.95400	10.63496	11.29607	11.93794	12.56110	13.16612	13.75351	14.32380	14.87747
4%	0.96154	1.88609	2.77509	3.62990	4.45182	5.24214	6.00205	6.73274	7.43533	8.11090	8.76048	9.38507	9.98565	10.56312	11.11839	11.65230	12.16567	12.65930	13.13394	13.59033
5%	0.95238	1.85941	2.72325	3.54595	4.32948	5.07569	5.78637	6.46321	7.10782	7.72173	8.30641	8.86325	9.39357	9.89864	10.37966	10.83777	11.27407	11.68959	12.08532	12.46221
6%	0.94340	1.83339	2.67301	3.46511	4.21236	4.91732	5.58238	6.20979	6.80169	7.36009	7.88687	8.38384	8.85268	9.29498	9.71225	10.10590	10.47726	10.82760	11.15812	11.46992
7%	0.93458	1.80802	2.62432	3.38721	4.10020	4.76654	5.38929	5.97130	6.51523	7.02358	7.49867	7.94269	8.35765	8.74547	9.10791	9.44665	9.76322	10.05909	10.33560	10.59401
8%	0.92593	1.78326	2.57710	3.31213	3.99271	4.62288	5.20637	5.74664	6.24689	6.71008	7.13896	7.53608	7.90378	8.24424	8.55948	8.85137	9.12164	9.37189	9.60360	9.81815
9%	0.91743	1.75911	2.53129	3.23972	3.88965	4.48592	5.03295	5.53482	5.99525	6.41766	6.80519	7.16073	7.48690	7.78615	8.06069	8.31256	8.54363	8.75563	8.95011	9.12855
10%	0.90909	1.73554	2.48685	3.16987	3.79079	4.35526	4.86842	5.33493	5.75902	6.14457	6.49506	6.81369	7.10336	7.36669	7.60608	7.82371	8.02155	8.20141	8.36492	8.51356
11%	0.90090	1.71252	2.44371	3.10245	3.69590	4.23054	4.71220	5.14612	5.53705	5.88923	6.20652	6.49236	6.74987	6.98187	7.19087	7.37916	7.54879	7.70162	7.83929	7.96333
12%	0.89286	1.69005	2.40183	3.03735	3.60478	4.11141	4.56376	4.96764	5.32825	5.65022	5.93770	6.19437	6.42355	6.62817	6.81086	6.97399	7.11963	7.24967	7.36578	7.46944
13%	0.88496	1.66810	2.36115	2.97447	3.51723	3.99755	4.42261	4.79877	5.13166	5.42624	5.68694	5.91765	6.12181	6.30249	6.46238	6.60388	6.72909	6.83991	6.93797	7.02475
14%	0.87719	1.64666	2.32163	2.91371	3.43308	3.88867	4.28830	4.63886	4.94637	5.21612	5.45273	5.66029	5.84236	6.00207	6.14217	6.26506	6.37286	6.46742	6.55037	6.62313
15%	0.86957	1.62571	2.28323	2.85498	3.35216	3.78448	4.16042	4.48732	4.77158	5.01877	5.23371	5.42062	5.58315	5.72448	5.84737	5.95423	6.04716	6.12797	6.19823	6.25933
16%	0.86207	1.60523	2.24589	2.79818	3.27429	3.68474	4.03857	4.34359	4.60654	4.83323	5.02864	5.19711	5.34233	5.46753	5.57546	5.66850	5.74870	5.81785	5.87746	5.92884
17%	0.85470	1.58521	2.20958	2.74324	3.19935	3.58918	3.92238	4.20716	4.45057	4.65860	4.83641	4.98839	5.11828	5.22930	5.32419	5.40529	5.47461	5.53385	5.58449	5.62777
18%	0.84746	1.56564	2.17427	2.69006	3.12717	3.49760	3.81153	4.07757	4.30302	4.49409	4.65601	4.79322	4.90951	5.00806	5.09158	5.16235	5.22233	5.27316	5.31624	5.35275
19%	0.84034	1.54650	2.13992	2.63859	3.05763	3.40978	3.70570	3.95437	4.16333	4.33893	4.48650	4.61050	4.71471	4.80228	4.87586	4.93770	4.98966	5.03333	5.07003	5.10086
20%	0.83333	1.52778	2.10648	2.58873	2.99061	3.32551	3.60459	3.83716	4.03097	4.19247	4.32706	4.43922	4.53268	4.61057	4.67547	4.72956	4.77463	4.81219	4.84350	4.86958
21%	0.82645	1.50946	2.07393	2.54044	2.92598	3.24462	3.50795	3.72558	3.90543	4.05408	4.17692	4.27845	4.36235	4.43170	4.48901	4.53637	4.57551	4.60786	4.63460	4.65669
22%	0.81967	1.49153	2.04224	2.49364	2.86364	3.16692	3.41551	3.61927	3.78628	3.92318	4.03540	4.12737	4.20277	4.26456	4.31522	4.35673	4.39077	4.41866	4.44152	4.46027
23%	0.81301	1.47399	2.01137	2.44827	2.80347	3.09225	3.32704	3.51792	3.67310	3.79927	3.90185	3.98524	4.05304	4.10816	4.15298	4.18941	4.21904	4.24312	4.26270	4.27862
24%	0.80645	1.45682	1.98130	2.40428	2.74538	3.02047	3.24232	3.42122	3.56550	3.68186	3.77569	3.85136	3.91239	3.96160	4.00129	4.03330	4.05911	4.07993	4.09672	4.11026

319

公司财务

附表 4（续）

n i	1	2	3	4	5	6	7	8	9	10	11	12	13	14	15	16	17	18	19	20
25%	0.80000	1.44000	1.95200	2.36160	2.68928	2.95142	3.16114	3.32891	3.46313	3.57050	3.65640	3.72512	3.78010	3.82408	3.85926	3.88741	3.90993	3.92794	3.94235	3.95388
26%	0.79365	1.42353	1.92344	2.32019	2.63507	2.88498	3.08331	3.24073	3.36566	3.46481	3.54350	3.60595	3.65552	3.69485	3.72607	3.75085	3.77052	3.78613	3.79851	3.80834
27%	0.78740	1.40740	1.89559	2.27999	2.58267	2.82100	3.00866	3.15643	3.27278	3.36439	3.43653	3.49333	3.53806	3.57327	3.60100	3.62284	3.64003	3.65357	3.66422	3.67262
28%	0.78125	1.39160	1.86844	2.24097	2.53201	2.75938	2.93702	3.07579	3.18421	3.26892	3.33509	3.38679	3.42718	3.45873	3.48339	3.50265	3.51769	3.52945	3.53863	3.54580
29%	0.77519	1.37612	1.84195	2.20306	2.48300	2.70000	2.86821	2.99862	3.09970	3.17806	3.23881	3.28590	3.32240	3.35070	3.37264	3.38964	3.40282	3.41304	3.42096	3.42710
30%	0.76923	1.36095	1.81611	2.16624	2.43557	2.64275	2.80211	2.92470	3.01900	3.09154	3.14734	3.19026	3.22328	3.24867	3.26821	3.28324	3.29480	3.30369	3.31053	3.31579
31%	0.76336	1.34608	1.79090	2.13046	2.38966	2.58753	2.73857	2.85387	2.94189	3.00907	3.06036	3.09951	3.12940	3.15221	3.16963	3.18292	3.19307	3.20082	3.20673	3.21124
32%	0.75758	1.33150	1.76629	2.09567	2.34521	2.53425	2.67746	2.78595	2.86815	2.93041	2.97759	3.01332	3.04040	3.06091	3.07644	3.08822	3.09713	3.10389	3.10901	3.11288
33%	0.75188	1.31720	1.74226	2.06185	2.30214	2.48281	2.61866	2.72079	2.79759	2.85533	2.89874	2.93139	2.95593	2.97438	2.98826	2.99869	3.00653	3.01243	3.01687	3.02020
34%	0.74627	1.30319	1.71880	2.02895	2.26041	2.43314	2.56205	2.65824	2.73003	2.78361	2.82359	2.85342	2.87569	2.89231	2.90471	2.91396	2.92087	2.92602	2.92986	2.93273
35%	0.74074	1.28944	1.69588	1.99695	2.21996	2.38516	2.50752	2.59817	2.66531	2.71504	2.75188	2.77917	2.79939	2.81436	2.82545	2.83367	2.83975	2.84426	2.84760	2.85008
36%	0.73529	1.27595	1.67349	1.96580	2.18074	2.33878	2.45498	2.54043	2.60326	2.64945	2.68342	2.70840	2.72676	2.74027	2.75020	2.75750	2.76287	2.76681	2.76972	2.77185
37%	0.72993	1.26272	1.65162	1.93549	2.14269	2.29394	2.40433	2.48491	2.54373	2.58667	2.61800	2.64088	2.65758	2.66976	2.67866	2.68515	2.68989	2.69335	2.69588	2.69772
38%	0.72464	1.24974	1.63024	1.90597	2.10578	2.25056	2.35548	2.43151	2.48660	2.52652	2.55545	2.57641	2.59160	2.60261	2.61059	2.61637	2.62056	2.62359	2.62579	2.62738
39%	0.71942	1.23700	1.60935	1.87723	2.06995	2.20860	2.30834	2.38010	2.43173	2.46887	2.49559	2.51481	2.52864	2.53859	2.54575	2.55090	2.55460	2.55727	2.55919	2.56057
40%	0.71429	1.22449	1.58892	1.84923	2.03516	2.16797	2.26284	2.33060	2.37900	2.41357	2.43826	2.45590	2.46850	2.47750	2.48393	2.48852	2.49180	2.49414	2.49582	2.49701
41%	0.70922	1.21221	1.56895	1.82195	2.00138	2.12864	2.21889	2.28290	2.32830	2.36050	2.38333	2.39953	2.41101	2.41916	2.42493	2.42903	2.43194	2.43400	2.43546	2.43650
42%	0.70423	1.20016	1.54941	1.79536	1.96856	2.09054	2.17643	2.23693	2.27952	2.30952	2.33065	2.34553	2.35601	2.36338	2.36858	2.37224	2.37482	2.37663	2.37791	2.37881
43%	0.69930	1.18832	1.53030	1.76944	1.93667	2.05361	2.13540	2.19258	2.23258	2.26054	2.28010	2.29378	2.30334	2.31003	2.31470	2.31798	2.32026	2.32186	2.32298	2.32376
44%	0.69444	1.17670	1.51160	1.74416	1.90567	2.01783	2.09571	2.14980	2.18736	2.21345	2.23156	2.24414	2.25287	2.25894	2.26315	2.26608	2.26811	2.26952	2.27050	2.27118
45%	0.68966	1.16528	1.49330	1.71951	1.87553	1.98312	2.05733	2.10850	2.14379	2.16813	2.18492	2.19650	2.20448	2.20999	2.21378	2.21640	2.21821	2.21945	2.22031	2.22091
46%	0.68493	1.15406	1.47539	1.69547	1.84621	1.94946	2.02018	2.06862	2.10179	2.12451	2.14008	2.15074	2.15804	2.16304	2.16647	2.16881	2.17042	2.17152	2.17227	2.17279
47%	0.68027	1.14304	1.45785	1.67201	1.81769	1.91680	1.98422	2.03008	2.06128	2.08250	2.09694	2.10676	2.11344	2.11799	2.12108	2.12318	2.12462	2.12559	2.12625	2.12670
48%	0.67568	1.13221	1.44068	1.64911	1.78994	1.88509	1.94939	1.99283	2.02218	2.04202	2.05542	2.06447	2.07059	2.07472	2.07751	2.07940	2.08068	2.08154	2.08212	2.08251

國家圖書館出版品預行編目（CIP）資料

公司財務(第二版) / 蔣葵 主編. -- 第二版.
-- 臺北市：崧博出版：崧燁文化發行, 2019.05
　　面；　公分
POD版

ISBN 978-957-735-800-4(平裝)

1.公司 2.財務管理

553.977　　　　　　　　　　　　108005643

書　　名：公司財務(第二版)
作　　者：蔣葵 主編
發 行 人：黃振庭
出 版 者：崧博出版事業有限公司
發 行 者：崧燁文化事業有限公司
E - m a i l：sonbookservice@gmail.com
粉絲頁：　　　　　網址：
地　　址：台北市中正區重慶南路一段六十一號八樓 815 室
8F.-815, No.61, Sec. 1, Chongqing S. Rd., Zhongzheng
Dist., Taipei City 100, Taiwan (R.O.C.)
電　　話：(02)2370-3310　傳　真：(02) 2370-3210
總 經 銷：紅螞蟻圖書有限公司
地　　址：台北市內湖區舊宗路二段 121 巷 19 號
電　　話：02-2795-3656　傳真：02-2795-4100　　網址：
印　　刷：京峯彩色印刷有限公司（京峰數位）

　　本書版權為西南財經大學所有授權崧博出版事業股份有限公司獨家發行電子書及繁體書繁體字版。若有其他相關權利及授權需求請與本公司聯繫。

定　　價：550元
發行日期：2019 年 05 月第二版
◎ 本書以 POD 印製發行